中研院叢書

孝治天下：

《孝經》與近世中國的政治與文化

呂妙芬　著

序

　　我原以為只是延續做一個撰寫博士論文期間想到的小問題，沒想到一踏入晚明《孝經》的文本世界，它成了我過去七、八年間最主要的研究工作。中國文化中的孝或《孝經》，如此平凡老舊的主題，對於講究創新的學術研究工作而言，似乎不是明智的選題；然而令我驚訝的是，它其實深邃而複雜，複雜到讓我幾度覺得永遠無法完成這個工作。因此，這個研究經驗對我而言是寶貴而意義深遠的，它帶領我透視常識的表象，看見中國傳統社會中的許多事物都輻湊交織在「孝」這個核心價值上，變得彼此關聯而更具立體感，也更有生命力。我想從平凡中看見另一層意義是令人欣喜的生命成長。

　　曾經有幾位美國學者告訴我，這是中國人的題目，其中一位更坦白告訴我，她覺得這個題目美國人不會感興趣。我大概總是把「想做中國歷史脈絡中的重要觀念和議題，而非移植歐美熱門課題」這類帶有捍衛主體性意味的說詞抬出來，也順便自我說服一番，雖然心中難免覺得遺憾。不過，再聽著那位年輕學者說她常苦思如何迎合讀者的興趣、設法把書的篇幅濃縮在300百頁內才有可能出版等等，我才看見原來自己享受一些看似理所當然的自由與資源，其實並不都真的那般理所當然，是應該心懷感激的。

　　首先，我要感謝中央研究院豐富的學術資源、自由與尊重學術的風氣。幾年來，我憑著心中小小的感動、自以為理所當然地展開研究工作，我沒有受到任何質疑，而是許多支持與幫助，也從不必考慮書的篇幅，只要擔心自己有沒有能力書寫，而且我可以用自己的母語寫作。這一切並不都是那麼理所當然，歷史中有太多時候，這些都是學者們的奢望。

　　這個研究連續六年獲得國科會的支持，讓我遠赴上海、北京、日本各圖書

館，閱讀大量的《孝經》文獻。國科會和學術交流基金會（Fulbright Taiwan）也獎助我赴美交流訪問一年，從事書稿最後階段的寫作，我要向兩個單位以及各圖書館致謝。我也要特別感謝普林斯頓高等研究院（Institute for Advanced Study）和普林斯頓大學東亞系提供我訪問的機會，在那優質友善的學術環境中，我學習良多，也才能有效率地完成本書的初稿。

許多長輩和師友，包括余英時先生、Willard Peterson、Benjamin A. Elman、黃進興、王汎森、羅志田、羅久蓉、沈松僑等教授，以及其他近史所的同仁們，他們曾經花時間聽我說這個研究計劃，給我寶貴的意見。每一次聆聽和訴說，都幫助我整理自己混亂的思緒，也分擔了我的疑懼，我想他們當中一定有人感受到我面對這個計劃曾有的膽怯與無力感。廖肇亨、廖咸惠、胡明輝、林樂昌、沙培德（Peter Zarrow）、Erling Johannes von Mende、Michael Szonyi等教授，曾提供我史料。我在日本時，承蒙夫馬進、馬淵昌也、小島毅、張啓雄、伊東貴之、永富青地、古勝隆一、佐野誠子、藍弘岳等多位教授的照應與協助。Martin J. Powers、王正華教授在圖像資料使用上給予指點；近史所圖書館主任林義娥小姐在圖書上給我極大的幫助；助理歐姍姍、陳惠玲、龔柏崴、李彥德、徐維里，則是與我共同工作的伙伴。對於眾師友的提攜與幫助，我獻上最誠摯的謝意。

本書部分篇章曾分別發表於中研院近史所學術討論會、中研院文哲所舉辦的「理解、詮釋與儒家傳統」與「為道屢遷：中國文化生活中的宗教禮儀實踐與創新」國際研討會、哈佛燕京學社研討會、台灣大學舉辦的「情境與聖化——東亞傳統教育與學禮、學規」國際研討會、香港理工大學舉辦的「首屆中國古文獻與傳統文化國際學術研討會」、政治大學中文系、暨南大學中文系、上海復旦大學歷史系，以及美國宗教學會年會（AAR）。我要特別感謝杜維明、高明士、朱鴻林、李明輝、劉苑如、車行健、王學玲、王鴻泰、李廣健等教授的邀請，及與會學者的討論。我特別感謝楊晉龍、祝平次、黃克武、胡其德、李豐楙教授對本書部分篇章所做的評論。本書的第二章曾發表於《台大歷史學報》（41期）；第三章曾發表於《台大文史哲學報》（61期）；第四、五章發表於《中央研究院近代史研究所集刊》（48、60期）；第六章的局部收入高明士主編的《東亞傳統教育與學禮學規》；第七章收入林維杰、邱黃海主編的《理解、詮釋與儒家傳統：中國觀

點》。我感謝這些期刊與台灣大學出版中心、中研院文哲所授權重刊。本書能夠順利出版，特別要感謝中央研究院出版委員會、兩位匿名審查人，以及聯經出版公司在出版過程中的鼎力協助。

　　最後也是最深的感謝，我仍要獻給我的家人。這個研究計畫教我看見家在中國傳統觀念中無可取代的神聖地位、家人之間超越生死的情緣，以及一種永遠鑲嵌於家庭人倫關係中的自我與理想社群的身影，當然感受最深的還是現代觀念、生活與傳統之間的差異。在忙碌的工作生活中，我受到父母和長輩們的照應似乎永遠多於對他們的付出，希望這本書的出版能夠讓他們的心得著安慰。

　　　　　　　　　　　　　　　　　　　　　　　　　呂妙芬

　　　　　　　　　　　　　　　　　　　　　　　2010. 10. 29 南港

目　次

導　論

　　本書的主要關懷有兩個層次，第一個層次即是它的主題：《孝經》與近世中國的政治與文化；第二個層次則是試圖透過「中國近世《孝經》文化史」這個特定視角下所進行的研究，來理解「孝」在中國豐富而重要的意涵。換言之，本書的內容雖以《孝經》為主題，但它也是一種理解中國孝文化的努力。為什麼需要區分這兩個層次？主要因為《孝經》和「孝」既非同義，也不是簡單的涵攝關係。有關《孝經》的討論或實踐，基本上均與孝有密切關係，故透過研究《孝經》相關論述與實踐，確實可以理解孝文化的某些意涵；然而反之並不盡然，孝的涵蓋層面太廣，不僅孝的傳播或落實未必需要透過《孝經》這個管道，某些時候人們還特意要將兩者區分，強調《孝經》曲解孝義、不能代表真正的孝[1]。因此，意識到並區分這兩個層次之間密切相關卻不對等的複雜關係，是本書研究的重要起點。

　　為什麼要研究孝的文化？關注傳統孝文化對今日中國史學研究有何重要意義？要研究孝文化，為什麼不直接以「孝」為主題而選擇把研究焦點放在《孝經》？而要研究《孝經》，又為什麼鎖定中國近世時期，而不是生產《孝經》的先秦或兩漢時期，或《孝經》學興盛而多元的漢魏六朝呢？本書以文化史的取徑研究近世中國政治與文化中的《孝經》，又能得出怎樣新而有意義的成果？對於這些問題的簡要說明，是這篇導論的目標，詳細的討論當然是這部書的內容。

1　見第九章。

一、主題與方法論

(一)孝的研究概況

孝是中國社會的核心價值、中國文化的重要特徵，它所涉及的層面極廣，從傳統宇宙觀、人觀、秩序觀，到政治、社會、文化、宗教、禮俗、性別、自我認同等各方面，幾乎無所不關[2]。因此，許多進入這個領域的人都感嘆道，這是一個窮盡一生也無法研究完畢的課題。正因爲它牽涉的面向太豐富，能夠接引到政治、社會、文化各層面的研究線索極多，又因爲密切關係著中國從傳統走向現代的劇烈變革和某種切不斷的歷史延續，因此它不但具有不斷衍生、拓展、結合其他領域和專業訓練的學術潛力，針對其研究也往往能提供研究者關於傳統中國特殊性的洞見[3]，更深刻體會到中西文化交涉過程，傳統與現代之間的許多衝突。而當代漢語世界的中國史學研究，仍在傳統與現代明顯斷裂的處境下，掙扎著找尋屬於中國本土的論述和語彙。如果我們的目標之一是希望針對那些在中國歷史脈絡中具重大意義的課題進行研究，希望用貼近歷史情境的範疇與觀念來理解歷史，而不只是移植歐美史學中的熱門議題的話，那麼「孝」這個看似陳腐無奇的論題，實具有某種不可忽視的魅力，它召喚我們駐足思索，透過它萬花筒似的視鏡，觀看屬於中國傳統奇幻交織的文化景緻。

儘管「孝」在中國文化中占據著重要的地位，但五四以來知識菁英對傳統家族與孝道的反省和批判，加上文革的激烈衝擊，以及當代中國學術研究仍強烈受西方議題主導等諸多因素所致，學界對孝的研究並不熱衷，研究成果亦無法反映

2　關於孝在先秦儒學的意涵與西方倫理的差異，可參考Henry Rosemont, Jr. and Roger T. Ames, *The Chinese Classic of Family Reverence: A Philosophical Translation of The Xiaojing* (Honolulu: University of Hawai'i Press, 2009)。雖然我並不完全贊同兩位作者完全以人際關係中的角色定位來理解儒學，而且宋明理學也不在其討論範圍內，但是他們對孝所涉及的廣泛層次及對中國本土概念的強調，仍很有見地。我對此書的書評，將刊於*Journal of Chinese Religion.*

3　這方面在20世紀初期許多學者的論述中已有呈現，詳見第九章。

如此重要價值與文化特徵交織於政治、社會、文化、生活各層面所應有的豐富歷
史圖像。這現象直到晚近才有了變化，近年間有不少關於孝文化的專著陸續出
版。孝文化研究的專著，早期有桑原騭藏(1870-1931)的《中國之孝道》，這是
一部簡要但視野寬濶的著作，從殷商時期孝道形成的宗教、政治、社會背景講
起，說明儒家孝道思想，並以相當篇幅說明孝道主義如何反映於中國法律中[4]。
類似的綜論性著作，晚近尚有寧業高等人所著的《中國孝文化漫談》、曹方林編
著《孝道研究》、蕭群忠的《孝與中國文化》及《中國孝文化研究》、朱嵐《中
國傳統孝道的歷史考察》、張碩平等編《中國孝文化》、陳愛平的《孝說》[5]。
這類綜論的書籍，通常包括非常多的主題，從孝的起源和歷史發展談起，從宗
教、倫理學、風俗、法律等方面討論孝與政治、社會、文化各層面的密切關係，
又同時要涵蓋中國長期歷史的變化。雖然這些著作能夠提供讀者有關中國孝文化
全面性、綜合性的巨觀視野，然而也往往因涉及面太寬廣，論述的深度受到局
限。

　　另外，萬本根、陳德述主編的《中國孝道文化》，以及陳金樑(Alan K. L.
Chan)和陳素芬(Sor-hoon Tan)編輯的孝道研究論文集分別於2001年、2004年出
版； 羅思文(Henry Rosemont, Jr.)與安樂哲(Roger T. Ames)新英譯《孝經》也甫
於2009年出版，兩位作者並寫了長篇幅的導論，從比較倫理學的角度對早期儒家
孝道思想做出詮釋，並試圖反駁過去許多對孝與《孝經》的負面看法，強調此書
在今日仍有啓人深思的作用[6]；楊國樞和葉光輝多年來以本土心理學的關懷對台
灣當代孝文化進行研究，其多年的研究成果最近也以《中國人的孝道：心理學的

4　桑原騭藏著，宋念慈譯，《中國之孝道》(台北：台灣中華書局，1980)。

5　寧業高等著，《中國孝文化漫談》(北京：中央民族大學出版社，1995)；曹方林編
　　著，《孝道研究》(成都：巴蜀書社，2000)；蕭群忠，《孝與中國文化》(北京：人民
　　出版社，2001)、《中國孝文化研究》(台北：五南圖書出版股份有限公司，2002)；
　　朱嵐，《中國傳統孝道的歷史考察》(台北：蘭臺出版社，2003)；張碩平等編，《中
　　國孝文化》(西安：陝西人民教育出版社，2007)；陳愛平，《孝說》(重慶：重慶大
　　學出版社，2007)。

6　Henry Rosemont, Jr. 與Roger T. Ames對《孝經》的介紹，見注2。論文集有Alan K. L.
　　Chan and Sor-hoon Tan eds., *Filial Piety in Chinese Thought and History* (New York,
　　London: Routledge Curzon, 2004)；萬本根、陳德述，《中國孝道文化》(成都：巴蜀
　　書社，2001)。

分析》專著形式呈現[7]。此均顯示「孝」相關主題的研究目前有漸趨活絡的現象。

　　若以時代而論，孝的研究比較集中在上古到漢魏六朝時期，且以思想研究為主。此可能與孝道思想的起源與成形、《孝經》的成書、孝治天下政治觀的形成及運用、佛教入華所引發的論辯等均發生在此時期有關。舉例而言，康學偉《先秦孝道研究》、林安弘《儒家孝道思想研究》、池澤優《「孝」思想の宗教學的研究》、王長坤《先秦儒家孝道研究》、徐復觀〈中國孝道思想的形成演變及其歷史中的諸問題〉、林麗真〈論魏晉的孝道觀念及其與政治、哲學、宗教的關係〉，以及陳觀勝(Kenneth K. S. Ch'en)、冉雲華等人對佛教入華與孝道倫理的研究，均是上古或中古時期的孝道思想的研究[8]。

　　另外，孝子傳的研究也是吸引較多學者關注的課題，又因為有豐富的圖像資料和歷代累增的孝子故事文本，研究成果也較為豐富。例如，德田進《孝子說話集　研究》以二十四孝為討論焦點，探討中、日、韓的不同文本，並主要討論其在日本從中世到近代的發展歷史與時代關係；黑田彰的《孝子傳　研究》總結其多年對孝子傳的研究成果，近著《孝子伝圖　研究》則針對不同孝子傳文本與圖像資料進行比較研究；Keith N. Knapp的專著 *Selfless Offspring* 也是對中國中古以前孝子傳的研究[9]。其他尚有許多關於二十四孝的研究，以及利用史書與方志所

7　葉光輝、楊國樞著，《中國人的孝道：心理學的分析》（台北：國立台灣大學出版中心，2008）。

8　康學偉，《先秦孝道研究》（台北：文津出版社，1992）；林安弘，《儒家孝道思想研究》（台北：文津出版社，1992）；池澤優，《「孝」思想の宗教學的研究：古代中國における祖先崇拜の思想的發展》（東京：東京大學出版會，2002）、王長坤，《先秦儒家孝道研究》（成都：巴蜀書社，2007）、徐復觀，〈中國孝道思想的形成演變及其歷史中的諸問題〉，收入氏著，《中國思想史論集集》（台北：學生書局，1983），頁155-200；林麗真，〈論魏晉的孝道觀念及其與政治、哲學、宗教的關係〉，《臺大文史哲學報》，期40(1993)，頁25-52，Kenneth K. S. Ch'en, "Filial Piety in Chinese Buddhism," *Harvard Journal of Asiatic Studies* 28 (1968), pp. 81-97；Alan Cole, *Mothers and Sons in Chinese Buddhism* (Stanford: Stanford University Press, 1998)；冉雲華，〈中國佛教對孝道的受容及後果〉，收入氏著，《從印度佛教到中國佛教》（台北：東大圖書，1995），頁43-55。

9　德田進，《孝子說話集の研究：二十四孝を中心に》（東京：井上書房，1963-64）；黑田彰，《孝子傳の研究》（東京：佛教大學通信教育部，2001）；《孝子伝圖の研

記載大量孝子、孝婦傳記，研究孝道旌表、孝行表現等議題，此類作品亦較多與中國近世社會、風俗有關。關於這部分，第一章中有較詳細的討論。

　　以上簡要的說明主要欲指出：「孝」在中國文化的重要性雖廣爲人所知，但相關的研究卻是晚近才較受重視，研究的內容則以孝子傳、孝的思想、綜論孝文化爲主，且以中古以前的研究爲多，此領域尙有極大開發的空間。我相信當從事中國歷史研究的工作者，更多致力於探討那些在中國歷史發展脈絡中具有重要意義的議題時，對於像「孝」這一類涉及層面廣泛而重要的議題，將會不斷吸引更多人以更多元的研究方法和視角進行研究。

(二)以《孝經》和近世中國為焦點

　　由於孝涉及的層面太廣泛，並不是個人能力所能全面掌握的研究課題，而且目前已有不少綜論性的著作出版，故若不能限定研究範圍，勢必無法做深入而紮實的研究，對學界亦無貢獻。因此，本書將研究焦點設定在《孝經》，一方面對《孝經》相關歷史進行研究，另一方面也試圖透過此特定焦點，探討中國孝文化的某些面向。如此選擇有幾個主要原因：首先，《孝經》既是一特定文本，就能提供鮮明的研究焦點和界線，不致讓內容流於廣泛而無法統御；而隨著探討文本論述的發展、文本生產與被運用的政治和社會脈絡等面向的展開，又同時具有深入社會、文化各層面的要求。換言之，這個議題勢必牽涉到政治、思想、教育、性別、宗教與儀式實踐等領域，可以形成豐富的歷史圖景和思想論述，這是本書鎖定中國近世《孝經》文化史爲研究主題的原因之一。

　　第二，過去學界對於《孝經》的研究並不算多，且主要屬於經學領域[10]。而即使在經學領域，《孝經》的重要性也無法與《詩》、《書》、《易》、

(續)————————————————————

　　究》（東京：汲古書院，2007）；Keith N. Knapp, *Selfless Offspring: Filial Children and Social Order in Medieval China* (Honolulu: University of Hawai'i Press, 2005).

10　綜觀20世紀以現代學術論著發表的《孝經》論著，除了有一部分明顯反映當代政治局勢與意識型態、充滿現實關懷的作品外，大部分屬於經學研究的範圍，且明顯承繼了清代經學研究的傳統。參見李鍌，〈六十年來之孝經學〉，收入程發軔主編，《六十年來之國學》（一）（台北：中正書局，1972），頁615-666；何廣棪，〈晚近《孝經》研究論文彙目〉，《書目季刊》卷23期4(1990)，頁91-97；國立編譯館主編，《孝經論著目錄》（台北：洪葉文化事業有限公司，2000）。

《禮》、《春秋》學的研究相提並論，主要因為此書文字淺白、文意不深奧，在今古文本的爭議上也不大[11]。再者，若僅就《孝經》學研究而言，晚明到清初更是明顯受到忽略的時期。這情形主要與學者們的研究興趣有關，因為大部分學者所關注的是文字考證、辨偽、闡釋經義，仍主要承繼清代漢學的關懷與討論，也有部分學者關注《孝經》的讖緯學與宗教性意涵，及20世紀初才發現的敦煌文獻。而基於上述的關懷，漢魏六朝和唐代文獻顯然更是學者考查的焦點，這也形成《孝經》研究主要集中在唐代以前的局面。另外，考證學(漢學)與理學(宋學)的學風差距，也是導致明代《孝經》學從清代以來長期未受重視的原因之一，此從幾部晚明總輯類的《孝經》著作均未在清代重刊，必須等到20世紀末才重刊，即可見一斑[12]。以上所述的《孝經》學研究概況，也清楚反映在以下一些代表性的《孝經》研究著作中：蔡汝　《孝經通考》、何子煌《孝經的研究》、陳鐵凡《孝經學源流》、陳鴻森〈孝經學史叢考〉等系列論文，以及朱明勳針對歷代《孝經》學研究的系列論文[13]。日本學界對《孝經》的研究也有類似的現象，此

11　例如，《四庫全書》經部類共674種，其中《孝經》11種，與《易》159種、《書》56種、《詩》62種、《禮》57種、《春秋》114種，相差甚多。《四庫存目叢書》經部類819種，《孝經》13種，《易》200種、《書》61種、《詩》65種、《禮》126種、《春秋》96種。而從林慶彰主持的經學研究論著目錄資料庫(編至1997年止)，各經論著篇數分別如下：孝經294篇；易學9139篇；春秋890篇；春秋三傳2608篇；禮記768篇。

12　此不僅顯示清代學者普遍不重視晚明《孝經》學，長久未重刻也導致文本流傳不廣，影響後代學者的研究。關於這些晚明總輯類《孝經》著作的詳細討論，見第三章。

13　蔡汝堃，《孝經通考》(台北：臺灣商務印書館，1966)；陳鐵凡，《孝經學源流》(台北：國立編譯館，1986)；陳鴻森，〈孝經學史叢考〉，收入嚴耕望先生紀念集編輯委員會編，《嚴耕望先生紀念論文集》(台北：稻鄉出版社，1998)，頁53-72；陳鴻森，〈《經義考》孝經類別錄〉(上、下)，《書目季刊》，卷34期1(2000)，頁1-31；卷34期2(2000)，頁1-27；何子煌，《孝經的研究》(新加坡：新加坡亞洲研究學會，1984)；朱明勳，〈論魏晉六朝時期的《孝經》研究〉，《孔孟月刊》，卷40期7(2002)，頁28-34；〈論《孝經刊誤》在宋以後《孝經》研究史上的影響〉，《孔孟月刊》，卷43期1(2004)，頁32-38；〈論朱熹《孝經刊誤》的影響〉，《孔孟月刊》39.12(2001)，頁34-39；朱明勳、戴萍波，〈清代《孝經》研究論要〉，《內江師範學院學報》，卷20期3(2005)，頁141-143。其他研究論著目錄，參見何廣棪，〈晚近《孝經》研究論文彙目〉，《書目季刊》，卷23期4(1990)，頁91-97；漢學研究中心編印，《經學研究論著目錄‧1993-1997》下(台北：漢學研究中心，2002)，1371-1372。

可從佐野大介對日本近50年《孝經》研究的介紹得知[14]。

綜言之，明清時期的《孝經》學是一個長期受到學界忽略的主題[15]。本書選擇以晚明到民初為主要考查的時段，關於這樣的選擇，尚可進一步說明。過去許多學者大多關注上古那部《孝經》的生產脈略，探索它究竟是誰的著作？又是在什麼時代、在怎樣的政治社會背景下被生產？如何被帝王所運用？等問題。本書的焦點不同，我沒有去追問上古那部《孝經》生產的背景和時代意義，而是把焦點放在現存大量的《孝經》文本上，即後世重刊、注釋、輯佚，與各種相關論著文獻。我們知道除了唐代石經與少數宋代善本外，目前我們可以看到的《孝經》大部分都是晚明以降的產物，這些文本在怎樣的歷史脈絡中被生產、被運用？這個問題其實尚未被認真探討過，在這樣的問題意識下，近世顯然是更重要的歷史時段，這也是本書選擇近世做為主要研究時段的重要原因。

明清時期留下大量對《孝經》的注釋和論述文字，在注釋的型態上也推陳出新，除了句讀、訓釋文本之外，許多學者更從五經、四書、其他先秦典籍，甚至宋明儒者的語錄中，擷取論孝之語及相關禮儀規範，與《孝經》文本比附合觀。也有許多是以孝行傳與《孝經》合刊的形式出現。這些豐富的注釋體裁和內容，不僅提供理解《孝經》的不同脈絡與方式，也是欲更具體而緊密地將《孝經》鑲嵌於儒學經典傳統與倫理實踐的種種努力。也因此，明清以降的《孝經》注釋文本能夠提供我們更豐富多樣的文化訊息與詮釋的可能性。

透過分析近世眾多《孝經》文本的生產脈絡與論述內容，考察《孝經》如何在中國近世社會中被不斷詮釋與運用等，不僅可以對明清的《孝經》學進行補白

14　佐野大介指出日本《孝經》研究晚近的趨勢是：總論性的論文減少，針對《孝經》成立與展開，以及各個別注釋書的研究有增加的趨勢，但大部分仍針對唐代以前進行研究。見佐野大介，〈日本における中国の「孝」思想研究〉，《明道日本語教育》，期1(2007)，頁149-170。亦見林慶彰主編，《日本研究經學論著目錄：1900-1992》（台北：中央研究院中國文哲所，1993），頁709-727。

15　必須說明的是，日本學者加地伸行對晚明朱鴻(約1510生)所輯《孝經總類》做過深入研究，也討論《孝經》學在日本的發展，他同時探討了「家族」在儒學的核心地位及其相關思想與實踐等。加地伸行從孝、《孝經》聯繫到中國家族與儒學的研究視野對本研究有所啟發，雖然我們在議題內容上的重疊性並不高。加地伸行，《中國思想からみた日本思想史研究》（東京：吉川弘文館，1985）；《家族の思想：儒教的死生觀の果實》（京都：PHP研究所，1998）。

的工作，也能更貫通地理解《孝經》在歷代的發展與變化，並對過去某些認知提出修正，且對《孝經》與近世政治、社會的關係有更深入的認識。舉例而言，我們可以看到早期的《孝經》論述與實踐如何在晚明獲得創發性的再生，可以探討《孝經》與士人、庶民、婦女教育的關係變化，以及《孝經》與科舉乃至與帝國意識型態的關係，在明清時期有何新的發展及其變化的意義等。學者已指出《孝經》在清帝國意識型態的建構中扮演著重要的角色，順治、康熙、雍正三朝都曾御注《孝經》出版，康熙皇帝頒布《御定孝經衍義》更是媲美唐玄宗頒布《孝經》的重要舉措，其政治和社會效應也十分重要[16]。然而，若不從晚明學者對《孝經》的蒐集出版、提倡研究、上疏朝廷等舉措著眼，我們則無法看見清初士人提倡《孝經》或清廷強調孝治天下的歷史淵源。另外，透過這個研究，我們也會發現理學和經學之間的密切關係，理學思潮確實影響著學者對經書的詮釋。

再從社會文化史的角度看，明清時代是中國孝文化更普及深入社會各階層的重要發展時期。無論就宗族建設、宗族文化庶民化的程度、儒家家禮改革與實踐、朝廷旌表孝行、推行孝教化等方面，明清時期(尤其從16世紀之後)都是最顯著的發展期，此時期同時也是型塑許多我們今日所理解「中國傳統文化」的重要時期。在這個時期內，不僅理學家在思想層面上強調孝是天理之自然、是人道德本性之內涵，而且有政治、社會與宗教各種機制共同推動著孝的教化，加上教育逐漸普及，使得《孝經》能夠接觸更多階層的讀者，也更深入社會中下階層和婦女的生活，此都豐富了《孝經》相關的論述與實踐面向。而隨著時代的發展，中國面臨西潮衝擊與全面改革的迫切性，從晚清到民初，孝與《孝經》議題更鮮明反映著從傳統走向現代的種種衝突與調適。因此，從文化史研究的取徑而言，把研究焦點放在近世，所能捕捉到的歷史圖景更為複雜而豐富。而事實上，傳統有關《孝經》的論述與實踐，也經常以文化資源、學術傳統的姿態再現於近世的歷史圖景內，故本書雖然以近世《孝經》文化史為主題，但許多時候也回溯了重要的早期論著。

第三，《孝經》這部書是少數能夠跨越身分、年齡、性別、宗教等界線，廣

16　見第六章討論。

泛被閱讀的儒家經典之一。而且此書在中國歷史中也發展出非常多元的性質，它不僅是十三經之一、承載聖人微言大義的儒家經典，更是著名的蒙學和女教教材，也是教孝勸善的善書，甚至被認為具有感通天地神明的神聖性，在某些刻意營造的儀式時空中，它也做為一種儀式性的文本，成為實踐者與更高權威間的媒介。上述每一種文本被詮釋與運用的社會文化脈絡均不相同，但卻非完全區隔，彼此間存在複雜交融的關係。因此，循著《孝經》多元文本的性質，探索此書在中國歷史上被談論、實踐的多樣軌跡，這個研究不僅將帶領我們進入相關的政治、教育、學術思想、宗教、儀式等不同領域，展現《孝經》豐富的文化內涵，同時也觸及許多不同歷史人物與情境。

事實上，我非常希望能夠捕捉、摹寫《孝經》文本在不同歷史情境下被誦讀、書寫、比附，被用以建構權力關係、聯繫人與人之間情感、傳承傳統價值與認同的一些歷史場景。《孝經》的文本曾在帝王宮廷裡被莊嚴地宣讀、書寫、頒賜，或被失寵的皇太子公開戰兢地講習，或被許多為父守喪、為母祈壽的孝子們虔敬地誦唸，或在夜深人靜之際一遍遍地迴盪於寡母與幼子心靈之間，或於窮鄉僻壤、或於帝國邊陲的社學中，傳誦於童子們稚嫩的讀書聲中，或者從那監獄中罪臣的筆下、敬虔告天的士大夫口中流洩而出。在這一幕幕生動的歷史圖景中，與之交織的《孝經》文本總是以它歧義多變的姿態，帶領我們進入豐富的歷史想像，想像歷史人物的思想與情感、無助與希望，以及那粧點粉飾權力關係的種種面具。只是，我恐怕史學論文的形式太嚴肅，我的筆也無法傳遞如此多樣而生動的情境。

綜上所言，本書主要研究近世中國《孝經》思想與相關文化實踐，希望能夠對此時期的歷史變化進行仔細考察。在方法論上，搭配著《孝經》多元的性質，從政治、社會、思想、宗教、經典詮釋、性別、儀式實踐等角度進入考察，希望能夠呈現這部書與人們生活及思想交會的豐富景象。而透過這整部書的內容，不僅希望對目前《孝經》的研究有所貢獻，也希望呈現中國孝文化的某些面向，及其從傳統到現代的變化。

二、本書各章簡介

本書主要分爲三部：第一部試圖從宏觀而長期的歷史視角，爲晚明《孝經》學的興起與發展提供社會史和學術史的背景；第二部深入分析晚明《孝經》相關的論述與實踐；第三部則處理從晚明到民初的延續與變化。以下簡介各章的內容。

第一章從社會史的宏觀角度，說明近世中國政治、社會制度與孝意識型態之間的緊密關係。主要從近世宗族制度與宗族文化的普及、宗族與政治權力的關係，以及落實孝的教化等面向，說明孝既是中國近世政治與社會秩序的核心價值，孝的教化也以多種形式在各種制度與媒介中被傳播宣導。對於孝的信奉與支持的立場，並沒有明顯官與民、中央與地方的差距，孝的教化管道散布在政令、法律、宗教、教育、思想、文化各領域，成爲支撐中國近世政治與社會秩序，主導文化發展的重要價值。我希望透過這一章較廣泛而巨觀的內容，能提供某種了解明清《孝經》論述與實踐的社會史背景，同時也提醒讀者，關於晚明《孝經》學興起的社會因素，恐怕不能從簡單的事件（如嘉靖朝的大禮議）或風俗現象（如人們孝或不孝）獲得充分的解釋，而且《孝經》學的發展與孝教化之間也未必呈現同步消長的趨勢。

第二章有兩個目的，除了從長期學術史的角度討論《孝經》文本性質的變化外，也希望對於《孝經》與傳統蒙學和女教的關係有所說明。這一章運用資料庫蒐索所得的大量《孝經》相關史料，根據泛覽整理後的心得，指出近世以後的《孝經》文獻和中古以前具有明顯的差異。宋代以前的史料顯示，《孝經》在政治和士人文化中占據重要地位，頻繁出現在政治禮儀、教化、朝議辯論、宗教、驅鬼等場景，與文人自我表述與書寫的關係很密切，其在士人傳記中出現的比率亦較高。相對地，元明以降的史料則顯示《孝經》逐漸淡出朝廷政治核心舞台，轉向地方庶民教化，並主要以蒙書的姿態出現，其在士人爲主的男性傳記中亦明顯隱微化，但卻大量出現在婦女傳記中，說明《孝經》在近世婦女教育與書寫婦女中占據著重要地位。

　　既然《孝經》在近世主要被定位爲蒙書，又與女教關係密切，這一章也進一步討論《孝經》在近世蒙學中的地位，以及史料所提供我們有關女子教育與書寫女德等議題。我認爲近世蒙學教育相當程度受到朱子等理學家所規劃之爲學次第的影響，《小學》比《孝經》更能傳達蒙學教育理念，在蒙學領域也更具指導性的權威。另外，近世蒙學教材不斷推陳出新，創作、編纂出更多適合兒童教育的讀本，故在市場競爭與教材適用的考量下，《孝經》也不是最普及的蒙學教材。不過，《孝經》所承載的孔曾之傳，以及長期做爲蒙書的歷史背景，也讓其始終在蒙學領域中占據一定的地位。關於女教和書寫女德方面，我主要利用大量史料補充有關近世士人家庭落實女子教育的討論，並分析傳記書寫的形式，說明《孝經》出現在婦女傳記中具有反映史實與標幟婦德的雙重寓意。

　　透過前兩章比較宏觀的討論，我希望能夠爲晚明《孝經》學的興起提供某種背景式的理解框架。在第一章中，我們論到近世時期，尤其從15、16世紀以降，在朝廷與宗族組織性的推動下，以及宗教、教育、文化各領域的倡導下，孝的教化普遍瀰漫在社會中，成爲穩定政治和社會秩序的核心價值。呼應這個現象，第二章我們把焦點移至《孝經》，一方面我們看到《孝經》在近世確實擁有更多讀者群，也更接觸庶民與婦女，深入民間生活；但另一方面，我們也看到它明顯失去在中央政治議論和士人文化中的重要地位，甚至連儒家經典的地位都遭受質疑。我們從上述政治、社會背景，配合《孝經》文本性質的變化來看，即使仍無法明確解釋晚明《孝經》學興起的原因，但至少提供我們理解晚明論述和實踐的某種歷史脈絡，幫助我們體會晚明士人提倡《孝經》的理由與論述的重點。亦即，一些生活在充滿孝意識型態社會中的晚明士人，不滿於《孝經》只淪爲蒙書的事實，希望恢復《孝經》在中古以前的重要政治地位。

　　第二部包括第三至第五章，主要討論晚明《孝經》的論述與實踐。綜覽晚明對《孝經》的討論，我認爲可簡單將晚明的論述分成二類：第一、從孝的政教功能立論、不牽涉到孝感神應的論述，此以朱鴻（約1510生）、孫本（1546舉人）爲代表；第二、著重孝德感通神明、孝的工夫修持等宗教性的意涵，此以虞淳熙

(1553-1621)[17]、楊起元(1547-1599)為代表。這兩方面的論述構成第三、第四章的內容。第五章則以晚明宗教性意涵的《孝經》詮釋為背景，以實踐為焦點，討論一些實踐的個案。

第三章〈晚明《孝經》著作與政教功能論述〉，首先說明晚明陸續出現一些提倡《孝經》的士人，他們不僅蒐集《孝經》史料、研讀並著作新論，更上疏朝廷請將《孝經》列入科舉必試科目。他們的看法和舉措主要載於朱鴻、江元祚、陳仁錫和馮夢龍(1574-1646)、呂維祺(1587-1641)等人所編輯的《孝經》總輯類著作。故本章除了介紹這些晚明重要的《孝經》著作，說明其編纂和出版的時代背景外，也試圖比較各書內容之異同。另外，我也根據這些著作，說明學者們如何分析造成《孝經》學衰微的主因，及其反駁的策略，討論他們有關《孝經》政教功能的論述，並指出他們論述的內容明顯受到當時主流思潮陽明學的影響。

第四章討論晚明具宗教性意涵的《孝經》論述，以虞淳熙為核心，旁及其他學者，並追溯此類論述的歷史淵源和當代脈絡。全章主要分為二部分：第一，根據虞淳熙的作品，從「孝的宇宙秩序觀與文明系譜」、「孝的境界與工夫」兩方面，說明虞淳熙以孝為宇宙自然和人間秩序的源頭，乃聖人學統及中華文明的主要精神，並說明虞淳熙孝的工夫論以齋戒心法為主，以《禮記》為重要參考依據，與三教工夫論有密切關係。第二，試圖說明虞淳熙論孝與《孝經》的複雜文化脈絡，除了試圖從長期三教融合的歷史背景及早期《孝經》宗教性詮釋加以理解外，也指出晚明三教交融及陽明學更是不可忽視的重要背景。本章也以較多篇幅說明虞淳熙孝論與陽明學的密切關係，考察並比較虞淳熙、羅汝芳(1515-1588)、楊起元之間的交往與思想異同。

第五章則延續第四章的內容，以實踐的角度，進一步討論明清士人有關《孝經》的實踐個案。關於《孝經》在教育、政治等領域的運用和實踐，在第二章、第六章中均所有討論，本章主要選擇一些具儀式性行為的實踐個案做為討論的焦點，分別討論呂維祺晨夕焚香誦唸《孝經》、楊起元〈誦孝經觀〉的內容、潘平格(1610-1677)誦《孝經》祈雨、許三禮(1625-1691)告天誦《孝經》、黃道周

17　虞淳熙生年根據其〈贈丁舜生〉序文推算，此資料由楊晉龍先生提供，特此致謝。該文見虞淳熙，《虞德園先生集》(北京：北京出版社，2000)，卷3，頁17a。

(1585-1646)在獄中手書《孝經》五個個案。這些個案並不屬於任何特定教派或學派內的活動，而是個別性地在日常生活或特殊場合下，於士人自我營造的儀式空間內舉行。在每一個特殊的儀式時空裡，《孝經》都成為一部別具深意的儀式性文本，讓實踐者得以通過它，從事著種種的自我修煉與自我表述，並與更高權威進行溝通和協商。而這些看似雷同的實踐活動，其實在每位實踐者個人思想脈絡及不同儀式情境下，都具有不同的意義，傳遞著獨特的訊息。透過這些個案研究，我們也看到一個文本在文化實踐中所具有的豐富意涵，以及儀式展演過程中不斷更新的創化活動。

第三部包括第六至第九章，討論從晚明到民國初年，有關《孝經》的政治政策，以及論述與實踐的延續和變化。第六章〈政治政策的延續發展〉，主要指出從晚明江旭奇、瞿罕、呂維祺，到清初魏裔介(1616-1686)連續上疏的訴求內容，以及從晚明和清初朝廷的回應看來，均有非常明顯的延續性發展。無論順治十六年(1659)清廷下令規定科舉第二場的論題以《孝經》出題，正式將《孝經》納入考試，或者清初帝王強調孝治天下、頒布《孝經》的舉措，都應該回溯到晚明的歷史，才能更清楚看見其間密切的關聯。即使歷經明清鼎革的政權變化，關乎孝治天下理想的《孝經》政策，從晚明到清初的延續性卻非常明顯。另外，本章也考查清初河南和浙江杭州地區推廣《孝經》教育的情形，做為檢視帝國孝治意識型態落實於地方的進一步觀照。

第七章討論從晚明到清初《孝經》詮釋觀點的變化。本章主要根據此時期生產的《孝經》文本，分析詮釋觀點變化的趨勢。我認為明清之際的《孝經》詮釋觀點，明顯呼應著當時從陽明學轉向朱子學的學風變易，呈現二大變化：(1)過濾陽明學；(2)由多元觀點趨於一元觀點。關於過濾陽明學的作法，我又分別討論河南、浙江兩地的作品，比較異同，說明這種「過濾」並非完全出於朝廷政治力的干預，更多反映了整體學風的轉變。至於由多元觀點轉向以朱子學為尊的一元觀點，我認為康熙朝頒布《御定孝經衍義》有極大的影響。儘管如此，我也試圖從注釋的形式與議題著眼，說明在明顯學術斷裂的表象下，從晚明到清初的《孝經》學仍有著學術發展與傳承的延續痕跡。

第八章討論清代中晚期的《孝經》學，主要分為三部分。第一，說明清中葉

以後的《孝經》學明顯反映著考證學風的影響和興趣，加上當時有兩個從日本傳回中國的《孝經》文本——《古文孝經孔氏傳》、《孝經鄭注》——廣泛引起學界注意，使得《孝經》今古文和《鄭注》相關問題，成為此時期最受關注的議題。學者的主要關懷在辨偽，除了援引、評論前代學者的相關議論和著作，清儒也發揮考證學的工夫，在輯佚、比對群書文本異同的基礎上，提出許多新的見解。但是，他們的判斷仍流於主觀，許多論證的前提都建立在個人信念上。簡言之，清儒普遍認定《古文孝經孔氏傳》是一部偽書，對於日本傳入的版本也多認為是偽作，接受度不高；相對地，清儒對《孝經鄭注》較感興趣，學者之間雖仍有歧見，不過一般對日本岡田輯本的接受度較高。至於《孝經鄭注》的作者問題，則仍分別以鄭玄、鄭小同兩派看法為主，並未達成共識。

第二，本章也指出清中葉以後的《孝經》學有別於清初以朱子學為一尊的態度，一些被清初學者刻意刪汰的晚明注釋，此時又再度被抄錄、刊印，學者們對朱子《孝經刊誤》的作法也多抱持質疑和批評的態度，顯示清初官方意識型態的操控與主流學界對陽明學的反感，在清中葉以後均有鬆弛緩和的跡象。最後，本章也指出，雖然就大部分經注或學術著作的內容而言，我們並未看到在清初被壓抑的《孝經》宗教性意涵有明顯復甦的情形，不過如果我們把焦點放在一些與其他宗教類典籍合刊、以善書形式被出版的《孝經》，或者某些道士說經的內容，我們則會發現，《孝經》的宗教性意涵在近世中國可能始終未曾中斷過。

第九章〈新世界秩序下的《孝經》論述〉，主要討論從晚清到民國初年，在政治、社會、價值觀念的激變中，《孝經》論述的新風貌及其與傳統的關係。本章指出此時期的論述有兩個不同的趨向：第一，文化保守派學者在回應五四新文化運動以來對孝的批判時，的確有捍衛孝道的言論，然而這些學者多已接受民主、自由、平等、尊重個人等價值，故他們對孝的維護，其實擔負著縮合傳統文化與現代政治社會體制及價值的重責大任。而《孝經》的孝治思想及其與傳統帝制的密切關係，也對他們造成一定的負擔。大體而言，學者們多從自然愛敬的倫理道德角度來詮釋孝義，將其規限為家庭內之倫理，消解傳統孝治的意涵；對於《孝經》的態度，則出現忽視、揚棄、試圖重新詮釋以維護之的不同立場。

另一種《孝經》論述與實踐，主要受到孔教大同世界觀的影響，不僅明顯具

有與世界其他宗教比擬、競爭的意味，也傳承了許多傳統的觀念和作法。在這一類論述中，孔子和《孝經》都被賦予極鮮明的宗教色彩，《孝經》也成為孔教的聖經、指引全球邁向和平的福音書。我們從《孔聖孝經定全球》、《孝經德教》等書，清楚看到地方性的尊孔組織是其出版和傳播的重要管道，百餘位民眾捐款刊印的方式也延續著捐刊善書的運作模式。書中充滿著孝感神應的觀念與實踐，也明顯可見許多與傳統接軌的現象，而即使「西學」和「全球」已進入這些作品的視域，但主要做為被批判的對象，中國傳統孝治秩序觀不僅沒有因西學進入而瓦解，反而成為批判西方的根據。

以上兩種對孝與《孝經》的看法，同時並存於民初中國社會，前者以知識菁英陣營為主，以現代刊物與學術著作的方式發聲，在中國現代思想史上占據著重要地位。後者以地方性社團為陣營，參與者的社會階層相當廣泛，雖然就作者的知名度而言，無法與前者相提並論，然而其與傳統密切的關聯性及所具地方草根性的影響力，絕不容忽視。這兩種論述與實踐的明顯差異及同時並存，不僅反映著西方現代價值與中國傳統價值在民初時期交織共存的複雜現象，也反映著中國廣大土地中的地域性與思想文化差距，並且讓我們看到傳統和現代的密切關聯。

結論中除了綜述本書內容大要，我也特別舉例說明《孝經》如何持續活躍於當代華人社群之中，並在21世紀的教育與文化各領域展現新的活力，扮演著代表傳統道德智慧與民族認同象徵的角色。而透過本書的研究，我們也更能從這些當代的活動與發展趨勢，看到歷史演變中的神似與創新，感受到孝文化對華人社群深刻而持續的影響力。

第一部

宏觀歷史背景

第一章
近世中國家族與孝的教化

　　本章試圖以長期宏觀的歷史視野，說明孝的意識型態如何與近世中國的政治、社會制度緊密相關。孝既是政治和社會秩序的核心價值，孝的教化也以多種形式在各種制度與媒介中被傳播、宣導。對於孝的信奉與支持的立場，並沒有官與民、中央與地方的差距，孝的教化管道散布在政令、法律、宗教、教育、思想、文化各領域，成為支撐中國近世政治、社會秩序，主導文化發展的重要價值。透過這樣宏觀綜論式的觀照，主要希望能夠提供某種了解晚明《孝經》學興起的政治與社會背景，並且與下一章所討論的學術史背景互相參照，共同提供本書主題──《孝經》與近世中國的政治與文化──重要的歷史脈絡。

　　由於本書主要討論16世紀以降的《孝經》文化史，而本章旨在提供相關社會背景，家族又是孝道文化最緊密相關的社會機制，故以下將從中國近世時期的家族組織及其政教功能談起，並說明孝做為帝國政治意識型態，對於凝聚宗族的重要性。我們知道中國近世新型態的家族(宗族)[1]雖可溯源北宋，但元明之後的發展更顯著，尤其明中葉以降，隨著中國整體政治、經濟、社會的劇烈變化，宗族組織更為興盛，孝的教化也更普及[2]。故16世紀到18世紀間的發展，不僅跨越明

1　本章在使用「家族」、「宗族」時並沒有明顯區分二者意涵，認為宗族組織亦是一種廣義的家族型態。

2　16世紀晚期以後同時也是貿易經濟活躍、人與物品流動明顯加速的時期，這對於傳統以農業社會為理想的家族關係與孝道倫理具有一定的衝擊與破壞力，但並未瓦解傳統的秩序觀。或許正由於這種衝擊與威脅，反而使得人們更加重視宗族聯屬、加強孝的教化。從當時許多「擬血緣」團體的存在，可以看出家族及相關倫理仍是主宰人們思想與行為的主要價值觀；而從「萬里尋親」這類孝行大量出現在明清時期，我們也看見遠遊與長程貿易常是這類孝行的導因，但孝行所反映的社會主流價值則仍是儒家家庭倫理觀。因此，晚明到清末以前，即使社會流動加劇、傳統價值

清易代的衝擊，呈現重要的連續性，此時期也是中國近世帝國與社會的重要型塑期。因此，下文將從近世家族組織、帝國發展、孝的教化三個角度，勾勒出一些長期而重要的變化趨勢，並凸顯16到18世紀的特殊歷史意義。

一、近世的家族

　　許多學者都說，要了解中國社會必須從家族入手，因為家族不僅是構成社會結構的基礎，與政治體制的變化息息相關，更發揮著政治治理和穩定秩序的重要功能，家族史的研究因而也是中國社會史研究的重要課題[3]。中國歷史上的大多數家庭均屬中小規模，即由一對夫妻所組成的小家庭或幾個已婚家庭同堂共居的中型家庭。雖然從東漢後期迄唐，大家族型態獲得進一步發展，北宋也鼓勵血緣結合的大家族組織，但以社會中最多數的家庭而言，中小規模的家庭組織才是主流[4]。然若以每個時期最具社會影響力的家族或宗族的規制而言，從上古到近代大致經歷了幾個重要的變化：從周代的封建貴族家族宗法制、秦漢迄唐的世族以譜牒制為特徵的宗法宗族制，到宋元以降以建祠、修譜、置族產為特徵的庶民宗法宗族制[5]。但在歷代的變化之中，也存在著明顯的延續性，例如早期宗法社會

（續）————————————

　　受到衝擊、許多實際生活形式均在變化，但做為政治與社會秩序之本的家族倫理觀尚未發生根本的動搖。關於擬血緣團體的大量存在，見岸本美緒，《明清交替と江南社會》（東京：東京大學出版會，1999），頁81-82；關於明清時期萬里尋親孝行，見呂妙芬，〈明清中國萬里尋親的文化實踐〉，《中央研究院歷史語言研究所集刊》，78本2分（2007），頁359-406。

3　黃寬重、劉增貴主編，《家族與社會》（北京：中國大百科全書出版社，2005），頁1；周大鳴等著，《當代華南的宗族與社會》（哈爾濱：黑龍江人民出版社，2003），頁1-2。

4　佐竹靖彥，〈《清明上河圖》為何千男一女〉，收入氏著，《佐竹靖彥史學論集》（北京：中華書局，2006），頁270-311。佐竹靖彥，〈宋代的家族〉，《東京都立大學人文學報》，期257（1995），頁1-49；李卿，《秦漢魏晉南北朝時家族、宗族關係研究》（上海：上海人民出版社，2005），第一章。

5　黃寬重、劉增貴主編，《家族與社會》，頁4；李文治、江太新，《中國宗法宗族制和族田義莊》（北京：社會科學文獻出版社，2000），頁1-26。周大鳴綜述中國歷史上的宗族制度變化如下：「春秋以前的宗法式宗族制度，魏晉至唐代的世家大族式的宗族制度，宋以後的近代祠堂族長的族權式宗族制度，近代以後平民式的宗族制度。從性質上看，宗族經歷了從貴族組織向民間組織轉化的過程；從功能看，宗族經歷

的某些宗法倫理，即使歷經政治、社會的巨大變革而有所調整，仍持續對後代產生影響；三綱五倫在法律的落實，從中古到近代也有明顯的延續性[6]。因此，近世中國有關家族的許多信念與實踐，既有因應近世大環境的變化而形成的新風貌，也承載了長久歷史傳統的積累。伊佩霞(Patricia Buckley Ebrey)研究宋代家族觀念指出，許多漢唐的家族型態、實踐與理念都被持續保留而影響著後代的家族組織，故研究宋以後的家族或宗族變化，更需注意在舊現象中所增添的新元素[7]。

　　或許正因為某些家族型態與理念確實有長期的延續性，在近代西方傳入的個人主義、平等、自由、民主等價值觀對比下，傳統中國歷代的差異很容易被忽視。因此，在許多晚清和民初人們的眼裡，中國家族與政治緊密的同構關係，及規範、鞏固家族與政治的倫理思想，幾乎千年不變，就是中國封建體制與思想的代表。這樣的視野，很難看見歷史的變動與創新，許多判斷也因而失之武斷。誠如科大衛(David Faure)所言，19世紀末人們深切感知的種種傳統家族樣貌與文化機制，其實多半是在近世時期(尤其是明清時期)才逐漸形成的[8]。

　　晚近眾多關於近世家族的研究成果顯明，儘管家族組織型態及其在地方社會的運作有明顯的地域差異，歷史的發展也不是單向地進行，某些特殊時期或特定區域都曾有逆反的發展[9]。然而就長期發展趨勢而言，中國近世家族的發展仍可歸納出幾個大特點，如宗法倫理庶民化、家族基層行政組織化等[10]。若我們從社

(續)————————————————
　　了從以政治功能為主到以社會功能為主的過程。」見周大鳴等著，《當代華南的宗族與社會》，頁7。
6　陳惠馨指出，把三綱五倫建構在法律中，唐以前已開始，而且延續到明清不變。陳惠馨，〈《唐律》中家庭與個人的關係——透過教育與法制建構「家內秩序」〉，收入高明士編，《東亞傳統家禮、教育與國法》(一)(台北：國立台灣大學出版中心，2005)，頁87-128。
7　Patricia Buckley Ebrey, "Conceptions of the Family in the Sung Dynasty," *Journal of Asian Studies* 43 (1984), pp. 219-245.
8　尤其是16世紀中葉到18世紀更是變化最明顯的時期。David Faure, *Emperor and Ancestor: State and Lineage in South China* (Stanford: Stanford University Press, 2007), pp.7-14; p. 152.
9　如戰亂導致既有宗族組織衰敗，或政治力介入，如朱元璋組織大規模由南向北移民，對江南大宗族造成破壞等。
10　鄭振滿，《明清福建家族組織與社會變遷》(長沙：湖南教育出版社，1992)，第五章。

會與政治結構的上下關係，以及從帝國與邊陲的連結及彼此認同的角度來看，換言之，從儒家禮儀向庶民社會滲透、朝廷與地方社會的權力關係、中國近世帝國幅員的變化與文化之型塑等面向，來思索家族文化在近世的發展及其與政治的密切關係，亦不失為有意義的觀照點。以下的討論主要便循著這樣的思路進行。

必須說明的是，地域性的差異一直是家族研究者的基本認知，嚴格而言，我們無法根據某區域的狀況來推想其他地區或概述整體中國。明清時期宗族組織以華中、華南地區為盛，華北地區相對較少，目前關於家族的研究成果也以南方地區為多，以下的綜論也無可避免地多倚賴對南方家族的研究成果。如此做並沒有要將這些觀點簡單投射到其他地區，或將中國整體同質化的意思[11]。不過，晚近學者對北方家族的研究也顯示，即使在華北地區，宗族組織仍發揮了一定的作用，不可輕忽[12]。再者，畢竟近世中國的發展與南方的持續開發關係密切，南方又是帝國晚期經濟和文化最發達的區域，故即使南方無法代表全中國，仍與帝國整體發展密不可分。因此，以下對於中國近世家族的概述雖較多根據南方研究的成果，但由此推論其與帝國政治權力與秩序的建構有關，卻不是無理的。另外，由於晚明《孝經》學的復興首先發生在江南地區，故以南方社會的家族現象做為思考晚明江南士人提倡《孝經》的社會背景，也有一定的合理性和重要性。

(一)宗族文化的庶民化

所謂宗族文化的庶民化，主要意指宋儒據其天理秩序觀及古代禮儀所制定的宗法倫理規範與儒家家禮，通過教化逐漸往社會下層擴展，使得宗族相關的建制與文化逐漸成為許多地方重要的文化圖景，並鑲嵌在基層社會種種機制與網絡中[13]。當然，這並不是單純「由上而下」的傳播，觀念和禮儀行為的影響往往是雙向交流的，且不斷彼此調適和挪用，士人可能將原先流行於庶民中的禮儀吸納整合成

11　關於此的反思，參見David Faure, *Emperor and Ancestor*, pp. 351-368.

12　唐軍，《蟄伏與綿延：當代華北村落家族的生長歷程》(北京：中國社學出版社，2001)；秦燕、胡紅安，《清代以來的陝北宗族與社會變遷》(西安：西北工業大學出版社，2004)。David Faure, *Emperor and Ancestor*, pp. 363-366.

13　科大衛、劉志偉，〈宗族與地方社會的國家認同〉，《歷史研究》，期3(2000)，頁3-14。

爲儒家家禮的一部分[14]，宗法原則與士人規劃的禮儀藍圖也會在許多實踐中被修改成更可行、更符合人們心願的方式[15]。儘管如此，原本屬於上層社會的儒家宗法倫理與禮儀文化，確實從元以降逐漸擴展到庶民階層，而且愈來愈盛。明代中期以後更迅速發展，到了18世紀，許多地區的宗族相關建制與活動已成爲當地最顯著的地標與文化活動，在基層社會中發揮了治理與整合的重要功能[16]。

　　宋元以降新型態的家族組織與宗族文化庶民化的現象，主要與政治、經濟和社會結構的大變化相關。李文治認爲地主制經濟的發展是影響家族組織最重要的因素，宋以後因爲土地關係的巨大變革，小農經濟確立，庶民地主出現，是造成近世新型態宗族的主因[17]。在政治方面，唐宋變革導致門閥政治衰微、世族大家沒落、科舉在宋代日益重要的選才功能，不僅創造了新的政治領導階層，也創造新的士族型態。到了南宋，早期世族大家的勢力已完全消退，取而代之的是與地方社會更緊密結合的科舉士族[18]。而隨著經濟發展、教育普及，士人群體的總數（也是士人家族總數）不斷擴增，科舉中舉率銳減，競爭日益激烈，社會上下的流動性也隨之增加[19]。科舉的成敗、政治身分的轉變，又與經濟實力和教育管道息

14　如墓祭在宋代的發展，見Patricia Buckley Ebrey, "The Early Stages in the Development of Descent Group Organization," in Patricia Buckley Ebrey and James L. Watson eds., *Kinship Organization in Late Imperial China, 1000-1940* (Taipei: SMC Publishing INC., 1987), pp. 16-61.

15　常建華，《明代宗族研究》（上海：上海人民出版社，2005），頁120-132；168-180；何淑宜，《香火：江南士人與元明時期祭祖傳統的建構》（板橋：稻鄉出版社，2009），第四章。

16　這在華南地區特別明顯，見鄭振滿，《明清福建家族組織與社會變遷》；David Faure, *Emperor and Ancestor*, pp. 125-232.

17　李文治、江太新，《中國宗法宗族制和族田義莊》，頁25-26。

18　Robert Hartwell, "Demographic, Political and Social Transformations of China, 750-1550." *Harvard Journal of Asiatic Studies*, 42:2 (1982), pp. 365-442. Robert Hymes, *Statesmen and Gentlemen: The Elite of Fu-chou, Chiang-Hsi, in Northern and Southern Sung* (Cambridge: Cambridge University Press, 1986). Beverly J. Bossler, *Powerful Relations: Kinship, Status, and the State in Sung China (960-1279)* (Cambridge and London: The Council on East Asian Studies, Harvard University, 1998).

19　內藤湖南，〈概括的唐宋時代觀〉，收入劉俊文主編，《日本學者研究中國史論著選譯》第一卷（北京：中華書局，1992），頁10-18；John Chaffee，《宋代科舉》（台北：東大圖書有限公司，1995）；Ping-ti Ho, *The Ladder of Success in Imperial China: Aspects of Social Mobility, 1368-1911.*(New York: Columbia University Press, 1967).

息相關，故在高度競爭的科舉環境下，家族不僅深切地影響著個人的科舉成敗；反之，家族成員的政治成就更是維繫家族於不墜的關鍵因素[20]。因此，許多士人之家都藉由整合家族的資源或通過聯姻等策略，試圖保持家族長期的競爭力[21]。也由於這個緣故，對中國近世士人與士人文化的研究，往往離不開對家族因素的考量；對於地域社會中權力關係的討論，也經常必須扣緊「家族」進行分析。

教育擴展與科舉所造成的社會流動性和開放性，也使得社會身分的區分比以前更加模糊，從家族的角度看，士商交融的程度更緊密也更難區隔，許多家庭都同時擁有士、農、醫、商等不同職業身分的成員[22]。具有科舉功名成員的家族在社會中愈來愈普遍，受過士人教育卻未能通過科舉出仕的士人也大增，這些士人的活動主要在地方社會，他們很可能在自家或鄉里間傳承著儒家的教育和禮儀，積極地整合家族勢力，他們的家族以後也可能因著某些成員的政治成就而翻身。某些家族即使未能在科舉上有傑出的表現，也不排除他們在地方社會中具有一定的影響力。再者，社會上普遍存在著下層對上層的仿效，加上儒家士人多懷抱教化鄉里、移風易俗的理念，此都有助於士人的理想與作為向庶民階層推展。晚近學者們的研究都指出，宋元以降許多關於宗族的理想與活動，主要源於士人的文化創造，其向庶民階層的擴展也與士人的提倡有密切的關係[23]，當然這並不意謂

---

20 黃寬重，《宋代的家族與社會》（台北：東大圖書有限公司，2006）；賈志揚《宋代科舉》。

21 雖然在近世日益競爭的大環境下，實際上很少家族能夠真正長期保持不衰的命運，例見黃寬重在《宋代的家族與社會》中研究的個案家族；亦見Beverly J. Bossler, *Powerful Relations*.

22 Beverly J. Bossler, *Powerful Relations*, pp. 203-212; David Faure, *Emperor and Ancestor*, p. 232。于志嘉和宋怡明（Michael Szonyi）的研究也顯明軍戶家庭中具有各種職業的家族成員。于志嘉，〈再論族譜中所見的明代軍戶——幾個個案的研究〉，《中央研究院歷史語言研究所集刊》，63本3分（1993），頁639-678；Michael Szonyi, *Practing Kinship: Lineage and Descent in Late Imperial China*（Stanford: Stanford University Press, 2002), pp. 56-89.

23 常建華，《明代宗族研究》，頁422-424；科大衛、劉志偉，〈宗族與地方社會的國家認同〉；何淑宜《香火：江南士人與元明時期祭祖傳統的建構》，第二、四章。雖然宋怡明指出並非所有宗族組織的形成都需倚靠士人，庶民因著賦役義務的需求，也可能動員組織自己的宗族，但即使有這樣的例子存在，並不能全盤改變「士人倡導乃近世宗族文化發展之重要因素」的觀點。Michael Szonyi, *Practing Kinship*, pp. 56-89。

庶民不能在實踐中進行各種挪用與創新。

　　中國近世宗族文化的特色主要表現在置族產、建家祠、行家禮、編族譜等活動上，這些舉措都可溯源於宋代，但主要是在明代中葉以後，才獲得快速發展[24]。以儒家家禮的實踐而言，伊佩霞的研究讓我們看到司馬光(1019-1086)、程頤(1033-1107)等宋代士人對於家禮的關注與修訂，對後代產生了重大影響，朱熹的《家禮》更提供了典範性的作用，不斷為後代學者所討論、修訂與採用，其在社會的影響力不僅超越了思想史上「程朱、陸王」之辨，也跨越了士庶之別[25]。何淑宜對於元明時期江南地區祖先祭禮的研究指出，在祭祖習俗上，宋代還是與佛、道儀式關係密切，多在墳庵和功德墳寺舉行，儒家式的禮儀到了元代才逐漸增多，實踐者則以理學家和正在進行合族者為主。明代由於朝廷採儒禮為官民祭祖的原則，朱子《家禮》進入國家典制系統，進一步發揮影響力[26]。明代中後期祠堂碑記的數量大增，反映此時期儒家祭祖禮儀在江南地區更普遍被實行，關於祭儀的規制也受到更多關注，實踐者也會根據自身的需求重新詮釋禮儀[27]。科大衛對於廣東、鄭振滿對於福建地區的研究也看到類似的趨勢，此地宗祠的興建主要在16世紀之後，其中嘉靖十五年(1536)夏言(1482-1548)上疏，請廢除建祠及追祭世代的限制，並准許臣民於多至祭始祖等禮制改革，具有指標性的意義與重大的推動作用[28]。對於近世宗族祭祖的大致發展，常建華綜述如下：

24　李文治說宋代三百年是從門閥貴族型宗法宗族制向庶民型宗法宗族制過度的時期；伊佩霞追溯後來許多宗族特徵在宋代已出現，並說明從11世紀到14世紀的變化。李文治、江太新，《中國宗法宗族制和族田義莊》，頁29-31；Patricia Buckley Ebrey, "Conceptions of the Family in the Sung Dynasty."

25　Patricia Buckley Ebrey, *Confucianism and Family Rituals in Imperial China* (Princeton: Princeton University Press, 1991).

26　何淑宜，《香火：江南士人與元明時期祭祖傳統的建構》，第三章；科大衛、劉志偉認為到嘉靖朝禮制改革才成定制，見氏著，〈宗族與地方社會的國家認同〉。

27　何淑宜，《香火：江南士人與元明時期祭祖傳統的建構》，第四章。

28　夏言，〈請定功臣配享及令臣民得祭始祖立家廟疏〉，《夏桂洲先生文集》(台南：莊嚴文化事業有限公司，1997)，卷11，頁71a-78b；科大衛，〈祠堂與家廟——從宋末到明中葉家族禮儀的演變〉，《歷史人類學學刊》，卷1期2(2003)，頁1-20；李文治、江太新，《中國宗法宗族制和族田義莊》，頁66-68，第四章。法令的頒布往往有追認現實的一面，此政策的頒布應該也反映了當時人們祭始祖、建宗祠的風氣已逐漸普及的事實。明初至明中葉，庶民之家已有祠堂者，臣民之家也有追祭始遷祖者，見

從祭祖的角度來看，宋明宗族制度是程朱理學文化型態的一部分。宋以後宗族型態的形成，也是士大夫溝通儒家經典、程朱理學、國家禮制與社會民俗、大眾心理的實踐結果。在根本上不損害專制等級制度的前提下，士大夫從民情出發，對祭祖制度斟酌損益，從權處理，形成了民間認同、政府認可的宗族祠堂祭祖特色。29

另外，從修譜、家訓等相關宗族文化，亦可見明清時期是宗族文化庶民化的關鍵期。編纂族譜方面，雖然宋已有歐陽修（1007-1072）、蘇洵（1009-1066）修譜的著名例子30，元明又獲得進一步發展，由於族譜具有證明身分、提供認同與歸屬的功能，又與里甲制度相關，明初修譜已相當普遍31；然而，族譜的大量出現仍在明中葉之後。李文治指出，現存族譜有3萬多種，其中絕大多數為清代的作品，且遍及庶民之家。同樣地，族田和義莊雖始於宋代，但也是在明清兩代才明顯普及，李文治據其多年研究經驗指出，宋元兩朝的族田義莊的史料有70餘例，明代有200餘例，清代則有400餘例32。族規、家訓等家族規範的大量出現，同樣在明中晚期以後33。以上諸多學者研究的成果，不但充分說明宋元以降宗族組織日益興盛，宗族文化庶民化的趨勢逐漸明顯，也顯示16到18世紀是中國近世宗族社會發展的關鍵時期34。

（續）————————
　　　　李文治、江太新，《中國宗法宗族制和族田義莊》，頁65-66。
29　常建華，《明代宗族研究》，頁416-417。
30　Patricia Buckley Ebrey, "Early Stages of Descent Group Organization," pp. 16-61.
31　David Faure, "The Lineage as a Cultural Invention," *Modern China*, 15:1 (1989), pp. 4-36.
32　李文治、江太新，《中國宗法宗族制和族田義莊》，頁22；72-75。
33　費成康主編，《中國的家法族規》（上海：上海社會科學院出版社，1998(2002重印)），第一章；亦見下文討論。
34　以區域發展的差異而言，江南早於福建。常建華指出，徽州、興化、吉安及江浙一帶，在宋元時期已有不少新型態宗族出現，明代更加普及，安徽、江西、福建三省是明代宗族最興盛的地區。珠江三角洲則發展較晚，以嘉靖大禮議為契機，伴隨地域開發，在清代才快速發展。常建華，《明代宗族研究》，頁419。

(二)中央與地方關係中的宗族

　　學者多指出近世宗族有基層行政組織化的趨向,意指宗族不僅是血緣共同體,更不斷擴增其政治行政職能,在基層社會中成為擔負完納國家賦稅、維護社會紀律、執行教化等功能的政治地緣共同體[35]。簡言之,宗族關係的政治性加強,並在中央朝廷與地方社會的聯繫與權力互動中扮演著重要的中介角色[36]。這主要與政治體制及政治意識型態有關,中國官僚組織的規模與廣大土地和人民不成比例,朝廷不可能對鄉村基層社會進行直接管理,許多事務都必須仰賴地方自行管理[37]。故在許多地區,組織完備的宗族便擔負了協助朝廷進行地方管理的工作,獲得朝廷部分的授權,成為合法的基層社會組織。明清時期宗族基層行政組織化的現象,主要表現在負責賦役徵收、行使法律以穩定社會秩序、施行鄉約教化等方面。而這現象同樣是從明中後期才更明顯,到清代更加確立[38]。

　　以華南地區為例,明代宗族擔負賦役徵收工作,主要與里甲制度的性質變化有關。劉志偉指出,明初里甲體制是一種試圖對社會進行全面控制的設計,通過里甲審定戶籍以掌握人口和土地資料,做為賦役徵派與地方治理的基礎。事實上,里甲制度在明初可能並未真正全面有效落實[39],加上後來賦役過重與不均,

---

35　李文治、江太新,《中國宗法宗族制和族田義莊》,頁22-25;鄭振滿,〈鄉族與國家:多元視野中的閩台傳統社會〉,收入行龍、楊念群主編,《區域社會史比較研究》(北京:社會科學文獻出版社,2006),頁355-361;鄭振滿,《明清福建家族組織與社會變遷》,第五章。

36　李文治、江太新,《中國宗法宗族制和族田義莊》,第三章;常建華,《明代宗族研究》,頁420-422。

37　有關傳統社會二元結構的討論,見周大鳴等著,《當代華南的宗族與社會》,頁30-32。李懷印認為我們不能以國家權力和地方自治兩相對立的觀點來理解中國的政治運作,政府和民間在許多事上都採取彼此依靠和合作的態度,此也與儒家政治理念有關。另外,國家權力的貫徹與地方自治也並非不能共存。見李懷印,〈中國鄉村治理之傳統形式:河北省獲鹿縣之實例〉,黃宗智主編,《中國鄉村研究》第1輯(北京:商務印書館,2003),頁64-111。

38　鄭振滿,《明清福建家族組織與社會變遷》,頁242-257。

39　劉志偉研究廣東地區指出,雖有里甲制在明初推行的史料,但不宜判斷已全面實施。科大衛認為與其把里甲制看做中央下達地方的政策,不如把它看成中央承認地方拜祭團體的結果。見劉志偉,《在國家與社會之間:明清廣東里甲賦役制度研究》(廣州:中山大學出版社,1997),第2章;科大衛,〈國家與禮儀:宋至清中葉

致使人民爲逃避賦役而刻意隱瞞戶口和土地，終於導致里甲體制解體。因此，明代中葉以後，已不可能藉由原初里甲制的設計徵收賦役、進行社會控制，賦役制度必須改革，改革後的里甲編戶主要是爲分擔賦役定額，里甲組織也因而成爲賦役單位[40]。由於每里甲自行管理人口土地、負責賦役徵收，里社和家族組織構成賦役共同體，在宗族組織完備的地區，完納賦役的工作往往由地方宗族負責[41]，這種由宗族保證國家稅收的情形，也反映在族約的內容中，即族約中往往要求族人以完納錢糧爲首務[42]。

宗族在基層社會的治理權也表現在家法族規具有國家法律效力上。從宋代起，官府基本上支持宗族制訂家法族規，甚至有官府爲宗族頒布族規，或帝王御批家法族規的例子。到了明清時期，隨著宗族組織日益興盛，家法族規的制定也更普及而深入民間[43]。學者指出，從明太祖的六條聖諭，到清順治和康熙所頒布的聖諭，均以家族人倫規範爲主要內容，對於家法和族規亦均有提倡作用[44]。清廷對家族的支持也更進一步在律例上承認宗族協助治理地方的合法性[45]，並承認宗族對族眾的懲罰權，故宗族所定的族規具有某種國家法令的效力[46]。不過，宗族勢力的擴大及地緣政治勢力之形成，也使得朝廷必須加以遏制[47]。整體而言，

(續)———————————

珠江三角洲地方社會的國家認同〉，《中山大學學報》，卷39(總161期)(1999)，頁65-72。

40 劉志偉，《在國家與社會之間》，第三章。

41 鄭振滿，〈鄉族與國家：多元視野中的閩臺傳統社會〉。

42 李文治根據族約史料的時間點指出，這情形在明代已然，到清代有更進一步的發展。明中葉以後里甲戶籍與賦役負擔實行定額承包制，及當時鄉紳政治特權的擴張，都有助於大宗族的發展，也是宗族參與地方政治、執行基層社會行政職能的表現。李文治、江太新，《中國宗法宗族制和族田義莊》，頁148-149；鄭振滿，〈鄉族與國家：多元視野中的閩台傳統社會〉。

43 費成康編，《中國的家法族規》，第一章；明代官府批准族規的事例，見常建華，《明代宗族研究》，頁335-344。

44 費成康編，《中國的家法族規》，頁171。

45 費成康編，《中國的家法族規》，第一、七章。

46 不過，家法與國法之間仍存在著差異、甚至衝突。見李文治、江太新，《中國宗法宗族制和族田義莊》，頁156-158；費成康編，《中國的家法族規》，頁184-199；朱勇，《清代宗族法研究》(長沙：湖南教育出版社，1987)，頁151-177。

47 常建華，〈論清朝推行孝治的宗族制政治〉，《明清史論集》第二集(天津：天津古籍出版社，1991)，頁257-272。另外，乾隆朝對祀產、義田、宗祠的保護政策，也可

明清時代的家法與族規不僅在數量上激增，懲罰性及涉及國事政治的程度也增強，因此，從家法與族規的角度，亦可見明清時代的宗族更明確地與國家體制連結，成爲協助朝廷維護社會秩序與治理地方的基層組織。

另外，從推行鄉約教化、維持社會秩序方面，也可見宗族在基層社會所扮演的重要角色。鄉約是儒家士大夫在地方上推行正統禮制教化工作的一部分，與家禮的推廣、宗族社會的形成緊密相關[48]。我們知道明代是中國歷史上第一個大規模推行鄉約的時代，形成了通過鄉約治理基層社會的統治特色；而鄉約的推行也主要發生於嘉靖朝以後，並與宗族組織密切配合[49]。常建華指出，明中晚期以後，無論由官府推動或由民間宗族自發響應，在宗族內部推行鄉約，或依鄉約的理念制定規範、設立宗族管理人員以約束族人的情形都相當普遍，有「宗族鄉約化」的現象[50]。換言之，以儒家倫理爲主的政治意識型態，透過地方宗族的配合推行，進一步更大規模地在基層社會以禮儀教化的方式落實，此也是宗族與官府聯手共同維護地方社會秩序的表現。

關於明清時期宗族更深涉入地方社會政治運作所涉及的中央與地方權力關係，學者們也多有論及。過去學者對此曾有兩種不同的看法，有人認爲傳統鄉村社會主要靠鄉紳、宗族維持秩序，享有一定自治權的共同體。明中葉以後，由於地方政府職能日漸萎縮，朝廷權力深入地方日趨困難，導致社會控制權不斷下移，基層社會自治化的程度亦日強[51]。相反地，也有學者認爲儘管國家無法對鄉村社會進行直接管理，但透過國家代理人仍能有效監控，故從帝國收編宗族、藉由宗族將權力觸角深入地方的角度來理解，認爲這是帝國勢力向民間社會底層滲

(續)

見對家族組織的重視，見井上徹，《中國の宗族と國家の禮制》（東京：研文出版，2000），第六章。

48　科大衛指出，珠江三角洲明代的鄉約經常以家禮爲核心，見科大衛、劉志偉，〈宗族與地方社會的國家認同〉。

49　常建華，《明代宗族研究》，第五、六章。

50　常建華，《明代宗族研究》，第六章。

51　Vivienne Shue, *The Reach of the State: Sketches of the Chinese Body Politic* (Stanford: Stanford University Press, 1988)，頁81-95；費孝通，《鄉土中國》（上海：上海書店，1948），頁64-69；鄭振滿，《明清福建家族組織與社會變遷》，第五章。

透的過程[52]。上述兩種看似矛盾的觀點其實未必完全不相容，但都過於簡化，忽略權力結構的動態關係。前者完全輕忽了朝廷規制的存在對人民日常生活所造成的影響，儘管朝廷的權力不能進行直接管理，但仍可能對人民具約束力，並在某些必要時刻採取積極貫徹以控制地方的舉措；換言之，間接式的管理雖容許地方擁有部分自主權，卻不必然表示朝廷撒手不管或沒有能力介入。後者則完全把被統治者視為毫無行動與應變能力的被動者。事實上，專制的皇權與某種程度的鄉村自治是可以共存的，朝廷和地方社會在許多事上也都採取彼此依靠和合作的態度，只要地方行使的權力沒有溢出朝廷所規範的範圍，地方某種自治的權力是被認可的，朝廷也藉此達成其政治管理的目的，這也完全符合儒家的政治理想[53]。然而一旦地方勢力溢出朝廷可容忍的範圍，中央與地方的關係即可能由和諧轉為對立，朝廷權力下貫，甚至訴諸武力鎮壓都是可能的[54]。因此，中央與地方的權力關係並非始終穩定，總是因應著歷史情境而不斷變化，地方宗族既可能是執行朝廷行政職能與政治意識型態的基層單位，是帝國勢力向底層滲透的中介者，也可能是集結抵抗中央的基層組織。同樣地，朝廷既可能扮演著提倡、授權、合法化地方宗族勢力的保護傘，也可能是抑制、破壞宗族運作的敵人，端賴兩者間的利益與權力關係在歷史情境下的發展[55]。

(三)宗族與帝國的形構

從中國近世帝國勢力版圖延伸及文化變遷的角度來看，同樣可見地方宗族在聯繫邊陲地區與中央皇權，以及凝聚、加強彼此認同等方面所發揮的功能。唐宋

---

52 T'ung-tsu Ch'u, *Local Government in China under the Ch'ing* (Cambridge, Mass: Harvard University Press, 1962).

53 李懷印，〈中國鄉村治理之傳統形式：河北省獲鹿縣之實例〉，頁64-111。

54 當然，在權力正式衝突下，中央未必完全掌握優勢。例如，清末廣東與中央的關係，見Maurice Freedman, *Lineage Organization in Southeastern China* (New York: Humanities Press Inc., 1958), pp. 114-125；雲南和明清朝廷的關係變化，見C. Patterson Giersch, *Asian Borderlands* (Cambridge: Harvard University Press, 2006), pp. 34-63; pp. 97-124.

55 如乾隆朝整頓江西、廣東宗族勢力，見常建華，《宗族志》(上海：上海人民出版社，1998)，頁46-48。亦參考佐竹靖彥討論宋代建州地區的土豪與地方行政和中央的關係，收入氏著，《佐竹靖彥史學論集》，頁216-233。

以後，中國人口和政經重心逐漸往南遷移，據吳松弟的研究，雖早在秦漢時期，人口由黃河流域向長江流域遷移的現象已出現，但要到遼宋金元時期，遷往南方的移民潮才達到高峰，此時期也是南北人口消長的轉捩點，並從此開啓南方人口占據絕對優勢的新格局[56]。雖然人口在不同時段隨著戰亂、天災、社會變遷、經濟發展等因素而有消長，各地消長的速度也不同，有時政府也會推動大規模的移民[57]，但大體而言，近世南方比北方受到戰亂的影響較少，持續成長也較明顯。葛劍雄指出，從秦朝至元末，北方和南方人口比例從初期的8:2強轉化爲後期的2:8弱，南方也逐漸成爲晚期帝國經濟和文化的中心[58]。

　　南方各地的開發又有先後不同，江南、四川西部較早，江西、福建次之，湖南、兩廣更晚。到了明清時期，南方大部分地區均已完成開發，人口也快速成長，明代後期已突破1.5億，清中葉更超過4億。若以全國人口分布的長期變化而言，則是從黃河流域逐漸向長江流域，再向珠江流域和邊疆地區擴展的過程[59]。因此，晚期中華帝國並不是一個版圖固定、靜態穩定的帝國，而是一個政治情勢、經濟規模、地理空間與權力結構都不斷變化的政治體制，尤其清朝在18世紀藉著武力與文化各種手段的擴張，更將帝國的版圖拓展到幾近三倍，涵蓋蒙古、新疆、西藏、台灣等地[60]。

　　帝國勢力向邊陲的擴張有多種管道，武力征服、教化馴服、政治利益收編地方組織、宗教文化涵攝、創造文化認同等均是。這些作法經常並行運用，且往往不是單向操弄，而是雙方協商、運作與詮釋的過程，邊陲地區的文化也經常是多元並陳的[61]。晚近學者多談論清朝多元文化的統治意識型態，在征服蒙古、新

56　吳松弟著，《中國人口史・宋遼金元時期》（上海：復旦大學出版社，2000），頁625-
　　626。
57　例如明朝初年政府推動大移民，以平衡地方發展。曹樹基，《中國人口史・明時期》
　　（上海：復旦大學出版社，2000），頁256-267。
58　葛劍雄，《中國移民史》（台北：五南圖書出版公司，2005），頁44。
59　吳松弟，《中國人口史・宋遼金元時期》，頁637。
60　清代向中亞的擴展，見Peter C. Perdue, *China Marches West: The Qing Conquest of
　　Central Eurasia* (Cambridge, Mass: Harvard University Press, 2005)；清代征服台灣及
　　清士人對台灣的書寫與觀點等，見Emma Teng, *Taiwan's Imagined Geography: Chinese
　　Colonial Travel Writing and Pictures, 1683-1895* (Taipei: SMC Publishing INC., 2005)。
61　例如清朝對蒙古，以武力、聯姻、貿易、宗教等各種不同方式進行統治，以及雙方

疆、西藏之後，清朝在承認漢、滿、蒙、回、藏五族特殊的宗教與文化前提下，提出五族大同、天下一統的統治意識型態，對各地區採不同方式治理。但即使如此，長期的移民、商業和文化交流，也助長了漢文化向邊陲傳播，滿洲、蒙古等地到了18世紀末、19世紀都有明顯漢化的現象[62]。其他像雲南、台灣等邊陲的少數民族，則不在五族之內，清廷對其原文化的尊重程度亦不同，試圖同化的手段也更明顯[63]。

這些邊陲地區是否已進入清帝國的政治地理範疇，除了可從實際政治制度、政治身分與權利義務的關係著眼外，文化認同也是重要的表徵。學者們的研究也讓我們看到，近世宗族文化也反映著邊陲地區與中央皇權的關係。例如，雲南地區從8世紀到13世紀的南詔大理國（752-1254）是佛教王權，與中華帝國和皇權的關係疏離，一直要到明朝統治時期，明朝國家的力量才深入該地[64]。連瑞枝指出，雲南洱海地區社群的凝聚、認同與地方權力結構，與「祖先」和「聖地」二個概念緊密相關，而雲南洱海認同並歸入明帝國的統轄，除了表現在注籍納稅、開科取士等制度與權利義務上，也反映在當地貴族遺民對本地歷史和家族世系的

（續）

關係和認同不斷協商和變化的歷史，見Johan Elverskog, *Our Great Qing: The Mongols, Buddhism and the State in Late Imperial China* (Honolulu: University of Hawai'i Press, 2006).

62　關於乾隆多元文化的帝國統治意識型態，見Pamela Kyle Crossley, *A Translucent Mirror* (Taipei: SMC Publishing INC., 2001)；Evelyn S. Rawski, *The Last Emperors: A Social History of Qing Imperial Institutions* (Berkeley, Los Angeles, London: University of California Press, 1998)；Joseph W. Esherick, "How the Qing Became China," in Joseph W. Esherick, Hasan Kayali, and Eric van Young eds., *Empire to Nation: Historical Perspectives on the Making of the Modern World* (Lanham: Rowman & Littlefield Publishers, INC., 2006), pp. 229-259.

63　Emma Teng, *Taiwan's Imagined Geography*, pp. 237-246；乾隆朝陳宏謀出任雲南布政使，試圖在當地推行宗族組織、提倡節孝、大興義學等作為，見馮力行，〈陳宏謀教育思想教學實踐〉，《社會科學家》，期5(1996)，頁89-94；期6(1996)，頁84-89；William Rowe, "Education and Empire in Southwest China," in Benjamin Elman and Alexander Woodside, eds., *Education and Society in Late Imperial China, 1600-1900* (Taipei: SMC Publishing INC.,1996), pp. 417-457.

64　明朝對雲南的開發較多，國家勢力與當地土司的合作也比前代密切，但並不表示明朝可以完全控制雲南，也不表示兩者的隸屬關係穩定。見C. Patterson Giersch, *Asian Borderlands: the Transformation of Qing China's Yunnan Frontier* (Cambridge, Mass.: Harvard University Press, 2006), pp. 34-38.

建構。該地區在明中葉開始出現大量關於祖先世系和聖地歷史的書寫，這些書寫都減低了佛教王權的正統性、淡化貴族世系與佛教的關係，同時強化世系與中原祖籍的聯繫，儒學性格也大大增加[65]。這個例子讓我們看到，皇權與正統意識型態如何深入邊陲，反映在家族相關的文化價值與歷史記憶中。而隨著雲南與清廷的互動加密、社會流動與文化交流增加，18、19世紀的雲南也出現編族譜、修宗祠的風氣[66]。

學者們對華南宗族社會的研究也清楚地說明宗族除了具有政治、經濟的重要性，也是一種文化資本，並與整體社會的發展緊密相關[67]。科大衛說：「明清華南宗族的發展，是明代以後國家政治變化和經濟發展的一種展現，是國家禮儀改變並向地方社會滲透在時間和空間上的擴展。這個趨向，顯示在國家與地方認同上整體關係的改變。」[68]換言之，宗族不只是血緣群體，更是一種獨特的意識型態和經濟關係，這種意識型態透過教化與禮儀在地方上推廣，使得邊陲地方得以歸入國家禮教的秩序之中，而地方上林立的宗祠建築與各式宗族相關活動不僅是一種士紳化的表徵，也反映了對皇權正統的認可，加強著中央與地方的相互聯繫與認同[69]。

陝北宗族社會的形成也有類似的發展。根據秦燕、胡紅安的研究，明清兩代是陝北開發的重要時期，明初的屯田制和大量移民墾荒造成陝北農耕區的擴大。明中期以後，農業成為當地經濟結構的主要型態，農業經濟環境也提供了宗族社會形成的重要條件[70]。到了清代，國家提倡的儒家禮儀教化更加普及，宗族相關

65　連瑞枝，〈邊徼聖境：雲南洱海地區的聖地與祖先〉，收入祝平次、楊儒賓編，《天體、身體與國體：迴向世界的漢學》(台北：國立台灣大學出版中心，2005)，頁309-350。關於明代沐英家族對雲南儒學教育的貢獻，見譚蓮秀、李建軍，〈論明代沐氏家族對雲南文化教育事業的影響〉，《曲靖師範學院學報》，卷26期4(2007)，頁84-88。

66　C. Patterson Giersch, *Asian Borderlands: the Transformation of Qing China's Yunnan Frontier*, p. 148.

67　劉志偉，〈邊緣的中心──「沙田─民田」格局下的沙灣社區〉，黃宗智主編，《中國鄉村研究》第1輯(北京：商務印書館，2003)，頁32-63。

68　科大衛、劉志偉，〈宗族與地方社會的國家認同〉。

69　科大衛、劉志偉，〈宗族與地方社會的國家認同〉；科大衛，〈國家與禮儀：宋至清中葉珠江三角洲地方社會的國家認同〉。

70　秦燕、胡紅安，《清代以來的陝北宗族與社會變遷》，頁23-49。

的禮儀文化也都獲得進一步的發展。簡言之，明清兩代大量移民的進入與國家推行地方教化與儒家禮儀的普及，使得陝北進一步開發，宗族建設也獲得進一步發展[71]。因此，儘管陝北宗族的發展因應本地政經、宗教、文化條件而有獨特的歷史和特色[72]，但其逐漸與明清帝國聯繫並逐漸認同帝國意識型態，則與雲南、華南地區有一致的趨向。當然，我們也不能過度強調明、清帝國對邊陲地區的控制或以儒家文化馴服邊陲少數民族的程度，單國鉞（Leo K. Shin）指出，明朝廷對西南邊陲地區的控制並非一直都穩定，而且在吸納邊陲少數民族進入帝國的過程中，在漢化的同時，也加強了對漢族與非漢民族的區辨觀念（華夷之辨）[73]。

綜上所論，近世中國宗族制度與相關文化，並不是古代宗族制的直接延續，而與近世以降政治、經濟、思想、文化各方面的發展緊密相關。隨著教育普及與士人教化的落實，社會中有更多的家族進入了儒家宗法倫理與祭祀禮儀的文化範疇，此不僅縮短了士庶在家禮文化的差別，也加強了民間與國家正統禮儀的聯繫。就帝國中央和地方的權責關係而言，因著儒家仁政、不擾民、家國同構的統治理念，也因為中央確實無力全面直接治理地方，在田賦徵收、司法與教化等事務，都必須依靠地方基層自治管理，因此在許多地區，宗族便成為行使基層行政職能的重要組織，扮演著聯繫中央與地方權力關係的中介角色。就帝國與邊陲地區的整合與彼此認同而言，雖然實際武力控制與編戶齊民等政治制度的運作是重要關鍵，文化價值透過教化馴服的力量亦不容忽視，儒家宗族組織與相關意識型態則是帝國馴服邊民的重要手段，明清時期被中國收編的邊陲地區也確實鮮明反映著儒家宗族文化的烙印。在時間上，儘管上述有關宗族文化的發展可上溯到北宋時期，然而最關鍵的變化則發生在明中葉之後，尤其是16至18世紀。

71　秦燕、胡紅安，《清代以來的陝北宗族與社會變遷》，頁13。

72　例如鬼神信仰與地方宗族意識混合等，見秦燕、胡紅安，《清代以來的陝北宗族與社會變遷》，第七章。

73　Leo K. Shin, *The Making of the Chinese State* (New York: Cambridge University Press, 2006), pp. 7-19; pp. 106-137.

二、孝的教化

隨著宗族組織日益發達,朝廷與地方家族聯手共治、穩定社會的關係也愈趨緊密。誠如常建華所言,明代中葉以後宗族組織化的發展實與朝廷宣講聖諭和鄉約制度有密切關係[74],而家族也成為落實帝國孝治意識型態教化的重要機制。就孝的意識型態而言,朝廷與地方家族之間沒有衝突,都認同以父子關係(孝)為首的人倫規範,即以愛敬、和諧、順服為主,以親親、仁民、愛物為理想的人間秩序觀。孝的教化也因此受到朝廷與家族、中央與地方的共同重視。本節主要欲說明近世社會中瀰漫著孝的教化,普遍獲得政治、家族、宗教權威的支持與參與,教孝的媒介多元而豐富,絕不限於《孝經》。但由於此議題的內容太廣泛,不可能全面探討,以下僅擇要從朝廷的旌表與聖諭、家族的家訓與族規、孝子傳的流傳與影響、鬼懲神佑的果報思想四個方面試圖說明。

(一)旌表與聖諭

統治者以孝治天下,在漢代已表現得淋漓盡致,除了君王身體力行、告諭天下、提倡尊老政策以外,司法、教育、選才、賦役等系統也都介入支持,使得「孝」成為儒家政治文化中極重要的價值,也因而不乏被各方挪用而變質的事例,具高度政治性[75]。後代君王同樣注重孝治,雖然形式與程度有所差異,但以孝做為統治的意識型態,在中國歷史上有相當的延續性,不過仍以近世時期最為完備[76]。底下僅從朝廷旌表制度與帝王聖諭兩方面,說明近世皇權對孝教的提倡。

---

74 常建華,《明代宗族研究》,頁344。

75 蕭群忠,《孝與中國文化》,第三章;朱嵐,《中國傳統孝道的歷史考察》,第五章。

76 胡和平,〈淺議「魏晉以孝治天下」〉,《鄭州大學學報》,期117(1996),頁68-71;黃修明,〈孝文化與唐代社會政治〉,《廣西大學學報》,卷24期5(2002),頁103-108;黃修明,〈宋代孝文化述論〉,《四川大學學報‧哲社版》,期109(2002),頁119-126。關於歷朝以「孝」選官的異同,見黃修明,〈中國古代以"孝"選官考論〉,《歷史教學問題》,期6(2004),頁65-69。

　　旌表是皇權深入民間收編既有勢力與提倡官方意識型態的重要手段，也是民間，尤其是地方大族，得以爭取獲得國家認可、擴展自身權力與影響的重要機制[77]。因此，旌表對於孝治的推行十分重要。旌表孝子雖在唐代已有許多事例[78]，但李豐春和楊建宏都指出，旌表的制度要到宋代才更完備，也才更深入民間[79]。至於受朝廷旌表的孝行，宋代主要有兩類：割股療親、毀身葬親。到了明代，不僅受旌的人數激增，孝行種類也更多元，據《古今圖書集成‧孝弟部》所載，明代最常旌表的孝行，除了事親至孝、割股療親、居喪盡禮外，尚有代父受罪、萬里尋親等。

　　明朝的旌表本以男性為主，但至嘉靖二十九年(1550)後，地方官也以「例外旌獎」的方式旌表孝婦，此制度性的變化可視為官方追認並激勵「女孝」行為的重要舉措，也顯示孝德更普遍被朝廷提倡，其價值也更為人們所擁抱、追求[80]。晚明旌表孝婦的制度不僅持續到清朝，清朝更擴大旌表的對象，修改了「命婦不旌」的規定，到了雍正年間，「先節後貴」的婦女也可接受旌表[81]。清朝廷對於旌表孝子也非常重視，除了建立牌坊，更設立祠宇、入於祀典，對於孝女、孝婦也一體旌表。據常建華統計《大清歷朝實錄》發現，從康熙三十五年至同治十二年間(1696-1873)，共旌表孝子5,533人，年平均為31人[82]。以上資料顯示，近世中國朝廷利用旌表制提倡孝德的機制，愈到晚近愈趨制度化與成熟，也愈深入民

77　楊建宏，〈論宋代的民間旌表與國家權力的基層運作〉，《中州學刊》，期153(2006)，頁193-195。

78　據李豐春對《新唐書》孝友傳的統計，以「義門同居」受旌表者共36家，以「事親居喪孝著之行者」受旌表者共153人，其他更有許多以至孝友悌受旌表者。見李豐春，〈社會評價論視野中的旌表制度〉，《河南大學學報》，卷47期5(2007)，頁52-57。

79　楊建宏指出，漢唐以前的旌表對象多為特權階層中的特殊人物，較少有民間基層社會的人物，反映門閥世族把持政權、士庶在價值觀與生活方式的差異仍大；宋代以降，民間基層參與旌表的程度加深。楊建宏，〈論宋代的民間旌表與國家權力的基層運作〉；亦見李豐春，〈社會評價論視野中的旌表制度〉。

80　林麗月，〈孝道與婦道：明代孝婦的文化史考察〉，《近代中國婦女史研究》，期6(1998)，頁1-29。

81　衣若蘭，〈旌表制度、傳記體例與女性史傳──論《清史稿‧列女傳》賢母傳記之復興〉，《臺大歷史學報》，期41(2008)，頁165-202。

82　常建華，《清代的國家與社會研究》(北京：人民出版社，2006)，頁70-119。

間，並且跨越性別，其對於孝治意識型態之影響不容忽視。

另外，聖諭宣講也是明清官方落實孝治教化的重要機制之一，後來更深入家族、民間教育、文藝活動，影響甚鉅。明太祖的聖諭六言「孝順父母、尊敬長上、和睦鄉里、教訓子孫、各安生理、毋作非爲」，以簡單的語言表述了明代以農立國、以孝治天下的政治理想，對後代起了重大的影響。事實上，明太祖是以帝王之尊推行教化極著名的例子，詹康指出，洪武朝平均每四個半月便頒布一種教化書籍，且都在太祖的精心擘劃之中，此奠定明朝政治教化的基礎[83]。明太祖聖諭六言不僅受到明代學者高度重視，有許多注釋和講解[84]，嘉靖朝以後，「聖諭」更隨著鄉約及在宗祠內的宣講而普遍深入民間[85]，聖諭首揭「孝順父母」，故晚明社會普遍宣講聖諭的活動，也反映了官民一體提倡孝教的事實。

清朝更進一步推廣聖諭的教化，順治沿用明太祖的六條聖諭以教化民眾，康熙又將其擴展成聖諭十六條，同樣首揭孝弟人倫，以爲軍民共同遵守之行爲規範，並且建立了朔望宣講聖諭的制度。（圖1、圖2）文武官員、村社里民、學校師生、邊陲土司轄區都有宣講聖諭活動的紀錄[86]。雍正二年（1724），朝廷更頒布長達萬餘言的《聖諭廣訓》，具體詳盡地說解規範[87]，也更嚴格要求落實宣講，每

83　詹康，〈明代的教化思想〉（國立台灣大學政治學研究所碩士論文，1993），頁70-75。

84　例見，高攀龍，〈同善會講語〉，《高子遺書》（台北：臺灣商務印書館，1983），卷12，頁34a；羅汝芳，〈寧國府鄉約訓語〉，《近溪羅先生鄉約全書》，《耿中丞楊太史批點近溪羅子全集》（台南：莊嚴文化，1997），頁1a-14b；顏鈞，〈箴言六章〉，顏鈞著、黃宣民標點整理，《顏鈞集》（北京：中國社會出版社，1996），頁39-42；章潢，〈聖訓解〉、〈聖訓釋目〉，《圖書編》（台北：臺灣商務印書館，1983），卷92，頁22a-39a。

85　詹康，〈明代的教化思想〉，頁78-83；常建華，《明代宗族研究》，第五、六章。

86　戴寶村，〈聖諭教條與清代社會〉，《國立台灣師範大學歷史學報》，期13（1985），頁303-324；周振鶴，《聖諭廣訓：集解與研究》（上海：上海書店出版社，2006），頁532-545。關於雲南巍山縣在民間宗教組織洞經會基礎上發展出聖諭壇，見朱愛東，〈國家、地方與民間之互動——巍山民間信仰組織「聖諭壇」的形成〉，《廣西民族學院學報》，卷27期6（2005），頁73-78。

87　常建華指出《聖諭廣訓》的內容可主要分成兩類：從社會結構及上層建築角度推行孝治、孝治範疇內充當順民的具體做人規定。常建華，《清代的國家與社會研究》，頁70-81。

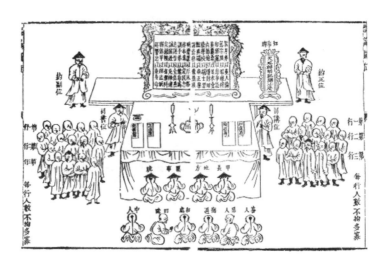

圖 1　李來章講約圖（李來章《聖諭圖像衍義》，康熙四十三年刊本）。

圖 2　《點石齋畫報・化始人倫》（廣州：廣東人民出版社，1983）。

月兩次的宣講成爲強制性的制度[88]。對於不諳官話的黎民，宣講時也會採俗語解說，或以歌謠、通俗易解的文字幫助傳播[89]。《聖諭廣訓》在清代每朝都有刊印，據雷偉平的蒐集，目前至少存有60餘種版本[90]。它同時也被納入清代的童生考試，並要求各學校宣講[91]。即使晚清引入西學之後，學校中仍保留宣讀《聖諭廣訓》的課程。另外，也有宗族在齊聚祭祀時宣講聖諭，聖諭十六條也經常被抄錄在家譜或家訓的首頁[92]。清代也出現了不少聖諭宣講類的小說，如《宣講餘言》、《諫果回甘》、《宣講博聞錄》等，均是以小說的形式來闡釋聖諭的作品，也均有助於宣講教化之效[93]。總之，從清代的史料可知，聖諭教化在清代獲得進一步的推展，以更多元的管道深入民間[94]。雖然我們不能否認聖諭宣講有虛應故事、甚至廢置不講的情形[95]。但這套制度一直到民初仍未完全消失，其在民間所發揮的教化作用是不容輕忽的。

　　綜言之，我們從旌表孝德、聖諭宣講兩方面，可見官方致力推行孝教化及其成效。明清時期的旌表與宣講聖諭，不僅在制度上都日益完備，所針對的對象也更廣泛、更深入民間，而民間的回應亦更強。這種由皇權與利益所維繫之官民互

88　周振鶴認爲雍正七年(1729)可視爲強制性宣講聖諭的開端，見周振鶴，〈聖諭、《聖諭廣訓》及其相關的文化現象〉，收入氏著，《聖諭廣訓：集解與研究》，頁581-632。關於《聖諭廣訓》的內容、推廣與作用，參見常建華，《清代的國家與社會研究》，頁70-81。

89　從周振鶴所引的多種序跋，可見這類書籍很多，氏著，《聖諭廣訓：集解與研究》，頁549-577；雷偉平，〈《聖諭廣訓》傳播研究〉(上海華東師範大學中國古典文獻學研究所碩士論文，2007)，第三章。

90　包括部分解釋《聖諭廣訓》的書籍。見雷偉平，〈《聖諭廣訓》傳播研究〉，附錄一。

91　崑岡等修，吳樹梅等纂，《欽定大清會典事例》(上海：上海古籍出版社，1997)，卷386，頁169；卷389，頁211。

92　周振鶴，〈聖諭、《聖諭廣訓》及其相關的文化現象〉。

93　耿淑艷，〈一部被湮沒的嶺南晚清小說《宣講餘言》〉，《廣州大學學報》，卷6期8(2007)，頁83-86；耿淑艷，〈嶺南孤本聖諭宣講小說《諫果回甘》〉，《嶺南文史》，期82(2007)，頁28-31；耿淑艷，〈稀見嶺南清聖諭宣講小說《宣講博聞錄》〉，《韓山師範學院學報》，卷28期5(2007)，頁39-42。

94　王爾敏，〈清廷《聖諭廣訓》之頒行及民間之宣講拾遺〉，《中央研究院近代史研究所集刊》，期22(1993)，頁257-277、279。

95　雷偉平，〈《聖諭廣訓》傳播研究〉，第四章；廖振旺，〈「萬歲爺意思說」——試論十九世紀來華新教傳教士對《聖諭廣訓》的出版與認識〉，《漢學研究》，卷26期3(2008)，頁225-262。

動的加強，以及下文將會論及孝行日益激烈化的傾向，都顯示了旌表制度的成效。而聖諭宣講從官方的例行活動，到與宗族、學校、文藝創作等相結合，同樣體現朝廷與民間聯手推行教化的一面，其影響力不容忽視。

(二)家訓與族規

除了朝廷的提倡，家族同樣是孝道教化的重要推手。因爲孝不僅有利於家族內部的和諧與團結，也符合官方意識型態，有助於獲取官方資源以提昇家族的勢力。以下以家訓和族規爲例，說明家族如何致力於孝的教化。

中國家訓發源甚早，北齊顏之推(531-約595)的《顏氏家訓》是早期的名著；到了宋代，家訓著作更發達，已出現匯集各家家訓的作品[96]。明清時代，呼應著宗族組織興盛與教育擴展等現象，家訓類著作達到鼎盛，《中國叢書綜錄》共列有「家訓」類著作117種，明清兩代即佔了89種[97]。而根據鍾豔攸廣泛蒐集的結果，發現明清兩代家訓類專著的篇數爲：明代至少有167篇，清代至少有123篇[98]。另外，許多家譜也刊載有規訓，鍾豔攸就台灣地區所見的家譜史料統計，收有規訓的明代族譜共35部，收有規訓的清代族譜有354部[99]。由此可見，明清時期是家訓著作的鼎盛期。

至於家訓的內容，徐少錦、陳延斌指出明清家訓內容比前代更廣泛，尤其多強調教化風俗、禁戒懲罰、女性貞節，並論及治生與商賈之事[100]。但孝的教化無疑是家訓中最重要的內容，這現象也清楚反映在族譜所載的規訓上。據鍾豔攸整理族譜所載的規訓內容可知，儘管規訓內容廣泛，從婚喪禮儀、飲食服飾、治生家業、學行涵養、宗教信仰、到和睦親族，幾乎涵括日常生活每個面向，但「孝」仍是首要的內容。「首孝親」、「敦孝弟」、「盡孝養」、「勸孝友」等

96　北宋孫順編纂《古今家誡》，但已佚失，南宋劉清之的《戒子通錄》是家訓總集類作品。見王長金，《傳統家訓思想通論》(長春：吉林人民出版社，2006)，頁1-6；97-80。

97　徐少錦、陳延斌，《中國家訓史》(西安：陝西人民出版社，2003)，頁471。

98　鍾豔攸，〈明清家訓族規之研究〉(國立台灣師範大學歷史學研究所博士論文，2003)，頁19-34。

99　鍾豔攸，〈明清家訓族規之研究〉，頁59-131。

100　徐少錦、陳延斌，《中國家訓史》，頁479-489。

直接勸孝的文字在規訓中隨處可見。鍾豔攸指出，族譜規訓中約有84%談及「父子」(孝)的課題。若以時段而言，清代中期的規訓教孝最多(87%)，其次爲清代後期(85%)；以地區而言，南方族譜規訓教孝的程度(86%)盛於北方(42%)，尤其以江西省(100%)和安徽省(91%)最爲突出[101]。這些統計數字呼應了我們既有的知識，在明清南方宗族組織興盛、儒家禮教發達之地，宗族是孝道教化的重要推手。

除了勸勉教導孝德外，宗族往往也以具體的賞罰行動來落實教孝，同樣以明清時期最盛[102]。對於不孝子弟的懲罰，從戒飭、停胙、杖責、削譜、逐出祠外，到呈官究罪，雖輕重有別，但都顯明家族對教孝的重視[103]。學者研究20世紀初的家法族規也發現，多數家族對於不孝子孫的懲罰都很重視，具體懲罰的程度也遠比其他違規行爲更重[104]。對於孝行表現突出的子弟，家族也會仿效官方旌表孝行的作法，予以具體的獎賞，有動支祠銀、備辦花紅鼓樂登門獎勵者，有呈明縣主、請給匾額以示獎勵者，也有動員合族力量呈請朝廷旌表者[105]。

以上無論從家訓的教導內容或宗法族規具體的賞罰機制，都可見近世家族對孝教化的高度重視，家族是帝國孝治意識型態落實的重要推手[106]。儘管在實際利益和意圖上，家族和朝廷未必完全相合，甚至具有潛在的衝突和緊張性，但孝治的理想符合彼此的利益，家族也願意配合朝廷的教化政策，共同爲鞏固帝國孝治意識型態而努力。

---

101 鍾豔攸，〈明清家訓族規之研究〉，頁269。

102 學者指出，家法族規已見於唐代，明代發展增快，爲重要轉型期，清代康、雍、乾三朝出現訂立家法族規的熱潮，懲罰性也增強。方小芬，〈家法族規的發展歷史和時代特徵〉，《學術季刊》，期3(1998)，頁154-162。

103 鍾豔攸，〈明清家訓族規之研究〉，頁283-294。

104 劉王惠箴(Hui-chen Wang Liu)據1912-1936年間刻印的151種譜牒資料統計結果，71例子孫不孝的例子中，有63例寫明予以懲罰。轉引自費成康主編，《中國的家法族規》，頁125-127。

105 鍾豔攸，〈明清家訓族規之研究〉，頁294-295。

106 常建華指出，利用宗族制度推行孝治是清朝以孝治天下總政策中的重要部分。常建華，《清代的國家與社會研究》，頁92-104。

(三)孝子傳的流傳與影響

　　除了朝廷、家族以組織的權威和制度性的機制落實孝的教化外，社會中尚有許多重要的教孝媒介，如文字、圖像、戲劇、歌謠等，尤其近世隨著出版業的發達，流傳廣泛的教孝書籍所帶出的影響不容小覷。以下僅以孝子傳為例，說明這種正面陳述孝行典範的文本普遍流傳於近世中國社會，對於孝行觀念的灌輸與激勵有重要的影響。

　　孝子傳的故事流傳很早，南愷時(Keith Knapp)指出，早期孝子故事多半先在菁英家族內口傳流行，後來才逐漸定型，東漢時期在形式與數量上都有明顯的發展，南北朝時達到中古的鼎盛期。南愷時認為這類故事的流傳與當時大家族的增多有密切關係，同時也顯明儒家禮儀與孝行逐漸在社會扎根，且在時間上未必完全與上層學術主流思想的發展同步。早期孝子傳所記最主要的孝行為：供養父母、服喪與葬儀之「過禮」；且受到天人感應思想的影響，充滿孝感的神蹟記載[107]。中古時期儒、釋、道三教在孝道文化上的逐漸融合，不僅讓許多佛教故事中的異域人物成為中國孝子的典型人物，對於孝行實踐的方式也有著重大影響[108]。這些中古的孝子故事有許多繼續流傳於後代，尤其隨著二十四孝在後代逐漸定型之後，被選錄的故事更廣泛流傳，成為家諭戶曉的教孝媒材。

　　宋元以降，孝子傳數量更多。呼應著朝廷旌表孝德的舉措，社會中突出的孝行典範多能獲得文字紀錄，甚至載入史書，地方志中也多闢有孝義、孝友傳[109]。《古今圖書集成‧孝弟部》共收孝子傳5,473例，其中絕大多數都是元明的史例：

---

107 Keith Knapp, *Selfless Offspring: Filial Children and Social Order in Medieval China.*

108 例如睒子的故事進入中國後本土色彩增濃，但故事原型則來自佛經；割股療親的孝行則受佛教的影響。參見袁書會，〈二十四孝中的異域人物——淺談中印文化交流〉，《社會科學戰線》，期106(2000)，頁136-139；邱仲麟，〈不孝之孝——唐以來割股療親現象的社會史初探〉，《新史學》，卷6期1(1995)，頁49-94。另外，田仲一成教授指出現代香港新界有將二十四孝中漢以前的故事刪去，以目連、觀音等宗教人物取代的例子，反映了二十四孝與民間信仰的融合。田仲一成，《中國の宗族と演劇》(東京：東京大學出版會，1985)，頁821。

109 正史人物傳記用專章介紹孝子賢孫之事跡，首見《後漢書》；在列傳專設「孝友」傳，始於《晉書》，以下各朝正史亦列有孝子傳。見蕭群忠，〈傳統孝行錄與勸孝詩文研究〉(上)，《孔孟月刊》，卷39期3(2000)，頁37-43。

宋(406)、金(8)、元(349)、明(4241)[110]。各地的方志都載有孝子傳，同樣多爲明清時期史事；而清代方志的孝子傳不僅在數量上遠超過明代方志，就人物傳中的孝子比例而言，清代亦高於明代[111]。另外尚有許多單獨刊行的孝子傳文本，如明成祖敕編的《孝順事實》、蔡保禎(約1568生)的《孝紀》、郭正中的《孝友傳》和《皇明孝友傳》、胡時化的《孝經列傳》、李之素《孝經內外傳》之《外傳》等，都是集結歷代孝子典範以教孝的近世文本[112]。

再以廣泛流傳於近世的二十四孝類文本爲例，雖然二十四孝在唐末五代間已形成、流傳，也普遍表現在宋遼金時期的墓葬，但元代之後流傳更廣[113]。大澤顯浩指出，元末以降二十四孝的文本可分爲三個系統，分別在不同地區流傳：(1)元末高麗編纂的《孝行錄》與華北地區的墓壁和石棺所見孝子圖相近，應是流傳於北方的二十四孝故事；(2)元末郭居敬的《二十四孝詩選》主要在福建編纂，反映福建、江西的文化；(3)明萬曆以後流行的《日記故事》系的「二十四孝」，多以圖文並列的方式刊行，主要爲童蒙教化書籍，流傳極廣[114]。到了清

---

110 陳夢雷編纂，《古今圖書集成》（成都：巴蜀書社，1985），卷179-124，頁74673-75106。

111 余新忠比較明清兩代部分地區方志所載孝友人數在總人數中的比例，發現清代高出明代許多。見余新忠，〈明清時期孝行的文本解讀——以江南方志記載爲中心〉，《中國社會歷史評論》，期7(2006)，頁33-60。

112 《孝順事實》共收錄207則孝順故事，多取材自正史中的孝子傳，且有崇道排佛的傾向，並強調孝感，比率高達65%。見許華峰，〈明成祖《孝順事實》中的「孝感」思想〉，《輔仁國文學報》，[增刊](2006)，頁189-204。蔡保禎，《孝紀》（台南：莊嚴文化，1996）；李之素，《孝經內外傳》（上海：上海古籍出版社，1995）；胡時化，《孝經列傳》（明萬曆序刊本）（東京：日本內閣文庫藏）；郭正中，《孝友傳》、《皇明孝友傳》（台南：莊嚴文化，1996）。

113 趙超指出唐代敦煌孝子傳、宋代墓葬孝子圖與後代二十四孝間有明顯的關係，雖然在孝子人物的取捨上又有不同，見趙超，〈二十四孝何時形成〉（上、下），《中國典籍與文化》，期1(1998)，頁50-55；期2(1998)，頁40-45。關於宋代二十四孝圖有不同系統，見雷虹霽，〈歷代孝子圖像的文化意蘊〉，《民族藝術》，期3(1999)，頁126-142；176。亦參見石國偉，〈二十四孝圖本事及其文化價值〉，《孝感學院學報》，期5(2005)，頁9-12。

114 大澤顯浩，〈明代出版文化中的「二十四孝」——論孝子形象的建立與發展〉，《明代研究通訊》，期5(2002)，頁11-33。明代尚有其他版本的二十四孝類文本，如王達善的《二十四孝贊》、王克孝《二十四孝圖》，見江玉祥，〈宋代墓葬出土的二十四孝圖像補釋〉，《四川文物》，期98(2001)，頁22-33。

代，又有更多二十四孝類的新文本出現，包括《二十四孝圖說》、《二十四孝別錄》、《二十四孝鼓詞》等。二十四孝的圖像也普遍見於墓葬、年畫、寺廟、義學等，發揮著教化人倫的作用，即使不識字的民眾，對其內容亦不陌生[115]。另外，這些歷代的孝子故事也在元代被大量創作成孝子劇。根據王寧統計，迄今所知元雜劇中共有39種這類劇目、南戲則有10種[116]。儘管劇種迭有興衰，但孝子劇從元到明清，則維持穩定地成長，且不時有新劇目誕生[117]。

宋元以降孝子傳數量的激增不僅反映了社會對孝的重視及孝行深入民間各階層的情形，同時這些故事的普遍流傳也發揮了激勵人心、助長風氣的作用。以割股療親的孝行而言，邱仲麟指出，此類事蹟最早見於《舊唐書》，不過唐代的事例不多，宋元以下日益增多，雖各朝多明令禁止，卻不能遏止風氣。不僅如此，割股的行為還有從窮民向士大夫階層擴展的趨勢，明清時代不少士人親身實踐。邱仲麟統計《古今圖書集成》的資料發現，官員與士人的割股者佔男性總割股者的20%，其中大部分為明代人；婦女方面，出身官宦與士人家庭者，佔女性總割股者的27%，也大半是明清時人[118]。可見割股療親的孝行在近世有愈來愈普及、甚至激烈的發展。而割股療親之所以被普遍實踐的一些條件，包括人們熟悉這類孝行、相信其有效果、能獲得相關知識得以實際操作等，也與社會中普遍流傳著這類孝子故事有密切關係。

同樣地，若以萬里尋親的孝行為例，我們也可看到類似的現象，即從宋元以降此類孝行逐漸增多，到明清已蔚為普遍風氣，實踐的行為也有愈來愈激烈的傾向。就資訊傳播與影響而言，萬里尋親的孝行因受到士人的讚揚，許多事蹟都被

---

115 其他尚有《二百四十孝》、《百孝圖說》等，參見蕭群忠，〈傳統孝行錄與勸孝詩文研究〉（上、下），《孔孟月刊》，卷39期3(2000)，頁37-43；卷39期4(2000)，頁32-37。魯迅曾說即使不識字的人，看到二十四孝圖，也能滔滔地講出一事跡。見魯迅，〈二十四孝圖〉，《朝花夕拾》，收入《魯迅全集》（北京：人民文學出版社，1987），卷2，頁251-260。關於二十四孝在蒙學教育的重要性，見徐梓，《蒙學讀物的歷史透視》（漢口：湖北教育出版社，1996），頁200-206。

116 王寧，〈儒家文化與元人賢孝劇的興起〉，《山西師大學報(社科版)》，卷26期4(1999)，頁52-55。

117 關於明清雜劇、清代傳奇、京劇中的孝子劇的劇目，參見任孝溫，〈古代孝子劇漫談〉，《古典文學知識》，期4(2003)，頁123-127。

118 邱仲麟，〈不孝之孝——唐以來割股療親現象的社會史初探〉。

撰成詩文、繪成丹青、編成小說、譜爲戲曲，以多種媒體的方式在社會中廣泛流傳。此不僅爲社會創造出更多教孝的媒材，同時也助長、型塑了這類孝行的實踐與價值[119]。

　　另外，如果我們從「女孝」的定義與書寫，也可看到愈到近世愈趨成熟的現象。瑞麗（Lisa Raphals）與陳素芬均指出，早期的孝德主要以男性爲主，幾乎不見「女孝」，《列女傳》所記女德也未有「孝」目，故學者認爲中古推崇「男孝女貞」，孝德具有明顯性別意識。儘管史料中仍可看到女子盡孝的事蹟，不過這些女子往往以其慧點、貞順被稱許，而非孝德[120]。南愷時進一步補充，中古史料顯示在沒有兒子承負孝道的情況下，確有女兒擔負盡孝之責，但數量不及男子，且女子要能在史傳上留下紀錄的標準也更高[121]。然而，古代女孝稀少的情形在近世有了明顯變化，勞悅強指出唐代《女孝經》之類強調女孝書籍的出現，顯示「孝」已成爲女性的重要德性；楊果分析宋代女性墓誌，也發現「孝女」已是宋代婦女的重要形象之一[122]。「女孝」形象到了明代更爲顯著而普遍，林麗月根據《古今圖書集成·閨孝部》所收480名明代孝婦的史料，分析明代婦女之孝行主要表現在「侍疾」上，半數以上有割股療親的實踐，而且較諸前代，孝行也更激烈、更新奇，與當時流行的貞烈行爲一樣，瀰漫著「以至奇至苦爲難能」之風氣[123]。近世以降孝德與婦女更緊密的結合，也呼應了《孝經》與女教愈趨密切關係，關於此將於下一章再細論。

119　呂妙芬，〈明清中國萬里尋親的文化實踐〉。

120　Lisa Raphals, "Reflections on Filiality, Nature, and Nurture;" Sor-hoon Tan, "Filial Daughters-in-law: Questioning Confucian Filiality," in Alan K.L. Chan and Sor-hoon Tan eds., *Filial Piety in Chinese Thought and History*, pp. 215-225; pp. 226-240. 勞悅強，〈《孝經》中似有還無的女性——兼論唐以前孝女罕見的現象〉，《中國文哲研究集刊》，期24（2004），頁293-330。

121　Keith Knapp, *Selfless Offspring*, ch. 7. 雷虹霽則強調婦女之孝已包含在「婦道」之中，見雷虹霽，〈歷史中的「性別」解讀——以孝子圖像中女性形象爲例〉，《廣西民族學院學報（哲社版）》，卷26期6（2004），頁26-34。

122　勞悅強，〈《孝經》中似有還無的女性——兼論唐以前孝女罕見的現象〉；楊果，〈宋人墓誌中的女性形象解讀〉，《東吳歷史學報》，期11（2004），頁243-270。

123　林麗月指出，整個明代由中央政府旌表孝婦僅有兩個事例，其他均由地方官以例外旌獎的方式旌表。林麗月，〈孝道與婦道：明代孝婦的文化史考察〉。

綜上所論，孝子傳的傳主多是歷史真實人物，其事蹟生動鮮明，庶民性格亦強，感染力更甚於說理性的儒家典籍，故在中國社會的流傳歷久不衰。而且愈到近世，孝子傳數量愈多、孝行愈激烈、傳播這類正面孝行典範的媒材也愈豐富，尤其透過蒙學教本、說唱文學、宗教講經等各種教化管道，早已將許多生動的人物與孝行，以及「百善孝為先」、「至孝感天、召致福報」這類想法，深烙在人們心中。誠如蕭群忠所言，孝子傳給人們提供了效法的榜樣，社會上又流傳著一些通俗勸孝詩文，對人曉之以理、動之以情、強之以意、導之以行，對於孝道的實踐起了極大的推動作用[124]。

(四)鬼懲神佑的果報觀念

除了朝廷、家族與民間宗教團體對教孝的推動，以及社會中流傳著各式宣揚孝行典範的媒材之外，中國文化中深根柢固的善惡報應觀念，更是維繫社會秩序的重要機制，也是中國落實孝教的重要文化因素之一。早從《孝經》及緯書，至孝能感通神明、召致瑞應的觀念就已被強調，歷史中流傳廣泛的眾多孝子故事，也充滿了各種孝感神應的見證，鼓勵人們仿效而行。不過，較諸神蹟式的祝福，不孝行為所引發的地獄、雷霆之懲，其恐怖的圖像恐怕更深入人心，也更具威嚇懾止不孝行為的作用。

不孝導致壽命凶的概念在《孝經左契》中已有[125]，不過把不孝的報應更具體形象化地表現出來，主要還是佛教、道教的地獄觀。前野直彬指出，早期中國的冥界觀具有牧歌式的景象，到了六朝晚期則已明顯改變，「冥界」成為「算陽世裡所有行為總賬的地方」，而且「陽世善男善女的一舉一動，在那裡都有詳細的紀錄。」[126]此改變應與佛教入華有關，魏晉南北朝的長期戰亂，提供了有利於佛教發展的社會條件；而佛教地獄觀隨著佛經的翻譯流傳，透過講經、唱導、圖像的方式，逐漸流布於中國社會，也因與中國本土的冥界觀及陰騭報應思想相融

---

124 蕭群忠，〈傳統孝行錄與勸孝詩文研究〉（下）。

125 《孝經左契》，收入黃奭輯，《黃氏逸書考》（上海：上海古籍出版社，1997），頁3b。

126 前野直彬著，前田一惠譯，〈冥界遊行〉，收入《中國古典小說研究專集》四（台北：聯經出版事業公司，1981-1983），頁1-45。

合，更加深入民心[127]。雖然佛教地獄的種類、數目有多種不同的說法，但做為懲罰罪人、殘酷極苦的形象則是不變的，唐代釋道世編纂的《法苑珠林》便是一部大量結集地獄罪報故事之書，影響極大[128]。佛教的地獄觀又為道教所吸納，創造出屬於道教面貌的地獄之說。宋光宇指出道教的地獄觀可分為兩部分：一是雜亂無章、天地之間無處不有地獄；二是「十殿閻王」之說。前者並不盛行，後者則雜糅了佛教與中國原有泰山觀念而成，從中世以後便廣泛流傳於中國民間信仰之中[129]。

至於「不孝遭惡報」的描述，隋唐時期已很鮮明恐怖，例如《冥報記》有不孝婦女為天神所罰，易其頭為白狗頭的故事[130]；《法苑珠林》更明載不孝父母者死後要下阿鼻獄，經歷刀山、劍樹、火車、鑊炭等大苦難，還要受從頭至足剉碓斬身等罪罰[131]。敦煌道教孝道文獻《慈善孝子報恩成道經道要品第四》同樣述說著不孝之惡者，死後必入地獄的苦狀[132]。敦煌變文〈孝子傳〉也記載了向生妻不孝，遭雷靂至死的故事[133]。不孝者遭雷霆天譴成為後代對於不孝之報應的典型模式，其他不孝行為的常見惡報尚有墮畜生道、橫死等[134]。

127 宋光宇，〈地獄之說與道德思想的研究〉，《漢學研究通訊》，卷3期1(總9期)(1984)，頁3-5；侯旭東，〈東晉南北朝佛教天堂地獄觀念的傳播與影響——以遊冥間傳聞為中心〉，《佛學研究》(1999)，頁247-255。唐代也有不少寺廟壁畫或畫作呈現地獄的圖象，據說描繪得詳細而生動，令聞視者怵目驚心，因此有引人懼罪改業之效。陳登武，〈家內秩序與國家統治——以唐宋廿四孝故事的流變的考察為主〉，收入高明士編，《東亞傳統家禮、教育與國法》(二)(台北：國立台灣大學出版中心，2005)，頁285-347。
128 林禎祥，〈宋代善書研究〉(東吳大學中國文學研究所碩士論文，2005)，頁112-133。
129 宋光宇，〈地獄之說與道德思想的研究〉。
130 唐臨，〈隋河南人婦〉，《冥報記》(北京：中華書局，1992)，頁56。
131 釋道世，《法苑珠林》(台北：臺灣商務印書館，1983)，卷11，頁124-125；卷63，頁755-758；卷84，頁1007-1009。
132 關於此作品，及其與《元始洞真慈善孝子報恩成道經》之異同，以及兩個文本對孝道的闡述、不孝者的懲罰等，見鄭阿財，〈敦煌道教孝道文獻研究之一：《慈善孝子報恩成道經道要品第四》的成立與流行〉，《杭州大學學報》，卷28期1(1998)，頁84-92。
133 見程毅中，〈敦煌本《孝子傳》與睒子故事〉，《中國文化》，期5(1991)，頁149-153。
134 對不孝者的懲罰，見任明玉，〈中國孝行故事研究〉(文化大學中國文學研究所博士論文，1999)，頁291-301。亦參見，鳳濟娛編，《勸戒便講》(上海：國光印書局，

　　宋代《玉歷寶鈔》所描述的十殿閻王主要是雜糅佛、道的產物，其中也明載著對不孝之罪的懲罰，第八殿都市王即主要懲罰不孝父母雙親和翁姑者[135]。(圖3)不僅如此，《玉歷寶鈔》對於忠、孝等人倫規範之罪的重視，也更甚於早期佛教的作品。艾伯華(Wolfram Eberhard，1909-1989)比較《正法念處經》、《玉歷寶鈔》對於罪之類別與程度的差異，指出早期以違背宗教的罪行最為嚴重，近世則更看重違背儒家家庭倫常之罪，尤其淫蕩之罪極受重視[136]。顯示宗教果報思想和彼世地獄觀，到了近世更深地與中國政治、社會秩序的主要價值相結合，也更多反映人民日常生活。

　　宋光宇則認為《玉歷寶鈔》、《太上感應篇》等作品在宋代出現，標幟著某種中國式的宗教道德價值體系的成熟[137]。到了明清時代，更有大量標明善惡果報的善書、寶卷相繼出現。「功過格」這類以條列功、過的表格幫助人自我檢驗行為的著作，也更加流行，而功過格的主要目的在教化人倫道德，背後的思想則是陰騭報應。我們從《太上感應篇》、《陰騭文》、《積善錄》、《文昌孝經》、《彙編功過格》等作品，均可發現家庭倫常占據這類善書教化的首要地位，孝弟做為人倫之首，更是教化的核心所在[138]。而且這類善書除了宣揚孝道思想以勉人行孝外，也多語帶威嚇、明確指出不孝行為將遭嚴懲，例如《文昌孝經》：「不孝之子，百行莫贖；至孝之家，萬刼可消。不孝之子，天地不容，雷霆怒殛，魔煞禍侵。」[139]《勸婦女盡孝俗歌》：「陽報你縱逃過去，陰報你向何處跑。森羅

(續)————————————
　　　　1925)中「父母類」，及梁恭辰，《勸戒錄類編》(上海：醫學書局，1923)第十四章。
135 《圖繪玉歷寶鈔勸世文》(隱名氏印送，1987年中和長勝印刷公司印)，頁17-18。
136 Wolfram Eberhard, *Guilt and Sin in Traditional China* (Berkeley: University of California Press, 1967), Ch. 3. 亦參見林禎祥，〈宋代善書研究〉，頁134-136。
137 宋光宇，〈地獄之說與道德思想的研究〉，〈從《玉歷寶鈔》談中國俗民的宗教道德觀念〉，《台灣省立博物館年刊》，卷27(1984)，頁3-15。
138 家庭倫常在這些書籍中所佔的重要位置，只要翻看這些書的綱目即可得知。亦參見游子安，《勸化金箴：清代善書研究》(天津：天津人民出版社，1999)，頁4；63；陳霞，《道教勸善書研究》(成都：巴蜀書社，1999)，第四章。關於明清的功過格與孝之教化，見奧崎裕司，〈功過格的"孝"規範〉，收入秋月觀暎編，《道教と宗教文化》(東京：平河出版社，1987)，頁508-528。
139 李鳳彩，《文昌帝君孝經》，收入李鳳彩輯、附周福山輯，《孔子文昌孝經合刻》(北京：北京出版社，1997)，頁19a。

圖 3　《圖繪玉歷寶鈔勸世文》（1987 年中和長勝印刷
公司，隱名氏印送）。

殿上沒人情，不用金銀不用寶。閻王發票鬼來勾，那怕為人多奸狡。……誰教生前不孝順，陰雷一聲擊頂惱。」[140]

　　這種「善惡之報，如影隨身」，以及天地冥冥之間有神祇監視著人們一言一行的觀念，對於孝教化的影響是不容小覷的。畢竟人的生命脆弱無常，又充滿了太多不可知、不確定感和恐懼，對生命意義的思索也往往伴隨著對公義的要求，這種種心理都有助於善書果報的道德系統根植於民心。歷史的發展也證實，善書的宗教道德觀自從在宋代成熟後，持續發展，未曾中斷，直到今日都還有相當的影響力[141]。因此，鬼懲神佑的果報觀念和人們的恐懼心理，對於孝教化的落實，同樣具有重要影響力[142]。

　　綜上所論，本節先從朝廷與家族兩個組織，制度性地推展孝教的角度，來說明近世官方與民間共同致力於孝治意識型態之教化。我們看到朝廷透過旌表孝行和宣講聖諭，以皇權之威權與榮耀，設立了制度性的獎勵與教化體制，有效地激勵民間主動回應爭取。社會中的大家族尤其願意積極配合，我們從大量的家訓與族規，清楚看見孝的教化確實是普遍家教的首要內容。在朝廷和家族上下互動、滿足彼此利益的運作下，教孝的機制更能發揮作用。再者，我們從孝子傳的廣泛流傳也可見孝教化的普及。近世社會中愈來愈多孝行典範被紀錄、宣揚，不僅見證了孝行普遍被實踐與認可的事實，愈來愈激烈的孝行也顯明背後的競爭機制與心理。而這些孝子們的故事透過各種媒材、以不同形式和管道不斷地被傳頌，不僅具有激勵人心、鼓勵孝行的作用，更顯明近世孝教深入民間的一面。除了正面教導、宣揚並獎勵孝行外，鬼懲神佑的果報觀念長期以來深植人心，更是落實孝教不可忽視的因素。尤其這樣觀念既有中國本土的歷史淵源，又有佛、道二教的助長，其深植民心的程度早已跨越教派的藩籬，除了小說、戲曲、講經等各媒介傳播外，近世廣泛流行的善書、功過格也更進一步傳遞這樣的觀念。以上四個面向，雖僅只是選擇性地呈現，但已能相當程度地反映近世中國社會孝教瀰漫

140　佚名，《勸婦女盡孝俗歌》，收入向燕南、張越編注，《勸孝俗約》（北京：中央民族大學出版社，1996），頁150。

141　蔡懋棠在1974年的文章說到當時流通於台灣的善書約七、八百種之多。見蔡懋棠，〈台灣現行的善書〉，《臺灣風物》，卷24期4(1974)，頁86-117。

142　蕭群忠，〈傳統孝行錄與勸孝詩文研究〉（下）。

的情形。

三、結語

　　本章主要說明中國近世宗族組織與文化，配合著政治、經濟、社會的變革而逐漸發展，尤其在16到18世紀之間發展迅速，成為帝國晚期極重要的政治、社會與文化現象。朝廷也與家族聯合，成為推行孝治意識型態的兩大推手，藉著旌表孝行、宣講聖諭、制訂家訓、執行族規等活動，落實孝的教化。除了朝廷和家族組織性地提倡外，孝的教化更瀰漫在宗教、文化等各領域，具有長期不衰的歷史。我們從孝子傳更廣泛被刊行流傳、孝行彼此仿效與激烈化的傾向、人們普遍相信果報思想，以及善書之普及等，都見證了近世時期孝的教化以多元而豐富的管道傳播，成為穩定政治、社會秩序的核心價值。

　　當然，這並不意味著中國近世社會中孝的意識型態真的具有完全牢籠人心、遏止一切不孝的行為的效力，事實上不孝之舉時而可見。誠如Michel de Certeau（1925-1986）討論在現代強大政經體制限制下的日常生活實踐一般，日常生活中人們的實踐行動，確實可能以其特有的技巧策略，穿越重重限制、創造獨特的意義，具有挑戰大體制牢籠的能力。但儘管如此，這些行為模式受限於大的政經體制，則是不可否認的事實[143]。中國帝制晚期的孝治意識型態正是由皇權、司法、家族、宗教、文化所建構的巨大體制，強烈規範著人們的思想與行動，型塑著人們的價值與人生觀。即便它不是沒有被扭曲、挪用、挑戰與違背的可能性，但正視它的存在及其規範與影響力，則是欲進行或了解各種挪用行為時的前提。

　　既然孝的教化在近世中國如此重要，那麼儒家孝的經典──《孝經》──是否也同樣在此時期愈來愈受到重視？下一章我將從考察《孝經》學術史的角度，來審思這個問題。

143　Michel de Certeau, translated by Steven Rendall, *The Practice of Everyday Life*（Berkeley, Los Angeles, London: University of California Press, 1984）

第二章

《孝經》文本定位的歷史變化：

兼論與蒙學、女教的關係

　　本章主要從長期學術史的角度，討論《孝經》的文本性質在歷史中的變化，即其與政治、教育、士人文化、庶民教化等關係在不同歷史時期中的演變。除了說明《孝經》在近世主要被定位為蒙書，與庶民、兒童、女子教育關係密切，也將進一步探討其在蒙學領域中的地位，並根據大量史料討論近世女子教育與女性傳記書寫的問題。這一章的內容也將進一步與上一章政治社會背景合觀，共同提供了解晚明《孝經》學興起的重要歷史脈絡。

一、《孝經》與男女傳記書寫

　　我主要利用中央研究院的漢籍電子資料庫[1]。輔以地方志、文集等其他文獻，廣泛蒐集《孝經》相關史料，進行本章的研究。我在整理大量史料的過程中，發現一個有趣的現象：男女傳記史料中明載傳主接受《孝經》教育之數量，在歷時性的變化上呈現了相反的趨勢。婦女傳記中明載婦女閱讀《孝經》的例子從宋代以後逐漸增加，到了元明更加激增，但是男性的傳記則不同，唐以前反而比元明以降有更多這類記載，顯示《孝經》在近世逐漸淡出士人傳記書寫。以下即從此史料現象談起。

（一）《孝經》、女教與女子傳記書寫

　　我搜尋中央研究院漢籍電子資料庫，並檢閱《六朝墓誌精華》、《唐代墓誌

1　文淵閣四庫全書電子版、中央研究院漢籍電子文獻資料庫。

彙編》和大量地方志的結果2，發現元朝以降有許多婦女接受《孝經》教育的記載。相對地，唐以前的史料中，這類記載明顯較少。我共蒐集有225筆關於婦女閱讀《孝經》的史料，其中漢魏時期僅有3筆，唐代有2筆，宋代有16筆，其餘超過200筆均是元朝以降的史料3。面對這樣的史料現象，我們可以如何解讀？

　　首先，我們必須謹慎意識到，這個史料現象並不能讓我們斷定《孝經》不是唐以前婦女教育的重要教材，因為此不僅涉及不同年代傳記數量的差異，也與不同時期傳記書寫重點的差異有關。事實上，利用傳記資料研究閱讀史有極大的限制，主要因為傳記資料是高度選擇性、具特殊目的的書寫。若傳記明確記載某人閱讀或背誦過《孝經》，除非在特殊考證的情況下，我們確實可以據此得知《孝經》為其所受教育內容之一；然若傳記沒有記載，卻絕不表示傳主未曾讀過該書，因為傳記不可能、也沒有必要交代傳主一生閱讀的情形。正因為如此，我們無法單由唐代以前女性傳記較少出現婦女閱讀《孝經》的資料，便推論《孝經》不是唐以前女教的材料。

　　事實上，我們從兩則《後漢書》的史料，可以看到《孝經》和女教的關係遠在宋以前已經相當密切了：

　　　　梁皇后，大將軍商女，……既有女工之巧，尤好史書學問之事。九
　　　　歲能誦《孝經》、《論語》，遂治《韓詩》，大義略舉。女傳列
　　　　圖，常在左右。宗族中外，咸敬異焉。4
　　　　后(東漢和帝鄧皇后綏)通《論語》，志在經書，不問家事。后母非
　　　　之曰：「女人書足注疏，通一《孝經》而已。今不務女工，長大寧

2　所檢閱的方志為中央研究院近代史研究所圖書館所藏，成文出版社出版的數千冊方
　　志。
3　由於尚無法利用搜尋引擎全面蒐集《續修四庫全書》、《四庫全書存目叢書》及其他
　　清代中晚期的許多文集，而研究時間與個人精力的限制，也不可能索閱所有文集，
　　故本文無法較全面掌握多數清中葉以後文集的史料，僅能就目前掌握的史料討論。
　　225筆史料中，有76筆得自方志。
4　司馬彪，《續漢書》，卷1，收入周天游輯注，《八家後漢書輯注》(上海：上海古籍出
　　版社，1986)，頁320。

舉博士邪？」后不欲重違母意，晝則修女工，夜則讀經傳，宗族皆
號曰「諸生」。5

　　這兩則都是關於帝王貴族之家的婦女教育。女子教育自古以來主要以女德、
女工爲主，《孝經》教導孝德，由鄧綏之母「女人通一《孝經》而已」之言，可
知《孝經》很早已做爲婦女教育的內容。另外，《陳書》也記載謝貞從母親王氏
學習《孝經》和《論語》，可見王氏亦曾習讀《孝經》6。

　　唐代婦女接受書本教育的記載也不少，盧建榮指出唐代貴族家教存在某種男
女平權的模式7，從《唐代墓誌彙編》與《唐代墓誌彙編續編》中找到約50筆有
關婦女閱讀的記載，可見當時婦女主要閱讀的書籍爲：女史、女圖、詩、禮、釋
典等8。其中也不乏博覽群書的女性9，並有兩則關於婦女與《孝經》的記載：姚
夫人手持《孝經》，點句以教幼子10；以及用「行在《孝經》，志宗釋典」形容
李道因11。由此可見，《孝經》在唐代確實用以教育女子。山崎純一也說，《論
語》、《孝經》兩部書是一部分唐代家庭女子必須學習的教訓書12。

5　袁宏著，周天游校注，《後漢紀校注》（天津：天津古籍出版社，1987），卷14，頁
　411。

6　姚思廉，《陳書》（北京：中華書局，1972），卷32，頁425-429。

7　即女子除了要學習女紅外，也與兄弟接受相同教育。盧建榮，〈從在室女墓誌看唐宋
　性別意識的演變〉，《國立台灣師範大學歷史學報》，期25(1997)，頁15-42。

8　與當時佛教的盛行有關，婦女誦讀釋典的記載相當多，也有閱讀道書、《左傳》和
　《史記》等經史書籍，但例子很少。周紹良、趙超主編，《唐代墓誌彙編》上、下冊
　（上海：上海古籍出版社，1992）；周紹良、趙超主編，《唐代墓誌彙編續集》（上
　海：上海古籍出版社，2001）。亦參考周愚文，〈唐代婦女與家庭教育初探〉，收入周
　愚文、洪仁進主編，《中國傳統婦女與家庭教育》（台北：師大書苑，2005），頁9-
　36。

9　例如，鄭秀實的墓誌描述如下：「夫人聰識明敏，尤精魯宣父之經誥，善衛夫人之華
　翰，明左氏之傳，貫遷固之書，下及諸史，無不該覽。」周紹良、趙超主編，《唐代
　墓誌彙編》下冊，大中124，頁2348。

10　周紹良、趙超主編，《唐代墓誌彙編》下冊，大中130，頁2353。

11　周紹良、趙超主編，《唐代墓誌彙編》下冊，乾符020，頁2487。

12　山崎純一，〈關於兩部女訓書《女論語》、《女孝經》的基礎研究〉，收入鄧小南編，
　《唐宋女性與社會》上冊(上海：上海辭書出版社，2003)，頁158-187。山崎純一主
　要根據李華〈與外孫崔氏二孩書〉一文立說，李文見董誥等編，《全唐文》(北京：
　中華書局，1983)，卷315，頁3195b-3196a(總頁1412)。山崎純一的論文主要討論

　　因此，我們並不能根據宋元以降女性閱讀《孝經》史料逐漸增加的事實，推論中國近世的女教內容必然有別於漢唐，開啓一嶄新的面貌。儘管如此，史料的變化卻也呼應著過去學者對於唐宋變革的諸多研究成果，包括隨著門閥政治衰微、科舉制度的日益重要，士成爲進入官僚體制的重要社會階層，官設和私人教育機構經歷重大的發展，教育也從貴族世家逐漸向士、庶階層擴展[13]；宋元以後的家族具有宗族倫理庶民化的傾向，在地方基層社會中發揮政治、經濟、社會控制與教化等多重功能[14]；以及根據兒童教育史的研究和小兒專科之成立，推論「兒童」的概念在宋代更加確立等[15]。與此相呼應，上述史料也讓我們看見：宋以降的婦女教育，雖然在內容與目的上與漢唐傳統有明顯的延續性，然而隨著社會、政治結構的變化與教育向下擴展的過程，《孝經》到宋朝以後逐漸成爲士人家庭教育女子的重要教材。曼素恩(Susan Mann)觀察中國婦女傳記曾指出，唐以後那些具有個人色彩、特立獨行的奇女子形象逐漸從歷史記載中消逝，取而代之的是無數刻板的貞節列女[16]。《孝經》頻繁出現在宋元以降的婦女傳記中，或也與近世中國日益標榜貞孝女德的風氣有關。

(續)————————————————

　　　《女論語》、《女孝經》兩部女訓書籍在唐代出現，豐富了「賢妻良母」的女性教育觀。由於我們主要關切點在《孝經》文本，故不再涉及《女孝經》的問題；而從宋以降婦女傳記史料，我們也發現記載婦女閱讀《孝經》的例子比《女孝經》更多。

13　內藤湖南，〈概括的唐宋時代觀〉。Peter Bol, *This Culture of Ours: Intellectual Transitions in T'ang and Sung China* (Stanford: Stanford University Press, 1992)；賈志揚，《宋代科舉》；Thomas H. C. Lee, "Sung Schools and Education Before Chu Hsi," in Wm. Theodore de Bary and John W. Chaffee eds., *Neo-Confucian Education: The Formative Stage* (Berkeley: University of California Press, 1989), pp. 105-136.宋代教育機制的變化，見李弘祺，《宋代官學教育與科舉》（台北：聯經出版，1994）；陳雯怡，《由官學到書院：從制度與理念的互動看宋代教育的演變》（台北：聯經出版，2004）。

14　見第一章。

15　Thomas H. C. Lee, "The Discovery of Childhood: Children Education in Sung China (960-1269)," in Sigrid Paul ed, *Kulture: Begriff und Wort in China and Japan* (Berlin: Dietrich Reimer Verlag, 1984), pp. 159-189; Ping-chen Hsiung, *A Tender Voyage: Children and Childhood in Late Imperial China* (Stanford: Stanford University Press, 2005), ch. 1.

16　Susan Mann, *Precious Records: Women in China's Long Eighteenth Century* (Stanford: Stanford University Press, 1997), p. 2.

　　我們檢視宋以降士大夫對於婦女接受文字教育的看法，也可發現許多支持的聲音。例如，司馬光主張男女七歲不同席、不共食，教育目的與內容也不同，但認爲男女均應誦習《孝經》和《論語》[17]；劉清之(1130-1195)：「女子七歲，教以女儀，讀《孝經》、《論語》。」[18]《朱子語類》也記載一段反映當時士人女教觀點的對話，有人問朱子曰：「女子亦當有教。自《孝經》之外，如《論語》，只取其面前明白者教之，何如？」朱子回答：「亦可。如曹大家《女戒》、溫公《家範》，亦好。」[19]類似的主張在明清時代更普遍，例如顏元(1635-1704)：

　　　　七歲男女不同席，不共食。始誦《孝經》、《論語》，雖女子亦宜
　　　　誦之。……九歲，……女子亦爲之講《論語》、《孝經》及《列女
　　　　傳》、《女戒》之類，畧曉大意。[20]

　　清初女教作者藍鼎元(1675-1733)在〈鄭母軏詩跋〉中也說：

　　　　今觀鄭母得力於《孝經》、《內則》、《列女傳》諸書，益信學問
　　　　之功大也。化民成俗其必由學，豈獨男子爲然哉。[21]

　　上述史料顯示：士大夫注重女教，主張應該給予婦女一定的文字和書本教育。

17　司馬光，《家範》(山東：山東友誼書社，1992影印清朱軾重刻溫公家範本)，卷1，
　　頁5a；卷6，頁2b。
18　劉清之，《戒子通錄》(台北：臺灣商務印書館，1983)，卷3，頁17a。
19　朱熹著，黎靖德編，王星賢點校，《朱子語類》(台北：華世出版社據北京中華書局
　　點校本影印，1987)，卷7，頁127。關於朱熹對女子教育的看法，見Bettine Birge,
　　"Chu Hsi and Women's Education," in Wm. Theodore de Bary and John Chaffee eds.,
　　Neo-Confucian Education, pp. 325-367.
20　顏元著，王星賢、張芥麈、郭征點校，《顏元集》(北京：中華書局，1987)，卷1，
　　〈禮文手鈔〉，總頁329。
21　藍鼎元，〈鄭母軏詩跋〉，收入氏著，《鹿洲初集》(台北：臺灣商務印書館，1983)，
　　卷16，頁13b-14b。

　　至於仕女閱讀的情形，陶晉生〈北宋士族婦女的教育〉提供了關於北宋極豐富的史例[22]；鐵愛花則根據大量宋代女性墓誌資料，找到206筆女性閱讀的紀錄，發現宋代女性閱讀書籍範圍相當廣，從儒家經典、佛道經書、女教典籍、諸子百家，到醫藥數術，遠超過士大夫為女教所設計的閱讀範圍。其中又有33%（69例）記載閱讀儒家經典，《孝經》、《論語》也是當時普遍被婦女閱讀的書籍[23]。另外，陶晉生認為婦女能讀書明理，對於維持士族地位極重要[24]；伊佩霞指出，在宋代士人階層中，文化涵養似乎使女子更具吸引力，且不僅宋代婦女傳記經常記述傳主熟悉儒家女教典籍，畫作〈女孝經圖〉也以在書桌旁的婦女形象來描繪有德的婦人[25]（圖4）。馬孟晶也告訴我們，明清藝術品經常呈現婦女閱讀的圖像，顯示閱讀等藝文活動已是女性生活的重要內容[26]。而中國歷史上也的確存在一些智力非凡、經史知識和文學才華都出眾的才女，尤其到了明清時期，在商業發達、受教育人口增加、出版業勃興等因素刺激下，閱讀女性和女性作家的能見度大增，許多才女的才華不僅深深吸引著士人，當時甚至發展出才、德、美兼具的新女性形象[27]。儘管如此，傳統對女教的看法卻沒有發生根本的變化，士大夫對女

22　陶晉生，〈北宋士族婦女的教育〉，《中央研究院歷史語言研究所集刊》，67本1分（1996），頁43-59。

23　鐵愛花，〈宋代女性閱讀活動初探〉，《史學月刊》，期10（2005），頁35-40。

24　陶晉生，〈北宋士族婦女的教育〉。

25　Patricia Buckley Ebrey, *The Inner Quarters: Marriage and the Lines of Chinese Women in the Sung Period* (Berkeley: University of California Press, 1992), ch. 6.

26　馬孟晶，〈女性生活的文化圖像〉，收入劉芳如、張華芝編，《群芳譜——女性的形象與才藝》（台北：國立故宮博物院，2003），頁80-99；游惠遠，〈明代婦女的才藝教育〉，收入周愚文、洪仁進主編，《中國傳統婦女與家庭教育》，頁59-89。

27　Dorothy Ko, *Teachers of the Inner Chambers: Women and Culture in Seventeenth-Century China* (Stanford: Stanford University Press, 1994)；華瑋，《明清婦女之戲曲創作與批評》（台北：中央研究院中國文哲研究所，2003）讓我們看見多位明清婦女的戲曲創作和點評，及其所透露出有別於正統意識型態的另一種聲音，同時也展現婦女對於明清戲曲文化的積極貢獻。胡曉真，《才女徹夜未眠：近代中國女性敘事文學的興起》（台北：麥田出版，2003）研究女性彈詞小說，不僅對於這種女性文類所展現的明清才女文化及特殊情感表述有深入的說明，對於女性創作與現實政治、社會、思想變遷，乃至商業出版之間的複雜關係，也有精彩的刻劃。另外，地方志的史料也充分顯示了地域性的差異，我們從方志找到共77筆婦女閱讀《孝經》的史料中，江蘇（9）、浙江（13）、安徽（11）、江西（20）四省占據大部分。

圖 4　傳宋人畫《女孝經圖卷·夫人章》（北京故宮博物院藏）。

子書本教育的規劃，除了少數例外，仍停留在一般蒙學的階段，且主要以培養女德為目標。藍鼎元曾說：

> 夫女子之學，與丈夫不同。丈夫一生皆為學之日，故能出入經史，淹貫百家；女子入學不過十年，則將任人家事，百務交責，非得專經，未易殫究。[28]

清代的寇氏亦曰：

> 丈夫當讀盡天下書，若女子，一部《孝經》足矣。[29]

---

[28]　藍鼎元，〈女學自序〉，《女學》（台北：新文豐出版，1997），頁1b。關於男女在生命不同階段所承擔的責任與生活方式之差異，亦見 Susan Mann, *Precious Records: Women in China's Long Eighteenth Century*, ch. 3.

[29]　寇氏是貢生寇璞女，幼讀書、通《孝經》，夫卒，守志不二，獲旌表。宮懋讓等修，李文藻等纂，乾隆《諸城縣志》（台北：成文出版社，1976），卷45，頁25a-b（總頁1207-1208）。

　　因此，就文字智識教育而言，女教無法與士人教育相比，反而與蒙學有密切的關係。在傳統儒家經典教育中，最常用以教育女子的就是《孝經》和《論語》，這兩部書也是自古以來童蒙經典教育的入門書籍，其他文字比較困難的經典，士人很少鼓勵婦女接觸。我們從上述司馬光、劉清之、顏元等人的教育主張也清楚看到這一點。當然，這僅止於士人的構想或對社會一般性的描述，晚近婦女研究的諸多作品都告訴我們，在實際生活中，仍然有一些婦女，她們的閱讀廣度遠遠超過士大夫爲女性教育所規劃的範圍，甚至是極出色的詩人、戲曲家和小說家，並在文藝活動的創造與傳播中扮演著積極的角色[30]。

　　綜上所論，宋以降的史料開始逐漸大量出現婦女閱讀《孝經》的記載，面對這個史料現象，我們雖不能據此推論《孝經》直到宋代才成爲女教的重要內容，然而符合著經歷世族社會和門閥政治逐漸瓦解、士階層的興起、維繫士人家族的教育與政治機制改變等歷史走向，也符合著上一章所述近世宗族文化興盛的史實，這些史料正反映著女教逐漸從帝王貴族世家擴散到士、庶階層的變化。《孝經》與近世中國女教之間的關係密切，不僅士人普遍肯定女子接受《孝經》教育，甚至有家庭把閱讀《孝經》的重要性擺在女工之前，如韓邦奇(1479-1555)記王氏治家原則：

　　　　諸女皆命先讀《孝經》，曉其文義，而後及女工、中饋。[31]

　　如果我們把焦點放在這兩百多筆關於《孝經》與女子傳記書寫的史料，我們又可看出怎樣的歷史情景？讀出怎樣的價值意涵？綜觀這些史料內容，我認爲有兩個方面最爲突出：(1)提供我們對於傳統士人家庭教育的某些觀察；(2)字裡行

30　鐵愛花，〈宋代女性閱讀活動初探〉，頁35-40。高彥頤書中所言的沈宜修、商景蘭、顧若璞均才學俱佳，其中顧若璞更接受公公黃汝亨的親自調教，研讀《周易》、《詩經》、《莊子》、《楚辭》一系列的古典經籍，顧也親自教授兒女。Dorothy Ko, *Teachers of the Inner Chambers*, ch. 5-6. 另外、明、清時期女子詩作眾多，參見胡文楷編，《歷代婦女著作考》(上海：上海古籍出版社，1985)；Susan Mann, *Precious Records: Women in China's Long Eighteenth Century*.

31　韓邦奇，〈王安人墓誌銘〉，收入氏著，《苑洛集》(台北：臺灣商務印書館，1983)，卷6，頁42b-46a。

間透露著標幟女德的象徵意涵。下文謹就此兩方面進一步說明。

婦女與家庭教育

有關婦女與士人家庭教育的議題，學界已有豐富的討論，此處並沒有真正翻案的新論，只是有感於這兩百多筆的史料相當豐富地提供我們對於婦女受教育的管道、婦女擔負家庭教育傳承職責的訊息，故整理以補充學界既有的研究成果。

我們從這些傳記可以看到，士人家庭的女兒獲得書本知識的管道相當多元，父親、母親、姆師都是教育女性的重要管道[32]；也有從兄、夫、嫂受學者[33]。另

---

32 總數227筆史料中，只有少數說明了女子從何管道受學，其中寫明由父親教授女兒的有17筆，母教女的共有7筆，由姆師教授則有6筆。父親教授女兒之例：喻安性，〈儲封王太宜人裴太親母七秩序〉，國家圖書館分館(北京)編，《裴氏重修家譜》(北京：線裝書局，2002)，無頁碼；宋濂，〈周節婦傳〉，收入氏著，《文憲集》(台北：臺灣商務印書館，1983)，卷11，頁48a-50a；汪道昆，〈誥封宜人程母許氏行狀〉，收入汪道昆著，胡益民、余國慶點校，《太函集》(合肥：黃山書社，2004)，卷42，頁898；鄭真，〈楊母黃夫人墓誌銘〉，收入氏著，《滎陽外史集》(台北：臺灣商務印書館，1983)，卷43，頁9a-11b；梁潛，〈蕭母張氏孺人墓誌銘〉，收入氏著，《泊菴集》(台北：臺灣商務印書館，1983)，卷11，頁26b-27b；韓雍，〈故左本孺人曾氏墓誌銘〉，收入氏著，《襄毅文集》(台北：臺灣商務印書館，1983)，卷14，頁7a-9b；何瑭，〈汝北縣主墓誌銘〉，收入氏著，《柏齋集》(台北：臺灣商務印書館，1983)，卷10，頁6b-9a；何景明，〈王孺人墓誌銘〉，收入氏著，《大復集》(台北：臺灣商務印書館，1983)，卷36，頁15a-16a；孫承恩，〈張節婦傳〉，收入氏著，《文簡集》(台北：臺灣商務印書館，1983)，卷35，頁5a-7b；楊爵，〈祭次女文〉，收入氏著，《楊忠介集》(台北：臺灣商務印書館，1983)，卷7，頁1a-3b；胡直，〈鄭節婦張氏墓誌銘〉，收入氏著，《衡廬精舍藏稿》(台北：臺灣商務印書館，1983)，卷25，頁3b-5a；唐順之，〈章孺人傳〉，收入氏著，《荊川集》(台北：臺灣商務印書館，1983)，卷11，頁42b-46a；仲振履原修，張鶴齡續纂，咸豐《興寧縣志》(清咸豐六年修，民國十八年重排印本)(台北：成文出版社，1966)，卷4，頁1b；屠英等修，江藩等纂，道光《肇慶府志》(台北：成文出版社，1967)，卷19，頁86a-b；文聚奎等修，吳增逵等纂，同治《新喻縣志》(台北：成文出版社，1989)，卷12，頁12a。母親教導女兒之例：梁潛，〈故王母曾氏孺人墓誌銘〉，《泊菴集》，卷11，頁3a-b；王直，〈郭氏孺人墓誌銘〉，收入氏著，《抑菴文後集》(台北：臺灣商務印書館，1983)，卷32，頁18a-19b；唐文鳳，〈許孝女剖股傳〉，收入氏著，《梧岡集》(台北：臺灣商務印書館，1983)，卷9，頁5a-6b；李東陽，〈亡女衍聖公宗婦墓誌銘〉，收入氏著，《懷麓堂集》(台北：臺灣商務印書館，1983)，卷90，頁8b-11a；何喬新，〈先夫人揭氏墓誌銘〉，收入氏著，《椒邱文集》(台北：臺灣商務印書館，1983)，卷30，頁17b-20b；湯斌，《湯子遺書》，卷6，收入湯斌著，范志亭、范哲輯校，《湯斌集》(鄭州：中州古籍出版社，2003)，總頁314；關培鈞修，劉洪澤纂，同治《新化縣志》(台北：成文出版社，1975)，卷30，頁10a。由姆師教育之例：楊

外，我們也看到一些特別的學習情形，有一些女子在家長不主動提供教育管道的情況下，卻能積極為自己創造學習的機會。有藉著弟弟的幫助而學會閱讀者，如許相卿(1479-1557)的母親俞氏，「性敏慧，女紅諸技不習而精，顧好讀書，幼弟晚塾歸，常令指目字義，遂通《孝經》、《曲禮》、《列女傳》」[34]。或傾聽兒子們的講論而學習者，如鄭泰(1421進士)的母親王氏，身為塾師的女兒，但從小僅習聞父訓，卻未讀書，日後則因二個兒子勤學，旦夕講論，讓她有耳濡目染的機會，「故於《孝經》、《論語》皆能成誦而涉知其大義」[35]。有妻為妾講《孝經》、《小學》、《四子書》者[36]；也有著名士人為婦女講書的例子，例如程敏政(1445-1499)記載焦孟陽之妻呂氏，曾以鄉人的身分拜訪程家，因其服容舉止端淑合度，甚獲程家長輩喜愛，後更有機會接受程敏政為其講解《古今列女傳》、《小學》、《孝經》等書[37]。

　　另一有關婦女與士人家庭教育的重要議題，是母親擔任兒女啟蒙教師的職責。這也是許多學者均已經注意到的現象。我們從這批婦女與《孝經》的史料也再次看到這類記載的豐富，以下僅舉一些著名學者接受母教的例子供參考：歐陽

(續)───────────

士奇，〈何母周孺人墓誌銘〉，收入氏著，《東里續集》(台北：臺灣商務印書館，1983)，卷40，頁17a-18b；楊榮，〈封太安人樓母胡氏墓誌銘〉、〈故陳母孺人楊氏墓誌銘〉、〈故節婦高孺人墓誌銘〉，分見氏著，《文敏集》(台北：臺灣商務印書館，1983)，卷22，頁13b-15b；卷23，頁26b-28b；卷24，頁12a-14b；邵寶，〈司馬孺人墓誌銘〉，收入氏著，《容春堂別集》(台北：臺灣商務印書館，1983)，卷7，頁30b-32a；陸深，〈敕封安人郭氏墓誌銘〉，收入氏著，《儼山集》(台北：臺灣商務印書館，1983)，卷64，頁3b-6a。

33　張寶琳修，王棻纂，光緒《永嘉縣志》(民國二十四年補刻版)(台北：成文出版社，1983)，卷19，頁23b；蔣繼洙修，李樹藩纂，同治《廣信府志》(台北：成文出版社，1970)，卷9-9，頁4a；周春著，管庭芬批訂，咸豐《海昌勝覽》(清咸豐二年手抄本)(台北：成文出版社，1983)，卷19，頁2a。

34　許相卿，〈先孺人遷葬誌〉，收入氏著，《雲村集》(台北：臺灣商務印書館，1983)，卷14，頁3a-6a。類似地，皮錫瑞的母親也未從師習讀，但因自幼耳聞兄弟讀書而能通四子書，日後更以此教子。皮名振，《清皮鹿門先生錫瑞年譜》(台北：臺灣商務印書館，1981)，頁6。

35　楊士奇，〈給事中鄭君妻孺人王氏墓碣銘〉，《東里續集》，卷42，頁36a-38a。

36　王琛修，張景祁纂，光緒《邵武府志》(台北：成文出版社，1967)，卷27，頁8b-9a。

37　程敏政，〈孺人呂氏墓誌銘〉，收入氏著，《篁墩文集》(台北：臺灣商務印書館，1983)，卷42，頁7b-9a。

玄(1283-1357)母李氏親授《孝經》、《論語》、《小學》諸書[38]；許謙(1270-1337)生數歲而孤,世母陶氏口授《孝經》、《論語》[39]；宋禮(1332-1416)自幼聰敏,母曾氏始教以《孝經》、《小學》,輒能成誦[40]；楊榮(1371-1440)幼年,母親劉氏親教讀《孝經》、《論語》[41]；歸有光(1506-1571)的母親極嚴厲,每在中夜覺寢時,促兒子暗誦《孝經》,「即熟讀無一字齟齬,乃喜」[42]。海瑞(1514-1587)的母親二十八歲守寡,口授兒子《孝經》、《學》、《庸》諸書[43]；湯斌(1627-1687)的母親則在月下教兒子讀《孝經》[44]。

這些母親在年幼時接受《孝經》、《論語》、《列女傳》的教育,其中不少人更能通篇背誦,通曉大義,這樣的教育背景讓她們能夠直接擔負起兒女文字閱讀的啓蒙教育。尤其在丈夫早逝或出外工作無法承負兒女教育的情況下,這些母親的智識能力對於兒女的學習發揮極關鍵的助力。大部分的母親只承擔幼童的啓蒙,稍長進深的教育,即轉請正式塾師教導,但也有少數母親能夠完全勝任兒子教師的職責,例如毛奇齡(1623-1716)寫淮安名士靳應升(1605-1663)之妹曰:

> 惟周母者(靳氏),七歲誦《孝經》,八歲誦《論語》、《毛詩》,九歲與其兄茶坡先生學爲文。茶坡先生者,淮名士,與先生並稱,當時所爲靳周二子是也。第先生設教多就人延請,嘗留諸子于其家使受母教,故母之教子則實能授詞訓義,與人師同,而諸子之受母教,一如人人之受教于其師。[45]

38　宋濂,《元史》(北京:中華書局,1976),卷182,頁4196。

39　宋濂,《元史》,卷189,頁4318。

40　楊士奇,〈宋東齋墓誌銘〉,《東里續集》,卷35,頁18a-21b；梁潛,〈宋伯循墓表〉,《泊菴集》,卷10,頁2b-5a。

41　楊榮,〈先妣行實〉,《文敏集》,卷16,頁23b-26b。

42　歸有光,〈先妣事略〉,收入氏著,《震川集》(台北:臺灣商務印書館,1983),卷25,頁21a-23a。

43　梁雲龍,〈明故資善大夫南京都察院右都御史贈太子少保諡忠介剛峰海公行狀〉,收入海瑞著,《備忘集》(台北:臺灣商務印書館,1983),卷10,頁1a-21a。

44　湯斌,《湯子遺書》,卷6,《湯斌集》,頁314。

45　毛奇齡,〈淮安周母靳太君七十壽序〉,收入氏著,《西河集》(台北:臺灣商務印書館,1983),卷46,頁13b-15b。靳氏爲周左台先生妻,靳應升之妹,靳應升是明、

　　由於丈夫長年在外教學，靳氏幾乎完全承擔起兒子教師的職責，做到「授詞
訓義，與人師同」的地步。即使明清時代像靳氏這般有學問的女子可能不在少
數，但在性別分工與專門教育的原則和考慮下，這類由母親全責擔任兒子教師的
例子仍不多見[46]。不過，《無錫金匱縣志》記載明代秦達材之妻蔡氏，卻能走出
家庭，聚村中兒童，課之讀《孝經》[47]。

　　雖然我們從史料可以發現，紀錄母教子、父教女的史料多於母教女、父教子
的史料，我想這並非忠實反映當時父母在兒女教育上性別分工的實情，而更多是
史料性質導致的現象。許多「母教子」的史料都出於兒子對母親的書寫，或因兒
子的名氣而獲得紀錄，我們不見得有機會看見同一個家庭中女兒對母親的書寫或
母女間教育傳承的紀錄。至於女子受教育的管道，我們看到父、母、姆師、兄、
嫂等均可能擔任女兒的教師，父親的比例較高很可能反映了男女受教育的差距，
也顯示在允許的情況下，父親確實是兒女啟蒙教育的重要承負者。

《孝經》與書寫女德

　　史料除了可能引領我們窺見某些歷史情景外，史料所呈現的書寫與敘述的型
態本身更是別具深意，尤其墓誌之類的文字不僅具有鮮明套式的表述手法，更不
免有將傳主工具化，以彰顯書寫者或時代強勢價值的一面[48]。宋元以降婦女傳記
大量標識出傳主所接受的教育內容，除了記實，更有象徵的意涵，特別與當時對
於婦德的價值觀緊密關聯。以下先舉數例典型的書寫以為參考：

(續)

　　　清之際活躍於淮安的名士，參與望社活動。張兵，〈望社的形成與詩文化活動〉，《西
　　　北師大學報》，卷39期6(2002)，頁36-40。

46　王力堅論及陳爾士和顧若璞課子的情形，也與此相類，都超過幼童啟蒙的階段。王
　　　力堅，《清代才媛文學之文化考察》(台北：文津出版社，2006)，頁185-191。

47　裴大中修，秦緗業纂，光緒《無錫金匱縣志》(台北：成文出版社，1970)，卷27，
　　　頁11b(472)。

48　關於此以及宋代婦女傳記的書寫特色，參見劉靜貞，〈女無外事？──墓誌碑銘中所
　　　見之北宋士大夫社會秩序理念〉，《婦女與兩性學刊》，期4(1983)，頁26-32；〈歐陽
　　　脩筆下的宋代女性──對象、文類與書寫期待〉，《臺大歷史學報》，期32(2003)，頁
　　　57-76；〈書寫與事實之間──《五代史記》中的女性像〉，《中國史學》，期
　　　12(2002)，頁51-64。

（謝節婦）嘗讀《孝經》、《小學》書，通達義理，故能盡婦道云。[49]

（陳貴）自幼聰慧……讀《論語》、《孝經》、女教諸書，皆能通其意而見於行事。[50]

孺人聰慧夙成，讀《孝經》、女教，能通其大義，精勤女事。[51]

（郭琇）能《孝經》、《小學》諸書，皆能成誦，以古之賢女婦爲師，又攻筆札，然不以施於外，凡家事有當記注者，皆任之。[52]

安人顧氏，……有賢德，通《孝經》、《論語》，治家有法，子婦儀其德焉。[53]

　　綜觀這些婦女傳記，標舉女性的智識教育，主要在強調傳主聰慧過人、能夠知學，以及這些正統儒家典籍對於教養的啓迪功效。聖賢的教化不僅對人的言行思維有正面影響，也能提供古代賢明婦女的榜樣，興起仰慕效尤之情。傳文中標舉的書目——《孝經》、《論語》、《列女傳》等代表儒學正統教育的典籍，也具有高度的道德象徵意義。我們可以合理地懷疑，這些婦女一生中所接觸的書籍絕不僅止於這些儒家典籍。姑不論許多爲婦女喜愛的小說、詩歌、戲曲文本大量出現，即使蒙學教材，也不斷推陳出新，《三字經》、《千字文》等教材更是廣泛被使用。因此，我們沒有理由認爲這些婦女的教育，一律從《孝經》、《論語》入手，且終生不曾接觸過其他書籍。但傳記沒有必要詳細列出他們所讀過的每一本書，而是選擇點出那些最能表彰傳主才華與德性的典籍[54]。從這個角度，

49　宋濂，〈謝節婦傳〉，《文憲集》，卷11，頁50a-51b。

50　王直，〈太孺人陳氏墓表〉，《抑菴文後集》，卷27，頁39b-41b。

51　王直，〈侍讀尹公妻羅氏墓誌銘〉，《抑菴文後集》，卷31，頁48a-50b。

52　王直，〈郭氏孺人墓誌銘〉，《抑菴文後集》，卷32，頁18a-19b。

53　歸有光，〈昭信校尉崇明沙守禦千户所正百户晁君墓誌銘〉，《震川集》，卷18，頁10a-22a。

54　當然，不是每位作者都只選擇記錄儒家典籍，也有少數會記載婦女豐富閱讀範圍，例如唐順之筆下的婦女，閱讀範圍都頗可觀。如太倉盛孺人平生喜書，所讀之書包括《小學》、《日記故事》、稗官小說；吳母唐孺人更是廣讀醫藥卜筮種樹之書；章孺人也讀《大學》。這可能與唐順之的家學背景及交友圈有關，或也與唐順之個人見解有關。唐順之，〈盛孺人墓誌銘〉、〈吳母唐孺人墓誌銘〉、〈章孺人傳〉，《荊川集》，卷10，頁67b-70a；卷11，頁42b-46a。其他例子，參見顧憲成，〈吳母毛太宜人墓誌

我們更能明白《孝經》、《論語》、《列女傳》屢屢在婦女傳記中並列出現所具有的象徵意涵。我並不是懷疑這些記載的真實性，而是認為我們從這些明確被標舉出的女教書目中，既可以看到當時婦女教育內容的部分情實，同時也能更深刻地讀出作者欲藉此表彰的道德意涵。我們從王恭的〈高涼梁惟正賢婦歌〉：「朝吟劉向《列女》篇，夜誦曾參《孝經》策」[55]；孫淑的詩作：「小妹方纔習《孝經》，可憐嬌怯性偏靈，自尋《女誡》窗前讀，嗔道家人不與聽。」[56]同樣可以讀出這種兼具寫實與象徵女德的雙重意涵。

傳記中書寫這些女子受過《孝經》、《論語》、《列女傳》等書籍的薰陶，主要欲表彰其才能與德性之卓越出眾。文字閱讀的能力和理解聖賢經書大義的心智高度，都在這些書寫中獲得正面的肯定。而且女性智識能力總是配合著她們合宜出眾的行為一同書寫，「聰慧……能通大義」、「通義理……能盡婦道」、「知大義……治家有法」是常見的筆法。以儒家經典教育與標識女德的「女工」並提的情形，也俯拾皆是。傳文中士人對於女性文字和智識能力無保留地讚賞，主要還與《孝經》、《論語》、《列女傳》的正統性有密切關係。浸淫於聖賢教訓中的女子，誦讀不倦、晝夜思想，是不可能被質疑的，小說詩文就未必被接受。這一點在章學誠(1738-1801)的《婦學》中表述得很清楚[57]；《王節婦女範捷錄》也清楚反映作者區分正邪書籍的態度[58]。

綜言之，《孝經》和《論語》自來被認為是出自聖人之手的儒門菁萃，漢以

(續)————————————————————————

銘〉，《涇皋藏稿》(清刊本，中央研究院傅斯年圖書館藏)，卷16，頁18a-24a。

55 王恭，〈高涼梁惟正賢婦歌〉，收入氏著，《白雲樵唱集》(台北：臺灣商務印書館，1983)，卷2，頁45a。

56 陶宗儀，《輟耕錄》(台北：臺灣商務印書館，1983)，卷13，頁9a。另外，明代小說《型世言》第六回寫唐貴梅自小讀《孝經》、《烈女傳》，同樣符合了當時賢婦才女的書寫模式。陸人龍編著，《型世言》(台北：中央研究院中國文哲研究所籌備處，1992)，頁291。

57 章學誠，《婦學》，收入《筆記小說大觀》五編(台北：新興書局，1974)，頁3257-3268。

58 「女子之知書識字，達禮通經，名譽著乎當時，才美揚乎後世，亶其然哉。若夫淫佚之書，不入於門，邪僻之言，不聞於耳。在父母者，能思患而預防之，則養正以毓其才，師古以成其德，始為盡善而兼美矣。」劉氏，《王節婦女範捷錄》，收入王相箋注，《狀元閣女四書集注》(清光緒十一年刊本，中央研究院中國文哲研究所圖書館藏)，卷下，頁49a-b。

降已是儒學教育最重要的入門書籍，歷史上許多名人自小熟讀這兩部經書[59]。在後代士人的蒙學與女教規劃中，《孝經》和《論語》也極受重視。婦女傳記並提《孝經》、《論語》，指明傳主能「通曉其義」，除了反映史實，欲藉這兩部經典表彰傳主見識與智慧卓越超群的意味濃厚。同樣地，《孝經》與《列女傳》、《女誡》並列的情形，也具有反映史實與象徵的雙重寓意。《列女傳》、《女誡》等書，鮮活地提供了貞孝節烈等賢明婦女的典範形象，自來是傳統女教的正宗教材，近世也有許多續編和重刊的情形，故在近世中國婦女教育中佔有重要地位[60]。在極度重視貞、孝的明清時期裡[61]，《孝經》與《列女傳》在婦女傳記書寫中頻頻並列出現，更具有標幟女德的意涵。

(二)《孝經》淡出男性傳記書寫

與上述女性閱讀史料現象幾乎呈現完全相反趨勢的是，《孝經》出現在男性傳記的頻率卻在元明之後銳減。以《四庫全書》和二十五史資料庫蒐尋結果為例，在男性墓誌、行狀文中記載傳主閱讀《孝經》的例子，元明兩代僅有38例，其中還包括一則寫田夫之子鄒福好學，兩個書寫男童以及一些兼寫母道的例子[62]。與同時期女性閱讀、教導《孝經》的豐富史料相比，數量上的懸殊差距格外耐人尋味。尤其若觀察史料數量歷時性的變化，「女性傳記明載《孝經》」是呈現從極少數到元明以後才激增的現象，如上文所論，我們相信這主要與教育向下擴展的

59　見下文。

60　關於明代女教書籍，參見王光宜，〈明代女教書研究〉（國立台灣師範大學歷史學研究所碩士論文，1999）；熊賢君，《中國女子教育史》（太原：山西教育出版社，2006），頁114-134。

61　費絲言，《由典範到規範：從明代貞節烈女的辨識與流傳看貞節觀念的嚴格化》（台北：國立台灣大學文學院，1996）；林麗月，〈孝道與婦道：明代孝婦的文化史考察〉。

62　鄒福之例，見揭傒斯，《文安集》（台北：臺灣商務印書館，1983），卷14，頁7a-8a。書寫兒童的兩例是：林俊，〈少子迂壙誌〉，收入氏著，《見素集》（台北：臺灣商務印書館，1983），卷17，頁11b-12a；張嶽，〈名密兒說〉，收入氏著，《小山類稿》（台北：臺灣商務印書館，1983），卷17，頁14a-15b。因為從事本章研究時，「中國基本古籍庫」尚未啟用，最近我利用它搜尋宋以降的史料，雖可找到更多男子傳記記載傳主閱讀《孝經》的例子，但女性傳記更頻繁出現這類記錄的現象，仍是不變的。

過程有關；然而男性史料卻呈現完全相反的趨勢。這反映在正史史料上最爲鮮明，整部《明史》僅記王艮（1483-1540）、蔡毅中（1548-1631）曾閱讀《孝經》之事，其餘均爲描述政策或政論時提及《孝經》，或在《孝經》類書名中才出現，很少在人物傳記中言及傳主從小接受《孝經》教育。如果我們檢閱漢魏六朝到唐代的史料，則可看出明顯的差別，早期史料記載男性閱讀《孝經》的情形相當普遍。以下僅舉數例參考：

> 范升……九歲通《論語》、《孝經》，及長，習梁丘《易》、《老子》，教授後生。63
> 僧孺年五歲，讀《孝經》，問授者此書所載述，曰：論忠孝二事。僧孺曰：若爾，常願讀之。64
> （孔僉）通五經，尤明三禮、《孝經》、《論語》。65
> （顏）之儀，幼穎悟，三歲能讀《孝經》，及長，博涉群書，好爲詞賦。66

　　類似的例子非常多，以二十五史爲例，唐以前至少有70筆史料，其中更有許多帝王命臣子講《孝經》、皇太子講《孝經》，以及朝廷議論禮制援引《孝經》的記錄。相形之下，《孝經》在近世中國逐漸從男性傳記書寫中淡出、隱晦化，而同時期卻又在女性傳記書寫中明朗化，成爲標榜女教和女德的重要指標。這兩重史料的變化，又透露著怎樣的訊息呢？

　　我想這絕不意味著《孝經》眞的在近世中國的男性教育中缺席。因爲，《孝經》自來是蒙學的重要教材，隨著教育機會與教育資源向士、庶階級擴展的同時，我們既已看到許多士人家庭的女子從小便有機會接受《孝經》教育，其中更有不少母親擔任兒女的啓蒙老師，傳承《孝經》、《論語》教育，我們沒有理由

63　范曄，《後漢書》（北京：中華書局，1965），卷36，頁1226。
64　姚思廉，《梁書》（北京：中華書局，1973），卷33，頁469。
65　姚思廉，《梁書》，卷48，頁677。
66　令狐德棻，《周書》（北京：中華書局，1971），卷40，頁719。

判定《孝經》做爲元明以降蒙學教材有任何性別上的差異。再者，從士人對蒙學課程的描述或規劃，也可清楚看出《孝經》之於蒙學並沒有性別的差異，例如陸九淵(1139-1192)描述南宋幼教情形：「今教童稚不過使之習字畫、讀書，稍長則教之屬文，讀書則自《孝經》、《論語》以及六經子史，屬文則自詩對至於所謂經義詞賦。」[67]而上述明清士人的蒙學教育理念，也可支持這種看法。另外，我們從明代一些十分重視《孝經》的文人，如楊起元(1547-1599)、黃道周(1585-1646)等人的傳並未特別標出他們閱讀《孝經》的事實[68]，也再度提醒我們，傳記是高度選擇性的文體。元明時代男性傳記中雖然較少提及《孝經》，我們卻並不能據此推論當時男性不再閱讀此書。相反的，若考慮當時男性受教育的總人數多於女性，《孝經》的男性讀者相信也是多於女性的。因此，史料上的逆向呈現就更饒富意味了。

　　那麼，上述的史料現象應如何解釋？我們或可推想因爲書本教育之於女性較難得，能夠通曉《孝經》、《論語》、《列女傳》的女性在社會整體女性中的比例較低，故比較值得被紀錄，且《孝經》的內容又可以表徵女教所重視的婦德；相對地，士人普遍接受經典教育，且許多人經歷仕宦，能夠被記載的事蹟也較豐富，在有限的篇幅中忽略年幼所讀的《孝經》，是很可想像的。或者如勞悅強所說，漢魏南北朝各朝政府推崇「男孝女貞」，使得當時的孝德帶有明顯性別意識，主要是男性之德，這情形直到唐代才有變化[69]，故推論中古以前孝德亦較多出現在男性傳記中。儘管如此，我認爲這個有關《孝經》的史料現象，同時透露著在中國長期歷史中《孝經》文本定位所經歷的重大變化。

67　陸九淵，〈策問〉，收入氏著，《象山集》(台北：臺灣商務印書館，1983)，卷24，頁17b-18a。

68　關於楊起元和黃道周對《孝經》的重視，參見本書第四、五章。

69　勞悅強，〈《孝經》中似有還無的女性——兼論唐以前孝女罕見的現象〉。楊果分析宋代女性墓誌，發現「孝女」已是宋代女性重要形象之一，楊果，〈宋人墓誌中的女性形象解讀〉。林惠勝說明南朝和晉對孝有不同的標準，晉司馬氏出身豪族，提倡儒家，《晉書‧孝友傳》多社會上層人物，且無一女性；南朝創業君主多出身寒門，《南史‧孝義傳》多載普通庶民百姓，女性也佔一定分量。林惠勝，〈試說南朝孝倫理：以《南史‧孝義傳》爲主的析論〉，《暨大學報》，卷4期2(2000)，頁1-26。

二、《孝經》文本定位的變化

　　本節將進一步討論上述史料現象所可能具有的歷史意義，我主要透過考查、分析、比較不同時代的《孝經》相關文獻，說明《孝經》這部書的性質到了近世發生重大的變化，從一部具有重要政治教化意義，兼具蒙學、政論、文化象徵等多元性質的文本，逐漸蛻變成一部更單純的蒙書。

(一)宋以前的《孝經》記載

　　我們從宋以前的史料，可以清楚看見《孝經》在政治、教育中高度重要的地位。首先，讓我先簡述宋以前歷代各朝有關《孝經》的重要制度，以凸顯《孝經》在政治場域中的重要性。漢代標榜以孝治天下，表揚孝道，選舉孝廉，帝王諡號多冠以「孝」字，《孝經》在當時頗受重視[70]。明確的規令有：漢文帝(r. 180-157 B.C.)設《孝經》博士；漢武帝(r. 141-87 B.C.)設五經博士，罷傳記博士[71]；平帝元始三年(3)令庠序置孝經師；五年(5)詔天下通《孝經》教授者，傳遣詣京師。東漢明帝時(r. 58-74)，又令虎賁、羽林之士要誦讀《孝經》[72]。可見《孝經》在漢代確爲帝王教化的重要工具[73]。

　　東晉元帝(r. 318-321)復立傳記博士，因此《孝經》在被廢立博士後400餘年，再度被置於學官。東晉穆帝永和十一年(355)與東晉孝武帝太元元年(376)，朝廷曾二度聚群臣共論經義[74]。我們從陳鐵凡所列舉南北各朝研究《孝經》的家

70　關於《孝經》有利於漢朝大一統專制政治的部分，可參見佐藤廣治著，羅霖譯，〈孝經在經學上地位之考察〉，《國立中山大學文史學研究所月刊》，卷3期2(1934)，頁143-158；徐復觀，〈中國孝道思想的形成演變及其歷史中的諸問題〉。

71　雖然《孝經》不再立博士，但各經博士均通《論語》、《孝經》，故並不影響《孝經》之傳，甚至有推廣之效。見陳鐵凡，《孝經學源流》，頁120。

72　虞淳熙，《孝經集靈》，收入朱鴻，《孝經總類》(上海：上海古籍出版社，1995)，亥集，頁279-280。

73　閻鴻中，〈周秦漢時代家族倫理之變遷〉(國立台灣大學歷史學研究所博士論文，1997)，第六章第一節。

74　經議內容可能與孔鄭二家得失有關。陳鐵凡，《孝經學源流》，頁147-148。

數，以及帝王講習《孝經》的頻繁記載，可見當時《孝經》學的盛況[75]。梁武帝中大通四年(532)設置制旨孝經助教，梁武帝自撰《孝經義疏》，梁簡文帝(r. 549-551)撰《孝經義疏》，也顯示梁朝帝王對《孝經》的重視[76]。

《孝經》在唐代得到進一步的重視，《孝經》與《論語》並列兼經，爲國子監學生必讀科目，也是考試取士的內容[77]。唐高宗(r. 650-683)以《道[德]經》和《孝經》並爲上經，貢舉人均須兼通[78]；玄宗(r. 713-755)更御注《孝經》，於開元十年(722)頒行天下及國子監，天寶三年(744)又敕令天下家藏《孝經》一本，精勤教習，令學校之中，倍加傳授，州縣官長，明申勸課[79]。

《孝經》在宋代仍受到帝王的重視，宋太宗(r. 976-997)曾手書《孝經》，勒碑於秘書監[80]；宋仁宗(r. 1023-1063)召輔臣於崇政殿西廡觀講《孝經》，並取《孝經》四章之圖，配〈無逸圖〉陳掛於邇英閣中，令王洙(997-1057)書〈無逸〉、蔡襄(1012-1067)書《孝經》，又令王拱辰(1012-1085)爲二圖作序，蔡襄書之[81]。宋高宗(r. 1127-1161)喜書經書，紹興二年(1132)宣示御書《孝經》，刻石太學，後許多州學亦仿效刻石[82]。

75　三國魏有8家、吳有5家、晉有19家；南朝宋有4家、齊有12家、梁有22家、陳有5家；北朝魏有4家、齊1家、周3家。陳鐵凡，《孝經學源流》，頁168-169。據林惠勝研究，南朝《孝經》類著錄計有18部63卷，通計亡者，更達59部114卷，林惠勝，〈試說南朝孝倫理〉。亦參見濮傳眞，〈南朝孝經學與玄理之關係〉，《孔孟月刊》，卷32期8(1994)，頁39-48。

76　陳鐵凡，《孝經學源流》，頁139-145。

77　「凡童子科，十歲以下能通一經及《孝經》、《論語》，卷誦文十，通者予官；通七，予出身。……凡弘文、崇文生試一大經……皆帖《孝經》、《論語》，共十條，通六爲第。」歐陽修，《新唐書》(北京：中華書局，1975)，卷44，頁1162。

78　董誥等編，〈唐文拾遺〉，《全唐文》，卷1，頁10381a。

79　劉昫，《舊唐書》(北京：中華書局，1975)，卷8，頁183；歐陽修，《新唐書》，卷5，頁144；王溥，《唐會要》(台北：藝文印書館，1969)，卷35，頁645；董誥等編，〈唐文拾遺〉，《全唐文》，卷4，頁10406a。

80　李燾，《續資治通鑑長編》(北京：中華書局，1979)，卷33，頁739-740。

81　李燾，《續資治通鑑長編》，卷173，頁4184。范祖禹上奏請掛仁宗朝〈無逸〉、《孝經》圖與書。范祖禹，〈乞留無逸孝經圖箚子〉，收入氏著，《范太史集》(台北：臺灣商務印書館，1983)，卷14，頁4a-5a。

82　朱彝尊原著，許維萍等點校，林慶彰等編審，《點校補正經義考》(台北：中央研究院中國文哲研究所，1997)，卷290，頁680；卷291，頁705-706。

若以選舉制而言，從宋太祖至英宗百餘年之間，《孝經》仍是科舉中明經、學究等科必試之書[83]。直到神宗朝(r. 1068-1085)王安石(1021-1086)變法，對科舉實行重大改革，罷明經及諸科、罷詩賦、進《孟子》而退《孝經》。從王安石科舉改制之後一直到清初，《孝經》沒有再被正式納入科舉必試科目中，此對《孝經》在士人教育的地位造成重大影響[84]。

以下我將更進一步根據各類史料，分別從政治教化、表彰儒家孝道、感通靈驗等方面，說明宋代以前《孝經》在政治文化與士人生活中的重要地位，及史料所呈現的豐富文化樣貌。並希望以此對比元明以後的史料，捕捉歷史長時期的變化趨勢。

政治領域中的《孝經》

在儒家傳統孝治天下的意識型態下，孝不僅是個人道德和家庭倫常的表現，更是關乎社會整體秩序的國家大事，帝王做為全國道德典範及移風易俗的最大關鍵，天子之孝更是政教重心所在[85]。而《孝經》便是一部教導上自帝王、下至庶民各階層如何行孝的典籍，具有極鮮明的政治教化色彩。劉瓛(434-489)在回覆齊高帝(r. 479-482)問為政時便說：「政在《孝經》。凡宋氏所以亡，陛下所以得

---

83 宋代選舉制規定：「禮部貢舉，設進士、九經、五經、開元禮、三史、三禮、三傳、學究、明經、明法等科，……凡學究，《毛詩》對墨義五十條，《論語》十條，《爾雅》、《孝經》共十條，……。」脫脫，《宋史》(北京：中華書局，1985)，卷155，頁3604-3605。又宋仁宗嘉祐二年(1057)下詔：「凡明兩經或三經、五經，各問大義十條，兩經通八，三經通六，五經通五為合格，兼以《論語》、《孝經》，策時務三條，出身與進士等。」脫脫，《宋史》，卷155，頁3615。

84 王安石對於科舉新制在宋神宗朝內實施，進士罷詩賦、帖經、墨義，任選《詩》、《書》、《易》、《周禮》、《禮記》中之一種，謂之「本經」，並兼《論語》、《孟子》，謂之「兼經」。《春秋》和《孝經》都不再為科舉必試科目。宋哲宗起用司馬光等人，考試方法也跟著改變，恢復《春秋》和《儀禮》兩經的地位，但《孝經》仍不在考試之目。關於此，參見羅傳奇、吳雲生，《王安石教育思想研究》(南昌：江西教育出版社，1991)，頁148-155；胡美琦，《中國教育史》(台北：三民書局，1990)，頁340-345。雖然晚明也曾以《孝經》命題試士，但仍要到清順治十六年(1659)，朝廷才正式將《孝經》納入科舉必試科目。詳見第六章。

85 雖然在現實政治權力中，「孝」也可能成為君王掩飾己身篡位奪權之醜，甚至淪為排除異己的政治工具。唐長孺，〈魏晉南朝的君父先後論〉，收入氏著，《魏晉南北朝史論拾遺》(北京：中華書局，1982)，頁233-248。

者，皆是也。」[86]歷朝皇帝召大臣共講《孝經》的例子很多，儀式規制也都極為隆重。例如，晉孝武帝(r. 373-396)講《孝經》的排場如下：

> 孝武帝嘗講《孝經》，僕射謝安侍坐，尚書陸納侍講，侍中卞耽執讀，黃門侍郎謝石、吏部郎袁宏執經，胤與丹楊尹王混撮句。[87]

帝王也會在宴會場合中要求臣子誦《孝經》。例如，有一次在齊武帝(r. 483-493)的朝宴，陸澄(423-494)為帝誦《封禪書》，以讚揚武帝之聖治，帝謙遜不敢當，要陸澄誦《孝經》，陸澄從「仲尼居」誦起。王儉(452-489)則曰：「澄所謂博而寡要，臣請誦之。」乃誦〈事君章〉，武帝稱善[88]。這種場合誦讀《孝經》具有高度的政治寓意。陸澄、王儉兩人對《孝經》的看法相當不同，陸澄認為《孝經》屬小學之類，不宜列在帝典；王儉則認為此書「明百行之首，實人倫之所先」，且《七略》、《藝文》均將之歸在六藝略，絕非小學之屬[89]。故王儉之舉一方面批評陸澄不懂《孝經》，同時也以《孝經》「君子事上」的原則表達自己為臣之道，及對帝王的期許。這是一種將《孝經》融入政治勸誡與修辭的表演。另外，臣子以《孝經》或節錄《孝經》進呈皇帝的記載亦很普遍，如文彥博(1006-1097)節錄《尚書》和《孝經》篇章，進呈宋仁宗，以備禁中清閒之暇研[90]；范純仁(1027-1101)於《尚書》、《論語》及《孝經》中節取要語切於治道者百段，進呈皇帝省覽[91]。

《孝經》之於皇太子的教育更是重要，畢竟孝為人道之首，而太子身為人子及將來君主的雙重身分，都使得他與《孝經》的關係格外密切。南朝史料有許多

86　司馬光，《資治通鑑》(北京：北京古籍出版社，1956)，卷135，頁4226。

87　房玄齡，《晉書》(北京：中華書局，1974)，卷83，頁2177。其他例子參見《晉書》，卷8，頁201-202；卷9，頁227。昭明太子蕭統講《孝經》也有類似排場。

88　蕭子顯，《南齊書》(北京：中華書局，1972)，卷23，頁435-436。

89　陳鐵凡，《孝經學源流》，頁148-149。

90　文彥博，〈進尚書孝經解〉，收入氏著，《潞公文集》(台北：臺灣商務印書館，1983)，卷31，頁1a-2a。

91　范純仁，〈進節尚書論語表〉，收入氏著，《范忠宣集》(台北：臺灣商務印書館，1983)，卷6，頁16a-17a。

皇太子講《孝經》的紀錄[92]，例如，南朝宋文帝元嘉十九年(442)立國子學，皇太子講《孝經》[93]；南齊文惠太子不僅於崇正殿講《孝經》，更親臨國學，與王儉、張緒等人論辯《孝經》，復策試諸生[94]；南朝梁武帝天監八年(509)，昭明太子蕭統(501-531)於壽安殿講《孝經》，講畢，親臨釋奠於國學等[95]。皇太子公開講《孝經》也往往深具政治意涵，如北齊文宣帝並不喜愛太子，曾有廢太子的想法，九年(558)文宣帝在晉陽時，由太子監國，太子集諸儒講《孝經》的舉措當有表達謹守人子、人臣本分的政治深意[96]。

史籍中《孝經》做為教化臣民的記載亦多，唐玄宗令天下家藏《孝經》，學宮講授、州縣申勸，是最鮮明的例子。其他例子尚有：隋朝鄭譯(540-591)與母別居，為憲司所劾，隋文帝(r. 589-604)賜以《孝經》，令其熟讀，遣與母共居[97]；唐代的于公異(781進士)不能事後母，陸贄(754-805)又因隙奏其狀，唐德宗(r. 779-805)遂詔賜《孝經》，令其罷官歸田[98]。以上皆為君王藉《孝經》警誡、教導臣子的事例。也有官員以《孝經》教化百姓者，如《後漢書》記仇覽為陽遂縣亭長時，有羊元者凶惡不孝，遭母告之，仇覽令羊元誦讀《孝經》，後羊元深悟悔改，至母前謝罪[99]；唐開元中，韋景駿為貴鄉令，有母子相訟，韋取《孝經》令其習讀，終使母子感悟，各請悔改[100]；宋儒楊簡(1141-1225)為富陽主簿時，「日諷詠《魯論》、《孝經》，堂上不動聲色而民自化」[101]。

92　詳細的列舉見陳鐵凡，《孝經學源流》，頁143-144。

93　沈約，《宋書》(北京：中華書局，1974)，卷64，頁1705。

94　蕭子顯，〈文惠太子傳〉，《南齊書》，卷21，頁399-400。

95　姚思廉，《梁書》，卷8，頁165；卷25，頁378。另外，陳後主至德年間(r. 583-586)，皇太子入學釋奠，徐孝克發《孝經》題，後主詔皇太子北面致敬。姚思廉，《陳書》，卷26，頁338。

96　李百藥，《北齊書》(北京：中華書局，1972)，卷5，頁73。

97　司馬光，《資治通鑑》，卷175，頁5444。

98　歐陽修，《新唐書》，卷203，頁5784。

99　范曄，《後漢書》，卷76，頁2480。

100　劉昫，《舊唐書》，卷135上，頁4797。

101　馬澤修，袁桷纂，《延祐四明志》(清咸豐四年《宋元四明六志》本)(北京：中華書局，1990)，卷4，頁17a-18b。其他以《孝經》教化的例子尚有：漢靈帝中平元年(184)，宋梟擔心多寇叛亂，故欲「多寫《孝經》，令家家習之，庶或使民知義」；唐初孝子王漸作《孝經義》一書，凡鄉里有鬥訟，王漸即詣門高聲誦書一卷，後有病

綜上所論，我們從唐宋以前的史料可以看到關於《孝經》在政治場域中被運用的豐富紀錄，無論是做爲君王表達忠於聖人之訓的自我惕勵，或是君臣共同講論的內容，或做爲君誡臣、臣諫君、官僚教化百姓的資藉，《孝經》在中國歷史中，絕非僅是一部童蒙書籍而已，更是一部被賦予「攸關治統」、具高度政治意涵的經典，也實際參與了複雜的政治活動[102]。

士人文化與《孝經》

另一些史料揭示了《孝經》與士人生活、文化、自我認同的密切關係。歷史上有不少人特別選擇以《孝經》陪葬，這個舉動除了表達著個人對生命的看法，也宣示自己不忘孝的心志及對孝的重視，其中最有名的例子是皇甫謐(215-282)。皇甫謐以生死存亡爲「天地之定制，人理之必至」，看透貪生惡死是人的瞑念，反對厚葬，他清楚交代自己的葬禮細節，一切以親土薄葬爲原則，但又特別交代：「平生之物，皆無自隨，唯齎《孝經》一卷，示不忘孝道。」[103]這樣的作法，後世有不少仿效者，南齊的沈麟士(419-503)因有感於皇甫謐深達生死之理，同樣臨終遺令薄葬，並在棺中貯《孝經》一卷[104]；唐代的楊越臨終時，也「遺令薄葬，不藏珠玉，唯《孝經》一卷，《堯典》一篇，昭示後嗣，不忘聖道」[105]。喬匡舜(898-972)遺命以《周易》、《孝經》置棺中[106]。另外，張融(444-497)、王嗣宗(944-1021)、劉遺民也都以《孝經》陪葬，以示對孝道及此書的重視[107]。

居喪讀《孝經》以表孝思也是很普遍的行爲，且常有與佛教區隔的意味。例

(續)————

者也請他去誦書，亦得癒。虞淳熙，《孝經集靈》，頁283；柳宗元，《河東先生龍城錄》，收入《筆記小說大觀》八編(台北：新興書局，1988)，頁7b。

102 關於孝道、《孝經》與漢魏政治的關係，見康樂，〈孝道與北魏政治〉，收入氏著，《從西郊到南郊：國家祭典與北魏政治》(板橋：稻鄉出版社，1995)，頁229-280。

103 房玄齡，《晉書》，卷51，列傳21，頁1418。

104 董誥等編，《全唐文》，卷338，頁3425b。

105 陳子昂，〈唐故朝議大夫梓州長史楊府君碑銘〉，收入董誥等編，《全唐文》，卷214，頁2168a-2170a。

106 徐鉉，〈唐故朝議大夫守尚書刑部侍郎柱國賜紫金魚袋喬公墓誌銘〉，收入氏著，《騎省集》(台北：臺灣商務印書館，1983)，卷16，頁5b-8b。

107 蕭子顯《南齊書》，卷41，頁729；李燾，《續資治通鑑長編》，卷95，頁2193。《大正新脩大藏經》(台北：中華佛教文化館影印大藏經委員會，1959)，卷27，頁304a-b。

如，穆修(979-1032)居母喪，「徒跣，自負櫬成葬，日誦《孝經》、《喪記》，
未嘗觀佛書，飯浮屠氏也」[108]；馮元(975-1037)每遇祭日，「與數門生誦說《孝
經》而已，罕語浮屠氏」[109]；章延仲(1062-1102)守喪時，不從里俗用佛老之
禮，集同志讀《孝經》，欲以此勸化鄉閭[110]；趙崇堂(1230-1244)，父歿於西
湖，坐苫讀《孝經》哭誦，見者為之泣下[111]。

　　以《孝經》教育子孫的例子就更多了，僅舉數例參考。唐代李華(715-766)
曾感嘆幼儀大不如前，特別告誡子孫：「汝等當學讀《詩》、《禮》、《論
語》、《孝經》，此最為要。」[112]趙蕃(1143-1229)標舉魏辰州刻《孝經》以傳
家之事，曰：「諭俗書陰德，傳家刻孝經。」宋代高開曾手書《孝經》，此書成
為高家的傳家之寶[113]。孫介(1114-1188)的例子則是以《孝經》自勉自學，且有
表彰儒家聖學的意思：孫介在考試失敗後，毅然回歸儒家聖學，「以先聖為師，
著日拜先聖文，永感悲思，又每旦誦《孝經》一通，著〈日誦孝經賦〉，不惑佛
老，不諂鬼神，不好機祥，不事方術，不信陰陽地理之書」[114]。

　　以上這些紀錄中的《孝經》，或做為傳遞家學、教導孝道的寶訓，或成為士
人自我表述、傳達孝思的憑藉，偶爾也被做為代表儒家孝道，與佛教區分的象徵
符號，顯示此書之於士人文化的密切關係。

108　蘇子美(舜欽)，〈哀穆先生文〉，收入穆修，《穆參軍集》(台北：臺灣商務印書館，
　　　1983)，附錄，頁2a-b。

109　宋祁，〈馮侍講行狀〉，收入氏著，《景文集》(台北：臺灣商務印書館，1983)，卷
　　　62，頁8b-16a。

110　許景衡，〈章延仲墓誌銘〉，收入氏著，《橫塘集》(台北：臺灣商務印書館，1983)，
　　　卷19，頁10a-12a。

111　趙汝騰，〈子將仕崇堂墓誌銘〉，收入氏著，《庸齋集》(台北：臺灣商務印書館，
　　　1983)，卷6，頁20b-22a。

112　李華，〈與外孫崔氏二孩書〉，收入董誥等編，《全唐文》，卷315，頁3195b-3196a。

113　趙蕃，〈魏辰州生日〉，收入氏著，《淳熙稿》(台北：臺灣商務印書館，1983)，卷
　　　12，頁10b-11a。另外，高開的曾孫高指保留曾祖所書《孝經》，並請袁燮作跋。袁
　　　燮，〈跋高公所書孝經〉，收入氏著，《絜齋集》(台北：臺灣商務印書館，1983)，卷
　　　8，頁8b-9b。高開是宋代四明人，有關他的家族，見黃寬重，〈洛學遺緒──高氏家
　　　的學術與政治抉擇〉，收入氏著，《宋代的家族與社會》(台北：東大圖書公司，
　　　2006)，頁175-200。

114　沈煥，〈承奉郎孫君行狀〉，收入孫應時，《燭湖集》(台北：臺灣商務印書館，
　　　1983)，附編卷下，頁1a-6a。

神秘靈驗的《孝經》

　　《孝經》也曾被視爲具有特殊能力的書籍，持有它或誦唸它具有去邪、消災、治病的功效，這類史料主要集中在漢魏六朝時期[115]。例如，東漢獻帝初平元年(190)，尚書令王允(137-192)相信太史王立之言，以爲《孝經》能消卻災邪，有益聖躬，故上奏獻帝，並常以良日，偕王立入宮，「爲帝誦《孝經》一章，以丈二竹簞畫九宮其上，隨日時而出入焉」[116]。黃巾之亂，向栩不欲國家興兵，建議「但遣將於河上，北向讀《孝經》，賊自消滅」[117]；皇侃(488-545)日誦《孝經》二十遍，以擬《觀世音經》[118]；顧歡(420-483)建議病邪者取《孝經》置於病患枕邊，《孝經》之正氣自能勝邪而病自癒；徐份(549-570)在父親徐陵(507-583)疾篤、醫禱百方無效時，燒香泣涕，跪誦《孝經》三日夜，父親之疾竟豁然而癒。另外，徐孝克(527-599)因通《孝經》，在遷居本來鬧鬼的尚書省第後，妖變竟都止息[119]；《風俗通義》也記載了伯夷誦《孝經》以禦老狸鬼魅之事[120]。

　　史料中也可見《孝經》在朝廷議論禮制的時候，屢屢被援引以論證。晉建國後，司馬昭(211-265)命荀顗(274卒)據魏代前事撰《新禮》。對於漢魏時皇太子稱臣一事，《新禮》以爲「於義不通」，欲廢此制，摯虞(311卒)則引《孝經》「資於事父以事君」，認爲「宜定《新禮》皇太子稱臣如舊」，詔從之[121]。另外，《孝經》經文「郊祀后稷以配天，宗祀文王於明堂，以配上帝」，由於涉及郊祀、明堂和配享的禮制，也在相關禮制議論中經常被引用論述。然而，郊祀、明堂或配享的禮制討論所根據的文獻，除《孝經》外，更有《周禮》、《禮記》、《易》、《詩》等上古文獻，且因相關文獻多斷簡殘篇，詮釋空間極大，

115 關於六朝一些誦唸《孝經》的活動，見吉川忠夫，〈六朝時代における《孝經》の受容〉，收入氏著，《六朝精神史研究》(京都：同朋舍，1984)，頁547-567。
116 袁宏著，周天游校注，《後漢紀校注》，卷81，頁736-737。
117 范曄，《後漢書》，卷81，頁2694。
118 姚思廉，《梁書》，卷48，頁680-681。
119 虞淳熙，《孝經集靈》，頁296。徐孝克也是虔信佛教徒，亦說是因其正直忠貞的品格，故妖魅不作。
120 應劭著，錢大昕輯，王利器校注，《風俗通義》(北京：中華書局，1981)，卷9，頁427-428。此資料蒙廖咸惠提供，特此致謝。
121 房玄齡，《晉書》，卷21，頁659。

自古以來聚訟不決，也不乏後代想像增益的成分。這類禮制議論背後又往往具高度的政治意圖與複雜的權力關係，即使引經據典，詮釋的歧義性仍大[122]。再者，這類議論中引用並詮釋《孝經》的方法，時代差異並不大，也與本文所關心的古今差異較不涉。有鑑於此，本文無法深論，在此僅指出《孝經》所云「嚴父配天」是歷代討論明堂配享經常援引的經文，但詮釋這段經文往往牽涉複雜政治權力之爭，歷代對於明堂配享的制度也並不統一[123]。

綜上所論，《孝經》在唐以前的政治文化中確實佔有相當重要性，此書也以非常豐富的面貌交織在士人生活中，從政治禮儀、教化、朝議辯論、宗教禮誦、驅鬼、醫療等活動，到文人的自我表述、警誡與書寫，都顯示《孝經》一書在歷史上豐富而多元的樣貌，及其以傳遞聖人治統精髓而高度受到朝廷君臣重視的事實。

(二)元明以降的《孝經》記載

元明史料中的《孝經》在數量上較少，在樣貌上也趨於單純。當然這種變化只是就大致趨向而言，如果眼光鎖定找尋延續性的例子，當然還是存在的。《孝經》被君王臣子重視的例子，總是間歇性地會在後代歷史中被重提。例如，金朝梁肅(1139進士)曾上奏，希望朝廷賜每百戶《孝經》一部，使之教讀，獲准[124]；明朝張元禎(1437-1506)上疏，請「皇太子當兼講《孝經》、《小學》、《詩》

---

122 明堂因代表上古理想政治的典範，與政權的合法性有密切關係，故明堂禮制的考訂歷代不絕，亦聚訟紛紜。歷史上，王莽和武則天均有藉明堂之修建以合法自己政權的做法。關於明堂的研究，可參見江乾益，〈漢儒論明堂制度〉，《興大中文學報》，期6(1993)，頁99-115；詹石窗，〈明堂思想考論〉，《中國哲學史》，期4(2000)，頁110-120；邵治國，〈武則天明堂政治和明堂大火考〉，《唐都學刊》，卷21期2(2005)，頁14-20。另外，明代郊祀禮的改革與明代配享也有明確政治意圖，即為追尊生父而進行宗廟祭禮改制作預備，而《孝經》在禮制改革論述中亦被援引，參見趙克生，〈明代郊禮改制述論〉，《史學集刊》，期2(2004)，頁12-17；胡吉勛，〈明嘉靖中天地分祀、明堂配享爭議關係之考察〉，《中國文化研究所學報》，期44(2004)，頁105-141。

123 胡吉勛，〈明嘉靖中天地分祀、明堂配享爭議關係之考察〉，頁105-141。

124 脫脫，《金史》(北京：中華書局，1975)，卷89，頁1984-1985。

之有關於綱常治亂者」[125]。居喪讀《孝經》的例子也見於後代史料，元代的楊奐(1186-1255)11歲丁內艱，日蔬食，以誦《孝經》爲課[126]；尹夢龍居母喪，手書《孝經》千餘本，散鄉人讀之[127]；陳確(1604-1677)居母喪時，也手寫《孝經》百餘冊以志痛[128]。應是(1638-1727)要求兒子居喪讀《讀孝經》[129]，曰：「昔邢昺日誦《孝經》二十遍，擬《觀音經》；女則讀《讀孝經》以擬讀《禮》，不更愈乎。」[130]不過後兩者是清初的例子，或與本書所論明末清初《孝經》之再受重視有關。

另外，晚明有一批士人提倡《孝經》，上疏朝廷請表彰《孝經》，這期間也出現一些高揚《孝經》政治教化功能與孝感神應的論述，《孝經》的神應色彩也有部分復甦的情形。關於此，以下幾章將會詳細討論，此處僅指出：晚明到清初這波提倡《孝經》的努力，還是必須放在《孝經》地位於長期歷史中的變化下觀察，更能見其論述與努力的重點所在。事實上，晚明士大夫之所以要極力提倡《孝經》，主要便是欲改變當時《孝經》淪爲「只是蒙書」的命運，試圖恢復它過去在政治、宗教、儒學各領域的重要地位。以目前所蒐尋的大量史料而言，元明的史料主要還是與蒙學教育與地方風俗教化有關[131]，顯示該書在政治領域中的重要性已發生改變，漸疏離於中央朝廷的政治舞台，轉入地方庶民教化，剝落過

125　中央研究院歷史語言研究所輯校，《明武宗實錄》（台北：中央研究院歷史語言研究所，1966），卷20，頁9a（總頁591）。

126　元好問，〈故河南路課稅所長官僉廉訪使楊君神道之碑〉，收入氏著，姚奠中主編，《元好問全集》（太原：山西人民出版社，1990），卷23，頁577-582。

127　虞淳熙，《孝經集靈》，收入朱鴻，《孝經總類》，亥集，頁303。

128　陳其元，《庸閒齋筆記》（上海：上海古籍出版社，1997），卷1，頁23b。

129　《讀孝經》爲應是的著作。

130　應薰沐輯，〈《讀孝經》編次附記〉，收入應是，《讀孝經》（台南：莊嚴文化，1997），卷首（總頁66）。

131　這裡必須說明，目前資料庫尚未能全面蒐索四庫全書存目叢書、四庫禁燬書叢刊、續修四庫全書等，可能會影響這個判斷的正確性，因爲很可能許多比較具神秘色彩或緯書性質的資料，會記載於這部分書籍，但由於這部分史料相當多，我無法全面檢閱。不過根據我目前的研究所見，不少晚明士人感嘆《孝經》在當時只被當做蒙書看待，雖然我可以找到一些視《孝經》具神聖性的史料，也以個案方式在第五章中討論，但這類史料相當零星，故我目前的判斷是：類似的看法及實踐的確存在明清士人之中，但不十分普遍，也沒有完全改變《孝經》在大多數人心目中是一本粗淺蒙書的觀點。

去多元豐富的樣貌，更多以蒙書的姿態出現。

關於《孝經》與地方風俗教化的關係，南宋到元代的史料相當豐富而特別，尤其地方官員選取《孝經》部分篇章教化地方農民百姓的記載，是不同於前代的。這類記載雖延續早期官員教化百姓的傳統，但不再針對某個不孝的個人出發，而是更普遍地教化地方庶民。這樣的做法明顯受到朱熹的啟發。朱熹出仕南康時曾榜釋《孝經》的〈庶人章〉教民[132]，他在〈示俗〉曰：

> 《孝經》〈庶人章〉正文五句，係先聖至聖文宣王所說，奉勸民間
> 逐日持誦，依此經解說，早晚思惟，常切遵守，不須更念佛號、佛
> 經，無益於身，枉費力也。[133]

正如朱熹的其他教育主張對於元明社會有極大的影響一樣，朱熹這個做法同樣有許多仿效者。他的學生趙崇度（1175-1230），便以《孝經》和《論》、《孟》教授郴桂峒子弟，改化其風俗[134]。我們從曾協（1173卒）的〈漳泉勸孝〉和真德秀（1178-1235）的〈泉州勸孝文〉，也看見地方官面對不孝案件時，除了訴諸刑罰以教孝，更講解《孝經·紀孝行章》以勸孝[135]。魏了翁（1178-1237）的〈端平元年勸農文〉曰：「今以先儒朱文公《孝經》解一章，列於篇首，爾尚聰聽之以告爾子弟，毋忽。」[136]真德秀的〈再守泉州勸農文〉也引《孝經》的〈庶人章〉教民，並刊刻散發與民誦念：「《孝經》此章凡二十一字，今鏤小本，煩

---

132 朱熹文集收有百餘篇榜文，內容包括地方行政事務的公告與道德風俗的勸諭，顯示對地方庶民教育的重視。文集中收集「榜」這類作品，雖可上溯陳襄（1017-1080），但以朱子對後代影響最大。Ron-Guey Chu, "Chu Hsi and Public Instruction," in Wm. Theodore de Bary and John W. Chaffee eds., *Neo-Confucian Education*, pp. 252-273.

133 朱熹，〈示俗〉，收入氏著，《晦庵集》（台北：臺灣商務印書館，1983），卷99，頁8b-9a。

134 真德秀，〈提舉吏部趙公墓誌銘〉，收入氏著，《西山文集》（台北：臺灣商務印書館，1983），卷43，頁33a-39b。

135 曾協，〈漳泉勸孝〉，收入氏著，《雲莊集》（台北：臺灣商務印書館，1983），卷7，頁7b-11b；真德秀，《西山文集》，卷40，頁22a-25a。

136 魏了翁，〈端平元年勸農文〉，收入氏著，《鶴山集》（台北：臺灣商務印書館，1983），卷100，頁8a-9b。

爾父老散與鄉民，勸其朝朝誦念，字字奉行，如此則在鄉為良民，在家為孝子，明不犯王法，幽不遭天刑。」[137]方大琮(1183-1247)〈將邑丙戌勸農文〉：「……今再以朱文公注解《孝經》〈庶人章〉併刻示汝，汝能服行，受用無窮，人事既盡，時和自應，倉箱盈止，室家寧止，然後知令言之不汝欺。」[138]以上諸例均顯示南宋和元代不少地方官員效法朱熹的作為，選取適合於教化庶民的《孝經》篇章，落實地方教化的工作。

吳泳(1275卒)的〈寧國府勸農文〉對於官員如何利用《孝經》勸化百姓有更詳細的記載：

> 當使去年秋被命出守，入境問農，後三日與父老約曰：太守特識字一農夫耳。其所頒行條教，不過《論語》、《孝經》，敬事而信，節用而愛人，使民以時，此太守職也。用天之道，因地之利，謹身節用以養父母，此庶人事也。太守知民生孔艱，撙節財用，減省徭役，無妨汝穡事，無奪汝農時，每於先聖格言，罔敢失墜。汝獨不念天顯，不服田穡，不愛父母之身，逐末好訟，每閱詞牒間有冒耕者，有爭役者，有斬墓木伐墻桑者，有借人耕牛不還者，則是前日所勸誦《孝經》本文，元不恪意遵守，所以有此抵冒，豈皆長吏勸民不明，抑亦爾父老失於告戒耳。[139]

由此，我們看見官員勸百姓誦讀《孝經》，還具體地以〈庶人章〉的內容「用天之道，因地之利，謹身節用以養父母」勸勉百姓。而且地方官在某種修辭的意義上，也把自己拉到與百姓「平等」的地位，說：「太守特識字一農夫耳。」這種平等主要是針對聖賢教化真理的普及性而言的。識字的官員以《論語》和《孝經》中的道理教導百姓，自己也臣服在同樣的道理面前，官僚與農夫

---

137 真德秀，〈再守泉州勸農文〉，《西山文集》，卷40，頁35b-37b。

138 方大琮，〈將邑丙戌勸農文〉，收入氏著，《鐵菴集》(台北：臺灣商務印書館，1983)，卷30，頁1a-2a。

139 吳泳，〈寧國府勸農文〉，收入氏著，《鶴林集》(台北：臺灣商務印書館，1983)，卷39，頁2b-4b。

的工作雖然有別，其遵守聖人之訓則是相同的。這是典型儒家勞心勞力之別、強調階序性秩序之和諧，也是《孝經》五等之孝的思想。而聖人教孝更關乎家庭倫常、社會秩序的建立，因此一切破壞社會和諧的行為，最終也都歸結到不能恪意遵守《孝經》教誨所造成的後果。

這類以《孝經·庶人章》教化農民百姓的紀錄，在南宋、元代較頻繁的出現，雖然延續著傳統儒家官僚教化百姓的精神，但也更具體地顯示了《孝經》與庶民教育的關係。此也呼應了第一章所論政治與社會之變遷，以及上文所述元明以後的史料顯示《孝經》與蒙學及女教的密切關係，均反映著儒學教化向社會底層擴展的情形。

相對地，其他富高度政治意涵的記載在近世史料中則大幅減少，顯示著《孝經》逐漸在士人文化中被邊緣化的命運。事實上，士人不重視《孝經》，在南宋已然，宋高宗曾說：「十八章世以為童蒙之書，不知聖人精微之學，不出乎此也。」[140]到了晚明，這類說法更是屢有所見，例如張瀚(1511-1593)言時人不重視《孝經》曰：

> 孰不謂為里巷兒童破頑訂句，學究發蒙始事，其文淺近平易，無煩講解，誦習無終日之勞，體驗並庸常之事，易忽寢已久矣。[141]

吳悌(1502-1568)對於《孝經》在晚明淪為「只是蒙書」的處境，也有明言：

> 今觀之鄉閭里巷，童而習之者，往往而是，然不過以為句讀啟蒙之書而已，蓋鮮有能深思力踐，以究極其旨趣者。至於學校師儒，漫不知講，而弘文博學之士反視之以為淺近，不亦大謬戾歟。[142]

140　李心傳編，《建炎以來繫年要錄》(台北：文海出版社，1967)，卷129，頁5b。
141　張瀚，〈重刻孝經序〉，收入朱鴻，《孝經總類》，頁17。
142　吳悌，〈表章古文孝經疏〉，收入氏著，《吳疎山先生遺集》(台南：莊嚴文化，1996)，卷1，頁22b。

綜上所論，隨著近世教育向下擴展普及的過程，並受到科舉考試制度的影響，《孝經》逐漸從科舉主導的士人教育與政治核心舞台中心淡出，轉而更緊密地與庶民百姓、蒙學、女教結合。因此，《孝經》在近世男性傳記書寫中隱微化的現象，與其說是代表此書在近世男子蒙學教育中缺席，毋寧是反映著該書與士人教育與政治文化關係的變化。做為一部蒙書，儘管《孝經》隨著教育的普及，可能更廣泛地接觸了更多不同階層與性別的讀者，但它逐漸失去在核心政治領域中的重要地位，也使得它逐漸淡出以士人為主的男性傳記書寫。

三、《孝經》在近世蒙學中的地位

既然《孝經》在元明以降主要被定位為一部蒙書，我們能否對於《孝經》與近世蒙學的關係有更多的說明？這一節我將針對這個問題略做討論，但以下必須首先說明何以我們無法全面而詳實地知道近世中國蒙學教育落實的情況，亦即說明研究傳統中國初級教育所遭遇的困難。接著，再根據目前所見史料，配合其他學者的研究成果，說明在近世逐漸開放、多元、競爭的蒙學教育環境下，《孝經》雖然不是一部最廣泛流行、最權威的蒙學教材，但仍然保有一定的重要性。尤其因著它特殊的傳統地位，在朝廷中央政策和學者的大力支持下，它仍然可能被大力提倡，標舉為一部攸關品德教育、社會秩序、乃至國家命運的重要典籍。

中國蒙學教育在唐以前仍以貴族世家為主，雖有教育庶民的紀錄，但規模有限，要到宋代才有較大的進展[143]，元明清則進入輝煌時期，留下相當多的史料，也累積了許多研究成果。然而，我們對於傳統初級教育實際運作的情形，所知卻仍有限。儘管史料看似豐富，它所能為我們描繪的歷史圖像卻相當模糊。其中的原因是多重的，主要因為小學教育在近世中國歷經了向下擴展、逐漸多元的發

---

143 雖然「小學」做為教育機構之名可上溯至東晉咸康五年(339)，但唐代才向庶民開放，且規模有限，故小學教育在宋代是重要的發展期。Thomas H. C. Lee, "Sung Schools and Education Before Chu Hsi," pp. 105-136；池小芳，《中國古代小學教育研究》(上海：上海教育出版社，1998)，頁29-45。宋代浙江地區蒙學的發展情況，見陳國燦、吳愛芬，〈宋代兩浙路蒙學初探〉，《浙江師大學報》，期6(1998)，頁68-72；郜志勇，〈唐代蒙學述略〉，《山西大學學報》，期6(2001)，頁44-47。

展，而且相當程度以私人教育的方式進行，缺乏統一的教程與教材，規令、理想
與實際落實之間的距離始終很難評估，許多史料本身也不可靠。

　　宋代參與科舉考試的士子人數激增，吳百益(Wu Pei-yi)推論當時接受小學初
等教育的人數可能高達70餘萬人。宋神宗熙寧四年(1071)，小學教授的官職正式
設立，宋徽宗崇寧元年(1102)也詔令各州縣設小學，顯示小學教育在制度面上的
進一步發展。然而吳百益也說，我們很難知道實際運作的情形如何[144]。同樣地，
元世祖至元二十三年(1286)，詔令每社立社學，教導孝弟忠信、敦本抑末之事，
並以《孝經》、《小學》為入門書籍，但落實的情況如何？劉祥光認為恐怕是理
想多於實際[145]。董倩指出由於缺乏固定經費與考核機制，明代社學始終處於興廢
不常的狀態[146]。施珊珊(Sarah Schneewind)對明代社學的研究也指出，明代社學
的發展主要經歷四個階段，從早期由皇帝和中央朝廷主導的情形，隨著時間逐漸
下移到由高級官員、地方行政官僚以及民間辦學的情形，有愈來愈地方化、多元
化的傾向。即使在一般認為極度專制的明太祖時期(r. 1368-1398)，中央明令各州
縣，每50家設一社學，這個行政命令也只行了五年便被迫廢止(1380年廢)，且實
際推展的成效並不彰[147]。更遑論在明中晚期以降，小學教育由地方官僚與地方社
會更自主地辦理時，人員與地域性所造成的差異必然更加顯著，也愈益無法普遍
概論。劉祥光對徽州地區初級教育的研究也讓我們看見，明清時期由國家推動的
初級教育系統最終歸於失敗，原因並不在於教育普及度的減低，而是在初級教育
市場上，官學終不敵私學，被私學所取代[148]。在一個以私學為主流的蒙學教育市
場中，沒有統一的教程和教材，也沒有統一的教學目標，因應著不同社會階層、

---

144 關於宋徽宗頒布的小學規制，見吳洪成主編，《中國小學教育史》(太原：山西教育
　　出版社，2006)，頁63-64。吳百益之論，見Wu Pei-yi, "Education of Children in the
　　Sung," in Wm. Theodore de Bary and John W. Chaffee eds., *Neo-Confucian Education*,
　　pp. 307-324.

145 劉祥光，〈中國近世地方教育的發展──徽州文人、塾師與初級教育(1100-1800)〉，
　　《中央研究院近代史研究所集刊》，期28(1997)，頁1-45。

146 董倩，〈明代社會述論〉，《青海師範大學學報》，期4(1998)，頁53-56。

147 Sarah Schneewind, *Community Schools and the State in Ming China* (Stanford: Stanford
　　University Press, 2006), pp. 22-23. 明初社學施行不彰，亦見張廷玉，《明史》(北京：
　　中華書局，1974)，卷137，頁3954-3955。

148 劉祥光，〈中國近世地方教育的發展〉，頁1-45。

不同教育目的，教育內容必然有所差異。這種多元紛陳的現象，也阻礙我們全面探討蒙學教育落實的可能性。

　　蒙學教育的史料本身也有相當的限制。方志中雖有大量社學存在的記載，但這些史料並不都可靠，許多只是模糊地說明每鄉設一社學，學者更注意到有些方志的記載很可能以人口數推算學校數，或抄襲前代資料充數[149]。我們是可以看到一些官方規定的小學教育章程，或士人對小學教育的藍圖，但同樣地，這些章程與藍圖實際落實的情形如何，則多半無法確知。有時候，我們能夠看得更清楚的反而是文本之間的關聯性，即前代的文字或前人的構想對於後代的文人和文本生產具有相當的影響力，例如洪武八年(1375)明太祖詔令立社學的文字就屢屢成為後代援引的史料，甚至成為研究明代教育史，論證明初社學盛況的重要史料[150]。另外，王陽明(1472-1528)、魏校(1336-1374)、黃佐(1490-1566)、葉春及(1532-1595)的社學教育理念，雖因其身為地方官員的關係，曾在江西、廣東、福建被推行[151]，但其影響力仍然是地方性的，無法以此類推他地或視之為總體教育的縮影。

　　再者，如上文所述，如果倚賴個人傳記資料，我們必須面對傳記資料高度選擇性記載的事實；如果運用書目刊刻出版的資料，則必須考慮到許多蒙學教材可能只有抄本，沒有刊刻出版，甚至許多已出版者也未必都留下記載，因蒙學教材損壞流失率較高。例如，我們從劉尚恒《徽州刻書與藏書》附錄所輯的〈徽州刻工刻書輯目〉中，竟然看不見任何一本《孝經》被徽州刻工刊刻的史料，這在重視儒家宗法教育的徽州，確實令人不解[152]。不過，根據善本書提要、各類書目彙

149　劉祥光，〈中國近世地方教育的發展〉，頁1-45；Sarah Schneewind, *Community Schools and the State in Ming China*, p. 21.

150　Sarah Schneewind, *Community Schools and the State in Ming China*, ch. 2.

151　正德年間，王陽明於南贛立社學，見王守仁，《王陽明年譜》，收入《王陽明全書》冊四(台北：正中書局，1979)，頁104。嘉靖年間，魏校的教育理念在廣東獲得實施，毀淫祠而廣建社學。黃佐的《泰泉鄉禮》亦頒行於廣東香山縣，葉春及也在惠安推行社學，規程與黃佐相近。池小芳，《中國古代小學教育研究》，頁181-185。

152　劉尚恒，〈徽州刻工刻書輯目〉，收入氏著，《徽州刻書與藏書》(揚州：廣陵書社，2003)，頁301-342。不過劉氏在書中提及徽州人士在外地刻書或私家刊《孝經》的紀錄，例如，鄭思鳴於明崇禎六年在金陵刻《忠經孝經小字》；康熙年間，歙縣吳之騄刻自著《孝經類解》；乾隆年間婺源的汪紱著有《孝經》出版；汪宗沂在光緒年間

編、藏書記和刻工資料所蒐集的史料，是極可能遺漏初級教育讀本的[153]。即使今天，我們若只利用大學或研究機構的圖書館尋找《孝經》類書籍，同樣會遺漏許多專門爲孩童啓蒙教育或民間教化所刊印的《孝經》書籍。

綜上所論，元明以降的蒙學教育，雖然史料頗豐，但在教育較普及且目的多元的環境下，在沒有中央統一教程、教材，又面臨史料的限制與流失等情況下，我們雖然可以知道中國近世蒙學教育大致發展的趨向，卻無法精確詳細地描述其實際運作的情形。某些史料或可提供我們關於某個地區或某個人物推行蒙學教育的實際作爲與成效，但這些史料卻無法做爲進一步類推和綜論的根據。在這種種限制下，我們又能如何說明《孝經》在近世蒙學中的地位呢？以下我擬從朱熹等理學家對爲學次第的看法，與其對《孝經》歸屬類別的衝擊，以及蒙學教材推陳出新所形成的競爭，說明《孝經》在日益多元、開放、競爭的教育市場中，所面臨的局限，並試著說明其得以持續保持一定重要性的原因。

(一)朱子的為學次第及其影響

朱子認爲小學教育應著重在「事」的訓練，即禮樂射御書數和孝弟忠信的行爲教育，等到十六、七歲進入大學教育的階段，才進一步教導事之「理」，故有所謂「小學者，學其事；大學者，學其小學所學之事之所以」；「小學是事，如事君、事父、事兄、處友等事，只是教他依此規矩做去，大學是發明此事之理」[154]。至於讀書，朱子最重視《四書》，而研讀四書的次第則應是：「先讀《大學》，以定其規模；次讀《論語》，以立其根本；次讀《孟子》，以觀其發

<hr/>

(續)
　　出版《孝經十八章輯傳》（北京：中國國家圖書館藏），見同書，頁64-65、93、95、110。我們在北京圖書館善本書室，也可看到一套崇禎四年新安人程一礎所刻的《孝經古注五種》，包括：董鼎注《孝經大義》、虞淳熙輯《孝經邇節略》、朱熹《孝經刊誤》、楊起元輯《孝經引證》、羅汝芳《孝經宗旨》。

153 另外，有些書籍今已佚失，但書目仍可見諸文集，如我們從范涞〈明儒學士朱楓林先生集序〉一文可知，徽州的朱升曾旁注《孝經》，但一般《孝經》類書目並未列此書。范涞，〈明儒學士朱楓林先生集序〉，收入朱升著，劉尚恒點校，《朱楓林集》（合肥：黃山書社，1992），附錄，頁173-174。

154 黎靖德編，《朱子語類》，卷7，頁124-125。

越；次讀《中庸》，以求古人之微妙處。」[155]在四書的基礎上，學子們才進深研讀五經、史書、諸子百家和詩文之學[156]。

　　朱子的爲學次第對於後代理學家有深遠的影響，例如，陳淳(1159-1223)同樣主張小學之教，認爲四書是入道之門，研讀次序亦是《學》、《論》、《孟》、《庸》[157]；程端蒙(1143-1191)和董銖(1152生)共同制訂的〈程董二先生學則〉，以及眞德秀的《教子齋規》，都是根據朱子教育理念，針對小學品德教育所寫的學則[158]；元代程端禮(1271-1345)的《程氏家塾讀書分年日程》，也是依朱子的讀書法所規劃的爲學進程：8歲入學後，分日有讀經、習字、演文的課程，先讀《小學》，再依序讀四書和經書的正文，其中朱熹的《孝經刊誤》被排在四書之後誦讀。15歲之後進入大學的階段，則進深研讀《四書集注》並治各經[159]。程端禮的讀書日程曾用於幾所學校和書院[160]，直到明初仍有影響力，陸隴其(1630-1692)便說此讀書分年日程「當時曾頒行學校，明初諸儒讀書，大抵奉爲準繩」[161]。

　　隨著朱子學從南宋末年逐漸上昇的學術影響力，後代程朱學者，包括方孝孺(1357-1402)、胡居仁(1434-1484)、薛瑄(1389-1464)、陸世儀(1611-1672)和張伯行(1651-1725)等人，都遵循了朱子的爲學次第[162]。元代大儒許衡(1209-1281)

155　黎靖德編，《朱子語類》，卷14，頁249。

156　朱熹，〈學校貢舉私議〉，收入張伯行編，《學規類編》（清同治年間重刻正誼堂全書本）（台南：莊嚴文化，1995），卷27，頁4a-14b。

157　陳淳，〈讀書次第〉，收入張伯行編，《學規類編》，卷8，頁76-77。

158　侯外廬主編，《宋明理學史》（北京：人民出版社，1984-1987），上卷，頁543-546。

159　程端禮，《程氏家塾讀書分年日程》（台北：世界書局，1981）。

160　程端禮在家塾本的《讀書分年日程》後記道，他與朋友共守此讀書日程，而且歲歲刪修，故家塾本與前幾個鈔本和刻本略有差異。曾參與刊刻和鈔寫的包括：崇德吳氏義塾、台州路學、平江甫里書院、陸氏池州建德縣學、集慶江東書院，以及一些朋友們。程端禮，《程氏家塾讀書分年日程》，卷3，頁123。

161　陸隴其的跋文收入《程氏家塾讀書分年日程》卷末。

162　胡居仁〈麗澤學約並序〉規定：「讀書務以《小學》爲先，次四書以及六經，與周程張朱司馬邵之書。」清初李顒的〈讀書次第〉亦從《小學》、《近思錄》、《四書》再到經史。張伯行編，《學規類編》，卷2，頁19-20；朱彝尊，《點校補正經義考》，卷297，頁832；李顒著，陳俊民點校，《二曲集》（北京：中華書局，1996），頁56。關於薛瑄、陸世儀和張伯行等人同於朱子教育觀點者，參見徐梓、王雪梅編，《蒙學要義》（太原：山西教育出版社，1991），頁5-38。

更說：「小學、四書，次第本末甚備，有王者起，必須取法。」又說：「小學、四書，吾敬信如神明。」[163]而朱子這套小學教育理念也被編入元代民間百科全書《居家必用事類全集》，更可見其影響力[164]。簡言之，朱子「小學著重品德行爲教育，大學進深格物窮理之學」的教育規模，隨著理學逐漸占據學術主流的地位，成爲近世儒學教育的綱領，而《小學》和四書便是這兩個教育階段中最重要、最權威的文本。

眾所周知，隨著宋明理學的興起，四書取代五經，成爲最受士人重視的經典，又因科舉的關係，重要性與日俱增。代表小學初級教育的《小學》同樣是一本高度受重視的文本，熊賜履(1635-1709)便說：「《小學》是朱子畫出聖賢模樣以示人。」[165]即使《小學》內容不易研讀，它實際做爲啓蒙教材的普及率也不是最高，但它所代表的蒙養理想卻影響深遠。朱子以後的許多儒者也都特別針對四書和《小學》，著作集釋或淺近的讀本。關於四書，朱鴻林曾說：從宋末到元代對於朱子學別有所好，「多數學者的功夫，都是花在朱子《四書集注》的集釋之上」[166]。至於《小學》，劉祥光指出，徽州地區從宋末到元代編纂了許多《小學》簡易讀本，這些根據朱子學說與教育理念編寫更適合童蒙的教材，可視爲朱子學向社會下層滲透的證明[167]；池小芳也說，《小學》是明代蒙學教育的首選教材，其中也包括許多以詮釋《小學》或推衍《小學》大義的著作[168]。即使像陸世儀主張以三、五字韻語編成《節韻幼儀》教導兒童，書名雖無《小學》，其實教

---

163 許衡，《魯齋遺書》(台北：臺灣商務印書館，1983)，卷1，頁23b；〈與子師可〉，卷9，頁5a。

164 陳雯怡，《由官學到書院》，頁80。

165 關於《小學》的編纂、內容，及其可能被不同年齡、親師和幼童所閱讀的情形，見 M. Theresa Kelleher, "Back to Basics: Chu Hsi's *Elementary Learning* (*Hsiao-Hsüeh*)," in Wm. Theodore de Bary and John W. Chaffee eds., *Neo-Confucian Education*, pp. 219-251；張伯行，〈小學輯說〉，《小學集解》(清同治重刻正誼堂全書本)(台南：莊嚴文化，1995)，頁13a。

166 朱鴻林，〈丘濬《朱子學的》與宋元明初朱子學的相關問題〉，《中國近世儒學實質的思辨與習學》(北京：北京大學出版社，2005)，頁136。

167 劉祥光，〈中國近世地方教育的發展〉，頁1-45。

168 池小芳，《中國古代小學教育研究》，頁235-236。

育理念則完全出於朱子《小學》[169]。我們若從實際準備科舉與落實兒童教育的角度來思索，便能體會何以四書學和小學有如此不同的發展。

　　朱子等理學家的教育理念與為學次第，對於《孝經》的定位有深遠的影響。我們知道，在歷史上《孝經》或與《春秋》並列，被認為是孔子受天命為漢制法的兩部重要經典，分別代表了孔聖的行與志[170]；《孝經》或與《論語》並稱兼經，是儒家經典教育與品德教育的入門典籍，也是所有士人都必須研習的經書。宋明理學認為代表孔門傳授菁華的是四書，《論語》做為四書之一，地位有增無減，《春秋》則仍是五經之一，《孝經》卻因為被懷疑非純為聖人之言，又與科舉脫勾，地位明顯下降[171]，在某種意義上也被迫脫離長久以來與《春秋》或《論語》並列的地位，轉換進入另一個新的範疇。當然，舊的範疇並不會完全消失，傳統賦予《孝經》的經書地位也沒有完全被否認[172]，只是隨著《孝經》愈來愈多被定位為一部蒙書的同時，《孝經》也愈明顯被歸入小學的範疇，我們也愈來愈多看見《孝經》與《小學》並列出現，如劉宗周(1578-1645)說：「《爾雅》、《孝經》，則小學之翼也。」[173]崇禎六年(1633)，朝廷詔令各地學校重視《孝經》、《小學》；湯斌：「夫本始之教，莫重於《孝經》，而養蒙育德，莫切於《小學》。」[174]都是明證。

169　陸世儀，〈論小學〉，收入徐梓、王雪梅編，《蒙學要義》，頁6。

170　《孝經鉤命決》：「孔子曰：『吾志在《春秋》，行在《孝經》』。」黃奭輯，《黃氏逸書考》(上海：上海古籍出版社，1997)，頁1a(總頁130)。關於漢代讖緯學，見冷德熙，《超越神話——緯書政治神話研究》(北京：東方出版社，1996)，頁169-192、265-279。

171　例如胡寅便認為《孝經》成於曾子門人之手，章旨未免有淺近者，不可以經名。朱子雖然承認《孝經》確有出於孔聖之言者，也曾為它做了勘誤的工作，但亦認為《孝經》雜有後漢之言，故對朱子而言，《孝經》的重要性實不及《小學》和四書。朱彝尊，《點校補正經義考》，卷296，頁802-803；朱熹，《朱子語類》，卷82，頁2141-2143。

172　這從許多叢書仍把大部分《孝經》類的作品歸入經部即可說明。例如《四庫全書》把《孝經》著作歸入經部，無涉箋釋經文的相關著作歸入儒家類，虞淳熙的《孝經集靈》則入小說類。

173　劉宗周，〈古學經序〉，收入氏著，《劉蕺山集》(台北：臺灣商務印書館，1983)，卷9，頁34a-36b。

174　湯斌，〈明正學勤課藝告諭〉，《湯斌集》，頁573。

綜上所論，《孝經》在近世主要被視爲一部蒙書，即主要被歸附在以《小學》爲首的童蒙教材之列，然無論就權威性或實際受到的重視而言，《孝經》與《小學》相比，則又都略遜一籌[175]。

(二)蒙學教材的推陳出新

《孝經》做爲一本蒙學教材，雖有長遠的傳統，元明以降更爲普遍，但這部書畢竟不是專爲兒童教育所著作的，只因它文字較淺顯，義理符合儒家教育的價值，在早期便用以教育兒童，形成某種傳統。事實上，歷朝針對童蒙教育，都曾編纂特別的教材[176]，而隨著童蒙教育的普及化，愈來愈多專門爲教育兒童編纂的教材也隨之問世，因此從教材的適合度與競爭性的角度上考量，《孝經》在近世做爲蒙學教材的普遍率，也不是最高的。

爲便於兒童朗讀背誦，蒙學教材大多採用韻語的方式寫成，文字也力求淺顯，例如著名的《千字文》是梁武帝命周興嗣(521卒)在王羲之遺字中取千字不重者編爲四言韻語而成，除了有識字功能，書中更包涵了自然、社會、歷史、倫理多方面的知識。這部書從隋唐以來，廣爲流行，敦煌史料顯示《千字文》在唐代已做爲啓蒙教育的教材[177]，宋元時期更有許多增編之作，如《續千字文》、《廣易千字文》等。而世傳王應麟(1223-1296)所撰的《三字經》[178]，也是以三字韻言所寫成的童蒙教本，不僅文字自然流暢、深入淺出，內容也包括方名事

---

175 元明清時期，有關《小學》的著作數目高於《孝經》，此從《四庫經籍提要索引》所蒐集的書目可見。國立中央圖書館編，《四庫經籍提要索引》(台北：國立中央圖書館，1994)。

176 關於歷代小學教材，見池小芳，《中國古代小學教育研究》，第5章；Thomas H. C. Lee, *Education in Traditional China: A History* (Leiden, Boston, Koln: Brill, 2000), ch. 5. 敦煌文獻中有不少蒙書，反映當時庶民蒙學的情形，從現存敦煌寫卷可知《孝經》也是當時蒙學的重要讀本。朱鳳玉，〈敦煌蒙書中的婦女教育〉，收入周愚文、洪仁進主編，《中國傳統婦女與家庭教育》，頁37-57。

177 Erik Zürcher, "Buddhism and Education in T'ang Times," in Wm. Theodore de Bary and John W. Chaffee eds., *Neo-Confucian Education*, pp. 19-56；徐梓，《蒙學讀物的歷史透視》，頁56。

178 《三字經》作者又有歐適子、黎貞之說，見韓錫鐸主編，《中華蒙學集成》(瀋陽：遼寧教育出版社，1993)，頁269。

類、經史諸子，廣泛流行，是近世蒙學教育中最具代表性的一部蒙書。

其他宋元時代編著的著名蒙書尙有：呂本中(1084-1145)的《童蒙訓》，這部書羅列呂氏家族與北宋著名理學家的事蹟言行，屬於理學家道德教育的讀本。這類理學道德教育文本，到了南宋和元代有更多作品產生，包括朱熹《童蒙須知》、《小學》，陳淳《啓蒙初誦》，程端蒙《性理字訓》，眞德秀《家塾常儀》等[179]。朱升(1299-1370)所輯的《小四書》，也是以理學爲旨歸，專爲蒙學所編的教本[180]。另外以識字、詩歌、格言、掌故歷史爲主題編寫的啓蒙讀物也日益增多，例如《百家姓》、《千家詩》、《小學詩禮》、《小兒語》、《朱柏廬治家格言》、《弟子規》等，都是家喻戶曉的蒙書。關於近世童蒙教材的豐富，我們從《中華蒙學集成》、《中華經典蒙書集注》等書，以及張志公所蒐集的蒙學書目，即可見一斑[181]；徐梓也指出，宋元以降的蒙學讀物佔現存蒙書的80%以上，類型和內容更是日益多樣化[182]。

雖然《三字經》和《童蒙訓》的內容都肯定了從《孝經》入門的讀書次第，如《三字經》：「《孝經》通，四書熟，如六經，始可讀。」《童蒙訓》：「學問當以《孝經》、《論語》、《中庸》、《大學》、《孟子》爲本。」[183]但在實際的童蒙教育上，《三字經》和《童蒙訓》這類蒙書顯然更普遍地被用以做爲初階教育的教本，故其流傳率與被閱讀率也勝於《孝經》。這一點我們可以進一步地以呂坤(1536-1618)的《社學要略》做說明，呂坤對於社師資格的要求，顯示講解《小學》和《孝經》的能力是培訓社學師資的重要內容，但是論到社學在教導8歲以下兒童時，他則主張：「先讀《三字經》以習見聞；《百家姓》以便日用。《千字文》亦有義理，有司先將此書，令善書人寫姜字體，刊布社學師弟，

---

179 池小芳，《中國古代小學教育研究》，頁225。

180 《小四書》包含《名物蒙求》、《性理字訓》、《歷代蒙求》、《史學提要》四書，朱升自言此書是專爲小學之教而編，據朱彝尊所言，此書初刻流傳不廣，清代陸隴其重刊之。朱彝尊，《點校補正經義考》，卷280，頁412-413。

181 韓錫鐸主編，《中華蒙學集成》；尚聖德主編，《中華經典蒙書集注》(北京：華文出版社，2002)；張志公，《傳統語文教育教材論——暨蒙學書目和書影》(上海：上海教育出版社，1992)。

182 徐梓，《蒙學讀物的歷史透視》，頁83-233。

183 韓錫鐸主編，《中華蒙學集成》，頁49、270。

令之習學。」[184]由此可見，從兒童教育的適合性考量，《三字經》、《千字文》等是更普遍被選取的初階教本，然而《孝經》和《小學》卻仍是啓蒙教育的精髓所在，故培訓社學師資時亦強調對此二書的講解[185]。

即使以教孝爲目的，《孝經》也未必是首選文本。事實上，孝的教育是近世中國教化的核心，教孝的媒介幾乎無所不在，絕不限於《孝經》。如第一章所言，聖諭宣講、家訓族規等都以教孝爲重要目的，就宣講的強制性或普及率而言，《孝經》都無法與《聖諭》相比；而一些以人物故事爲內容的書籍，如《日記故事》、《二十四孝》、《孝順事實》等，在講述教導上都遠較《孝經》生動感人，流傳也更廣。爲了要吸引讀者、增強教化功能，《孝經》也往往與孝子傳合刊[186]。另外，許多廣爲流傳的善書和白話通俗小說也都充滿著孝弟忠信的教誨，馮夢龍說：「雖日誦《孝經》、《論語》，其感人未必如是之捷且深也。噫！不通俗而能之乎。」[187]應是中肯的看法。

綜上所論，近世中國的蒙學教育，無論就教育理念、教育實用性或教材的競爭性而言，《孝經》恐怕都不是一部最權威、最熱門、最普及的教本[188]。雖然如此，《孝經》之於蒙學的重要地位並沒有完全消失，而且隨著蒙學教育向社會下層擴展，它接觸庶民的程度也應該更深。我們從上文人物傳記的資料，可以發現不少家庭確實以《孝經》做爲童蒙的教本；池小芳的研究也顯示《孝經》在明清

---

184 呂坤在《社學要略》中指出選社師，「務取年四十以上，良心未喪，志向頗端之士，不拘已未入學者，……先教以講解《小學》、《孝經》，及字學反切」。培訓一年之後，再考選撥發。呂坤，《社學要略》，收入徐梓、王雪梅編，《蒙學要義》，頁53-56。

185 此二書可能做爲進階的教材，或以老師分期講解的方式灌輸給學童。

186 例如李之素，《孝經內外傳》，便是以《內傳》記言，《外傳》記歷代孝實；《繪圖孝經讀本》（上海：錦章圖書局，1911）也是以《孝經》配合二十四孝圖的方式呈現。又李海觀（綠園）的小說《歧路燈》，描述蘇霖臣費心編纂的通俗版《孝經》，除了以淺近文字說明經義，並附有243個孝子傳，更有插畫。李海觀，《歧路燈》（清鈔本）（上海：上海古籍出版社，1990），卷89，頁1805。

187 馮夢龍，《古今小說》（上海：上海古籍出版社，1995），序文。

188 梁其姿對17、18世紀江南地區初級教育的研究也證實這一點。Angela Ki Che Leung, "Elementary Education in the Lower Yangtze Region in the Seventeenth and Eighteenth Centuries," in Benjamin Elman and Alexander Woodside, eds., *Education and Society in Late Imperial China, 1600-1900* (Taipei: SMC Publishing Inc. 1996), pp. 381-416.

時代仍然是一部相當重要的蒙學教材[189]。從明清士人的教育規章，我們也可看到一些推行《孝經》教育的舉措，如馬文升(1426-1510)修舉社學之規，要求入學者誦讀《孝經》[190]；黃佐和葉春及在福建，及湯斌在江寧所推行的社學教育，也都以《孝經》爲教材[191]。商人、農夫等庶民閱讀《孝經》的記載亦不少見[192]；小說《石點頭》、《歧路燈》也都有塾師教授庶民子弟讀《孝經》的情節，雖不是史實，但仍反映著當時《孝經》普遍做爲庶民教育內容的情形[193]。

不過，在蒙學教育目的多元、教材競爭的環境下，《孝經》的重要性隨時可能發生變化，一些晚明學者曾描述《孝經》在某些地方幾乎被遺忘的情形，例如李樂(1568進士)說：

> 予爲童子入鄉塾，蒙師訓其弟子，往往多讀《小學》、《孝經》，迨予四十以後，讀者鮮矣。[194]

萬曆年間的葛昕(1542-1602)也說：

> 余爲諸生時，猶及見蒙少必讀《小學》，而《孝經》一書，即窮鄉塾師亦知令其徒童而習之，今《小學》在里師處不多見，而《孝經》至市坊無售。[195]

---

189 池小芳，《中國古代小學教育研究》，頁235-255。

190 馬文升，《馬端肅奏議》(台北：臺灣商務印書館，1983)，卷6，頁8a-b。

191 黃佐，〈鄉校〉，收入氏著，《泰泉鄉禮》(台北：臺灣商務印書館，1983)，卷3，頁5b；葉春及，〈惠安政書〉，收入氏著，《石洞集》(台北：臺灣商務印書館，1983)，卷7，頁34b-46a。有關湯斌，見下文。

192 元代鄧福的例子，見揭傒斯，〈題鄧福詩後〉，收入氏著，李夢生點校，《揭傒斯全集》(上海：上海古籍出版社，1985)，卷9，頁430-431。

193 《石點頭》記載貧農王原尋親的故事，小說中描寫王原聽到塾師白秀才講解《孝經》有感而立志尋親的過程；《歧路燈》有蘇霖臣爲一般婦稚編纂的通俗版《孝經》。天然癡叟，《石點頭》(台北：文光出版社，1969)，卷3，頁71；李海觀，《歧路燈》，回89，頁1805。

194 李樂，《見聞雜記》(上海：上海古籍出版社，1986)，卷8，頁39a(總頁663)。

195 葛昕，〈刻孝經引〉，收入氏著，《集玉山房稿》(台北：臺灣商務印書館，1983)，卷6，頁4b-5a。

管志道(1537-1608)也說:

> 愚幼就鄉塾,塾師猶于蒙童未讀經書之先,令讀《孝經》、《小學》二編以開其始,而今縉紳家俱已束之高閣。[196]

只是我們不可忘記,這些文字的本身也同時透露著:《孝經》在這些作者年幼時仍普遍被做爲蒙學必讀的書籍,而且即使後來受到忽略,也有士人正努力呼籲它的重要性,新的出版計畫也正在進行。清代的《變通小學義塾章程》也讓我們看見,即使疏廢多時,主事者仍可以輕易地把《孝經》重新納入義塾的教程[197]。

畢竟《孝經》在傳統中所形成的重要地位是不容易被完全遺忘的,其豐富的歷史傳統也非常容易讓朝廷和士人找到著力點,以宣揚其重要性。我們在以下各章將會看到,從晚明到清初,士人有多次上疏請朝廷重視《孝經》的舉動,《孝經》過去輝煌的「歷史」都成爲他們論述與行動的重要文化資源[198]。而隨著《孝經》在清初受到帝王的高度重視,再度被定爲科舉論試內容之後[199],我們可以想像它再次成爲那些欲習舉業的士子們所必讀的教本,它被進深研讀與論著的情形也必然更爲普遍[200]。只是近世中國蒙學教育的階層性是很明顯的[201],故科舉制

---

196 管志道,〈御製大誥大明律議〉,收入氏著,《從先維俗議》(台南:莊嚴文化,1995),卷2,頁111b。

197 徐梓、王雪梅編,《蒙學要義》,頁59-69。

198 見第三章。

199 見第六章。

200 我們從乾隆五十三年刊行,陳仁錫輯注的《孝經集本》可以看出科舉論題的可能形式,如論「先王有至德要道以順天下」、論「夫孝,德之本也」。

201 劉成禺(字禺生,1873-1952)說富厚之家的延專師以教子弟,往往先授《三字經》、《千字文》、《百家姓》,再授四書白文;貧窮兒童則就讀於村塾、義塾,所教爲《千字文》及《四言雜字》之類,其父兄所求者,「不過能識日用字,寫柴米油鹽帳而已」。又如《歧路燈》中士人譚孝移教子,先口授《論語》、《孝經》,商人王春宇教子則是:「買了幾張千字影格兒教他習字,不過將來上得賑目就罷。」劉禺生,〈清代之科舉〉,收入劉禺生(成禺)著,錢實甫點校,《世載堂雜憶》(北京:中華書局,1960),頁2;李海觀,《歧路燈》,回1,頁7;回3,頁55;回10,頁241。另外,也有商業啟蒙專門書籍如《日平常》者,見王振忠,《徽州社會文化史探微》(上海:上海社會科學院,2002),頁331-348。關於蒙學教育階層性,亦參見大澤顯浩,〈啟蒙と舉業のあいだ——傳統中國における知識の階層性〉,《東洋文化研究》,號

度性的變化對於農、工、商階層蒙學教育的實際影響，還是很難評估。

四、結語

　　本章首先說明宋代以降《孝經》做爲庶民教化與女教的史料大量增加，有愈來愈多的士人家庭以《孝經》教育女兒，此完全符合我們對近世教育和儒家禮教逐漸普及的既有知識。而且在女性傳記書寫中，《孝經》多與《論語》、《列女傳》並列出現，此除了具有記實的成分，更具有表彰傳主智慧與德性的意涵。相反地，《孝經》在近世卻明顯淡出士人男性傳記，我試圖從《孝經》文本定位的變化對上述史料現象提出解釋。透過比較宋以前和元以降《孝經》相關史料內容的異同，我們可以清楚看見：宋以前《孝經》在政治與士人文化中佔有相當重要的地位，《孝經》頻繁出現在政治禮儀、教化、朝議辯論、宗教禮誦、驅鬼、醫療等各種場景中，也與文人自我表述、警誡與書寫密切相關，展現其多元豐富的樣貌，及高度受到朝廷君臣重視的事實。元明以降的《孝經》史料樣貌趨於單純，顯示該書逐漸從朝廷政治核心舞台淡出，轉向地方庶民教化的領域，並脫落過去多元的面貌，更多以蒙書的姿態出現。因此，《孝經》在近世以士人爲主的男性傳記中隱微化的現象，反映著該書在政治場域與士人教育中的地位變化。

　　既然《孝經》在近世中國主要被定位爲蒙書，本章進一步說明《孝經》在近世蒙學中的地位。在充分意識到研究傳統蒙學教育的種種困難與限制下，我試著從兩方面討論：第一，朱子等理學家所規劃的爲學次第，即「小學著重品德行爲教育，大學進深格物窮理之學」的教育理念，以及他們對四書的重視和經書的看法等，深深衝擊了傳統對《孝經》的看法，迫使它脫離過去與《春秋》或《論語》並列的地位，歸入小學的範疇。而即使在小學的領域，《孝經》卻又無法與《小學》抗衡。第二，近世蒙學教材不斷推陳出新，創作編纂更多適合兒童教育的讀本，因此在教材市場的高度競爭以及教材適用性的考量下，《孝經》也不是一部最權威、最熱門或最普及的蒙學教材，晚明某些史料甚至透露著它已被人遺

忘的情形。

　　上一章我們論到從宋以降，尤其到了晚明時期，在帝國與宗族的推動下，以及宗教、教育、文化各領域的倡導，孝的教化普遍瀰漫在社會，成爲穩定政治和社會秩序的核心價值。這一章我們看到，同樣在這個時期，傳統被認爲是聖人教孝的經典——《孝經》——則有不同的命運。它或許因做爲蒙學與女教的讀本、因被用以教化庶民，而更廣泛地接觸民眾，但它在中央政治議論與士人文化的重要性卻明顯下滑，失去了傳統做爲政教治統綱領的地位，甚至連儒家經典的地位都遭受質疑。我們從近世中國政治、社會體制上對孝治意識型態愈來愈強的建構過程，配合著《孝經》逐漸失去在核心政治領域與士人階層的影響力來看，將更能體會晚明士人提倡《孝經》的用意，也更能把握他們論述《孝經》的要點所在。以下就讓我們進入晚明的《孝經》學與相關實踐。

第二部

晚明的論述與實踐

第三章

晚明《孝經》著作與政教功能論述

根據目前留存的明代《孝經》學文獻，我們發現晚明年間江浙一帶出現一群致力提倡《孝經》的士人[1]，他們不僅認真地研讀這部經典，努力排疑解紛，試圖說明《孝經》乃儒家聖人得之於天的經典，他們也上疏朝廷請落實「孝治天下」的理想，將此書列為科舉的必試科目，並希望能像漢唐一樣，推行一種上自帝王、下至庶民，人人親習《孝經》的教化。

晚明這波提倡孝經學的風潮主要反映於幾部《孝經》類總輯性著作，包括：朱鴻所輯的《孝經總類》（約1580-1590年代出版）；江元祚的《孝經大全》（1633序刊本）；陳仁錫、馮夢龍的《孝經翼》（1633序刊本）；呂維祺的《孝經大全》（1639成書，1663出版）[2]。由於朱鴻是晚明第一位全力蒐輯前代及當代《孝經》相關文獻，加以整理出版的學者，他的《孝經總類》不僅包含他個人對《孝經》的詮釋，也保留其他《孝經》版本與晚明其他學者的文獻，並曾在不同時期以不同形式出版[3]，對於江元祚等後來學者的著作也有重要影響，故本章將先說明朱鴻的《孝經總類》的內容與成書情形，再比較他書內容之異同。

綜覽晚明對《孝經》的論述，我認為我們可依論述的重點簡單分為二類：一、從孝的政教功能立論而不牽涉到孝感神應的論述，此以朱鴻、孫本等人為代

1　關於晚明在江浙一帶出現一些研究、提倡《孝經》的學者，見加地伸行，《中國思想からみた日本思想史研究》，頁171-173。張崑將也曾統計晚明《孝經》類著作，發現當時有大增的趨勢，見氏著，《德川日本「忠」「孝」概念的形成與發展——以兵學與陽明學為中心》（台北：喜瑪拉雅研究發展基金會，2003），頁385-391。

2　晚明重要《孝經》著作尚包括黃道周的《孝經集傳》，但由於該書非總輯不同《孝經》版本及相關文獻的著作，故本章不特別討論。關於黃道周書寫《孝經》的實踐，見第五章。

3　見下文討論。

表；二、著重孝靈與孝德感通神明的宗教性意涵，此以虞淳熙、楊起元爲代表。當然這兩種論點並不是完全互相排斥的，它們希望透過孝的教化以穩定社會秩序的目標是一致的，持不同論點的學者們也都相信《孝經》是承載聖人之言的經典，並都感慨《孝經》在當時不被重視是嚴重的問題，他們也都以著書立言或上疏朝廷等實際行動致力於提倡《孝經》。從《孝經總類》所透露出的編纂訊息，我們也可以看見朱鴻和虞淳熙間的合作關係[4]。因此，我雖然根據論述的內容將之區分爲兩個面向，但這樣的區分絕對不是本質性的，也絕不意味著別人不能在不同的關懷與視角下有不同的區分或整合。本章將主要分析朱鴻、孫本等人的政教功能論述，下一章則討論虞淳熙、楊起元具宗教性意涵的論述。

一、《孝經總類》的成書與作者群

　　《孝經總類》是朱鴻廣泛蒐集《孝經》各種注釋版本與相關論著所編纂的一部總集性著作。就目前我所能掌握關於朱鴻的史料，可知他大約生於1510年[5]，浙江仁和人，曾爲諸生但沒有獲得功名。傳記說他爲人純樸敬愼，以孝聞名，曾因經術與孝行受同學尊敬，聞於有司，受到地方官的褒揚[6]。至於學術方面，朱鴻傾向陽明學，褚相[7]說他「深有慕於王文成公致良知之學」[8]；沈淮(1547進士)也說：「余聞朱君昔嘗講陽明之學，從遊於東廓、緒山、龍溪三先生之門。」[9]

4　參見朱鴻，〈文公刊誤孝經旨意〉及朱鴻識於虞淳熙著作後之言，氏著，《孝經總類》，未集，頁163；申集，頁187。虞淳熙亦言朱鴻之學與他相契，見虞淳熙，〈書子漸明德卷〉，《虞德園先生集》，卷21，頁16a-17a。

5　郭子章在〈孝經二家章句序〉說道：「朱生年八十，尚良食，耳目不眩瞶。」該序寫於萬曆庚寅年(1590)，故推算朱鴻約生於西元1510年。郭子章之文，收入朱鴻，《孝經總類》，丑集，頁44。

6　陳善，〈刻孝經序〉；趙應元，〈重刻孝經序〉；沈詔，〈經書語敘〉。分別收於朱鴻，《孝經總類》，巳集，頁92，94；酉集，238。

7　褚相，字朝弼，仕山西霍州知州，陞江西饒州府同知，致仕時年八十四。曾與孫本、張瀚約20位同鄉致仕者共組「怡老會」，其畫像與詩作可見於張瀚，《武林怡老會詩集》(上海：上海書店，1994)。

8　褚相，〈家塾孝經序〉，收入朱鴻，《孝經總類》，巳集，頁93。

9　沈淮，〈曾子孝實序〉，收入朱鴻，《孝經總類》，戌集，頁264。

可見他對於當時盛行的陽明講會活動並不陌生[10]。朱鴻也曾向褚相表達自己欲以良知學詮釋《孝經》的想法：「文成良知之教欲人反求天性，而孝之大旨冥會無遺，鴻將據吾知以質經之疑，會本文以求說之正，先生以爲何如？」[11]因此，我們欲了解朱鴻對於《孝經》的詮釋與所抱持的某些信念時，當時流行的陽明學是重要的線索。

《孝經總類》所收十數篇序跋文字和部分專文的寫作時間在1580-1590年代，我們可大略將此時期視爲朱鴻二十餘年從事蒐集、編輯、著述《孝經》工作的完成階段。《孝經總類》有數種版本，出版時間不一，但至少本文所引用的版本應在1590年之後出版[12]。朱鴻顯然不是孤單一人爲此志業奮鬥，孫本[13]、褚相、沈淮、費浩然、虞淳熙都與他有密切的切磋和合作關係，也都貢獻了他們對《孝經》的論著，因此《孝經總類》的結集出版可以說是一群士人對《孝經》研究的集體成果展現。舉例而言，沈淮的《孝經會通》，由朱鴻與費浩然共同校閱[14]；朱鴻又曾與孫本共同校訂古文《孝經》[15]，朱鴻回顧自己和孫本切磋的情形說：

> ……及會初陽孫氏，論《孝經》原一篇，悉合鄙意，復與研究三
> 載，各出所見，孫君著《解意》、《釋疑》等篇，鴻著《直解》、

10　關於明代陽明講會活動，見呂妙芬，《陽明學士人社群》（台北：中央研究院近代史研究所，2003）；陳時龍，《明代中晚期講學運動(1522-1626)》（上海：復旦大學出版社，2005）。

11　褚相，〈家塾孝經序〉，收入朱鴻，《孝經總類》，巳集，頁93。

12　本文主要使用《續修四庫全書》中的《孝經總類》，是據北京圖書館藏明鈔本影印重刊，共12卷。北京圖書館善本部藏有另一明鈔本，同樣名爲《孝經總類》，共20卷；又有一部《孝經叢書》14卷，並未收入虞淳熙的作品；另有朱鴻所撰的《家塾孝經》3卷。台北國家圖書館藏有朱鴻編的《孝經彙輯》二種，分別爲18卷6冊、10卷4冊本，同是萬曆年間刊本，但內容均少於本文所參考的《孝經總類》。另外，台北國立故宮博物院藏有明內務府寫本《孝經總類》，凡16卷12冊。參見胡平生，《孝經譯注》（北京：中華書局，1996），頁41-48；陳鴻森，〈《經義考》孝經類別錄〉（上），頁21。

13　孫本，字初陽，錢塘人，官深州知州。其傳可見徐象梅，《兩浙名賢錄》（北京：書目文獻出版社，1988），卷42，頁41a。其畫像與詩作可見於張瀚，《武林怡老會詩集》。

14　沈淮，〈孝經會通序〉，收入朱鴻，《孝經總類》，申集，頁192。

15　朱鴻，〈纂輯孝經記〉，氏著，《孝經總類》，未集，頁159。

《大旨》等篇，闡發夫子重明王孝治之意，而於事親之旨端在其中。[16]

可見朱鴻、孫本二人初見面時，對《孝經》的看法已有相當共識，又往復切磋三年之久，二人才進一步提出自己的著作，更清楚表達他們對於《孝經》的看法。朱鴻也說道自己與褚相共同研究的情形：

每與同志元泉褚先生互相參考，僅成一卷，日授弱子輩習讀，不敢有聞於人，名曰《家塾孝經》。[17]

又說及與虞淳熙等人的切磋關係：

……鴻爲此懼，晝夜于茲考古訂今，已類辨之。復質虞長孺氏出《通言》等篇，孫初陽氏出《解意》等篇，鴻亦出《大旨》等篇，相與研究，共期闡明，合而成帙。[18]

由上述諸例可見，這些士人攜手共倡《孝經》的合作情誼。若再參考《孝經總類》所列的校閱人之姓名與籍貫，以及江元祚《孝經大全》所列眾多校閱學者的名單，我們可以發現這些學者主要是浙江杭州仁和、錢塘一帶人士，因此正如加地伸行所言，當時浙江一帶有一研究《孝經》的士人群體存在[19]。

朱鴻花了近20年的時間廣泛蒐集各種《孝經》版本及相關文獻，才輯成《孝經總類》一書。據其所言，他如此做主要是因爲當時士人並不重視《孝經》，只視其爲童蒙書，故都以低廉的「白文小板」鏤刻，一般市面的流傳，除《石臺注》外，「殊無善本」[20]。這情形可能很普遍，郭子章(1542-1618)出仕四川時，

---

16 見朱鴻《古文孝經直解》，收入氏著，《孝經總類》，未集，頁158。
17 朱鴻，〈質疑總論〉，氏著，《孝經總類》，巳集，頁116。
18 朱鴻，〈文公刊誤孝經旨意〉，氏著，《孝經總類》，未集，頁163。
19 加地伸行，《中國思想からみた日本思想史研究》，頁171-173。
20 朱鴻，《孝經總類》，未集，頁165。

也曾欲令士人讀《孝經》，也同樣找不到好的版本[21]。因此，朱鴻致力於蒐集歷代《孝經》版本和相關文獻，可說是在出版與文獻保存不良的環境下，欲提倡《孝經》學最重要、也是刻不容緩的工作。

二、晚明學者看《孝經》學危機

我們從《孝經總類》所載晚明學者的言論，可見他們對當時《孝經》學的景況極不滿意，他們指出《孝經》在當時僅被視爲童蒙讀物，儘管沒有人會否認孝的重要性，但一般士人並不願意、也不覺得需要花精力去研讀《孝經》這一本文字淺近的蒙書，他們既不相信它有值得被挖掘的深義，也不尊崇其爲孔聖經典。張瀚以下這段話明白道出當時士人輕忽《孝經》的態度：

> 孰不謂爲里巷兒童，破碩訂句，學究發蒙始事，其文淺近平易，無煩講解，誦習無終日之勞，體驗並庸常之事，易忽寢已久矣。[22]

而若根據萬曆年間葛昕所說：「余爲諸生時，猶及見蒙少必讀《小學》，而《孝經》一書，即窮鄉塾師亦知令其徒童而習之，今《小學》在里師處不多見，而《孝經》至市坊無售。」[23]則似乎連蒙書的地位都搖搖欲墜。

晚明《孝經》學者思索著，爲什麼這部標榜人倫首要孝道的「經典」會淪落到只成爲幼教的蒙書而遭受士(世)人輕視呢？他們提出三個關鍵性因素：(1)這部書在長久流傳過程中所涉及的今古文之爭，使人無法辨別現存經文的眞確性；(2)自從宋代熙寧(r. 1068-1077)年間王安石將《孝經》剔除在科舉考試範圍之外，它在士人教育中便逐漸失去重要性；(3)雖然朱熹著《孝經刊誤》，嘗試爲《孝經》梳理、校定文字，但是基本上朱子懷疑此書爲漢儒綴輯而成，非純粹孔曾問答之言。換言之，朱子質疑《孝經》做爲儒家經典的地位。以上幾個因素到

21　郭子章，〈孝經二家章句序〉，收入朱鴻，《孝經總類》，丑集，頁43。

22　張瀚，〈重刻孝經序〉，收入朱鴻，《孝經總類》，子集，頁17。

23　葛昕，〈刻孝經引〉，《集玉山房稿》，卷6，頁4b-5a。

底是否真的如此關鍵，或可再議，不過它們確實是晚明學者論及《孝經》地位下滑、不受重視時所最常言及的，也是我們欲了解他們論述《孝經》時所必須掌握的重要學術史背景，故下文我先簡短整理說明。

(一)今古文問題

關於《孝經》今古文的問題，因已有許多專門論著，此處僅簡要說明，第八章討論清代考證學風下的《孝經》學時，將會再論及[24]。今文《孝經》較古文早出，在漢代已列學官，是漢至唐間主要流傳的版本。古文《孝經》較晚出，後又亡於梁亂，直到隋開皇十四年(594)王孝逸於京市買得一本，送與王劭，王劭屬劉炫(約546-613)校定，劉炫因作《孝經述義》，為朝廷採信，並立於學官，才再度流傳。唐代時，玄宗曾詔令群儒質定，當時劉知幾(661-721)主古文、司馬貞(約656-720)主今文，兩議並上，朝廷最終詔令今古文(《鄭注》、《孔注》)並行。但因唐玄宗依今文御注《孝經》頒布天下，遂造成今文流傳、古文衰微的局面，而玄宗御注本的通行也使得《鄭注》、《孔注》均不流行。直到司馬光以祕府所藏古文《孝經》作《古文孝經直解》，古文《孝經》才再受重視，也使得今古文的問題再度成為學者關注和討論的議題。此後，雖有朱熹據古文作《孝經刊誤》、吳澄(1249-1333)校定今古文異同作《孝經定本》(草廬本)，但都沒有徹底解決今古文的爭論，明初宋濂(1310-1381)曾歸納兩派的意見曰：

> 尊古文者，則謂《孔傳》既出孔壁，語其詳正，無俟商確。揆於《鄭注》，雲泥致隔，必行孔廢鄭，於義為允，況鄭玄未嘗有注，而依倣托之者乎。尊今文者，則謂劉向以顏芝本參校古文，省除繁惑而定為今文，無有不善，為之傳者，縱曰非玄所作，而義實敷暢。若夫古文并安國之注，甚亡已久，世儒欲崇古學，妄撰《孔傳》，又偽為閨門一章，文句凡鄙，不合經典，將何所取徵哉。[25]

24　陳鐵凡，《孝經學源流》；何子煌，《孝經的研究》；陳鴻森，〈孝經學史叢考〉；蔡汝堃，《孝經通考》。

25　宋濂，〈孝經集善序〉，收入朱鴻，《孝經總類》，酉集，頁225。

簡言之，尊古文者，相信《孔傳》乃源於孔壁之古本，且懷疑鄭玄根本沒有為《孝經》作注，《鄭注》的作者另有其人；而尊今文者，多認定《孔傳》是偽作，今文本不僅較古文本早出，流傳較久，其文意亦較古文通暢[26]。直到晚明，關於今古文的爭論並沒有塵埃落定。

(二)朝廷的科舉政策

晚明學者多認為《孝經》之所以不受士人重視，主要與朝廷的政策有關，特別是科舉不以《孝經》為必考科目，使得《孝經》無法在士人教育中占據重要地位。他們清楚知道，只有透過朝廷政治力將《孝經》納入科舉必試範圍，成為所有習舉業的士子必修課目，才是提倡《孝經》學最有效的方法。因此他們關於《孝經》的各種著作和編纂工作，也明確以說服朝廷將《孝經》納入官學與科舉為主要訴求。

無論在他們思索《孝經》的地位或表達其政治訴求時，「歷史」都扮演了極重要的角色。他們熟稔漢代以孝治天下、選舉孝廉，魏晉南北朝時期帝王和皇太子講習《孝經》，唐代帝王敕令「天下家藏《孝經》」並親臨國學，儒臣講論《孝經》等前朝故事；也熟知《孝經》在唐代為國子監學生必讀科目、是朝廷取士必考內容的史實。在娓娓敘述過去帝王們重視《孝經》的豐功偉業、甚至福報靈驗時，他們刻劃了今昔的對比，創造了一種昔盛今衰的對立感，也凸顯了《孝經》學從宋代開始衰微的歷史偶然性。他們把造成此歷史事實的主因歸咎於王安石，認為正是王安石在改革科舉時，罷明經及諸科進士、罷詩賦、進《孟子》而退《孝經》，才導致《孝經》從此沒落的命運。事實上，《孟子》地位的提昇與《孝經》的受黜，與韓愈(768-824)之後到整個宋明理學興起之學術思想、道統內涵，以及對經典的看法均有密切關係，未必能單單歸咎王安石，不過對於那些致力提昇《孝經》的學者們而言，王安石難辭其咎。元人鈞滄子便說：

26　關於今古文的議論，清儒有更多討論，詳見第八章。

荊公執政，卑視此經。大廷不以策士，史館不以進講，家之長老不
以垂訓子孫，學之師傅不以課誨弟子。此經非特不為治平之具，且
蒙習亦弁髦之矣。27

朱鴻也說：

自宋王安石定科法，惟以《易》、《詩》、《書》、《周禮》、
《禮記》，《春秋》獨不與，至詆為斷爛，又卑視《孝經》而不
用，夫子之志行至今不白於天下。噫！安得有道者一闡明之。……自
宋執政置科取士，兩黜之而不講，識者至今有餘憾焉。今《春秋》已
列五經試士，獨《孝經》猶忽為童習之書，似失尊經之意。28

　　類似之說，不勝枚舉29。對於晚明提倡《孝經》的學者而言，《孝經》經典
地位的滑落，相較於《大學》、《中庸》地位的提升，感觸應該更深吧。本為
《禮記》篇章的《大學》和《中庸》，經過韓愈、李翱(772-841)、周敦頤(1017-
1073)、朱熹等人的闡揚，不僅地位已從「記」上升為「經」，也獲得士人一致
肯認其為聖人之遺教、儒家性命之學的重要典籍30，更成為科舉考試的主要內
容。我們知道隨著宋代道學的興起、程朱學地位的上升，程朱道學從元代開始逐
漸進入科舉試題範圍，到了明代，更成為主宰科舉的主要內容。在鄉、會試最關
鍵的第一場考試中，所有考生都必須就《四書》題作三篇300字以上的八股文，

27　釣滄子，〈孝經管見〉，收入朱鴻，《孝經總類》，酉集，頁223-224。

28　朱鴻，〈孝經臆說〉，氏著，《孝經總類》，巳集，頁120。

29　例如，郭孝：「《孝經》一書，孔曾親相授受，以著五等之孝，修人紀肇化原者也。
漢唐刻石學宮，曷嘗不與六籍並重哉。宋宰執以經義試士黜而不講，陵夷數百年
來，學者視之不啻若弁髦已。」蘇濬：「宋金陵氏立明經取士之法，而孝經一書不列
學官，相沿以至于今，未有表而章之者，遂使孔曾相傳之微言竟等之土苴弁髦，且
不得與呂不韋《月令》之書並傳于世。」見郭孝，〈刻孝經跋〉；蘇濬，〈孝經序〉，
收入朱鴻，《孝經總類》，未集，頁166；子集，22-23。

30　關於《中庸》和《大學》變成經典的歷程，見楊儒賓，〈《中庸》、《大學》變成經典
的歷程——從性命之書的觀點立論〉，《臺大歷史學報》，期24(1999)，頁29-66。

因此《大學》和《中庸》隨著道學的發展、程朱學正式成爲朝廷官學,在明代已成爲士人最重視的典籍了。

相對地,標幟著「聖人之行」、在漢唐曾受到朝廷高度重視、列爲儒家經典、主導士人教育及科舉取士的《孝經》,此時的地位卻相當沒落,它普遍被認爲是一部文字淺顯、義理不精奧的蒙學入門教本而已。今昔對照,固然感慨尤深。然而,如果《大學》、《中庸》長期隱晦的地位能夠因周敦頤、朱熹等人的發微闡幽而顯明於世,那麼《孝經》是不是另一本等待被慧眼再度發明奧蘊的經典?而闡發聖人微言大義的重責不正是落在小群有使命感的士人身上?中國歷史上「五百年必有王者興」的興衰循環,是否也正預示著當今帝王所應承當的歷史使命?釣滄子的《孝經管見》即言:

> 聖人之經,安得竟廢而不行哉。五百年必有王者興,其間必有名世者,嗣是而後有以孝治天下之明王在上,而海內仁人孝子興起而振作之,則必輯錄是經,發明奧蘊,將蒐羅而纂集之。[31]

《孝經》地位的下滑從宋至明代約500年,「五百年必有王者興」的預言既是一種希望,也是絕佳的政治修辭,故晚明士人屢次在上朝廷尊崇《孝經》的奏疏中援引這段話,提醒皇帝不要辜負了實踐孝治天下的天命契機。

(三)朱熹的質疑

除了王安石改革科舉制度所造成的影響,朱熹對《孝經》的看法更有不可忽視的殺傷力,朱熹也因而成爲晚明《孝經》學者的主要對話對象。《四庫全書》館臣曾對《孝經》學下過如下的評語:

> 宋以前……傳者寥寥,宋以後之所說,大抵執古文以攻今文,又執朱子《刊誤》以攻古文。[32]

31　元隱士釣滄子的〈孝經管見〉於萬曆庚寅年(1590)爲朱鴻偶獲而得以重新出版,見朱鴻,《孝經總類》,酉集,頁223-225。

宋以後之所以「執古文以攻今文」，主要與司馬光和范祖禹（1041-1098）的
著作先後進呈朝廷而提昇古文《孝經》的地位有關；朱熹承襲司馬光以古文本作
《孝經刊誤》，似乎再爲古文增添可信度，然而朱熹亦明言古文《孝經》有可疑
之處，也有不似今文通順之處[33]，而且他本人對《孝經》經文進行刪訂改作、對
其經典地位的懷疑，實已造成對《孝經》學不可小覷的殺傷力。

朱熹作《孝經刊誤》主要根據他所體會的義理來判斷經文，對經文作了相當
幅度的修訂，他分立經、傳，移易章次，刪減文字，讓《孝經》以一種嶄新的面
貌、一種可以與《大學》和《中庸》相類比、相呼應的姿態呈現[34]。簡言之，朱
熹認爲古文《孝經》中的一至七章是經，其餘則是傳。他無視於過去今文和古文
的分章，重新將之分爲經一章、傳十四章，並根據「義理」移動某些段落；而且
爲了使經文首尾相應或符合文字語感的要求，他刪去經文二百二十餘字[35]。

更嚴重的是，朱熹對《孝經》發表了一些懷疑的言論：他認爲《孝經》只有
前面一段是曾子聞於孔子的教誨，後面則是後人綴緝而成。他主要的理據是認爲
「嚴父配天」一章不合聖賢之理，絕非須如武王、周公方能盡孝道；又斷定《孝
經》多雜採《左傳》和《國語》之言，這些話載入《孝經》之後，「都不接續，
全無意思！只是雜史傳中胡亂寫出來，全無義理，疑是戰國時人鬪湊出的。」他
也不能欣賞《孝經》講孝治成效的文字，覺得不若《論語》說孝之親切有味[36]。
正因爲朱熹懷疑《孝經》並非聖人之言，而是後人綴緝所成，他認爲面對這一本
「湊合之書」，學者當然「不可盡信」之。這部書做爲儒家經典的地位也因此面

（續）────────────────

32　紀昀編纂，《四庫全書總目》（台北：藝文印書館，出版年不詳），卷32，頁16a。

33　朱熹，《朱子語類》，卷82，頁2141-2142。

34　朱熹爲《大學》和《中庸》做章句，由義理賦予二文結構性的詮釋，他將《大學》
　　分爲經一章、傳十章，《中庸》爲子思傳，故無經傳之分，但朱熹的章句仍然著重全
　　篇各段落間的結構與呼應，尤其首章爲一篇之體要。朱熹對《孝經》亦採類似作
　　法，而明代一些學者以《孝經》與《中庸》在體例上比對合論，恐怕亦受到朱熹的
　　啓發。據朱鴻所言，潘府的《孝經正誤》、汪宇《孝經考誤集解》均認爲《孝經》與
　　《中庸》文體相類，朱鴻則不以爲然：「本朝傳《孝經》者，率去傳釋題名，惟效
　　《中庸》章第，鴻思又一支離也。」見朱鴻〈孝經質疑〉，氏著，《孝經總類》，已
　　集，頁110-111。

35　參見陳鐵凡，《孝經學源流》，頁222-224。

36　朱熹，《朱子語類》，卷82，頁2141-2143。

臨了嚴重質疑，雖然他並不否認此書所傳講的孝道是極重要的人倫。

朱熹是宋明理學集大成的大儒，他的學說在元明更成為科舉考試的主要內容，其影響力可想而知。朱熹對《孝經》的看法也主導了後來學者的研究，例如元代董鼎的《孝經大義》即是一部紹述朱子《孝經刊誤》的作品；而吳澄雖兼取今古文以成《孝經定本》，分經一章、傳十二章，又刪去古文246字，在分章與文字上雖不盡同於朱子的《刊誤》本，但其受朱熹影響的程度在其分經傳與刪薙經文的作法上已顯露無遺[37]。

雖然許多明代的《孝經》文獻已不復可見，但我們從尚存的著作和序跋，仍可以清楚看見朱子的影響力，例如洪武年間的孫蕡(1334-1389)作《孝經集善》，主要便遵照朱子和吳澄之體例與見識[38]。宋濂〈孝經集善序〉認為今古文的爭議最終可歸結於朱子的考定：「自伊洛之學興，于朱子實起而繼之，於是因衡山胡氏、玉川汪氏之疑而就古文考定，分為經傳，云其衍文及不合經旨者，千載是非，遂定於一。」[39]歸有光雖不信古文《孝經》，採信《石臺孝經》版本，但他基本上也同意朱子對《孝經》的判斷[40]；潘府(1487進士)作《孝經正誤》則是遵照朱子分經、傳的看法，他相信《孝經》在文體上與《中庸》相類，故欲效《中庸》章第來斷《孝經》經文[41]。余時英的《孝經集義》成書於隆慶(r. 1567-1572)年間，其體例綱要也主要遵照朱熹《刊誤》本，余時英及〈後序〉作者趙鏜(1513-1584)都佩服朱子的眼識，趙鏜更說自己從小讀《孝經》便有疑惑，後偶得朱子《孝經刊誤》，不覺躍然曰：「此足以破千古之疑，而孔曾當時問答之蘊，昭昭乎若發矇矣。甚哉，朱子之有功孔門也。」[42]以上均可見朱熹的看法深深主導了元明之際的《孝經》學，這位理學巨人的觀點正是晚明朱鴻等欲發揚《孝經》的士人們所面臨的艱鉅挑戰。

37　參見陳鐵凡，《孝經學源流》，頁227-229。

38　宋濂，〈孝經集善序〉，收入朱鴻，《孝經總類》，酉集，頁225-226。

39　宋濂，〈孝經集善序〉，收入朱鴻，《孝經總類》，酉集，頁226。

40　歸有光，〈孝經敘錄〉，收入朱鴻，《孝經總類》，酉集，頁230。

41　見朱彝尊原著，林慶彰等編審，《點校補正經義考》，冊7，頁68。

42　余時英，〈孝經集義序〉；趙鏜，〈孝經集義後序〉，收入朱鴻，《孝經總類》，酉集，頁231-233。亦見余時英，《孝經集義》(1624年版本，美國哈佛燕京圖書館善本書室藏)。

綜上所論，晚明提倡《孝經》的學者認爲，儘管孝道是儒家思想和社會人倫中極重要的內容，《孝經》卻未能受到士人的重視，僅被視爲一部淺近、俚白、義理不精、文字雜綴卻又托言聖賢的書籍。他們認爲這正是造成當時政治、社會失序的關鍵，他們也把《孝經》學的衰微歸咎王安石的科舉改革，使得《孝經》不再是科舉的考試內容。對他們而言，當務之急是說服朝廷重視《孝經》、再度將《孝經》納入科舉必試科目。因此，他們對《孝經》的許多論述，背後都有明確的政治訴求，他們說服的方法是，儘量闡明《孝經》對治統的重要性，並重申其不可質疑的經典地位。當然，他們也清楚知道所面臨的重大挑戰來自朱子對《孝經》的質疑，故反駁朱子觀點是必要的工作。

三、晚明學者的《孝經》觀

本節主要順著上文所整理晚明學者認爲造成《孝經》學衰微的三個關鍵因素，看他們如何詮釋《孝經》以回應之。在他們努力說服人們相信《孝經》是一部傳自孔聖，上自帝王、下至庶民都必須敬愼誦讀法行的經典時，《孝經》的政教功能也被闡述無遺。另外，我也將進一步分析，他們對《孝經》的詮釋與陽明學之間的密切關係。

(一)對三項關鍵因素的回應

首先必須指出，朱鴻等人最核心的信念及希望傳遞的信息是：《孝經》乃純粹孔曾問答之言、是一部承載聖人微言大義的經典。這是他們的信念，也關乎他們的政治訴求，他們對《孝經》發表的許多看法，也都以此爲前提。

而針對上述歸納的三個關鍵因素，在朝廷方面，他們希望明朝廷能夠從歷史興衰治亂中學到應尊崇《孝經》，以提倡《孝經》做爲推行孝治天下的具體政策。他們自己對《孝經》的注釋、講論、闡揚，以及上疏朝廷請尊《孝經》的作爲，亦是希望以實際行動扭轉朝廷的態度。至於其他二者，簡論如下：

第一，在今古文的問題上，明代孝經學者的立場並不一致，例如項霦的《孝

經述注》、孫本《孝經釋疑》與蔡毅中《古文孝經注》均主古文[43]；虞淳熙則力
辯古文之僞、尊今文爲正[44]，稍後的黃道周(1585-1646)和呂維祺也都主今文[45]。
但值得注意的是，在今古文見解上的差異並未妨礙他們提倡《孝經》學的共同目
的，當然主要因爲《孝經》今古文的差異並不大，文義相差無幾，故許多人都主
張應回歸經旨大義，不應紛紛於字句之辯。例如，褚相批評開啓今古文之辨者爲
「拂經」、爲支離，不能「直探孔曾遺言之旨、窺聖人獨得于天的蘊意」，他呼
籲學者們應避開支離的問題，回歸經義[46]。雖然《孝經》的今古文之爭是一項重
要的學術議題，論辯也有很長的歷史，但晚明學者可能體認到深入這樣議題的爭
辯不是當務之急，因此即使他們也各自有立場，然而爭議既不可能輕易解決，他
們更迫切的呼籲是應當回歸到幾乎沒有爭議的經義，如朱鴻所言：「讀是經者烏
可泥章第經傳之紛紜，訓詁說解之雜擾，而不研究夫孔曾一篇之大旨。」[47]

　　第二，回應朱熹對《孝經》的質疑顯然是晚明士人提倡《孝經》的當務之
急，因此我們發現朱鴻、孫本等人都有專爲《孝經》辨疑的文章[48]，所設定的主
要對話者也都是朱熹。朱熹對《孝經》所發的質疑，主要在指出《孝經》部分文
字源於《左傳》和《國語》，引詩部分非出於《詩經》，其他又有文句不順、不
合義理之處。針對朱熹認爲不合義理或言孝不夠親切有味之處，朱鴻和孫本都以
「《孝經》宗旨乃關係天下治統」的論點出發，加以反駁[49]。簡言之，他們認爲
朱熹對孝的體認太狹隘，因爲「執孝之名義專以事親之旨」爲判準，故不能體會

43　項霦，《孝經述注》(台北：新文豐出版公司，1985)。孫本，〈釋疑〉，收入朱鴻，
　　《孝經總類》，午集，頁134。蔡毅中主古本無脫落，今文爲謬誤，其說見朱彝尊
　　著，林慶彰等編審，《點校補正經義考》，冊7，頁87-88。

44　虞淳熙，〈從今文孝經說〉，收入朱鴻，《孝經總類》，申集，頁188-191。

45　黃道周作《孝經集傳》(台北：臺灣商務印書館，1983)，呂維祺的《孝經大全》，均
　　以鄭注今文爲正。呂維祺，《孝經大全》(上海：上海古籍出版社，1995)，頁341-
　　559。

46　褚相，〈孝經本文一說〉，收入朱鴻，《孝經總類》，巳集，頁108。

47　朱鴻，〈古孝經一篇大旨〉，氏著，《孝經總類》，未集，頁161。

48　孫本對朱熹的反駁見氏著之〈釋疑〉，朱鴻的回應主要在〈文公刊誤孝經旨意〉，收
　　入氏著，《孝經總類》，午集，頁134-146；未集，161-165。

49　如回應朱熹不喜孝治章以及嚴父配天的部分，以及朱熹批評《孝經》談孝不若《論
　　語》親切有味，見孫本〈釋疑〉，收入朱鴻，《孝經總類》，午集，頁134-146。

《孝經》講孝治天下、關乎萬世治統的偉大用意，反而因此嫌它講孝不親切，進而質疑它「經」的地位，甚至因此擅自刪改經文。他們批判朱熹受到自己觀點的限制，故不能洞見《孝經》真正的價值乃是政治性的，在揭示萬世治統之大義。

對於朱熹所指文句不順之疑，晚明士人則以試圖貫通上下文意、闡發己見的方式來回應。引詩的部分，孫本以爲「聖人吐辭爲經，《六經》、《論語》諸書何嘗蹈襲一語」，因此聖人著《孝經》時亦不會直述陳言，故後人不應以字字比對《詩經》的方法來判斷《孝經》是否爲聖人之言[50]。至於朱熹認爲《孝經》文字可能引自《左傳》等書的看法，朱鴻則認爲這樣的見解完全是「信傳疑經」的態度所導致。換言之，朱鴻認爲《左傳》等書只是解釋經典的「傳」，《孝經》才是聖人獨得於天的「經」，後人不該執傳以疑經；《孝經》的偉大信息在「道統於孝，孝統於事親，然事親之所推及者則廣矣大矣，以言乎天地之間則備矣。」此絕不是釋經者所能及，人若能虛心研經，必定會像他一樣發現「是經無句字可疑」[51]。另外，《孝經》後段言及喪葬祭祀之禮的文字有不少與《禮記》相似，對於此現象，他們也明確指出《孝經》是綱領、是從更寬廣、原則性的綱領處來言孝，而《禮記》所記的則是較詳細的儀則節目，如此也再次肯認《孝經》爲諸經總會的地位[52]。

由他們的說解我們可以發現，朱鴻、孫本並未能提出強而有力的學術理由，以支持《孝經》並非漢儒綴輯之書，他們的論述中有時會落入循環論證或根本沒有論證而自揭個人信念的情形，因此未必能夠達到說服的效果。然而，考證本身畢竟不是其關注的重點，他們所追求的是爲自己的信念發聲。他們以一種信仰者的立場來詮釋《孝經》，張瀚說朱鴻「生平純孝，篤信是經。」[53]他所篤信的是：《孝經》乃聖人所作，是一部蘊涵聖人志意的偉大經典，其他更細部的論述也以闡發此立場爲目的。儘管他們未必能夠說服所有人，但藉著文字和編纂工作，他們確實表達了這樣的看法，也爲晚明《孝經》學注入一股新的聲音。另

50　孫本，〈釋疑〉，收入朱鴻，《孝經總類》，午集，頁139。

51　朱鴻，〈文公刊誤孝經旨意〉，氏著，《孝經總類》，未集，頁163。

52　朱鴻〈孝說〉，氏著，《孝經總類》，巳集，頁119。

53　張瀚，〈重刻孝經序〉，收入朱鴻，《孝經總類》，子集，頁17。

外，我們也看到晚明韓世能(1528-1598)、蔡毅中都曾進呈《孝經》，楊起元在南京國子監推廣《孝經》教育，王世貞(1526-1590)也表達《孝經》應被尊崇爲「經」的看法[54]，都顯示朱鴻等人的看法並不孤單。

(二)論《孝經》的旨義與地位

首先必須說明的是，若單就觀念內容而言，晚明學者的許多看法都前有所本，談不上創見，不過若考慮這些論述如何在晚明歷史時空背景下發聲，即使舊見重提，亦不乏當代的意涵。朱鴻、孫本等晚明學者對《孝經》的定位主要有二：(1)《孝經》與《春秋》並列，是聖人言治統之書；(2)《孝經》是六經的總會。

《孝經鉤命決》：「孔子曰：『吾志在《春秋》，行在《孝經》』」[55]。漢代緯書中，《春秋》和《孝經》是孔子領受天命爲漢姓天下制法的兩部重要經典，帶有強烈的神秘和政治神話色彩。讖緯之學雖然從魏晉以降逐漸衰微，但朱鴻等人幾次引用緯書之說，並不懷疑其爲聖人自我表述的眞實性，甚至以緯書中的神秘祥瑞來說明二書等同的地位：「夫魯麟生而《春秋》作，《孝經》成而圖文見，天人交應，理固然者，其垂憲萬世宜矣。」[56]基本上，他們相信此二部經典都承載著聖人關於治統的微言大義：

> 《春秋》一書，嚴萬世人臣之法；《孝經》一書，立萬世人子之規。二書相爲表裏，不可偏廢。[57]

54　呂維祺，〈古今羽翼孝經姓氏〉，《孝經大全》，頁361。王世貞說：「自宋儒表四子列於經，獨尊《論語》，《論語》行而《家語》廢，乃至如《周禮》、《孝經》聖人經國盡性之書，不得列學官使諸儒傳習，可慨也。」王世貞，〈讀家語〉，《讀書後》(台北：臺灣商務印書館，1983)，卷5，頁9b-10a。關於楊起元提倡《孝經》，見第四章。

55　《孝經鉤命決》，收入黃奭輯，《黃氏逸書考》，頁1a。

56　〈孝經考〉，收入朱鴻，《孝經總類》，未集，頁148。

57　朱鴻，〈孝說〉，氏著，《孝經總類》，巳集，頁120。

《孝經》立萬世人子之則，《春秋》嚴萬世人臣之防。故夫子曰：
「吾志在《春秋》，行在《孝經》，是《春秋》即夫子之忠經
也。」[58]

　　朱鴻進一步解說道：孔子作《春秋》，不僅欲君君、臣臣、父父、子子、夫
夫、婦婦，其行均依禮法，其心更要純，所謂「必期倫物兩全，表裡一致，而成
淳龐之治，是夫子志也。」而孔子將《孝經》傳予曾子，則是相信「一孝立而萬
善備」，即《孝經》經文所言：「孝，德之本也。」[59]故雖然歷史上有以《忠
經》配《孝經》之見，但朱鴻認為《忠經》推崇「忠」義故有可取之處，但義理
無法契合聖人之志，其講「君子行孝必先以忠」悖於《孝經》「始於事親、中於
事君」之旨[60]，他以為絕不可以《忠經》配《孝經》，強調《春秋》才是聖人的
忠經，真正要觀聖人志行和忠孝大旨，則必要《春秋》與《孝經》並觀[61]。
　　朱鴻和孫本對《孝經》的詮釋基本上是從「孝治天下」的政教功能上立論，
他們把《孝經》定位為孔子開萬世治統的書籍，是「夫子平生所蘊，治天下之大
經大法」[62]。認為孔子因自知不能行道於天下，故以問答的方式將其獨得於天的
精義傳授曾子，因此《孝經》與六經一樣，都是關乎萬世治平的經典，絕不僅止
於溫清定省等人子事親的層次而已。孫本說：

乃夫子之心直欲以孝治天下，而此篇則備述其所以治世之具
也。……蓋夫子年七十二矣，既不能行道當時，而欲以此著之為經
以詔來世，故其燕閒之際，特以是經屬之曾子，而曾子與門人詳記

58　朱鴻，〈讀忠經辨〉，氏著，《孝經總類》，巳集，頁122。
59　朱鴻，〈孝說〉，氏著，《孝經總類》，巳集，頁120。
60　由此可見朱鴻以孝先於忠的立場。忠孝孰先孰後的問題，在歷史上有過熱烈的辯
　　論，關於忠孝及朝廷、世族權力關係在漢代的變化，參見Anne Cheng, "Filial Piety
　　with a Vengeance," in Alan K. L. Chan and Sor-hoon Tan eds., *Filial Piety in Chinese
　　Thought and History*, pp. 29-43；關於魏晉時期忠孝先後的不同看法，參見林麗真，
　　〈論魏晉的孝道觀念及其與政治、哲學、宗教的關係〉，頁25-52。
61　朱鴻，〈讀忠經辨〉，氏著，《孝經總類》，巳集，頁122。
62　孫本，〈古文孝經說〉，收入朱鴻，《孝經總類》，午集，頁126。

之。謂之經者，以爲古先聖王治天下之常道，大抵爲後世王者告
也。夫何千載之下，乃目爲童習之書而晦蝕以至今，良可慨也。然
今雖欲舉而行之，又皆人自爲説，莫知適從，且或妄加疑訕，安望
其與五經四書並列哉。夫苟知其爲治道而發，非專泥於事親之節，
則不必牽合傅會，而夫子之心較然明矣。[63]

　　朱鴻對《孝經》的詮釋基調接近孫本，他曾説：「近年與初陽孫君復加研
究，孫君乃作《解意》以明孔曾作經大旨，與鴻首列明王事父等篇重孝治之意無
不吻合。」[64]基本上，朱鴻、孫本二人均強調孔子藉《孝經》所言的「孝」不限
於人子事親之事，而是從更根本、更寬廣的層次，即從「孝之道原於天地」上立
説，故孫本説：「孝之一字，夫子所以繼帝王而開世之治統者。」[65]基於這種政
教功能論的看法，《孝經》的核心宗旨便是「明王以孝治天下」，《孝經》中層
層分明的五等之孝是社會政教秩序之所繫，天子的身分更是全經之關鍵所在，故
有所謂「化機係於天子」之説，而經文所言「通於神明、光明四海」的孝感也都
是針對天子而言[66]。其實並非所有晚明學者都抱持這樣的看法，虞淳熙和楊起元
的詮釋則較不強調君王的身分，而更傾向於人人都能通過行孝而感通神明，因此
他們的觀點也比較容易與個人的心性之學和宗教實踐連上關係，此將於下一章中
討論。

　　朱鴻、孫本把《孝經》定位爲聖人開萬世治統的經典，凸顯「明王」的地
位來詮釋經文，不僅把《孝經》提昇到與四書、五經對等的地位，更把《孝
經》與帝王之職責做了緊密的聯繫，無怪乎孫本論《孝經》時，便歸結道：
「乃疏請於朝，使得與五經、四書並列，以行於世，則所以光揚孝治天下之

63　孫本，〈古文孝經説〉，收入朱鴻，《孝經總類》，午集，頁124。
64　朱鴻的見解，見氏著，〈孝經解意後語〉，《孝經總類》，午集，頁133。另外，朱鴻曾
　　説自己與孫本切磋研究，二人對於《孝經》重孝治的見解非常吻合，見朱鴻，〈文公
　　刊誤孝經旨意〉，同書，未集，頁161。
65　孫本，〈古文孝經説〉，收入朱鴻，《孝經總類》，午集，頁124-126。
66　孫本，〈古文孝經説〉，收入朱鴻，《孝經總類》，午集，頁124-126。

道，豈小補云。」[67]

至於《孝經》與其他經典的關係，他們則強調《孝經》爲諸經之總會[68]。朱鴻曰：

> 竊嘗論之，天下之道具載六經，六經旨趣各歸於一，故曰《易》以道陰陽，《書》以道政事，《詩》以理性情，《禮》以謹節文，《樂》以象功德，《春秋》以嚴名分。至於論孝，夫子則曰：「德之本，教之所由生也。」是《孝經》一書乃兼總條貫而爲天之經、地之義、民之行也。故六經之旨，士子各習其一，求其精而通也。若《孝經》之義，童而習之，雖白首而不暫離焉，夫亦豈能盡其蘊哉。[69]

換言之，聖人藉其他經典各揭一旨，唯《孝經》乃貫通諸經之大本，也是一切德性與教化的基礎，是儒家經典中之經典。因此在儒學教育中，士人之於六經僅需擇一而專精之，然而之於《孝經》，則必須自幼而習之，至老仍不可稍離，而即使如此，也難盡探此書之奧蘊。這種見解既上承前儒，亦符合漢唐教育與取士的標準，即相對於其他五經各立專經博士，《孝經》爲諸經博士所兼通，自然也是所有士人必須修習精讀之書。

(三)與陽明學相呼應

朱鴻等人在闡釋《孝經》爲六經統會的地位時，充分援引當時流行的陽明良知學。上文已說及朱鴻的陽明學背景，及他自言欲以良知學來詮釋《孝經》的心願，事實上我們可以從更多文字段落清楚看出陽明學是晚明學者詮釋《孝經》時

---

67 孫本，〈古文孝經説〉，收入朱鴻，《孝經總類》，午集，頁126。
68 以《孝經》爲諸經之總會，並非朱鴻等人的創見，鄭玄已明言。鄭玄之語見《隋書‧經籍志》(北京：中華書局，1973)，卷32，頁934-935。虞淳熙亦言：「鄭氏云孝經者三才之經緯，五行之綱紀，六經之總會。」見朱鴻，《孝經總類》，亥集，頁313。
69 朱鴻，〈孝經質疑〉，氏著，《孝經總類》，巳集，頁114-115。

的重要思想依據。此處需要進一步說明的是：我所要強調的只是他們論述中明顯反映了陽明學的語彙和思維模式，我並不據此認爲這些《孝經》學者都是陽明學派中人，因爲我們無法僅從這些線索來判斷他們學術的最終歸屬，而且恐怕未必每個人都有明確的學派歸屬。底下即說明朱鴻等人在闡論《孝經》爲諸經總會時的理據，看他們如何把一部淺近的童蒙書提昇爲儒家經典的統會，其詮釋觀點又如何與當時流行的陽明學相呼應。

首先，他們說天經地義的「孝」是聖學最核心的內涵，也是孔門的宗旨，故《孝經》爲聖人經典的總會。朱鴻說道：

> 則夫子終身之行在孝弟，而群賢守之爲家法，無惑也。至於傳子思及孟子，又無往而非此義之流衍。故《中庸》以親親爲仁，以尊賢爲義，《孟子》以仁義之實在事親從兄，而禮則節文斯二者，智則知斯二者，樂則樂斯二者。孔門一派宗旨，曷嘗舍孝弟以立教哉。[70]

朱鴻強調孝弟是儒家聖學的家法，是孔門傳授的宗旨，這樣的說法呼應著《孟子》所言「堯舜之道孝弟而已」[71]，與晚明陽明學，特別是泰州學者的教法相呼應。孝當然是中國傳統教育的普遍共識，沒有人會輕忽它的重要，不過泰州學者確實在教義上比其他學者更凸出地從日常人倫最親切的孝弟立講，從百姓日用的平常處立教。泰州學派的創始人王艮（1483-1540）出身商人之家，其學主要從《孝經》、《論語》入手，由感於事親而體悟自得[72]，終身所講均不外從孝弟本心體驗良知良能、從人倫日用的簡易處探究聖人之學，而其明哲保身論更呼應著《孝經》不傷髮膚的愛敬之教[73]。另一位泰州學者羅汝芳之學更以孝弟慈爲核

70　朱鴻，〈孝經臆說〉，氏著，《孝經總類》，巳集，頁117。

71　阮元校勘，《孟子注疏》（台北：藝文印書館，1982），卷12上，頁3b。

72　見王艮《年譜》二十五、二十六、二十七、二十九歲條下，載於《重鐫心齋王先生全集》（東京高橋情報據日本內閣文庫藏明萬曆年間刊本影印，1990），卷2，頁3a-4a。

73　關於王艮明哲保身論之「身」的意涵，所引起的討論已不少，牽涉的內容也更複雜，此處僅提供一種解讀的可能性。呂維祺也看出王艮之學與《孝經》的密切關係，見呂維祺，《孝經大全》，卷2，頁3b。

心[74]，汝芳晚年講學以「孝弟慈」爲宗旨，以《周易》「生生」的原理做爲孝弟的根源，也將孝提昇到宇宙本體論的層次立說。他說人之生命稟賦自生生道體，天賦予人的孝也是生生道體的內涵，自然天成的孝弟即是不慮而知、不思而得、不勉而中的良知明德，是宇宙古今人人共同具有的天命之性，也是人能夠學習的根據，孔孟聖人立教的基礎。而聖人道德性命的完滿也只在充分體踐此天賦之形色，即孝德之完全彰顯而已[75]。汝芳的學說對於虞淳熙等人的孝論與《孝經》詮釋，甚至晚明的《論語》注釋都有重要影響，此將於下一章再論[76]。此處僅先說明，朱鴻等人的論述同樣呼應著當時流行的陽明學說，由孝弟本心講儒家聖賢傳授的宗旨，並據此說明《孝經》做爲諸經總會的地位。

正如王陽明以良知爲一切修德教化的根本，他們也以孝爲一切修德教化的根本。簡言之，孝即是良知的同義詞。朱鴻曰：

> 故謂天下之道本於心，而孝乃心之良知良能，教化所由生也。以孝著爲經典，蓋六經之統會也。[77]

褚相也說：

74　羅汝芳自幼接受母親教導《孝經》等書，在其成學經過中對孝弟慈有極深刻的體悟。見羅汝芳，《盱江羅近溪先生全集》(明萬曆四十六年劉一焜刊本)(台北：國家圖書館縮影資料)，卷2，頁1a-5b。他又說自己「七歲入鄉學，即以孔聖爲的，時時稱說《孝經》。」講學亦常常提及孝弟。參見《盱江羅近溪先生全集》，卷1，頁9b-10a；26b；27b-28a；《盱壇直詮》(台北：廣文書局，1977)，上卷，頁70a；下卷，頁2b；36b。關於羅汝芳的思想，見陳來，《宋明理學》(上海：華東師範大學出版社，2003)，頁290-292；吳震，《羅汝芳評傳》(南京：南京大學出版社，2005)，頁211-223。

75　羅汝芳，《論孝經宗旨》，收入朱鴻，《孝經總類》，西集，頁213。

76　羅汝芳論仁、孝關係，也反映在部分晚明《論語》注釋中，挑戰程朱觀點，參見呂妙芬，〈《西銘》爲《孝經》之正傳？──論晚明仁孝關係的新意涵〉，《中國文哲研究集刊》，期33(2008年)，頁139-172。

77　朱鴻，〈古孝經一篇大旨〉，氏著，《孝經總類》，末集，頁160。

聖學者，心學也。一元沖穆之始勿論已，兩儀既奠而三才之道彰，
則一元之秘，獨契于聖人之一心。自羲皇一畫，而為心學之祖；宣
聖一貫，而為心學之宗。時至春秋，教化漓而人心陷溺，君權世道
大裂不支。聖為此懼，斷魯史以維既墜之王法，闡《孝經》以覺未
泯之人心。要皆本吾天地生生之心，廓吾天地生生之德。然德莫大
于盡孝，孝即良知良能，此心之愛敬為之匪襲也。……信哉，《孝
經》一書，孔曾授受之蘊，吾道一貫之精乎。[78]

　　朱鴻、褚相都把「孝」等同於「良知」，褚相更把聖學等同於心學，認為伏
羲演卦乃為心學之祖，到了春秋末年，世道大壞，人心陷溺，故孔子作《春秋》
與《孝經》，而《孝經》的傳授主要欲覺人心，即欲人能夠本於孝的良知心體，
擴充德性，因此他稱此書是孔曾授受之蘊，也是孔門一貫之精旨。陳師也說：
「夫《孝經》一書實五經之源，孔曾授受心法也。」[79]朱鴻則說，由《孝經》可
觀孔門立教的精神「無非欲人察識本心之良以成萬物一體之化。」[80]以上這種說
法，與陽明學者所強調的覺人心、本於良知以成德立教、推致心體本具之良知以
成萬物一體之化的說法，如出一轍[81]。換言之，朱鴻、褚相將「孝」等同於「良
知」，並沿襲陽明學以良知為聖人傳授的心法、理解經典的依歸等看法，他們進
一步把教孝的經典——《孝經》——定位為孔門傳授的心法，為六經的總會。
　　而《孝經》既是一部文字淺近、義理平常的童蒙書籍，它如何能夠又是六經
之總會，一部深蘊聖學精義、白首難通的經典？這種論述的邏輯也與陽明良知學
的內涵頗相似。正如陽明學者論良知是愚夫愚婦、人人所共具共能的，是最簡易
平常、最自然無奇的，而致良知卻又是聖人窮其一生所要困勉學習、絲毫不敢鬆

78　褚相，〈孝經本文一說〉，收入朱鴻，《孝經總類》，巳集，頁107。
79　陳師，〈孝經會通後序〉，收入朱鴻，《孝經總類》，酉集，頁197。
80　朱鴻，〈孝經臆說〉，氏著，《孝經總類》，巳集，頁117。
81　王陽明的〈大學問〉一文即強調「明明德於天下」，王畿和羅汝芳也都深切表達了儒
　　家聖人講學覺世的大志願，楊東明更說聖人以覺眼照天下，一切設教均為覺人開迷
　　而設。參見呂妙芬，〈儒釋交融的聖人觀：從晚明儒家聖人與菩薩形象相似處及對生
　　死議題的關注談起〉，《中央研究院近代史研究所集刊》，期32(1999)，頁165-208。

懈的學問[82]；在朱鴻等人眼中，《孝經》也是孩童就能夠（也應該）研習的經書，是一部簡單易曉、平常無奇、切合人倫日用，但同時又是人須終生致力勤學、至老難通其義蘊的深奧經典。朱鴻曰：

> 或疑《孝經》迺童蒙習讀之書，世有以淺近忽之者，殊不知童蒙雖未曉道理，然良知良能固自在也，開蒙而先授以《孝經》，則四德之本，百行之原，教從此生，道從此達，由是而爲賢爲聖，胥此焉出矣。若舍《孝經》而遽讀他書，何能進步？此《孝經》所以爲徹上徹下之書，而學之所當先務者也。[83]

朱鴻等人宣稱《孝經》是一部徹上徹下的書，就如同王畿等陽明學者強調直接從良知入手的工夫是徹上徹下的工夫一般，因此在詮釋《孝經》這種看似平常卻極深奧的弔詭性，他們的闡釋也與王畿等人的良知論述十分契合。而無論是良知或孝之所以能夠有如此徹上徹下的向度和義蘊，主要是因爲他們相信人心本具天理，因此同時具有天賦自然、無盡完美兩種意涵。學之根本既在本心，故人人均可爲之；而學之終極目標則在完全體現人人本具的良知心體，此則指涉一種超越自我而上契天道、達萬物一體之化的理想，故雖聖人不敢稍有鬆懈、不敢輕言契道。陽明致良知學所強調的這種工夫，可說是以本心爲根據以求充分發揮本心的爲學歷程，即是一種「本於良知以致良知」的無止盡歷程。這種「爲仁由己」、「不假外求」、「本於良知以致良知」的學理，同樣清楚地表現在朱鴻等人的《孝經》論述中：

> 而知能之良已具愛敬，是故聖人因嚴以教敬，因親以教愛，其所因者本也。夫曰因，則非強世；曰本，則非外鑠，蓋上帝賦予。……

82　關於此的討論，見呂妙芬，《陽明學士人社群》，第八章。王畿也說：「孝弟忠信夫婦所能，及其至，聖人所不能。」王畿，〈與陽和張子問答〉，《龍谿王先生全集》（台南：莊嚴文化，1997），卷5，頁35b。

83　朱鴻，《孝經質疑》，氏著，《孝經總類》，巳集，頁112。

此孝所以即學而學，所以成孝也。故舍孝不可以言學；舍學不足以成孝。[84]

　　孝之根本在愛敬，而愛敬即是人心之良知良能，絕非強迫的外鑠之學；而如同陽明學者強調捨良知無以言學，朱鴻也強調「舍孝不可以言學」。再者，《孝經》所言「孝爲德之本，同時又是德之至」的爲學歷程[85]，也呼應著上述陽明學「本於良知以致良知」之進程，是一種「本於孝以致於孝」，永無止盡的爲學歷程。

　　綜上所論，朱鴻等人對《孝經》的詮釋可以說與陽明學的思想若合符節，陽明學以良知心體爲貫通個人到天道、從個人修身到天下治平各向度的樞紐，當然也是孔門聖學心法之所繫；朱鴻、孫本等人的《孝經》論述，則以「孝」等同於「良知」[86]，因此陽明學中一切對「良知」的功能與重要性的描述，都可以用「孝」來置換。更重要的是，他們宣稱聖人稟承天命爲這偉大的「孝」留下一部文字經典，這部《孝經》的重要性不言而喻：它是孔門心法的文字展現、它是道統的重要內涵、是與《春秋》共同承載著聖人志行的經典、更是其他各經的根源與總會。事實上，陽明學與晚明《孝經》論述的密切關係亦爲日本學者大鹽平八郎(1793-1837)所察見，他早已說道：「因復竊考朱(鴻)、孫(本)、虞(淳熙)三子之注，蓋以陽明王子及楊慈湖、羅近溪三賢所說之孝似爲根柢者。」[87]

84　朱鴻，〈孝説〉，氏著，《孝經總類》，巳集，頁118。

85　《孝經》說到孝爲德之本，又說到孝莫之至通於神明，光於四海。又曰：「曾子曰：敢問聖人之德其無以加於孝乎？子曰：天地之性人爲貴，人之行莫大於孝。」

86　這種聯繫本身也並非朱鴻等人獨創，許多陽明學者也曾做此聯繫，例如王畿便曾說：「七篇之中，道性善，陳王道，明聖學，那一句離得孝弟？管晏事功，以孝弟而鄙之；楊墨仁義，以孝弟而闢之；繼往開來之功，以孝弟而敘之。復提出不學不慮良知兩字，示人以用功之要，入聖之機，可謂至博而至約者矣。」見王畿，〈華陽明倫堂會語〉，《龍谿王先生全集》，卷7，頁15b。

87　大鹽中齋還認爲黃道周的注解雖以《論》、《孟》和三禮相互錯綜爲緯，但其基調仍是陽明學。引文見氏著〈增補孝經彙注敘〉，於井上哲次郎編，《日本倫理彙編》（東京：育成會，1901-1903），頁549-551。

四、從江元祚的《孝經大全》到呂維祺的《孝經大全》

繼朱鴻在萬曆年間編輯《孝經總類》之後，明代《孝經》類總輯類著作尚有江元祚的《孝經大全》、陳仁錫和馮夢龍的《孝經翼》、呂維祺的《孝經大全》，它們都是崇禎(r. 1628-1644)年間的作品。本節主要說明這些作品生產的時代背景，比較它們與朱鴻《孝經總類》之異同，並說明晚明士人進呈《孝經》、上疏朝廷尊崇《孝經》的努力與成果。

江元祚是浙江仁和人，據葛寅亮(1570-1646)[88]所言，他長年「獨居橫山之中，無書不讀，而尤精《孝經》一書。」[89]橫山即杭州黃山的舊名，在會城之東約四、五十里處，因林菁繁茂，不太為人所知。江元祚開闢了入山的道路，並在山中蓋了橫山草堂，建有醉山閣、擁書樓、竹浪居、藏山舫等，宛如山中王國，別業中亭橋田石雜錯、景緻宜人，關於橫山草堂景觀的詳細描述，可見江元祚的〈橫山草堂記〉與馬元調的《橫山遊記》[90]。在晚明不斷的兵亂之中，江元祚夫婦及兄弟們偕隱於此二十餘年，此地亦因江氏的開發而名聞於士人，馬元調說：「自邦玉氏誅茅結廬，一時名流樂與之遊，而人始知有橫山；」吳偉業(1609-1671)也說：「天下言隱居善避兵者無如橫山。」[91]從馬元調的敘述，我們也得知江元祚與佛教淵源頗深，草堂的藏山舫有禮拜趺坐之所，奉有《華嚴經》，山下的水菴先生則稱其為「江居士」，說他與門人論說《宗鏡錄》，「學人自遠來聽

---

88 葛寅亮，號屺瞻，其傳可見葉向高，〈憲使屺瞻葛公頌德碑〉，《蒼霞餘草》(揚州：江蘇廣陵古籍刻印社，1994)，卷1，頁15-17；亦見荒木見悟，〈葛寅亮年譜考〉，《東洋古典學研究》，集16(2003)，頁41-54。

89 葛寅亮，〈孝經大全序〉，收入江元祚輯，《孝經大全》(山東：山東友誼書社出版，1990)，頁21-35。

90 江元祚此文收於龔嘉儁修，光緒《杭州府志》(清光緒二十六年修本)(台北：成文出版社，1974)，卷30，頁14b-16a (741-742)；馬元調，《橫山遊記》(台北：新文豐，1989)。

91 馬元調，《橫山遊記》，24a。吳偉業亦曰：「武林有橫山，江氏兄弟隱於橫山者二十年，天下言隱居善避兵者無如橫山。……或曰：江氏固高貲，有圖書玩好朋友聲酒之樂，富於居山者也。」吳偉業，〈送胡彥遠南歸序〉，《吳梅村全集》(上海：上海古籍出版社，1990)，卷35，頁750。

者五、六十輩」[92]。可見江元祚雖然居於橫山深處，但他並沒有因此遠離杭州文人圈，他在橫山深處所經營的生活空間反而吸引許多文人慕名前往，而他的橫山草堂不僅是個遠離兵禍的避難所，還是唱詩歌賦、文人雅集的場所，也是趺坐誦經、登壇說法的道場。另外，從其編輯的著作可知，他與兄弟江元禧、江元機、江元褋、江元禔合編有《玉臺文苑》及《續玉臺文苑》，是輯歷代女性作品的文選[93]；他們更是《孝經會通》的作者沈淮的外孫[94]。沈淮與朱鴻稱得上是闡揚《孝經》的同志，因此江元祚之精通《孝經》應有家學上的淵源。

　　葛寅亮為江元祚的《孝經大全》寫序，時在崇禎六年(1633)七月，此年正月則有崇禎皇帝頒布聖諭，令各州縣學校重視《孝經》、《小學》教育，並重申「童子必學，遇試先查德行，自童儒以及鄉會須有實蹟方許入場。」[95]此聖諭的頒布主要肇因於崇禎二年(1629)徽州婺源人江旭奇的奏疏，江旭奇進呈其所著之《孝經疏義》，請朝廷重視當時儒童生員不讀《孝經》、《小學》的情形，並請皇帝敕禮部會集儒臣補成《孝經大全》，列入科舉考試命題的範圍[96]。崇禎皇帝對於江旭奇之請，有相當正面的回應，雖然結果《孝經》仍然沒有被列入科舉的必試科目，不過崇禎確實下了聖諭，敕諭各省直督學諸臣首重《孝經》。此聖諭是否真的能夠改變一般士人對於《孝經》所抱持的態度，當然值得懷疑，不過因此而鼓勵更多《孝經》類書籍的編輯出版，則是可以想見的。事實上，我們今日

92　馬元調，《橫山遊記》，頁4a；9b。

93　江元禧輯，江元祚續輯，《玉臺文苑》與《續玉臺文苑》(台南：莊嚴文化，1997)。《玉臺文苑》各卷首頁列有其他江家兄弟的名字。

94　江元祚的，《孝經大全》，頁475。

95　江旭奇，〈進孝經疏義奏疏〉，見江元祚，《孝經大全》，頁1041-1049。

96　江旭奇的奏疏，見江元祚編訂，《孝經大全》，頁1041-1049；上疏的詳細情形，見江旭奇自撰的〈進呈始末〉，載於江旭奇，《孝經翼》(明崇禎六年刊本)(日本內閣文庫藏)，頁1a-15b。江旭奇奏疏的經過與內容，將於第六章中討論。後來江旭奇有感於皇帝對其奏疏之正面回應，潛心參閱國朝通紀諸書，採其有資治道者，增補陳建所撰《皇明通紀集要》一書進呈，以補《孝經》孝治天下之用。另外，江旭奇還輯有《朱翼》一書，此書分六部，是採摭諸書以類排纂，因強調是非一斷以朱子，故名《朱翼》，四庫館臣判斷此書為準備科舉考試的參考書。參見尹繼善等修，黃文雋等纂，《江南通志》(清乾隆三年刊本，中央研究院傅斯年圖書館藏)，卷264，頁12b；江旭奇，〈皇明通紀集要序〉，收於陳建撰，江旭奇增補《皇明通紀集要》(成都：巴蜀書社，2000)篇首；江旭奇輯，《朱翼》(台南：莊嚴文化，1995)。

尚可見到一些受這道聖諭影響下所刊刻出版的《孝經》著作，例如藏於日本尊經閣文庫的《孝經小學參注疏意》、《精鐫孝經參注疏意》、《張天如先生標題孝經集注詳解》、《御覽標題孝經存是詳解》、《孝經直解序》，這些著作都刊於崇禎年間，書中也都載有崇禎聖諭，而且都有標題、解題幫助考生準備作論，很明顯是準備考試的教材[97]。

江元祚研究《孝經》顯然不是受到崇禎聖諭的鼓舞。他在橫山中研讀已久，且有家學之淵源，不過其《孝經大全》在崇禎聖諭頒布後數月內請葛寅亮作序出版，應該還是與聖諭的政治效應有關。另外，據江旭奇所言，他和江元祚尚有同宗的淵源，不過他並不清楚江元祚編輯出版《孝經大全》的情形，他在奏疏中曾請皇帝命儒臣補成《孝經大全》，後來他在書坊中見到一本《孝經大全》，詢問之下才知道輯者爲江元祚。據其所言，江元祚主要是根據家傳的諸《孝經》善本，「葆組而成是書也」。江旭奇更說自己奏呈《孝經疏義》與江元祚之輯《孝經大全》，都是「以生員陳王道」的行徑，這正是他們稟承家傳，移孝爲忠的表現[98]。

我們比較江元祚《孝經大全》與朱鴻的《孝經總類》可以發現，二書在體例和內容上都頗相近。比較值得注意的是：江元祚把具宇宙論與宗教意涵的作品，即虞淳熙的〈宗傳圖〉、〈全孝圖〉、〈全孝心法〉和〈傳經始末〉、〈全經綱目〉移至書首（甲集），並在甲集中加入了《孝經總類》所沒有的〈誦經威儀〉（誦唸經文和觀想的儀式性文本）、〈孝字釋〉（匯輯「孝」字解釋之文）和〈孝經考〉三文。江元祚很可能因爲〈全孝圖〉和〈宗傳圖〉涉及宇宙論的內容以及以孝德爲標準的道統傳承，故被移之書首，但也很可能因爲他對《孝經》的看法，頗能認同虞淳熙從太虛孝德、天人感應、自我齋戒修養等具宗教意涵的詮釋之故。從其呼應虞淳熙的看法，又爲《孝經集靈》附集更多孝感例子，以及他本人禮佛的宗教傾向，我相信後者的可能性頗大。關於虞淳熙的著作與孝論，以及

---

97 《孝經小學參注疏意》內附《忠經》，爲張采手訂，崇禎八年刊本；《精鐫孝經參注疏意》，爲張采參訂、陳葵言校刊；《張天如先生標題孝經集注詳解》，包括邢昺疏義，黃澍注解，張天如即張溥；《御覽標題孝經存是詳解》有陳仁錫評注；《孝經直解序》題名李春培。這些書中各章標題、解題文字均相同，應是爲準備考試用書。

98 參見江旭奇，《孝經翼》，頁1a-15b。

〈誦經威儀〉的修養實踐，在第四、五章中將有更詳細的討論。

　　另一值得注意的是，江元祚的《孝經大全》中有《孝經彙注》三卷，此三卷並不是他個人的注釋，而是他以刪輯的方式將孫本、朱鴻、虞淳熙三人的詮釋彙注成編。他又「刪注」了朱鴻所輯的《曾子孝實》。根據江元祚《孝經大全》的內容，我們可以說他並不像朱鴻、虞淳熙等人能夠提出自己對《孝經》的看法；就採集版本而言，前既有朱鴻的拓荒與《孝經總類》的結集出版，江元祚也不能居太大功勞，他的貢獻至多只能說是整理既存文獻罷了。

　　然而，我們是否有必要像加地伸行一樣將之視爲「剽竊」，我倒覺得可以再商榷[99]。崇禎六年皇帝下令各學校重視《孝經》教育，此時勢必有出版《孝經》類書籍的行情，不僅江元祚的《孝經大全》因應此時勢而出版，陳仁錫、馮夢龍編的《孝經翼》也是因應聖諭而出版的作品，其內容與江元祚《孝經大全》也非常相近[100]。當時距離朱鴻出版《孝經總類》已近半個世紀，即使在今天如此注重智慧財產權的時代裡，我們對五十年前所出版的文獻也可能以重新編輯的方式再出版，更何況晚明對於「著作」概念不同於後代，抄錄前人文字以成書出版的現象頗爲普遍[101]。以江元祚的家學淵源，他對於萬曆年間的《孝經》學著作應該不陌生，他極可能以朱鴻總輯的成果爲藍本，調整次序、刪輯彙編注釋、刪增部分內容，而且他並沒有逕自竊取冠以己名，而是以「述」、「刪輯」、「刪注」等字眼來說明他的工作。因此我們雖然不必過譽江元祚對晚明《孝經》學的貢獻，但也不必因此斷定他是一個剽竊別人作品的低下文人。我更願意以一個受家學及

99　加地伸行，《中國思想からみた日本思想史研究》，頁168-172。

100　陳仁錫、馮夢龍的《孝經翼》內容與江元祚《孝經大全》相近，不過〈全孝心法〉置於全書最後，也沒有收〈宗傳圖〉和〈誦經威儀〉，《孝經集靈》只有節本。該書出版淵源同樣受到崇禎聖諭的影響，希望以此書「翼聖經、翼聖治」，詳見陳仁錫的〈孝經翼敘〉；馮夢龍，〈敘孝經翼〉，均收入陳仁錫、馮夢龍，《孝經翼》(明崇禎刊本)(東京前田育德會尊經閣文庫藏)，卷首。

101　明人抄錄別人文字以成書的現象非常普遍，曹淑娟指出晚明小品多文字互見例子很多，作者每以述爲作，見氏著，《晚明性靈小品研究》(台北：文津出版社，1988)，第四章；楊晉龍在〈何楷《詩經世本古義》引用《化書》及其相關問題探究〉一文中對經書詮釋傳統中習慣輾轉抄錄前人文句的情形亦有說明。楊晉龍，〈何楷《詩經世本古義》引用《化書》及其相關問題探究〉，《中國文哲研究集刊》，期21(2002)，頁293-335。

自己宗教影響、因應時勢與市場所需而整理文獻出版的文人視之，甚至十分好奇
《孝經》在他橫山禮佛修道的工夫中，究竟占據甚麼地位？他在書中所加入的
〈誦經威儀〉，是否正是他平日所行的禮儀工夫[102]？

晚明另外一本《孝經》總輯類著作是呂維祺的《孝經大全》，呂維祺也是晚
明為《孝經》請命最力者，他對《孝經》有極敬虔的宗教情懷，曾自言：

> 愚敬信此經，如天地神明父母師保，二十年苦心玩索，沉潛反覆，
> 或晨夕焚香恭誦數過，久之，始敢作《本義》、《大全》。二書既
> 成，乃與學者日講究之，力行之，而學者尚紛紛多狃舊見，半昧宗
> 指，愚於是不敢不作《或問》，所以明大意，揭宗傳、辯真偽、闢
> 附會、詮章旨、析疑似，而末尤拳拳於表章之實，道統之傳也。[103]

呂維祺對《孝經》敬信的程度及晨夕誦經省過的實踐，稱得上是一種宗教實
踐或靈修的工夫，而且也受到文昌信仰的影響。關於此，第五章有較詳細的討
論。

呂維祺是理學人士，他是孟化鯉(1580進士)的學生，活躍在當時講學名流之
中，與馮從吾(1556-1627)、張信民(1562-1633)等人不畏魏忠賢(1568-1627)之
勢，在逆境中益發奮力講學[104]。天啟二年(1622)，呂維祺在新安成立芝泉講會，
隔年(1623)建七賢書院於芝泉；崇禎五年(1632)又在南京立豐芑會；崇禎八年
(1635)著成《孝經本義》，九年(1636)致仕歸洛陽，十年(1637)成立伊洛會，同
年完成《孝經大全》和《孝經或問》。門人姚賡唐對其治學精神描述如下：

---

102 我沒有看到江元祚有關《孝經》實踐的文獻，其他明清士人誦讀、觀想《孝經》的
　　實踐，在第五章中討論。

103 呂維祺，〈孝經或問引言〉，《孝經或問》(上海：上海古籍出版社，1995)，卷首，頁
　　1。

104 從呂維祺的文集可見其與這些學者密切往來問學，從〈新安兩會語錄引〉可見他們
　　共同提倡講學，見呂維祺，《明德先生文集》，卷8，頁10a-b。

先生癸丑(1613)釋褐，辛巳(1641)就義，中更二十八年，其間家居
者十有三年，無非發明孝治，羽翼聖經之旨，履官者十有五年，亦
無非移孝作忠，立身行道之概。[105]

　　崇禎十二年(1639)九月，呂維祺進呈所著《孝經本義》、《孝經大全》和
《孝經或問》三書；同年十一月更疏陳〈表章孝經八要〉，內容為：進講經筵以
樹模範、東宮講習以端儲教、頒諭宗戚以敦親睦、頒行試題以驗習學、鄉會出題
以隆大典、頒諭武士以明大義、辟舉眞孝以勵士俗、諭俗講解以正民風。由此可
見，他所規劃的《孝經》教育，並不僅止於科舉或士人之學，而是要從帝王皇室
下至庶民大眾，人人以《孝經》為學宗的願景[106]。
　　據呂維祺自言，他在完成《孝經大全》和《孝經或問》之前，已沉浸在《孝
經》學中長達20餘年，可知他從20餘歲始已開始認眞研讀、踐履《孝經》之學。
而特別值得注意的是，《孝經》除了在呂維祺個人之學中扮演重要的角色，在他
所主盟的講會中，也是講論和教導的核心內容。例如，芝泉會規定每月聚會一
日，在坐定、歌詩、講《四書》及孟化鯉先生要語之後，與會士人可互相質問，
或「將《孝經》及他經書若先儒等書，反覆參證」；或商量事務，但「總之以孝
弟為本，躬行為要。」[107]同樣地，伊洛會也規定入會者要熟讀《孝經》：

　　今後願入會者，先告會長，會正即取會約幷《孝經》、《家禮》、
　　《存古篇》、《士大戒》各書付本人，前後細看，便問君要入會何
　　意思，想其人必有以置對矣。[108]

105　姚廣唐，〈呂明德先生年譜跋〉，於《明德先生年譜》(台南：莊嚴文化，1997)，卷
　　首，頁384-385。
106　呂維祺，《明德先生文集》，卷1，頁11b-20b。
107　呂維祺，〈芝泉會約〉，《明德先生文集》(台南：莊嚴文化，1997)，卷21，頁4b-
　　5a。
108　《士大戒》為呂維祺所作，見《明德先生文集》，卷17，頁1a-4a。呂維祺，〈伊洛會
　　約〉，《明德先生文集》，卷22，頁14b-15a。

未能熟讀《孝經》者，還要受罰[109]。由此可見，呂維祺對《孝經》的重視，不僅關乎他個人的學問或信仰，他更以官紳和著名講學領袖的身分，藉著地方講會的組織活動來提倡。若與明代其他各地陽明講會的內容比較，其他講會多以《四書》和理學家語錄為主，並不特別重視《孝經》，呂維祺對《孝經》的提倡相當特殊。無論就著述、講學傳授或政治行動而言，呂維祺都是晚明對《孝經》提倡最具知名度與影響力的一位。

呂維祺在崇禎十二年(1639)上疏為《孝經》請命，兩年後(1641)他便在洛陽殉難，明王朝也衰亡在即，因此他對《孝經》的建議並未能落實，他的《孝經》學著作也必須等到康熙二年(1663)才由兒子為之出版。計東(約1626-1677)[110]在康熙七年(1668)為重刊《孝經大全》所寫的序中，相當讚許呂維祺的箋注之功，並指出其異於前代注釋之處曰：

> 至矣哉。以東所見前賢注釋箋記《孝經》凡百數十家，未有若忠節呂公所著之詳切明備，使人悚然改觀者也。孝弟之道，雖曰孩提之童無不知愛知敬，可以不學不慮，自然合于要道，此以論率性則然，若以語乎修道，則《孝經》亦但舉其大綱而已。其曲折纖悉必合《三禮》、《家語》、《小學》及漢宋諸儒箋注，各經之章句，彙觀而分析之，然後知一語一動，一食一息之節，莫不有仁人孝子不敢過、不敢不及之義。雍容肅穆中乎情文之矩矱者在焉，此修之所以率性也。嘉、隆以來學者大率宗姚江之教，以不學不慮為宗，至心齋、近溪益主直指人心，見性即道之說，海內靡然從風，其最易動人者，于《孟子》孩提之章尤三致意。若是是，無論《三

---

109 對於遠方士人不能負笈者，則鼓勵他們熟讀上述諸書，在當地與同心向學之士一起立會切磋。呂維祺，〈伊洛會約〉，〈罰例〉，《明德先生文集》，卷22，頁14b-15a；17a；21a。

110 計東，字甫草，別號改亭，吳江人而籍嘉興，年十五補諸生。清順治八年(1651)中乙榜，十二年(1655)貢入太學，十四年(1657)舉京兆第七人，十八年(1661)因江南奏銷案被黜，黜後十六年卒，歲五十有二。曾從學於劉宗周，其文集為《改亭文集》(上海：上海古籍出版社，1995)。

禮》、《小學》諸書可廢，即《孝經》一書舉其大綱者皆可廢而不
讀也。……東益以嘆姚江之教，心齋、近溪之專主率性，不言修道
者，即于孝弟之道而未得其大全，而公之書爲粹然無弊已。[111]

計東認爲呂維祺的箋注比各家更詳細，而且呂維祺不以己意解經，能博採群
書與漢宋諸儒的詮釋以作箋注，故此書粹然無弊，可做爲修道之指南。許多清初
學者，例如湯斌、冉覲祖（1636-1718）等亦十分推崇呂維祺的箋注[112]。然而值得
玩味的是，計東在稱揚呂維祺箋注《孝經》的同時，也嚴厲批判晚明陽明學之專
主率性、不主修道，甚至將晚明士人不讀《孝經》、《小學》等書歸咎於王艮、
羅汝芳。計東不僅要切斷呂維祺箋注和晚明陽明學的關係，更將二者對立化。

在清初一片撻伐陽明學的氛圍下，計東的看法相當普遍，既符合當時學界的
主流意見，也是朝廷的立場[113]，然而也明顯帶有不實的偏見。此時陽明學被說成
「專主率性、不主修道」已是著名的成見，自不容易與講究人倫、篤實踐履、且
受到官方支持的《孝經》聯上關係[114]。然而如前文所論，晚明認眞研讀《孝
經》、付諸實踐並設法提倡的學者，其實與陽明學有相當密切的關係，王艮、羅
汝芳、楊起元等人對《孝經》的重視與影響更不容忽視，因此絕非如計東想當然
耳地說陽明末學專主率性、不主修道，故不能重視《孝經》。不過，計東指出呂
維祺的箋注較諸家詳備，則是事實。

從體例上，我們很容易發現呂維祺的《孝經大全》異於江元祚和朱鴻作品的
地方。呂維祺的《孝經大全》後半部包括了孔曾論孝、曾子孝言、孝行，以及歷
代論孝之文，此部分比較接近朱鴻和江元祚總輯的風格；此書的前十三卷則是以
經書箋注的方式呈現，呂維祺的確比朱鴻和江元祚更能展現注釋家的廣博與判斷
之能力，其作品也比二家更接近清代經學家的箋注風格。此或許也是呂維祺的

---

111 計東，〈孝經大全序〉，呂維祺，《孝經大全》卷首，頁343-344。
112 湯斌：「《孝經》注釋箋注凡數百家，近惟新安呂忠節公所著《本義》、《大全》最稱
    詳備。」湯斌，〈孝經易知序〉，《湯斌集》，頁99-101。冉覲祖的《孝經詳說》（台
    南：莊嚴文化，1997）也主要參考呂維祺的作品。
113 關於此，第七章有更詳細的討論。
114 清帝王對《孝經》的重視及政治性的運用，見第六章。

《孝經大全》比朱鴻和江元祚的總輯更能在清代獲得學者稱許的原因。

　　呂維祺爲《孝經》作箋注所引用彙輯的書籍，除了歷代《孝經》的注釋以及五經外，還有《說文》、《白虎通》、《史記》、《莊子》等書，所引的歷代學者人數相當多，包括：杜欽、王維(699-759)、張說(667-730)、張載(1020-1077)、尹焞(1061-1132)、劉子翬(1101-1147)、許衡、方孝孺、曹端(1376-1434)、薛瑄(1389-1464)、章懋(1436-1521)、呂柟(1479-1542)、孫本、羅汝芳、朱鴻、周汝登(1547-1629)、焦竑(1541-1620)、虞淳熙、王艮、來知德(1525-1604)、楊東明(1548-1624)、鄒元標(1551-1624)、尤時熙(約1502生)等。可見呂維祺以其熟悉的理學知識來詮釋《孝經》，亦可見其折衷群言欲成一家之言的氣魄與學識。從他的箋注，我們看不出如計東所言有刻意違離陽明學之意，在許多地方他顯然支持王艮、羅汝芳的看法。呂維祺的許多論點，包括《孝經》與《春秋》並列爲明王治統之書、以《孝經》爲孔門心法、爲六經之綱要、孝感通天地神明等[115]，也與朱鴻、孫本、虞淳熙之論無異。而朱鴻與陽明學的關係已在上文討論，下一章我們也將論到虞淳熙的孝論與陽明學的密切關係。因此，我認爲我們不但不應將呂維祺與晚明陽明學切斷或對立，反而應該將呂維祺視爲繼朱鴻、虞淳熙之後，在深受陽明學影響的晚明《孝經》學背景下，對《孝經》詮釋工作的進一步發揮。

五、結語

　　本章主要說明萬曆年間興起於浙江一帶的《孝經》學風潮，並介紹當時重要的《孝經》著作，除了討論朱鴻、江元祚、呂維祺等人編纂、出版《孝經》類著作的時代背景，也比較各書內容之異同，並根據這些著作內容，說明朱鴻、孫本等人強調《孝經》政教功能的論述。據其論述，我們發現其背後具有明確的政治訴求，即欲說服朝廷將《孝經》納入科舉必試科目；我們也清楚可見他們對《孝經》所懷抱的基本信念：《孝經》乃純粹孔曾問答之言、承載聖人之行的儒家經

115　呂維祺的觀點反映在其爲《孝經》所作的箋注中，見其所輯《孝經大全》前十三卷，亦見〈孝經軒語錄〉，《明德先生文集》，卷23，頁15b-16b。

典。基於此信念，他們宣稱《孝經》的地位與《春秋》相當，是一部關乎萬世治統的經典，故在其詮釋中，「天子」也具有特殊的地位，是一切感應化機的關鍵所在。《孝經》之所以偉大而重要，並不在於言父子人倫之親或詳述人子事親之細節，而是在其孝治天下的政教意涵。

另外，他們基於「孝爲德之本」、「孝爲孔門宗旨」、「孝爲良知良能」的看法，推論《孝經》不僅是經書中之一部，更是諸經的總會，是孔門心法的文字法典，也是道統的重要內涵，故從孩童到聖人都必須研讀信守。從其論述內容，我們知道其主要反駁的對象是朱熹對《孝經》的質疑，他們許多論點也都與陽明良知學的內容相符合，清楚顯示受到當時主流思潮陽明學的影響。

到了崇禎年間，因著江旭奇的奏疏，崇禎皇帝頒布聖諭，申明對《孝經》的重視，此也促成許多《孝經》著作的出版，江元祚的《孝經大全》、陳仁錫的《孝經翼》都是因應聖諭而出版的作品。從體例與內容看，江元祚和陳仁錫的著作，均與朱鴻《孝經總類》頗相近，因此無論就《孝經》學研究或文獻整理而言，開拓性的貢獻都相當有限。不過從這些作品，我們不僅看見聖諭的影響，也看見萬曆年間朱鴻、虞淳熙等人對《孝經》學的提倡，在大約半個世紀後的某種延續。

同樣在崇禎年間，我們從呂維祺對《孝經》的提倡與詮釋，則看到新的開展。呂維祺不僅在個人日常實踐中做到了敬奉《孝經》如神明的地步，他同時在講會中提倡《孝經》，並且疏陳表章《孝經》八要，爲帝王刻劃一幅孝治天下的理想藍圖。可惜明王朝衰亡在即，他的《孝經大全》必須等到30年後才出版。呂維祺的《孝經大全》比朱鴻、孫本、虞淳熙等更加旁徵博引，其注釋的廣博與判斷也更接近清代經學家箋注的風格，在清初朝廷重視《孝經》、以孝治天下的政策下，他的作品也深獲學者們的讚許，成爲晚明到清初傳遞《孝經》學的重要著作。然而，因著學風的轉變，許多清初學者刻意切斷晚明陽明學與《孝經》的關係，甚至製造呂維祺箋注與陽明學對立之假象。但此並不符學術史發展的實況，呂維祺的《孝經》學絕非陽明學對立面的產物，我們應該將其放在深受陽明學影響的晚明《孝經》學脈絡中來理解，才能更眞確掌握其學術定位。

第四章
宗教性意涵的論述

　　上一章我們討論了以朱鴻、孫本爲代表，從政教功能角度對《孝經》所做的論述，本章則主要討論晚明《孝經》論述的另一個面向，即具有孝感神應、心性修養等宗教性意涵的論述，此以虞淳熙、楊起元爲代表。並試圖說明這種《孝經》觀點實具有長期而豐富的文化思想資源，且與晚明三教融合的氛圍有密切關係。下文的討論將以虞淳熙爲焦點，主要分爲二部分：一、從孝的宇宙秩序觀與文明系譜、孝的境界與工夫兩方面，討論虞淳熙作品中所呈顯的孝論意涵；二、試圖進一步探討虞淳熙孝論的複雜文化脈絡，並說明其與晚明陽明學的密切關係。

一、虞淳熙的孝論

　　虞淳熙是浙江錢塘人，晚明著名文人，更是優游三教的人士。黃汝亨(1558-1626)說他與湯顯祖(1550-1616)、朱長春、余寅並稱晚明文壇的四雄[1]；李日華(1565-1635)則將他與湯顯祖並列，稱兩人均「不屑人間片唾」，是晚明最具獨特風格文采的文人。鄒漪引黃汝亨對他的評論是：「迹其所志，大都以儒爲行，以玄爲功，以禪爲歸，以山水爲寄托，以詞翰爲遊戲，以聞述爲經綸。」[2]從下面李日華這段文字，我們可以想見虞淳熙活躍在不同士人群體間談道論學的風采：

1　黃汝亨，〈虞長孺集序〉，收入虞淳熙，《虞德園先生集》，卷首，此序頁3b-4a。
2　鄒漪，《啓禎野乘》(北京：北京出版社，2000)，卷3，頁28a-b。

余嘗一見虞先生於馮司成坐，偶析一義，欲聞折鹿之辨；一見虞先
生於雲棲法席，忽送一難，驚觸陷虎之機；一見虞先生於西湖酒人
之舫，嘯歌慨忼，微露唾壺伏櫪之歎。及其渾深沈默時，休休栩
栩，竟莫之窺也。[3]

虞淳熙在為鄧鶴(1489-約1578)《南詢錄》作序時自述自己的學問則曰：

吾三歲聞唯識，五歲聞良知，見彭山翁(季本)以旅寓，見龍溪翁(王
畿)以年家，若近溪(羅汝芳)、復所(楊起元)、我疆(孟秋)、涇陽
(顧憲成)皆以先施而後友之。我不詢人，人不詢我，招不來，誘不
進，天下之柺盧孤陋人也。[4]

由此可知虞淳熙學問的廣度，他與當時理學家們有相當的交友與論學，雖然
他更是佛門人士。虞淳熙自幼學佛，據稱他素稟慧根，年幼時即能勸人唸佛修
行，稍長在居母喪時又與弟虞淳貞共習天臺止觀。他於萬曆十一年(1583)成進
士，在短暫出仕之後因父喪歸鄉，守孝期間歸依五戒於蓮池大師袾宏(1535-
1615)。後又上天目山，坐在高峰禪師(1238-1295)修行的死關前，晝夜不休地修
煉，於倦極之際豁然有悟[5]。然在馳證袾宏時，袾宏勸他不要因一點悟境而阻礙
進階修行之路，要他迴向淨土，虞淳熙因此依教奉行，終身修習淨土法門。萬曆
二十三年(1595)袾宏在杭州南屏山弘講《圓覺經》，募款贖萬工池、建立放生
社，當時僧俗有萬人參與盛會，而虞淳熙正是倡導人之一[6]。不久之後，虞淳熙

3 李日華，〈虞德園先生集序〉，收入虞淳熙，《虞德園先生集》，卷首，此序頁4b-5a。
  文中馮司成即馮從吾，雲棲是袾宏。
4 虞淳熙，〈南詢錄序〉，《虞德園先生集》，卷5，頁2b。
5 根據彭際清，虞淳熙在天目山上晝夜修證，至第二十一日仍未悟，在倦甚欲就枕之
  際，忽見高峰禪師斬其左臂，豁然有省。見彭際清，《居士傳》(成都：成都古籍書
  店，2000)，頁215-216。
6 袾宏駐錫杭州南屏山淨慈寺的時間，參見荒木見悟著，周賢博譯，《近世中國佛教的
  曙光——雲棲袾宏之研究》(台北：慧明文化，2001)，頁131-132；虞淳熙，〈萬工
  池記〉，《虞德園先生集》，卷7，頁47b-48a。

便入南屏山修行，不再出，終老一生[7]。屠隆(1542-1605)非常佩服虞淳熙兄弟修
道的深度，曾說：「余嘗過其隱居，接其丰采，聆其議論，使人心地清涼，二孺
之入道也如箭乎，余尚多事多累，每低頭而愧此兩君。」[8]

　　從虞淳熙的傳，我們可以清楚看見許多神秘和靈異的事蹟環繞著這位求道者
的生平，例如據稱他在萬曆九年(1581)讀書湖州毗山，持長齋、禮梁皇懺，眾感
其誠，皆來共禮，「至夜，懺本不收，但闔戶而散。比明，長公子啓戶先入，見
五色香雲四合，驚呼諸弟共視。長孺後入，猶見一角未散，杜棟露積如凝珠，眾
共嘗之，其味各別，長孺所嘗獨淡。」[9]虞淳熙的同盟好友馮夢禎(1548-1605)在
《快雪堂漫錄》中也記錄了多則有關虞淳熙親見鬼影、凶煞黑氣，及其僕化為犬
的異事[10]。另外，虞淳熙的修道經驗讓他擁有先見預知的能力，此能力不僅折服
朋友跟他一同戒殺放生[11]，也影響了朋友們學道的取向。他自記道：

> 虞淳熙定中偶知未來事，先為社友預道忠至，忠駭，且師熙，而弟
> 子廣義復侈談瑜伽感應事，謂山無虎、玄鹿不罹網，以為奇。師切
> 責此三人者，尤詆熙魔解且病跛，懺而後良於行也。[12]

7　彭際清，《居士傳》，頁215-216。

8　屠隆，〈虞長孺〉，《鴻苞》(台南：莊嚴文化，1995)，卷11，頁47a。屠隆文集中還
　　有多處有關他向虞淳熙問道請益的記錄，見同書，卷39，頁22a-27a；卷40，頁1a-
　　2a，12a-13b。引文中的「二孺」指虞淳熙與弟虞淳貞，根據彭際清《居士傳》，虞
　　淳貞後隱居靈鷲山，終老一生。虞淳熙在〈與王弘憲臺憲副〉中則述及虞淳貞本目
　　不識丁，聞貓聲而禪顛，遂為詞壇墨林之牛耳，並淡食修道，後因感李贄被逮，還
　　俗生子之事。不知彭際清所述在靈鷲山終老，是否為後事。見《虞德園先生集》，卷
　　25，頁32b-34a。

9　馮夢禎說此乃為虞淳熙親口所述，見馮夢禎，《快雪堂漫錄》(台南：莊嚴文化，
　　1995)，頁11a；另外，《居士傳》記虞淳熙中舉後，與社友誦梁皇懺，「至次日，雲
　　光入槅，甘露沾壁，天雨金粟、玄黍、沉水香。方冬，萬花盡吐。」彭際清，《居士
　　傳》，頁215。

10　馮夢禎，《快雪堂漫錄》，頁8b-11b。虞淳熙與馮夢禎、董其昌、黃汝亨、陳繼儒、
　　潘之恆等人同盟，問道於大壑法師，見虞淳熙，〈玄津律師傳〉，《虞德園先生集》，
　　卷9，頁10a-12a。

11　虞淳熙，〈放生名位幽贊錄序〉，《虞德園先生集》，卷4，頁34b-35b。

12　虞淳熙，〈雲棲蓮池師祖傳〉，《虞德園先生集》，卷9，頁7b。袾宏並非不相信預知的
　　能力，他自己也有此能力，重點是他認為此無關乎得道與否。有人問他「何不貴前

　　袾宏並非懷疑這種先見能力的可能性，只是認爲追求這種超能力於求道無補。後來虞淳熙也告訴屠隆：「人習靜稍久，滓穢漸去，靈光漸現，即空中遇聖賢，知千里外事，皆常境，不足爲怪。然遽謂了道，未也。」[13]顯然同意老師的看法。以上這些記錄或有虛構訛傳之處，但應非全然無據，而與本文相關的是，虞淳熙這種靈異神秘的經歷和傾向也充分表現在他的《孝經》論述中。

　　以下將分別就孝的宇宙秩序觀與文明系譜、孝的境界與工夫二部分來討論虞淳熙作品中所呈顯的一種晚明《孝經》論述。所根據的史料主要是虞淳熙的〈全孝圖〉、〈宗傳圖〉、〈全孝心法〉、《孝經集靈》、《孝經邇言》、《齋戒事親之目》。其中《孝經集靈》是一部虞淳熙總輯歷代各類文本中有關《孝經》的故事與言說，其中不少涉及神通奇蹟；而《孝經邇言》則是一部以淺白文字寫成的《孝經》注解，觀其語氣，當是爲一般庶民所作，朱鴻也說此書具教化庶民、改變風俗的功能[14]。儘管《孝經邇言》明顯帶有俚俗教化的氣味，卻絕不妨害其表述虞淳熙孝論觀點，主要因爲它們的內容和虞淳熙其他的表述觀點並無矛盾。正如上章所言，晚明《孝經》學者大多認爲孝具有一種徹上徹下、至簡易又極深奧的意涵，既是人人心中自明的良知、愚夫愚婦都能實踐的倫理，其極至卻是聖人也難完全體現。因此，對於孝的表述也有各種不同方式，孝子故事、倫理解說、哲學分析等，雖然論孝的方式不同，卻無義理上的衝突。

(一)孝的宇宙秩序觀與文明系譜

　　《孝經左契》：「元氣混沌，孝在其中，天序日月星辰以自光，人序孝悌忠信以自彰。」[15]虞淳熙承繼這樣的思想說：「生天、生地、生人、生物的一個大義，只一箇孝字都包得盡了。」[16]又呼應著《孝經援神契》：「元氣混沌，孝在

　　　知？」袾宏回答：「譬如兩人觀琵琶記，一人不曾經見，一人見而預道之，畢竟同
　　　觀，終場能增減一齣否耶？」見同書，卷9，頁8b-9a。
13　屠隆，《鴻苞》，卷39，頁22a。
14　朱鴻，《孝經總類》，申集，頁187。
15　《孝經左契》，收入《續修四庫全書》子部冊1209(上海：上海古籍出版社，1997)，
　　　頁1b。
16　虞淳熙，《孝經邇言》，收入朱鴻，《孝經總類》，申集，頁171。

其中。」[17]虞淳熙說：

> 孝在混沌之中，生出天來，天就是這箇道理；生出地來，地就是這
> 箇道理；生出人來，人就是這箇道理。因他常明，喚做天經；因他
> 常利，喚做地義；因他常順，喚做民行。總來是天地經常不易，無
> 始無終的大法，人人同稟的良知。[18]

　　可見虞淳熙認為，孝不僅是倫理道德規範，更具有一超越的向度，是在宇宙
創生之前即已存在，而且是宇宙萬物和自然人文的秩序源頭，也是維繫世界和諧
的應然規範。這段話顯然有緯書的色彩，而且關係到緯書對宇宙創生的敘述，虞
淳熙的作品中多處引用緯書資料，他在《孝經集靈》中也採輯了一些緯書的內
容，包括：孔子受命書成《孝經》，齋戒向北斗告備，有赤虹自天而下化為黃玉
刻文等神話，以及各類祥瑞靈驗之徵[19]。

　　關於緯書對創世的描述，根據冷德熙的研究，主要有兩種類型：象數的描
述、神話的描述。在緯書創世神話的描述中，宇宙和天地萬物都是由聖王(百皇
或有能氏庖羲)所創造，而且在創造萬物、建制文明的歷史中，也有一個從天皇
大帝、太微五天帝，到感天命而生的人間聖王的傳法系譜。在《易乾坤鑿度》的
創世神話的傳法世系中，有息孫、中孫、下帝孫三個階段，混沌氏(又稱渾敦氏)
是屬於息孫中的一位。冷德熙指出，混沌氏是「一個直接由一種文化意象形象
化、人格化的神話英雄。……是人類對宇宙最初狀態的想像之詞。」[20]在《春秋
命曆序》中則有三皇、十紀、庖犧氏十五代、五帝幾個世系傳授的大時代，混沌
氏則是庖犧十五代中的一位聖王[21]。緯書的這套創世神話後來朝兩個方向發展：

17　《孝經援神契》，收入《續修四庫全書》子部冊1209，頁2a；虞淳熙多次引用此文，見
　　其〈全孝圖〉的文字說解與〈孝字釋〉，收入朱鴻，《孝經總類》，申集，頁168-169。

18　虞淳熙，《孝經邇言》，收入朱鴻，《孝經總類》，申集，頁175。

19　虞淳熙，《孝經集靈》，收入朱鴻，《孝經總類》，亥集，頁276-277。

20　冷德熙，《超越神話》，頁68。鄭玄撰，《易乾坤鑿度鄭氏注》(台北：藝文印書館，
　　1972)，頁1a-7a。

21　冷德熙，《超越神話》，頁75。

一是朝著宗教神化的方向發展，影響了後起的道教開天神話與神仙系譜；另一則是與儒學合流、神化的色彩被沖淡，而形成天道聖統與宗法聖統融合的局面[22]。

虞淳熙的思想固然無法被範圍在緯書思想中，不過他確實吸收了緯書的觀念，某些談到孝感神應的文字，也使用了具有形象化或人格化的描述，例如他在〈孝經集靈序〉中用了「……炯炯者宇宙一人也，名天，字性，號以良知。」這樣的文字來描述神靈[23]。另外，他在蒐集史料編纂《孝經集靈》的過程中，曾和另一位作者陳廣敥屢次夢到神靈來提示某代某人應該被收入該集，因此他相信此書的完成並非只是他們在史書中蒐索採集的結果而已，更有出於神靈的主動參與，而該書就是為見證孝能感通神明而作[24]。再者，虞淳熙在所繪的〈全孝圖〉中不但使用了「渾敦氏」這人格的稱號，並將其置於歷代聖王之上，從〈全孝圖〉的安排以及〈宗傳圖〉上推到具創世聖王身分的伏羲看來，都反映著他具有緯書創世神話中由天皇下接人間聖王的傳法世系概念[25]。其實類似的思想在晚明及道教信仰中也很普遍，許多道藏經典都宣稱是信徒們根據神明降筆扶鸞的啟示而記錄下來的作品，晚明流行的善書文化也充滿了善惡必報的陰騭信仰，當時更有不少文人談論《易》學的神秘宇宙論、也有崇拜太乙尊神的實踐等[26]。虞淳熙本是深染三教之士，又喜談神通，雖然我們不能盡以神靈神通之事來概論其思想內涵，但是值得注意的是，他孝論的內涵強烈地呼應著晚明彌漫的宗教氛圍與善書文化，具有緯書神話及天人感應思想的成分。

關於此，我們也可以再從另一個例子來說明。虞淳熙的著作後來傳入日本，

22　徐興無，《讖緯文獻與漢代文化構建》（北京：中華書局，2003），頁188-211；冷德熙，《超越神話》，頁54-134。《太上老君開天經》（台北：新文豐，1985），頁94-97。

23　虞淳熙，〈孝經集靈序〉，收入朱鴻，《孝經總類》，亥集，頁274。此處我僅能說「某些文字」，因為虞淳熙在另一些表述中，則不用人格神的概念，例如他說：「故宇宙即吾心，吾心即宇宙，詎有一人凌出宇宙之表，俯窺旁覽。」見虞淳熙，〈復孟我疆〉，《虞德園先生集》，卷23，頁6b。

24　虞淳熙，〈孝經集靈序〉，收入朱鴻，《孝經總類》，亥集，頁274。

25　〈宗傳圖〉和〈全孝圖〉見下文。

26　例如唐樞就有此思想，並尊拜太乙尊神。見唐樞，《禮元剩語》，《木鐘臺集》（台南：莊嚴文化，1995）。具這樣思想的文本可見於明末由鍾人傑所編的《性理會通》（台南：莊嚴文化，1995）。

對日本陽明學者中江藤樹(1608-1648)有極深遠的影響,其〈全孝圖〉和〈全孝心法〉也都被收入中江藤樹的《孝經啓蒙》中。中江藤樹中年以後,學問體現了一種以孝爲核心的宗教精神,開出一套融合《孝經》、《易》緯神秘思想、天人相感與陰騭果報的《孝經》信仰[27],他不僅每早晨有拜誦《孝經》的實踐[28],後更受到唐樞(1497-1574)崇拜「太乙尊神」的鼓舞,豁然證悟靈像之眞,於是每月一日齋戒祭拜太乙尊神(即皇上帝)[29]。中江藤樹以孝爲核心的思想具有人格神的意涵與強烈的宗教性,這幾乎是所有學者的共識,而中江藤樹的《孝經》文本和觀點又大多來自虞淳熙,即使我們不能忽略文本和觀念在傳譯上的變化,即虞淳熙的孝論傳至日本後必然有結合日本本土思想、被中江藤樹再創造的可能性,但我們仍然可以說虞淳熙的孝論確實具有(或可以開出)這類思想和實踐的宗教性意涵[30]。

虞淳熙從宇宙論的高度來說明孝,明顯表達於他的〈全孝圖〉:

27　關於中江藤樹的生平與思想,見後藤三郎,《中江藤樹伝及び道統》(東京:理想社,1970),頁11-79;山本命,《中江藤樹の儒學その形成史的研究》(東京:風間書房,1977);古川治,《中江藤樹の總合的研究》(東京:ぺりかん社,1996);張克偉,〈中江藤樹與日本陽明學〉,《東方雜誌》復刊卷21期11(1988),頁46-56。關於中江藤樹思想的中國淵源,參見山下龍二,〈中國思想と藤樹〉,山井湧等校注,《中江藤樹》(東京:岩波書店,1971),頁356-407。

28　山井湧等校注,《中江藤樹》(東京:岩波書局,1971),頁296。

29　中江藤樹,〈太上天尊大乙神經序〉,藤樹神社創立協贊會編,《藤樹先生集》(滋賀:藤樹書院,1928),卷3,頁21-25。

30　許多學者強調中江藤樹的宗教性詮釋《孝經》是受到日本神道傳統的影響,甚至進一步推論中國不可能有類似「皇上帝」人格神的概念,但這樣的推論並無堅實證據,往往拿儒家、道家、或宋明理學中的某些例子做爲與中江藤樹思想比較的對照組,卻沒有仔細考慮像緯書傳統或其他宗教文化資源的因素。事實上,既然中江藤樹的思想相當程度源自於中國文本的啓發,我們應該進一步考查是否晚明中國即有類似的思想表現,如此考查的目的並非在論證中日思想界的相似或相承性,但至少不至於在只強調差異的觀點下忽略了許多近似的表徵。關於中江藤樹與中國陽明學的比較,可參見嚴紹璗、源了圓主編,《中日文化交流史大系・思想卷》(杭州:浙江人民出版社,1996),頁196;236-242;王健,《「神體儒用」的辨析:儒學在日本歷史上的文化命運》(鄭州:大象出版社,2002),頁151-157;張崑將,《德川日本「忠」「孝」概念的形成與發展——以兵學與陽明學爲中心》,頁97-165。

　　根據虞淳熙的說明，圖中的大圓代表太虛，圓中之物爲太虛所孕育萌生者，萬物都服在孝的秩序下和諧相處。虞淳熙以拆字解義的方法說明：孝字從老省從子之象，即「太虛爲老，能孳萌爲子」；而其形老上子下，則顯明一種上下順和的秩序，此即是孝的精神，也是宇宙自然與人間秩序的應然[31]。因此虞淳熙在〈全孝圖〉的文字說明中也敷陳這種在物物關照、層層相扣、根據情境與位置而不斷變化關係中的上下關係，此即「孝的秩序」：

　　太虛爲老，三才萬物爲子。乾爲老，坤順承爲子。乾坤爲老，六子爲子。乾坤爲老，日月五行民物爲子。日爲老，月受光爲子。日月爲老，五行民物爲子。五行生我爲老，我生爲子。山祖脈爲老，胎育爲子。川源爲老，委爲子。五行爲老，渾敦氏爲子。渾敦氏爲老，人爲子。二氏父母爲老，二氏爲子。兆人父母爲老，兆人爲子。四夷父母爲老，四夷爲子。五等之貴者爲老，賤者爲子。禽獸草木各有牝牡雄雌，雖胎化不同，而生者爲老，受生者爲子。以老孚子，以子承老，無物非孝也。[32]

　　根據這樣的觀念，孝不僅意指子女對待父母的態度，更是宇宙間一切自然事

物與人倫的秩序源頭，也是一切人事物關係的應然規範，因此沒有任何人、物可以不必講孝，也沒有任何情境——例如父母存歿與否——可以阻礙人行孝[33]。

除了宇宙論式的談法外，虞淳熙也從歷史文明發展的角度著眼，爲孝的文化傳承提供一個道統式的系譜[34]。虞淳熙以孝爲核心所建構的〈宗傳圖〉如下：

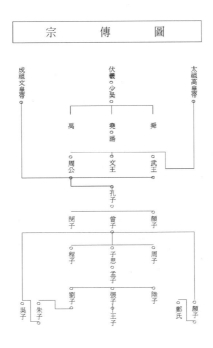

---

33 虞淳熙又曰：「曾子曰，夫孝推之後世而無朝夕、無時非孝也。無物不有，無時暫停，以應規也。人言釋老超出太虛，不拜父母。太虛無外，復何超？即與同體，能不孳萌而爲孝乎。」見虞淳熙，《孝經邇言》，收入朱鴻，《孝經總類》，申集，頁168。關於行孝不受限於父母之存歿，虞淳熙說世上有孤子、義子、失怙之子、爲人後之子、中貴人五等人，常恨不能夠親身事父母，但他認爲這種遺憾是因未能洞悉孝的眞義所致，人若能體認自己是天地太虛的遺體，又依全孝心法行，便會發現天地無處不能盡孝，無處不能遇本生父母。虞淳熙，〈全孝心法〉，收入朱鴻，《孝經總類》，申集，頁169。

34 這種傳道系譜的建立在三教內均有其歷史脈絡可尋，明清之際更有許多新的著作產生。關於此，參見黃進興，〈「學案」體裁產生的思想背景：從李紱的《陸子學譜》談起〉，氏著，《優入聖域：權力、信仰與正當性》（台北：允晨文化出版，1994），頁393-423。

這個宗傳圖又名「學統之圖」，虞淳熙根據楊簡「古之學字即孝字」之說，認為「學」與「孝」本一，只有掌握孝之精神與感通孝靈之樞機者才是真正傳聖道、繼絕學的聖賢，因此儒家聖賢代代相傳的學統，即應以其對孝的詮釋與顯揚為判準[35]，也因此虞淳熙把歷代對《孝經》有貢獻的學者納入宗傳圖。從這個〈宗傳圖〉我們看見：道的傳授上推到具有創世聖王身分的伏羲，在思想傳承上是以曾子、孟子下貫宋明理學為正統，而在理學的脈絡中則以張載（1020-1077）和王陽明為此道脈相傳的正宗。

張載〈西銘〉所揭示的天地萬物一體之仁，及以乾坤天地為大父母、以君王為天之宗子、以萬民為兄弟等觀念[36]，都是虞淳熙孝論的主要精神所在。虞淳熙說道：

> 這身子既受之父母，父母受之祖，祖受之曾祖，曾祖受之高祖，高祖受之始祖，始祖受之天地，天地受之太虛。誰為太虛？凡天地人物無窮無盡，通來只是一箇太虛全身。譬如道途，路路行得；譬如聲音，處處聽得，誰能阻隔遮蔽得他？若肯立起這箇萬物一體的身子，君臣、兄弟、長幼、朋友的路兒都通了。[37]

這種以個人之小身連屬於天地萬物之大身的觀念，既有著大小宇宙相關聯的意味，也是宋明理學萬物一體之仁的主要精神，而張載的〈西銘〉、王陽明的

35　虞淳熙根據楊簡所說「學」之籀文同於「孝」字，又以《論語》首言學，繼問孝，說明學與孝本通，故自己因此做「學統之圖」（即宗傳圖）。他又說：「由二昊而下甚晳，亦以孝在混沌中，實兩儀之父母，有道學而不原太極者乎。」見虞淳熙，〈何象明武林德政詩序〉，《虞德園先生集》，卷3，頁31b-35a。類似之說亦可見於陽明學者王畿之論，參見王畿，〈華陽明倫堂會語〉，《龍谿王先生全集》，卷7，頁15a-b。而宗傳圖在取捨人物方面，之所以把明太祖和成祖提到最上，既因為他們身為天子的特殊身分，也因為太祖聖諭首揭孝弟、成祖編《孝順事實》等政績。圖最下列的顏氏是顏芝與子顏貞、鄭氏是鄭玄、吳子是吳澄，都是對《孝經》的流傳與注釋有重要貢獻的學者。虞淳熙對宗傳圖的文字說明，見朱鴻，《孝經總類》，申集，頁167-168。

36　張載，〈乾稱篇〉，《張載集》（台北：漢京文化事業有限公司，1983），頁62。

37　虞淳熙，《孝經邇言》，收入朱鴻，《孝經總類》，申集，頁172。

〈大學問〉和羅汝芳的許多言論都是這種精神的著名代表。虞淳熙顯然契合這一脈的思想，他給予〈西銘〉極高的評價，認為全篇是「天明地察語」，是一部「明事親事天之孝」的書，更是「《孝經》之正傳」[38]。

虞淳熙對王陽明致良知之教的理解是：「致孩提愛親不慮而知之知者」，直指人人同稟的良知天性，是孟子之正傳[39]。良知學因為揭示人人天賦至善之本能、自然無私的孝弟之情，故成為晚明《孝經》論述的重要根據，是晚明《孝經》學者重要的思想和語彙來源，此我們已在上一章論及。虞淳熙的孝論同樣有著明顯的陽明學色彩，其與羅汝芳思想的密切關係，下文將有更多討論。

(二)孝的境界與工夫

虞淳熙認為，人可以透過孝而感通神明，他的《孝經集靈》就採集許多因行孝而感通神明的例證，來說明這種神人交會的可能性，他甚至將此定為為學的最高目標。因此，在他的孝論中，如何透過實踐工夫以達到感通神明的境界是極重要的部分。

孝能感通神明的文本根據主要在《孝經・感應章》：「孝弟之至，通於神明，光于四海，無所不通。」到底所謂「孝弟之至，通於神明」是意指君王而言，抑或可用以指一般庶民大眾？我在此提出這個問題，主要是因為從對這段經文的詮釋，很容易看出政教功能論述與宗教性論述間的差異，同時也能凸顯虞淳熙的見解。從經文的上下脈絡看，既前稱明王，後引《詩》大雅〈文王〉，此段經文應該是針對人主治國而言。《孝經正義》就說此章是言人主若能從諫爭之善而修身慎行，必能致應感之福，又說：「是明王有孝悌之至性，感通神明，則能光于四海，無所不通。」[40]朱鴻也認為此章的大旨在統論「明王之孝之大，無間於生死存亡」[41]，即所謂「幽可通于神明而神明格，明可光於四海而萬姓

38　虞淳熙，〈宗傳圖〉，收入朱鴻，《孝經總類》，申集，頁168。關於〈西銘〉與《孝經》關係的歷史發展，見呂妙芬，〈〈西銘〉為《孝經》之正傳？──論晚明仁孝關係的新意涵〉。

39　虞淳熙，〈宗傳圖〉，收入朱鴻，《孝經總類》，申集，頁168。

40　阮元校勘，《孝經注疏》（台北：藝文印書館，1982），卷8，頁2b。

41　朱鴻，《家塾孝經》，朱鴻《孝經總類》，巳集，頁100。

孚。」[42]他對全章的解釋都是扣緊明王至孝為感通神明之機以立論[43]。從「孝治天下」政教功能觀點來解讀《孝經》文本者，大多從感應章中讀出天子身分的特殊性，即孫本所謂：「化機係於天子」[44]。在中國傳統政治思想和禮儀制定中，做為萬民之首、天之嫡子的「天子」本就具有會通天人的特殊身分與能力，也只有天子擁有可以祭祀群神的權力，諸侯以下按照等級只能祭祀某些神靈，庶民則沒有祭祀的權力[45]。因此，若強調《孝經》主旨是聖人言萬世治統大義的經典，〈感應篇〉所言的「孝弟之至，通於神明」也多解讀為天子在修身與致祭中盡孝、感格鬼神，也必能化民而成雍熙太和之政。

當然，詮釋者並不會認為盡孝盡弟只是天子的責任，天子既是萬民之首，也是萬民的典範，天下眾民理當學習天子的榜樣，故《孝經正義》又說：「此章唯稱王者，言王能致應感，則諸侯已下，亦當自勉勵也。」[46]只是，一般庶民的孝是否能感通鬼明、光於四海？雖然《孝經》的緯書、釋道二教的孝感故事、民間孝子傳等都支持這種感通的可能，但就《孝經》詮釋而言，許多學者並不特別措意於此，畢竟在強調孝治天下的文義脈絡下，庶民感通的詮釋不夠適切。

然而，像虞淳熙這樣不特別局限從天子統治的政教功能角度來詮釋《孝經》，而是從「人人是太虛之遺體」、「孝德貫通宇宙萬物」的角度出發的詮釋者，則有不同的詮釋側重點。當然，虞淳熙不可能真正擺脫經文文本的限制而不

---

42 朱鴻，《古文孝經直解》，朱鴻《孝經總類》，未集，頁155。
43 朱鴻：「試觀昔者明王之孝至孝也，……此特明王所自盡云爾。然感通之機孰有大於此者，人固易感無論也，而天地雖大，幽明一理，明王既昭假於天地者，明矣，察矣，則郊社之時必然天神降，地祇出，神明有不彰顯者乎。孝通天地如此。又觀凡為天子者，其尊必有父，……此亦天子所自盡云爾。然感通之機又無有大於此者，蓋鬼神雖幽，祖孫一氣，天子既昭假於鬼神者，敬矣，脩矣，慎矣，則禘嘗之際，祖考必然來格，鬼神有不昭著者乎。孝通鬼神如此。由是觀之，孝弟之至，可以通於天地鬼神，而況於人乎。故曰：通神明、光四海，無所不通，而雍熙太和之化成矣。」朱鴻，《家塾孝經》，朱鴻，《孝經總類》，巳集，頁100。
44 孫本，《古文孝經說》，收入朱鴻，《孝經總類》，午集，頁125。
45 《禮記‧祭法》：「有天下者祭百神，諸侯在其地，則祭之；亡其地，則不祭。」孔穎達疏，《禮記注疏》（台北：藝文印書館，1960），卷23，頁4b。關於中國古代「王」做為天之嫡子的特殊身分，及其宗教性意涵，見Julia Ching, *Mysticism and Kingship in China* (Cambridge: Cambridge University Press, 1997), ch.2.
46 《孝經正義》，卷8，頁2b。

談人君之孝，不過他在解釋〈感應章〉時，確實列舉了許多民間流傳的孝感故事做為佐證，例如：

> 不知母嚙指而子心動，父膺疾而子汗流，至于甘露、靈泉、神人、織女、日鳥、月兔、地金、水鯉、芝草、異木，種種感通，種種難測，我成祖文皇帝詳載《孝順事實》中，親灑宸翰，歌咏其美，為人子的豈可還不篤信。[47]

此處所舉無論是曾子千里感母這類父母與子女心靈感應的故事，或傳說中各類因孝感而出的祥瑞之物[48]，或《孝順事實》所載孝感故事，都充滿著庶民至孝感通神明的見證。由此可知，虞淳熙在注《孝經·感應章》時基本上強調的是：無論什麼社會身分，人的孝行只要夠精誠，便能感格天地神靈，這或許與他所信仰的淨土宗是比較貼近中下根器庶民的宗教有關。類似的看法，也可見於他對「周公郊祀后稷以配天、宗祀文王於明堂以配上帝」的解釋：

> 後人止要明白禮義，豈宜僭用禮儀。覺悟得此禮的義思透徹，人人可以事父配天，不必周家父子；時時可以事天事親，不必冬至季秋。所謂天地之經而民則之，我何嘗定說天子則之來。[49]

此處虞淳熙清楚地表達了：禮儀形式固然有社會身分尊卑之分，但禮義則相通，一般庶民自不能僭用天子禮儀，然若真能瞭然禮義，庶民同樣能事父配天、交會神明。更重要的是，行孝以通神明並不受限於禮儀舉行的時間與形式，而是時時、隨地可行的，且最關鍵的場域是在人心。

47　虞淳熙，《孝經迩言》，收入朱鴻，《孝經總類》，申集，頁182。
48　這類記載可參見《孝經援神契》，如天子孝則有天龍負圖、地龜出書、妖孽消、景雲出游的瑞象，庶人孝則澤林懋、浮珍舒、怪草秀、水出神魚的瑞象。又記王德至則有山出林、嘉禾生、甘露降，及各類稀珍之祥瑞物出。《孝經援神契》，收入《續修四庫全書》子部冊1209，頁2a-b；32b-41b。
49　虞淳熙，《孝經迩言》，收入朱鴻，《孝經總類》，申集，頁177。

虞淳熙也詳細說明了何以人人都能夠以孝感通神明的理據：

> 大凡祭祀必交神明，這神明極靈極通，言語解說他不得，思慮揣摩
> 他不得，人人自有神明。只因不肯反本，不肯齋嚴，一向迷失在幽
> 暗處所，此時我的神明他的神明卻似一川清水，中間被土來隔著；
> 又似一片日光，中間被屋來隔著。你但除了這壅滯的，兩水自然交
> 通去了，這住著的兩光自然交通，此是交神明之義也。[50]

虞淳熙認為，人人心中都有神明，就是天賦稟具的良知，而「感通神明」就是人心中之神明與主宰宇宙天地的神明相交相通的境界。既然如此，致良知與感通神明當然都是人人可以(應該)付諸實踐的，並非僅限於天子而言。事實上，此處的詮釋與他所理解的「致良知」有密切關係，他在這段話下文接著便說及良知，說良知就是人心之神明，所以「心之良知即鬼神之會也」。又說：致良知就能自然至孝至弟，也就能達到神明彰、鬼神著的境地[51]。這樣的詮釋與陽明學者(尤其王畿和泰州學者們所代表的一派)所謂的良知朗現、人心契悟道體雖有可通之處，但虞淳熙並不認為人之良知能夠時時完具，他反而極重視心受蔽昏塞的情形，故在精神上與王畿等陽明學者是有差距的[52]。簡言之，對虞淳熙而言，孝感的關鍵並不只在乎外在行為表現，更在乎人心；與神明相交不必然需要通過祭祀的儀式，人心才是關鍵。然而人心的神明並非時時清明完美，只有透過齋戒洗心的工夫才可能達到與宇宙神靈相會通。因此，虞淳熙論孝的重點相當程度是擺在實踐面的齋戒心法上談，此充分見於他的〈全孝心法〉：

> 可見此身不但是父母的遺體，也是天地的遺體，又是太虛的遺體。
> 保養遺體之法，不過馭氣攝靈一事；馭氣攝靈不過愛、敬二字。愛

50　虞淳熙，《孝經邇言》，收入朱鴻，《孝經總類》，申集，頁181-182。
51　虞淳熙，《孝經邇言》，收入朱鴻，《孝經總類》，申集，頁182。
52　虞淳熙，《孝經邇言》，收入朱鴻，《孝經總類》，申集，頁182。

之極爲敬，敬之至爲齋，齋戒洗心到得浩然之氣塞乎兩間，赫然之
光照乎四表，方纔是箇全孝，方纔叫做孝子。[53]

　　虞淳熙逐步地展開他對全孝心法的解釋，他先提到保養太虛遺體的方法不過
是「馭氣攝靈」，而馭氣攝靈又以「愛、敬」之情爲基礎。「愛」指子女對父母
自然的親愛之情，是和睦融融、自然天成的生生之情，也是天賦良知的一種體
現；「敬」則是一種有上下秩序和距離的尊嚴之情，是禮制等社會規範的基礎，
必須在成長過程中逐漸懂事後才能教導的。虞淳熙說親愛和尊嚴之情都是人自然
稟賦的情感，就像春秋季節的自然變化一樣，因此聖人教愛、教敬都是順著人自
然之情而成教化的，毫無斲傷矯造[54]。不過他並不認爲愛與敬完全平等，他說：
「敬兼得愛，愛兼不得敬」；「愛之極爲敬」；「敬之極無所不通」；「愛之極
爲敬，敬之至爲齋。」[55]
　　〈全孝心法〉的工夫以人人本具的愛親之情爲本，進而推致敬，再從敬推到
齋戒的工夫，最後達到「浩然之氣塞乎兩間、赫然之光照乎四表」的境地。虞淳
熙對齋戒的理解主要根據《禮記》，此處他與其他許多晚明學者一樣，抱持《孝
經》爲諸經總會的立場，認爲聖人以《孝經》言孝之綱領，《禮記》則詳細記載
孝之節目，故《禮記》成爲理解如何行孝的重要依據。虞淳熙在《齋戒事親之
目》中條列多條《禮記》關於齋戒的文字，並一一注解說明，由此即可見他如何
構思著全孝心法的實踐細節。例如他說：「致齋于內曰齋，散齋于外曰戒，合而
言之曰敬，條而示之曰教。」[56]「戒」指變食遷居、不飲酒、不茹葷、不入寢室
等外在行爲；「齋」指心齋，而「敬」則是合內外之心齋與身戒而言。他又引
《禮記‧祭統》之言：

53　虞淳熙，〈全孝心法〉，收入朱鴻，《孝經總類》，申集，頁169。
54　虞淳熙，《孝經邇言》，收入朱鴻，《孝經總類》，申集，頁177。
55　虞淳熙，《孝經邇言》，收入朱鴻，《孝經總類》，申集，頁174；179；〈全孝心法〉，
　　同書，申集，頁169。
56　虞淳熙，〈齋戒事親之目〉，收入朱鴻，《孝經總類》，申集，頁185。

及時將祭,君子乃齋,齋之為言齊也,齊不齊以致齊者也。是故君子非有大事也,非有恭敬也,則不齋,不齋則於物無防也,嗜欲無止也。及其將齋也,防其邪物,訖其嗜欲。耳不聽樂,故記曰齋者不樂。言不敢散其志也,心不苟慮,必依于道,手足不苟動,必依于禮。是故君子之齋也,專致其精明之德也。故散齋七日以定之,致齋三日以齊之,定之之謂齊,齋者精明之至也,然後可以交於神明也。[57]

《禮記》這段文字記載君主將祭之時齋戒的情形,內容包括耳不聽樂、言不苟言、手足不苟動等外在行為,但卻更強調內心「敬」的狀態,即《禮記·祭統》篇所言:「夫祭者,非物自外至者也,自中出生於心也,心怵而奉之以禮,是故唯賢者能盡祭之義。」[58]虞淳熙認為這段文字說及心齋與身戒,使人能「思道依禮,定極神通,齊幽齊明,齊宇齊宙。」故推崇其為「虞廷精一之傳,孔門明德之旨也。」[59]據此我們可以說,虞淳熙對於孝德實踐的理解並不是抽象地講愛、敬之情,更是逐步推進落實於以《禮記》為依據的心齋與身戒,這與他親身實踐的釋氏戒律與止觀應有密切關係,此也清楚地反映在其注解文字中[60]。

虞淳熙又說及齋戒與感應的關係,以及齋戒在日常生活中的地位:

> 況且這感應的事不是纔做一件便有一件的徵驗,如劉向《洪範》五行之說,今人拋離親舍,靜養幾載,便說我已齋心,因何沒這感應?只為古人齋戒工夫不傳于世,致有此弊。你且只看經中郊祀明堂一節,與此章之意,便已知得幾分,大抵要順著無改無移的天

---

57 虞淳熙,〈齋戒事親之目〉,收入朱鴻,《孝經總類》,申集,頁185。
58 阮元校勘,《禮記正義》(台北:藝文印書館,1982),卷49,頁1a(830)。
59 虞淳熙,《孝經通言》,收入朱鴻,《孝經總類》,申集,頁185。
60 例如他在《孝經通言》中談到齋時說:「釋氏嘗食素矣,衣緇矣,撤音樂矣,屏妻子矣,何以辭而闢之曰:彼西域之交神明者也,吾中夏之交神明者也。禮失而求之野,禮幸勿失,毋求之夷。」又說:「……彼釋氏止觀,老氏默朝,思各有成,同為攬鏡而自照,夫日自照,無三氏矣。」收入朱鴻,《孝經總類》,申集,頁185。

心，無聲無臭的祖德，無始無終的孝字，防邪物、訖嗜慾、不妄
思、不妄動，專致精明洗心，十日纔喚做齋戒一番。[61]

　　可見孝之感應並不是一蹴即成的。這段話後面虞淳熙接著說：古人除卻非時
之祭和不測之喪外，在一般的祭祀時若遵照「七日戒、三日齋」的實踐規範，則
一年之間已有一百多個日子在齋戒之中。此外若遇齊斬之喪，又該齋戒幾年，遇
期功之喪，又該齋戒幾月，因此「自從八歲收心，十五入學，直到四十歲纔出
仕，那時他的心已通神，安得沒大感應。」[62]據此我們可以說，虞淳熙所強調的
齋戒以交神明，並非一種偶然的心靈狀態或神秘經驗，更是一種透過教育學習和
親身實踐所導致的心理常態，是一種日常生活的方式。故他又說：「前面所引甘
露、靈泉等，不過一事之應而已，《戴記》說箇定字，又說箇寧字，此是洗心的
明注。」[63]由此可見，雖然虞淳熙的孝論確實帶有天人感應的神秘色彩，不過他
所強調的全孝心法最終還是回歸在日常生活中講究正心修身的工夫，並以此為
常、為貴。此處也呼應了上文所言，虞淳熙孝論中有豐富多樣的論述側面，不僅
有神靈感通、神蹟祥瑞的例子，有淺近俚俗的倫理勸說，也有哲學義理與實踐工
夫的面向。

　　綜上所論，虞淳熙把孝提高到宇宙論的層次上立說，孝在宇宙創生前已存
在，是自然與人事的應然規範；他又稟持「孝即學」的觀念，以孝的傳承為判
準，譜畫出一幅中國文明學統的宗傳圖。既然孝在虞淳熙的心目中如此重要崇
高，是一切德性與學問的根本與目標，因著至孝而感通神明的境界便是他心目中
學道者所應追求的最高境界。他認為人人心中有神明，只要透過愛敬的齋戒心
法，人人都能夠達到與天地神明相交的境界。而虞淳熙所謂的齋戒心法，則主要
以《禮記》為依歸，是一種強調在日常生活中講究正心修身的工夫。

61　虞淳熙，《孝經邇言》，收入朱鴻，《孝經總類》，申集，頁182。
62　虞淳熙，《孝經邇言》，收入朱鴻，《孝經總類》，申集，頁182。
63　虞淳熙，《孝經邇言》，收入朱鴻，《孝經總類》，申集，頁182。

二、虞淳熙孝論的歷史文化脈絡

上節主要討論虞淳熙對《孝經》與孝的論述,此節則希望進一步說明這樣的孝論內容有長遠而複雜的文化脈絡,並展現高度三教融合的時代特色,且與晚明陽明學說之間有密切的關聯。雖然要詳細探討如此複雜的內容絕非本文可以達成的任務,要仔細分殊某種思想和實踐的淵源也不容易,這種問題意識的本身也經常預設了對某類某派思想的本質性詮釋,並傾向忽視思想融合過程中的創發和質變,嚴格而言,並非十分可取。再者,孝一直是維繫中國傳統社會的核心價值,釋、道二教對孝親的重視絕不亞於儒家,晚明以前三教在孝的議題上所達成的共識與融合是極明顯的,就某個意義而言,虞淳熙的孝論正可視爲在三教交融風氣甚盛的晚明時代中,一種體現三教交融之孝道論述的絕佳例子。因此,若眞要條分縷析地追溯虞淳熙論孝的三教淵源或文化脈絡,其實是有困難也不切實際的,而且容易陷入爲區分標貼三教所建構出的許多論述假象中。然而,要完全放棄三教的分野及其可能提供在分析上的幫助,不但不可能,也是因噎廢食的作法。當我們閱讀虞淳熙的孝論時,我們不禁追想:虞淳熙的論述如何反映著當時三教融合的學術現象?透過虞淳熙對《孝經》的詮釋與實踐,是否能夠提供我們對三教融合的現象有更多的認識?漢魏六朝的讖緯學與有關《孝經》的宗教性實踐是否在晚明再生與創變?與其他民間宗教信仰有無關聯?儘管這樣的問題本身都牽涉著如何界定三教、如何評斷過去對現在的影響、現在對傳統文化的建構與再造等不斷挑戰定義和邊界穩定性意涵的問題,然而在洞悉潛在的問題之同時,針對這些問題的思索不能說毫無價值。因此,以下的分析我將仍以三教做爲分析的軸線,雖然無法完全掌握虞淳熙《孝經》論述產生的複雜文化因素,也無法完全回答上述諸問題,但相信即使僅能稍稍捕捉相關之傳統與晚明文化脈絡的複雜性,對此議題的了解仍有所助益。

(一)、釋、道二教相關的文化脈絡

上文已談及虞淳熙孝論中有明顯的緯書傳統與神話背景。事實上,《孝經》

在漢魏時期也早已有明顯的神靈色彩和宗教性的實踐[64]，虞淳熙孝論中的許多觀點，如孝在混沌之中、孝為自然和人間秩序根源、至孝感通神明等，都可以從傳統《孝經》學中找到類似之論。而以誦讀《孝經》治病卻邪，或以《孝經》陪葬的實踐在六朝史書中也不乏多見[65]。虞淳熙對於傳統這類故事傳說絕不陌生，他在《孝經集靈》中便採輯許多前代的孝感故事。

　　另外，若從釋、道二教對「孝」的高度重視與不斷與儒家融合的歷程，我們也可以看出其與虞淳熙孝論間的密切關係。以下我們先回顧學者對於孝在中國佛教中之地位的討論。

　　以虞淳熙篤信的佛教而言，入華之後與中國文化最重要的對話便是孝的觀念與實踐，因此中國佛教中的孝道思想一直是學者們關注的議題。陳觀勝（Kenneth K.S. Ch'en）和道端良秀都指出，注重孝道是中國佛教的特點，即認為佛教進入中國後因應中國重孝文化才發展出來的教義[66]。後來印度佛教的學者Gregory Schopen提出修正，根據印度佛教碑銘資料論證印度佛教徒亦重視孝道[67]。近年又有冉雲華提出融合的觀點，認為孝道雖然在印度佛教中受到注意，但所處的地位，遠不及在中國佛教中那麼重要崇高。孝道與中國官僚政治的結合，是印度歷史所沒有的現象[68]。晚近古正美提出大乘佛教孝觀的特色在於供養父母的報恩思想，此與儒家的孝觀有所差別，大乘孝觀的發展主要與印度貴霜王朝的政治力推動有密切關係，這種採用大乘轉輪王觀治國的模式在中國、中亞也都有類似的發展模式可循，因此她認為中國大乘佛教孝觀的發展不是單純受到中國儒家的影響，而應視為大乘文化發展模式在中國運用的結果，不過她並不否認中國重孝的

64　吉川忠夫，〈六朝時代における《孝經》の受容〉，氏著，《六朝精神史研究》，頁547-567。徐興無，《讖緯文獻與漢代文化構建》，頁218-244；冷德熙，《超越神話》，頁265-279。

65　例見第二章。

66　Kenneth K.S. Ch'en, "Filial Piety in Chinese Buddhism"，許章真譯成中文：〈中國佛教中之孝道〉，收入許章真編，《西域與佛教文史論集》（台北：學生書局，1989），頁247-265。道端良秀，《中国仏教と儒教倫理孝との教渉》（東京：書苑，1985）。

67　Gregory Schopen, "Filial Piety and the Monks in the Practices of Indian Buddhism: A Question of 'Sinicization' Viewed from the Other Side," *Toung Pao* 70 (1984), pp. 110-126.

68　冉雲華，〈中國佛教對孝道的受容及後果〉。

倫理傳統對大乘孝觀在中國的發展有促進的作用[69]。

　　綜觀多數探討佛教入華後孝親思想發展的文章與書籍，我發現學者們討論的重點主要在：佛教徒如何從佛教經典中挖掘論孝文字、製造《父母恩重經》、《梵網經》等疑偽經以強調孝的重要性，以及從理論上辯護「佛教廣度眾生之出世大孝勝於儒家小孝」的護教手法[70]。從歷代辯護佛教重孝的文字則可發現，代表儒家孝道思想的《孝經》往往是辯護者思考和對話的對象，例如漢魏時期的《牟子理惑論》試圖回應從《孝經》觀點對佛教提出的責難、宗密(780-841)以《盂蘭盆經》[71]比擬儒家的《孝經》、契嵩(1008-1072)的《孝論》更完全肯認《孝經》以孝為天經地義的倫理法則，及敬養、承志、哀喪、追祭等人倫孝行，且將孝之精義歸諸人心之誠，顯示佛教孝觀與儒家孝道思想長期的互動與融合，《孝經》亦早是佛教吸收、重視的典籍[72]。

　　既然在孝的議題上，儒、釋二家已有長期的對話和融合，晚明虞淳熙融會三教的孝論自然也能夠在歷代佛教文獻中找到不少類似之說。舉例而言，宗密：「始於混沌，塞乎天地，通人神，貫貴賤，儒釋皆宗之，其唯孝道矣；」[73]契嵩：「天地與孝同理也，鬼神與孝同靈也，故天地鬼神不可以不孝求，不可以詐孝欺；」「故聖人之孝以誠為貴也，儒不曰乎，君子誠之為貴；」「聖人之善以

69　古正美，〈大乘佛教孝觀的發展背景〉，收入傅偉勳主編，《從傳統到現代——佛教倫理與現代社會》(台北：東大圖書，1990)，頁61-105。

70　道端良秀，《中國佛教と儒教倫理孝との交涉》；王月清，《中國佛教倫理思想》(台北：雲龍出版社，2001)，頁231-238；慧天，〈中國社會的佛教倫理型態〉，收入張曼濤編，《佛教與中國思想及社會》(台北：大乘文化出版社，1978)，頁205-224；業露華，《中國佛教倫理思想》(上海：上海社會科學院出版社，2000)，頁144-191。

71　《盂蘭盆經》的著作年代，有學者認為大約在5世紀成於印度或中亞，也有學者認為約6世紀時成於中國，關於此經及在中國的實踐，見Stephen Teiser, *The Ghost Festival in Medieval China* (Princeton: Princeton University Press, 1988).

72　關於《牟子理惑論》與《孝經》，見王月清，《中國佛教倫理思想》，頁242-243；宗密之說見其《佛說盂蘭盆經疏》(台北：新文豐，1987)；契嵩在〈原孝章〉引《孝經》之言曰：「夫孝天之經也，地之義也，民之行也，至哉大矣，孝之道也。是故吾之聖人欲人為善也，必先誠其性而然後諸其行也。……是故聖人之孝以誠為貴也。儒不曰乎，君子誠之為貴。」見契嵩，《孝論》，《輔教編》卷下(台北：新文豐，1991)，頁578。

73　宗密，《佛說盂蘭盆經疏》，頁643-644。

孝爲端。」契嵩又曰：「以儒守之，以佛廣之；以儒人之，以佛神之，孝其至且
大矣。……奧道妙乎死生變化也，大善徹乎天地神明也。」[74]這樣的觀點都明顯
有吸收儒家孝道思想的痕跡，亦都可在上述虞淳熙的孝論中找到雷同之說。至於
虞淳熙所深信的至孝能感通神明、召致福報，更是佛經孝親故事中習見的觀念。

　　另外，虞淳熙的老師雲棲袾宏是晚明淨土派宗師，極重視孝，他的《梵網心
地品菩薩戒義疏發隱》陳述了他心目中佛教徒應有的生活方式，也說明了孝在學
佛中的關鍵地位，他說：

> 戒之爲義，固在孝順，而此孝順，人將謂是庸行之常，不知孝順之
> 法乃至道之法也。至道者，至極之道，即無上正覺是也。此道清淨
> 廣大猶如虛空，體絕過非，用無違礙，順之至也。孝順之心，正合
> 此道，故云至道。[75]

　　袾宏以孝爲戒之要義，有「戒不離孝」、「一孝立而諸戒盡矣」之說，更視
孝爲往生淨土的必要條件。荒木見悟指出，袾宏不僅引用了《孝經》和《中庸》
之言來詮釋〈心地品〉，即以儒家孝的意涵做爲基準來理解佛經中的「孝順」，
而且更進一步地以「孝」爲出世間法與世間法的接合點，將「淨土念佛」與
「孝」連爲不可分割的一體，強調隨順父母與隨順佛陀是一體、若無孝道實踐即
無法往生淨土，成就一種將此岸與彼岸連繫一體的宗教性倫理觀[76]。袾宏說：

> 是故念佛修淨土者，不順父母，不名念佛，父母生育，等佛恩故。
> 不順師長，不名念佛，師長教誨，同佛化故。不順三寶，不名念
> 佛，寶雖三，統一佛故。……一切不逆，則萬法俱成矣，大哉孝
> 也，豈獨名戒而已哉。[77]

74　契嵩，《孝論》，《輔教編》卷下，頁578-580。
75　袾宏，《梵網心地品菩薩戒義疏發隱》，卷2，收入《雲棲法彙》（台北：新文豐，
　　1987），頁396。
76　荒木見悟著，周賢博譯，《近世中國佛教的曙光──雲棲袾宏之研究》，頁226。
77　袾宏，《梵網心地品菩薩戒義疏發隱》，卷2，收入《雲棲法彙》，頁396。

　　這種將孝順與念佛統一的觀念是明清時代淨土信仰中的重要觀念，袾宏更是晚明最重要的提倡者。王月清指出，袾宏抱持「念佛是最好的孝行，行孝是最基本的念佛」的淨土修行觀，此修行觀將世俗的修養論納入淨土修行實踐中，加上念佛法門[78]與儒學「誠意正心」的工夫極相近，故主敬存誠、忠恕念佛、內省愼獨等亦成爲念佛修行者必須恪守的修養行道[79]。由此亦可看出虞淳熙將孝行歸結於齋戒洗心工夫與師教的緊密相關性。

　　接著，再看道教的孝觀。孝同樣在道教傳統中佔有極重要的地位，自東漢以降，歷代不乏提倡孝道的道士和著作，從葛洪(284-363)、陶弘景(452-536)到王重陽(1112-1170)等人，從《太平經》到《元始洞眞慈善孝子報恩成道經》、《太上老君說父母恩重經》、《太上眞一報父母恩重經》、《玄天上帝說報父母恩重經》、《文昌孝經》等經書，在在顯明孝親思想在道教中重要的地位，甚至被認爲是成仙的首要條件[80]。由於道教教派眾多、歷史悠久，且不斷衍變，此處無法深入討論，僅舉淨明道派爲例，做爲虞淳熙孝論思想的一個對照例子[81]。如此選擇的主要原因是淨明道教突出「忠孝」的倫理教義、本身展現高度儒學化的色彩，又是深度融合三教的產物，而且虞淳熙和楊起元的文字都明白說及淨明道，顯示兩人對此教派並不陌生，或更有認同之情[82]。

　　淨明道又稱淨明忠孝道，在南宋才眞正創教，不過教派傳承的系譜總是追溯到更早期的一些人物：許遜(239-374)、吳猛、蘭公、諶母。也可以說，淨明道

78　實相念佛、觀像念佛、觀想念佛、稱名念佛均是淨土宗佛法門，參見《佛光大辭典》(佛光大藏經編修委員會。高雄：佛光出版社，1988)，頁3209。

79　王月清，《中國佛教倫理思想》，頁178；182-183。

80　參見周西波，〈道教文獻中孝道文學研究〉(文化大學中國文學研究所碩士論文，1995)。

81　除了本文討論的淨明道之外，虞淳熙在《孝經集靈》中還提到紫陽眞人周義山讀《孝經》而修煉昇天、陶弘景7歲讀《孝經》後復加箋釋、精思法師韋節注《孝經》而解化時有彩雲覆廬的異象、潘師正持孝念洗心修煉、全眞教重陽子王中孚勸人誦《孝經》可以修證、丘處機向元太祖進言孝道之教等。見虞淳熙，《孝經集靈》，收入朱鴻，《孝經總類》，亥集，頁311-312。

82　虞淳熙在《孝經集靈》中說及淨明道神授傳教的神話與劉玉的淨明忠孝大法，楊起元在《孝經引證》亦引述淨明道的蘭公之言。即使兩人未必是此教派的信徒，但他們並不排斥，並採納其說於自己著作中。見虞淳熙，《孝經集靈》，收入朱鴻，《孝經總類》，亥集，頁311；楊起元，《孝經引證》(上海：明文書局，1922)，頁4a。

是東晉以降有關許遜的傳說和傳統符籙道派及儒、釋學說融合後，於宋元之間在江西南昌才正式創教的道派[83]。根據柳存仁(1917-2009)的研究，許遜等人之宗譜與事蹟乃後人巧意造作，不過在東晉到劉宋期間確實有一孝道的教派流行，此派起源於北方，可能是一種自西域東傳的宗教信仰，也受到佛教的影響，又因與儒教傳統意識相結合，遂演變成道教之一派，其實已相當融合三教的思想。許遜等人的傳說是後來才滲入，被追溯成淨明道派的重要領袖[84]。

　　淨明道於南宋創教後，起先流行於民間，未受到士大夫階層的重視，經過元代劉玉(1257-1308)和弟子黃元吉(1271-1325)等人的努力，道派更具規模、教義更儒學化、也更吸引公卿士大夫階層的注意和認同，此從黃元吉輯、徐慧(1291-1350)校正的《淨明忠孝全書》中多篇士大夫的序言，可見一斑[85]。

　　劉玉、黃元吉、徐慧等元代淨明道的重要領袖，都是儒生出身，轉而學道，因此融會儒、道的傾向很強。劉玉的《淨明忠孝全書》多用儒家文字，他認為這是教法變通處，因為「經章符咒，開化亦久矣，儒家往往視為虛無荒唐之論。」[86]若能更新教法，可以吸引明理之士以度化之。換言之，劉玉認為儒和道的教法都不是最根本、不可變易的，其上更有神靈的旨意和召示，因此他認為淨明道以接近儒家的文字和方法傳教，既可改變儒家視經章符咒為虛無的看法，也可因此達到度人救世的目的。劉玉這種思想，也充分表現於他以周敦頤、程顥(1032-1085)、程頤(1033-1107)、邵雍(1011-1077)、朱熹、張栻(1133-1180)、陸九淵等宋儒為「天人」，皆自仙佛中來，皆以公心為道，只是化生為儒以救世偏弊的

<hr>

83　關於淨明道的創教與前代許遜信仰的關係，以及何守澄的角色等，見卿希泰、詹石窗，〈淨明道新探〉，《上海道教》，創刊號(1988)，頁10-16。卿希泰主編，《中國道教史》第二卷(成都：四川人民出版社，1993)，頁649-652；卿希泰、唐大潮，《道教史》(北京：中國社會科學出版社，1994)，頁191-193。

84　柳存仁，〈許遜與蘭公〉，《世界宗教研究》，期3(1995)，頁40-59。

85　此可從張珪、趙世延、虞集、滕賓、曾巽申和彭埜的序中清楚看出，例如趙世延說淨明道曰：「設教名義得無類吾儒明明德修天爵之謂歟？」曾巽申曰：「此書行世，將人人知懲窒懲慾明理，充其忠孝之實，則聖賢閫域可躋而跂也。豈徒曰列仙隱者之事乎。夫玉真之心，都仙之心也，都仙之心，天地之心也，同志之士，毋忽其書能深味切省，則庶乎其有契焉。」見黃元吉編集，《淨明忠孝全書》(台北：新文豐，1985)中諸序，頁1-7。

86　黃元吉編輯，徐慧校正，《淨明忠孝全書》，卷3，頁15-16。

看法[87]。

　　淨明道經過劉玉與門人的改革，逐漸蛻去符籙的色彩，十分接近理學家所講究的正心修身之學。劉玉自述學道的經歷曰：

> 吾初學淨明大道時，不甚誦道經，亦只是將舊記儒書在做工夫。謂如崇德尚行，每念到「戒慎乎其所不睹，恐懼乎其所不聞」；「言悖而出者亦悖而入，貨悖而入者亦悖而出」此等言語，發深信心，不敢須臾違背了。至於用心道妙，每念到「人有雞犬放則知求之，有放心而不知求」及「夜氣不足以存，則其違禽獸不遠」處，便自然知恥。一時感激，不啻如湯火芒刺之在身心，思惟道是我，若悠悠上去，不了此道，未免做先覺之罪人，直是寢食不遑安處，後來庶幾有進矣。[88]

　　可見儒家的經典在劉玉學道過程中扮演極重要的角色。他對「淨明」和「忠孝」的解釋是：「淨明只是正心誠意，忠孝只是扶植綱常」；「大忠者一物不欺，大孝者一體皆愛。…何謂淨？不染物。何謂明？不觸物。不染不觸，忠孝自得。又曰，忠者忠於君也，心君為萬神之主宰，一念欺心即不忠也。」[89]這樣的說法無論在語詞或觀念上都與理學十分契合，也頗類虞淳熙對孝的理解，二者均肯認人本有淨明的天心，忠孝的意涵也是向內收攝到人心的意念處立說。至於對「孝道格天」的解釋，劉玉也同樣從心中一念孝思講起，說「心中印可，則天心亦印可」即是感通[90]，與虞淳熙「心交神明」的說法亦十分接近。

　　劉玉又將自己的實踐歸納為30字，即所謂：「懲忿窒慾，明理不昧心天。纖

87　黃元吉編輯，徐慧校正，《淨明忠孝全書》，卷4，頁6。

88　黃元吉編輯，徐慧校正，《淨明忠孝全書》，卷3，頁11-12。這段引文中的「戒慎乎其所不睹，恐懼乎其所不聞。」出自《中庸》；「言悖而出者亦悖而入，貨悖而入者亦悖而出。」出自《大學》；「人有雞犬放，則知求之，有放心而不知求」、「夜氣不足以存，則其違禽獸不遠。」出自《孟子》。

89　黃元吉編集，《淨明忠孝全書》，卷3，頁1。

90　黃元吉編集，《淨明忠孝全書》，卷3，頁1。

毫失度，即招黑暗之愆。爨頃邪言，必犯禁空之醜。」[91]又進一步地說明：人心中本有天理，上與天通，但此天心因染薰習而昧，故需透過懲忿窒慾的工夫，使之不昧。此見解基本上與虞淳熙相同，虞淳熙在《孝經邇言》也說：「天心即仁心，仁心即天心，這點生生之心，無終無始，常靈常明，乾坤父母萬物總是一片真心，有甚隔碍」；「人人自有神明，只因不肯反本，不肯齋嚴，一向迷失在幽暗處。」[92]可見兩人對天心即天理的信念、對天心染蔽的看法均極相近，也因此同樣強調改過懲忿窒慾的工夫修養。但是，劉玉畢竟是道教徒，他的學說有更強的道教色彩，不僅實踐工夫明顯傾向內丹修煉求仙之工夫，對道教神靈的信仰亦更明顯。他在說明何為實修工夫時，不但言及王屋山石鼓天戒、虛空中有神明監察，又引《度人經》說飛天大醜魔王乃上帝委任助佐三官檢察過惡的天神[93]，此都明顯不同於儒學正心修身之學，亦有別於虞淳熙之孝論與工夫論。

另外，淨明道教義中有三位孝道神靈化身，即先王(日中王)、孝弟王、明王(月中王)，「孝道明王」的名稱極可能衍自《孝經》的「明王以孝治天下」，一般解為「明聖之王」的明王，此處則化身為天上的神靈，傳授孝道於人間。從南宋到元代，淨明道神靈系譜因與其他道教教派合流，孝道神靈在稱號上有許多變化，但是孝道神靈向人間傳授孝道的說法則沒有太大改變[94]。虞淳熙雖沒有明白說到孝之神靈化身，不過他相信掌管幽明兩界的神靈存在，至孝可感通神明而有果報，又說神靈在夢中向他啟示孝者的故事等，仍與淨明道的教義有呼應之處。

從以上所舉無論漢魏六朝的《孝經》學傳統，或釋、道二教在歷史中所發展出重視孝道且高度融會三教的教義與實踐，我們都可看出許多與虞淳熙孝論相呼應相通之處，這種屬於歷史文化傳統的因素不應被忽視，雖然我們並不能簡單地斷定任何直接的繼承或影響的關係。而儘管虞淳熙的許多想法都前有所本，《孝

91　黃元吉編集，《淨明忠孝全書》，卷3，頁1-2。

92　虞淳熙，《孝經邇言》，收入朱鴻，《孝經總類》，申集，頁177：181-182。

93　黃元吉編集，《淨明忠孝全書》，卷3，頁3-4。

94　三位孝道神靈的記載，在唐代文本《孝道吳許二真君傳》(台北：新文豐，1985)中已有，見該書頁5。淨明道神靈系譜與靈寶、上清等教派合流而出現不同稱號，以及孝道授傳於人間的說法，見黃小石，《淨明道研究》(成都：巴蜀書社，1999)，頁68-70。

經集靈》的內容也蒐錄自先前各典籍，但其在晚明出版，自有其時代意義；虞淳
熙對於《孝經》的提倡與孝感事蹟的宣揚，也可被視爲一種復活與再造傳統的努
力。在三教融合氛圍濃厚的晚明社會，這種宗教性觀點與實踐的復活並不難想
見，陳繼儒(1558-1639)以下這段話或可爲例證：

> 余嘗觀六朝高人名士，崇信《孝經》，或以殉葬，或以薦靈。病者
> 誦之輒愈，鬪者誦之輒解，火者誦之輒止，蓋《孝經》之不可思議
> 如是，若使家誦戶讀，童而習之，白首而不已焉，上非此無以舉，
> 下非此無以學。孝感所至，能令醴泉出，異草生，犬豕同乳，烏鵲
> 同巢。盜賊弛兵而過，不敢犯孝子鄉。則《孝經》一卷未必非吾儒
> 神通之書，何至令佛老弟子旁行禍福之說於天下。經正則庶民興，
> 其惟《孝經》乎。若下頒學宮，制科不可一日不習；上進朝廷，經
> 筵不可一日不講，此聖王以孝治天下之大經大法也。[95]

　　顯然陳繼儒不僅熟知六朝時代《孝經》被用以治病、驅鬼、殉葬等事，也相
信孝感靈異之事，並稱《孝經》爲「吾儒神通之書」，其言更有與釋、道二教相
抗衡之意。釋、道二家的神通之書與神靈之事已廣爲人知、深受人信，但當時有
人質疑儒學無法達到了卻生死、感通神明的境界，甚至因而輕視儒學，故當時也
有不少學者加深了儒學宗教性意涵的詮釋[96]。事實上，儒、釋、道三教在中國長
期交會與對話的過程中，我們不僅看到釋、道二家向世俗倫理化的靠攏，而此倫
理化的趨勢則以其吸納儒家孝道思想爲最鮮明的例證；另一方面，我們也看到儒
學宗教性意涵的深化，宋明理學的開展即是一例，而晚明理學更可視爲此趨勢的
高峰。陳繼儒和虞淳熙對《孝經》的看法，充分反映著這樣的時代學術氛圍。

95　陳繼儒，〈孝經序〉，《白石樵眞稿》(台北：新文豐，1997)，卷1，頁3a-b。
96　關於晚明理學家如何回應時人認爲儒學不能了究生死的挑戰，屢屢強調儒學最終目
　　的在教人了究生死，參見呂妙芬，〈儒釋交融的聖人觀：從晚明儒家聖人與菩薩形象
　　相似處及對生死議題的關注談起〉，頁165-208。

(二)與晚明陽明學的關係

　　上一小節主要是綜合其他學者的研究成果，以釋、道二教對孝論題的長期發展，說明虞淳熙之孝論有長期三教融合的歷史文化脈絡。此小節則將焦點拉回晚明，探討虞淳熙孝論與晚明陽明學的關係。

　　我們從虞淳熙的〈宗傳圖〉看出他在學術傳承系譜中以理學為正宗，在理學傳承中則以張載和王陽明為宗傳。不過，若以虞淳熙生存時代的理學環境而言，他的孝論顯然與羅汝芳的思想有更密切的關係。虞淳熙之於羅汝芳，不僅在論孝的觀念上有所呼應，兩人更有親身交友、融洽論學的經驗。據虞淳熙所言，他和羅汝芳是忘年之交，相識在羅汝芳晚年，見面地點應在浙江錢塘。根據程玉瑛研究，羅汝芳分別於1567年和1586年到過浙江，而羅汝芳卒於1588年，故推斷兩人見面應約在1586年[97]。據稱當時曾有人跟羅汝芳提起：「鄉有虞郎，謂古無學字，惟孝字，古無經名，惟《孝經》，參無聲無形之旨，致天明地察之知也。」[98]羅汝芳的反應是：「吾不可不往見其人」，此是兩人相識的因緣。而虞淳熙寫兩人見面的情形曰：

> 見之苦卣，攜之傍室，仰矚天宇，近敍家學。表哀樂之同原，明仙釋之一緒，抽其秘密，現其廣長，約遊豫章，相視莫逆。[99]

　　兩人似乎一見如故，在融會三教的學問氣質上頗相和，對於《孝經》的觀點也相知相惜。虞淳熙曾說自己在萬曆十三年(1585)時，「感近溪如喪考妣之教，視無形，聽無聲，致齋散齋，期見太虛父母。」[100]此乃有關「悟後起修」之教，

97　參見程玉瑛，《晚明被遺忘的思想家：羅汝芳(近溪)詩文事蹟編年》(台北：廣文書局，1995)，頁152-153。

98　虞淳熙，〈羅近溪先生集序〉，《虞德園先生集》，卷3，頁20b-23a。

99　虞淳熙，〈羅近溪先生集序〉，《虞德園先生集》，卷3，頁22b。虞淳熙在〈羅近溪先生集序〉中對羅汝芳之學推崇備至，而羅汝芳曾告訴虞淳熙要讀張九成的《心傳錄》，虞淳熙不僅讀了，還獻書官長，使祀其人、鐫其書，由此亦可見其如何看重羅汝芳之學。見虞淳熙，〈張子韶心傳錄序〉，《虞德園先生集》，卷3，頁23a-25b。

100　虞淳熙，〈與王弘臺憲副〉，《虞德園先生集》，卷25，頁24a。如喪考妣之教應該是禪

由此可見羅汝芳之學對虞淳熙確有影響。

　　羅汝芳的思想特重「孝弟慈」，他認為自然天成的「孝弟慈」即是古今人人共有、不學不慮的良知明德，也是人學習的根據、聖賢教化的基礎。他曾自述自己為學的經驗：自幼接受母親教導《孝經》、《小學》、《論語》、《孟子》諸書，又得父親的指點，更在父祖伯叔、兄弟姐妹間溫暖快樂的親愛之情中成長。15歲始以道學自任，卻因用功致疾，後得顏鈞（1504-1596）指點體仁，又經修證不懈，終於一夕忽悟。之後，「遂從《大學》至善，推演到孝弟慈為天生明德，本自一人之身，而末及家國天下。」[101]

　　接著，羅汝芳又寫道對自己為學經驗的反思：他回想自己15歲從師立志學道之時，當時看這世界中凡俗人物總是冥頑汙俗，總覺得自己這種有志之士是超凡拔俗、與眾不同，學聖之道當然也應另闢蹊徑。然而在悟到「孝弟慈」即人人同具的良知明德之後，他終於驚惶地發現過去自己的見解何等錯誤，為學勞苦身心卻離道愈遠。他又回想自己童稚之初在親人間嬉戲歡愉的自然，及稍長聽從先人教導經傳時，每覺意趣契合、躬親有得，實與後來苦學致疾大相徑庭，因此他更加體認到「則孟子孩提愛敬之良，不慮不學之妙，徵之幼稚以至少長，果是自己曾經受用，而非虛語也。」羅汝芳因自身成長和求學的經歷，更加肯認與生俱來的孝弟之情即天賦良知的自然體現，他也從此「孝弟慈」看見天下所有人——無論縉紳士夫或群黎百姓——具有同樣的天性，因而體悟到自己在眾生中之平凡。但卻也正是透過對這種平凡與平等的體認，羅汝芳才真正體悟到宇宙生生不已的包容與偉大。他說：

> 蓋天命不已方是生而又生，生而又生方是父母而己身，己身而子，子而又孫，以至曾而且玄也。故父母兄弟子孫，是替天命生生不已

　　　　宗所謂「大事未明，如喪考妣；大事已明，如喪考妣。」即強調非悟即了事，悟後起修才算真修，故應時時保護看管本心之意。
101　羅汝芳，《盱江羅近溪先生全集》，卷2，頁2b-3a。

顯現個膚皮；天命生生不已，是替孝父母、弟兄長、慈子孫，通透
個骨髓。直豎起來，便成上下今古，橫互將去，便作家國天下。102

　　從以上這段敘述可見羅汝芳以為：父母兄弟子孫綿延不絕的血緣關係，以及
就這種血緣親情所言的孝弟慈之情，其實只是天地生生不已之道體的一種體現，
真正的骨髓精意還在生生道體本身，也唯有從這道體大身的觀點，人才能在宇宙
古今中找到定位與意義。從羅汝芳下面這段話，我們則可看出他如何以《孝經》
所傳的孝弟慈，貫串儒學各經典，並推致一種會通天地人文的聖學意涵：

故必須到天下盡達了孝弟之時，方纔慊快，孔子志學的初心，孟子
願學的定見，卻渾然是造化一團生生之機。而天即為我，我即為
天，亦嬉然是赤子一般愛敬之良，而人亦同己，己亦同人。如此則
父母俱存，兄弟無故，固是大幸。間或未然，亦終身思慕而成大
孝。又如孔子將這本《孝經》傳曾子、子思以至孟子，卻把《大
學》、《中庸》孝弟慈的家風手段，演說成七篇仁義之言，恢張炳
燿與日月爭光彩，與宇宙爭久大。103

　　羅汝芳尚有許多言論，反覆說明「孝弟慈」是良知的主要內涵、是明親至善
之實、是儒學最精要之旨論、也是《大學》從修身以致天下太平的唯一法門。例
如他說：「惟此三德(指孝弟慈)方是天然自明之德矣」；「究竟其明明德於天
下，原非他物，只是孝弟慈三者，感孚聯屬，渾融乎千萬人為一人，貫通乎千萬
世為一世。」104簡言之，羅汝芳把「孝」提昇到形上道體的層次立說，超越了父
母個體存歿的限制與日常事親實踐的層次，因此，人如何透過心性修養以會通道
體，才是為學之重點105。

102　羅汝芳，《盱江羅近溪先生全集》，卷2，頁5a-b。
103　羅汝芳，《盱江羅近溪先生全集》，卷1，頁9b-10a。
104　羅汝芳，《盱江羅近溪先生全集》，卷1，頁27b；33b-34a；44a。
105　關於羅汝芳與晚明具形上義之孝論，見呂妙芬，〈《西銘》為《孝經》之正傳？——
　　論晚明仁孝關係的新意涵〉。

　　羅汝芳這樣的見解與上述虞淳熙的孝論有極相近之處，羅汝芳雖然沒有像虞淳熙那般喜談孝感神通之事，不過他同樣把孝的源頭推到天地間生生不已的道體，某些文字也透露著天命監臨的意涵[106]。再者，他雖然沒有明白地說孝是宇宙自然一切事物的最終原則，但他確實認爲孝是一種天賦的人倫秩序規範；或者應該說，他相信人的社會規範只有奠基於孝弟慈這樣的天賦基礎，才可能達致眞正的和諧太平。他說及此的文字甚多，此處僅舉一例說明：

　　　問道。羅子曰：道之爲道，不從天降，不從地出，切近易見，則赤
　　　子下胎之初，啞啼一聲是也。聽著此一聲啼，何等迫切。想著此一
　　　聲啼，多少意味。其時母子骨肉之情，毫髮也似分離不開，頃刻也
　　　似安歇不過，眞是繼之者善，成之者性，而直見乎天地之心。亦眞
　　　是推之四海皆準，垂之萬世無朝夕。舍此不著力理會而言學焉，是
　　　謂遠人以爲道。[107]

　　羅汝芳和虞淳熙一樣，因著體悟個人此身只是天地古今道體大身的一環，孝是天地生生道體所賦予眾人的良知明德，不把孝義局限爲家族血緣內的人倫關係，而是理解爲人面對天地之道的正確態度，故關鍵的工夫在愛敬愼獨的修身實踐。事實上，在羅汝芳的思想中，「孝弟慈」可以說是天命之性和良知本體的具現，也是盡心知性、盡性至命、位育功化的唯一進路和工夫基礎，是聯繫著從自身到天下一切秩序的樞紐[108]。

106　例如他說：「獨之靈體，通徹于帝天，獨之妙用，昭察于率土。《中庸》爲根極道原，乃的指此知之見於隱，顯於微，而天命臨監，無須臾之或離，故嚴寅畏，無毫髮之敢忽，是則之所自起者也。」羅汝芳，《盱江羅近溪先生全集》，卷1，頁39b-40a。

107　羅汝芳，楊起元輯，《孝經宗旨》，收入楊起元輯，《說孝三書》（上海：文明書局，1922），頁1a。

108　羅汝芳說：「夫盡四海九州之千人萬人，而其心性渾然只是一箇天命，雖欲離之而不可離，雖欲分之而不可分，……聖賢宗旨是欲後世學者知得千心萬心只是一心。既是一心，則說天即是人可也，說人即是天亦可也；說聖即是凡可也，說凡即是聖亦可也；說天下即一人可也，說一人即天下亦可也；說萬古即一息可也，說一息即萬古亦可也。」見羅汝芳，《孝經宗旨》，頁3b-4a。亦參考李慶龍，〈羅汝芳思想研

　　而虞淳熙論孝與羅汝芳思想相近，除了有兩人契合交友論學的關係外，我們從羅汝芳弟子楊起元的思想，可以更清楚看到其間的聯繫。楊起元是廣東歸善人，萬曆五年(1577)進士，同年拜羅汝芳爲師，曾任國子監祭酒、禮部侍郎、吏部侍郎等職[109]。萬曆十五年(1587)，楊起元再赴從姑山從學於汝芳，他一生敬信羅汝芳之學，不僅「肖先生(即羅汝芳)像于室，出入必奉以偕，晨夕有事，必稟命而行；」[110]後更一月一誦先師語錄[111]，故顧憲成(1550-1612)有「楊復所以羅近溪爲聖人」之說[112]。羅汝芳逝後三年(即1590年)，楊起元輯先師語錄中有關孝者之語，並於每條語錄後附加《孝經》經文，而成《孝經宗旨》一卷[113]。《四庫全書總目提要》論此書曰：

　　　　此書皆發明《孝經》之大旨，用問答以暢己說，與依文詮釋者不同。汝芳講良知之學，書中專明此旨，故以宗旨二字標題。[114]

　　事實上，此書可以看爲楊起元對羅汝芳之學的一種詮釋。羅汝芳之學確實有強調孝的特色，也以《孝經》貫通儒學經典大義，不過他的語錄並非句句針對《孝經》經文的闡釋。楊起元之所以努力聯繫二者，固然主要出於他對羅汝芳之學的體認，他愈閱讀羅汝芳的語錄，愈相信他獨得《孝經》之旨要，認爲「欲明《孝經》之宗旨，似當自羅子始。」[115]他後又編成《仁孝訓》一書，他在〈仁孝

(續)───────────────
　　究〉(國立台灣大學歷史研究所博士論文，1999)，第五章。
109 關於楊起元的生平，見吳道南，〈明吏部右侍郎楊復所先生墓誌銘〉，《吳文恪公文集》(北京：北京出版社，2000)，卷17，頁21a-27a；鄒元標，〈嘉議大夫吏部左侍郎兼翰林院侍讀學士貞復楊公起元傳〉，收入焦竑輯，《太史編輯國朝獻徵錄》(台南：莊嚴文化，1996)，卷26，頁75a-77b。
110 鄒元標，〈嘉議大夫吏部左侍郎兼翰林院侍讀學士貞復楊公起元傳〉，《太史編輯國朝獻徵錄》，卷26，頁75a-77b。
111 楊起元，〈黎文塘〉，《楊太史家藏文集》(高橋情報據日本內閣文庫藏明刊本影印，1994)，卷6，頁23a-b。
112 顧憲成，《小心齋劄記》(台北：廣文書局，1975)，卷14，頁2b。
113 程玉瑛，《晚明被遺忘的思想家》，頁180。
114 永瑢、紀昀等撰，《四庫全書總目提要》。(台北：臺灣商務印書館，1983)，卷32，頁19b。
115 楊起元，〈書孝經宗旨〉，《太史楊復所先生證學編》(高橋情報據日本宮內廳書陵部

訓序〉中把羅汝芳講學所強調的不失赤子之心、仁孝一體，以及他自己的體會都
說得很明白，又解釋自己爲何編輯《孝經宗旨》、《識仁編》和《仁孝訓》的經
過與用意：

> 起不敏，自壯歲讀中秘書時，會近溪羅先生入都，因得請爲弟子，
> 蓋聞先生之教如此。先生既歿而遺言在，起抱而讀之，其言仁言
> 孝，燦乎若日月之明也。起謹集之，爲《孝經宗旨》，爲《識仁
> 編》，梓之燕邸。又數年家居，讀先生之言，益熟而自覺。夫向之
> 所集者尚未善也，乃手自抄錄，補其遺漏，芟其重複，所存者蓋萬
> 餘言，分爲兩卷，上卷曰《孝訓》，下卷曰《仁訓》。一以志傳習
> 之省，一以公聲氣之同。116

　　但另一方面，楊起元對師說的詮釋與洞見更與其個人格外重視《孝經》有
關。楊起元不僅親注《孝經》117，他在1590年代出任南京國子監司業和祭酒等職
時，也刊刻《孝經》、頒於太學118。他又雜採《小戴禮記》言孝之語，著成《孝
經引證》一書，並節錄虞淳熙的《孝經集靈》。以上二書連同《孝經》在1590年
由羅汝芳弟子聶鈜(時爲宿遷縣知縣)付梓出版119。楊起元從事這些《孝經》相關
的編輯出版工作，加上他以教育官員身分的倡導，都使得他對晚明《孝經》學的
提倡具一定影響力。

(續)────────────────
　　　藏明萬曆二十四年序刊本影印，1990)，卷4，頁5b-6a。
116 楊起元，〈仁孝訓序〉，《太史楊復所先生證學編》，卷4，頁10b-11a。
117 《續修四庫全書總目提要》記道：楊起元的《孝經注》一書，刪除章名，屏絕一切
　　　舊注，以肫摯之情、顯淺之理來講說。見中國科學院圖書館整理，《續修四庫全書總
　　　目提要》(北京：中華書局，1993)，頁821。楊起元所注《孝經》今藏上海圖書館古
　　　籍部。
118 虞淳熙，〈何象明武林德政詩序〉，《虞德園先生集》，卷3，頁32a。
119 聶鈜是江西南城人，於萬曆十八至二十年(1590-1592)出任宿遷縣知事，見李德溥
　　　修，方駿謨纂，《宿遷縣志》(清同治十三年刊本)(台北：成文出版社，1974)，卷
　　　4，頁11a-b；卷16，頁6a。出版《孝經》三書的情形，見楊起元，〈孝經序〉，《太史
　　　楊復所先生證學編》，卷4，頁4b。

　　楊起元的《孝經》觀點，不僅承繼羅汝芳孝弟慈之論[120]，事實上更接近虞淳熙的宗教色彩，這不僅表現於他節略出版《孝經集靈》之舉，也可從他的文字中輕易看出許多相近之處，例如，他同樣深信誦讀《孝經》以感通神明：

> 雖書生賤士，持誦是經(指《孝經》)，且足以感靈祇，致瑞應。是至德無賢愚，要道無貴賤，雖一物之微，率此足以格天享帝，而況於人乎，而況士大夫，而上至於崇貴乎。……不知孝之為德，一切天地山川鬼神萬靈，莫不率由。故是經所在，必皆擁護，誦之出口，必皆欣悅，持之在身，必皆瞻仰。何則？生生之大本在是也。噫！使世人咸知生生之大本，自知是經感應尤甚於竺典玄篇，而其尊重之情亦豈有異哉。[121]

　　與虞淳熙一樣，楊起元也更多說及神靈感應之事，同樣以人為太虛的遺體，孝德為一切山川自然人物的秩序源頭，他說：「造物者之于人也，何異慈母之于嬰兒乎」；「盈宇宙一靈也，尊而名之曰天，親而名之曰心，如以心為肉團之位也，則天亦豈形體之蒼蒼者哉。」[122]這或許與楊起元本身的宗教傾向有關，他同樣深涉三教，從其《諸經品節》編纂釋、道二家經典29種，並於書卷首自題「比丘」[123]，即可知其對二氏之學涉獵和認同的程度。再者，他也和虞淳熙一樣注重從《禮記》論孝的實踐面，他的《孝經引證》便是雜採《禮記》之言而成，並同樣引述強調《禮記·祭統》論天子、諸侯、后妃將祭前的齋戒工夫；他對〈西銘〉的重視與評價也與虞淳熙相同[124]。由此種種，都可輕易見其與虞淳熙相近的

---

120 例如楊起元：「明德之發用不假人為，最真最切者，無如孩提之愛父母，稍長之愛兄弟，慈母之保赤子，藹然於一家之中。而吾身耳目之加，手足之所措，何親如之，故身字下提一家字，尤為喫緊。若治國平天下者，舍孝弟慈而求之，安在為明明德於天下哉。」見氏著，《太史楊復所先生證學編》，卷1，頁35b。

121 楊起元，〈孝經序〉，《太史楊復所先生證學編》，卷4，頁3a-b。

122 楊起元，《太史楊復所先生證學編》，卷1，頁6a-b；9b-10a。

123 楊起元輯，《諸經品節》(台南：莊嚴文化，1995)。

124 楊起元在每段引文後附上一句《孝經》經文，他在引〈西銘〉後所加的經文是：「事父孝，故事天明；事母孝，故事地察。」而虞淳熙對〈西銘〉的評語是「天明地察

《孝經》觀點。

另外，楊起元在〈誓戒編序〉中有一大段發揮《孝經》的文字說：

> 吾人自母胎分形而下，有所饑寒痛苦，即啞然而啼，蓋有此身，即有此知，有此知，即有以自愛，故曰身體髮膚受之父母，不敢毀傷，孝之始也。顧豈獨人為然哉，推之物類，莫不盡然。惟一切含靈，無不自重其生，此民所以為胞，物所以為與，天地所以為大父母，而孝之德所以通神明而光四海也。是故物之生未嘗賤，人之生未嘗貴也，而有貴焉者，以人能充之以育物，而物徒知重生且不足以自保，此其所以懸殊也。若夫人舍其所以能育物者，則與物正等耳，何貴之有。然則人之所以貴者以能育物也，人之所以能育物者，以有孝思也。孝思之極，是以能明乎孝之所自始，明乎孝之所自始，則能明乎物之所為同，明乎物之所為同，則不忍以嗜慾殘物命，不以嗜慾殘物命則不傷天地之和而無忝所生矣。125

這段文字從人與生俱來的自愛之情為孝之始講起，講到有靈之物莫不重生，因此推出人與萬物同體，且共同以天地為大父母，此就是孝德能感通神明的根據。接著楊起元說人之異於萬物的幾希在於人能育物，而育物之能力則來自孝思。推此孝思到至極處，則能明白自己生命的起始根源，也能體認到人與宇宙萬物共同分享的生命源頭，因而不殺生。這段話呼應著羅汝芳以孝弟慈為良知、為工夫，從孝弟慈體悟眾人平等、萬物一體的洞見；也呼應著虞淳熙對孝德感通神明、通過孝以達致社會與自然和諧的強調。而楊起元從自愛、重生推論以支持佛教不殺生的理念，更反映了他個人融會儒、釋二家的特殊學問風格。

尚有一篇值得注意的文章是〈三經序〉，此處三經分別指《孝經》、《道德經》、《圓覺經》而言，楊起元透過一種對學術產生之時代背景的臆測來評論並

語」。見楊起元，《孝經引證》，頁3b-4a；引《禮記・祭統》一段文字，見同書，頁2a-b。
125 楊起元，〈誓戒編序〉，《太史楊復所先生證學編》，卷4，頁35b-36b。

聯繫此三經。他認為孔子論孝時間最早，以正面直截的方式言孝，即從不敢毀傷的愛身講起，其推致則可立人極於無窮；老子「後其身而身死，外其身而身存」等反語則是對於太執於「愛身」字面意義導致愛戀身體髮膚的一種批判；而佛教最晚出，教義在破身心之幻、憎愛之執，而了脫生死。楊起元聯繫三者的說法是：「夫既無憎愛，即能平等行慈；不受死，不敢毀傷之至也」；「是故人誠離幻，即能外身，人誠外身，即能愛人。」他因此將三教串聯起來，認為三教聖人於「愛身」是一致的，也將三部經典總歸為「皆以善愛其身為教」。由楊起元以《孝經》的「愛身」來串聯三教經典與教義，也可知《孝經》在他心目中的地位。

　　另外值得一提的是，上文說到中江藤樹有每朝拜誦《孝經》的實踐，他的實踐極可能是根據一個題為〈誦經威儀〉的文本，因為此文隨著江元祚的《孝經大全》傳入日本，藤樹更將其載入氏著的《孝經啟蒙》之中。江元祚並沒有標明此文的著作，過去許多研究藤樹思想的學者都只推論其與江元祚《孝經大全》的關係，我認為此文應該出自楊起元之手，因為楊起元所著的《證學編》內有一〈誦孝經觀〉，他所編的《說孝三書》中亦收有〈誦經威儀〉，二者內容幾乎完全一致，僅有數字之異[126]。清初的應是亦以此文為楊起元所作[127]。再者，此文本在思想脈絡上也與羅汝芳、楊起元之學十分呼應。關於此文本所涉及的實踐步驟，將在下一章有更詳細的討論，而以此文本與楊起元的密切關係推想，這很可能就是楊起元日常實踐的功課，也可能是他推廣《孝經》學的一項努力。

三、結語

　　本章主要討論晚明對《孝經》一種具宗教性意涵的詮釋，此以虞淳熙、楊起

126　楊起元，《太史楊復所先生證學編》，卷4，頁4b-5b。《證學編》的〈誦孝經觀〉與《說孝三書》的〈誦經威儀〉內容幾乎一致，唯有數字之別，即「閉目觀想」與「即便將身觀想作箇行孝的曾子」兩句分別做「閉目存想」與「然後將身想作箇行孝的曾子」。見楊起元輯，《說孝三書》，頁2b。又江元祚《孝經大全》所載〈誦經威儀〉文字與《說孝三書》同，見該書頁115。

127　應是，《讀孝經》，卷1，頁3b。

元爲代表人物。首先分析虞淳熙的孝論，說明他視孝爲自然和人事的秩序源頭，認爲孝是聖人之學的主要精神，故他也以孝的傳承爲判準，譜畫了中華文明學統的宗傳系譜。又因爲虞淳熙認爲學的終極目標在感通神明，故他十分看重如何透過工夫實踐(齋戒心法)，達到與天地神明相交的境界。而他的工夫論不僅強調心的修養，更與《禮記》有密切關係。因此，虞淳熙的孝論高度體現了以禮爲依歸、在日常生活中實踐、講究正心修身的意涵，也明顯具三教融合的色彩。

接著，本章也試圖說明虞淳熙孝論的歷史文化淵源，認爲晚明這類的孝道觀念不僅反映了前代《孝經》學與中國長期三教融合的學術背景，亦與晚明當代的學術環境密切相關。從《孝經》緯書與漢魏六朝的《孝經》學，我們看見不少有關《孝經》的宗教性詮釋與實踐；從釋、道入華後的長期發展，我們也看見儒、釋、道三教在孝議題上高度融合的現象，而這些歷史傳統的資源則以某種被汲取與再生的面貌呈現在虞淳熙孝論之中，這是我們不可不留意的歷史向度。另一方面，晚明當時三教融合的學術氛圍以及江浙士人對《孝經》學的提倡，也是理解虞淳熙孝論不可忽視的學術背景。無論袾宏的淨土佛教，或從元代以降發展出高度理學化的淨明忠孝道，抑或當時盛行的陽明良知學，都與虞淳熙的孝論之間有著許多令人玩味的關聯性。

本章也以較多篇幅處理虞淳熙的孝論與陽明良知學的關係，主要因爲這是個尚未被太多探討的議題，也因爲晚明《孝經》學者對《孝經》的詮釋普遍地運用良知學，加上當時從中國傳到日本的陽明學也環繞著《孝經》發展出高度宗教性的意涵與實踐。經過考查，我們發現無論從學者的交友、實際提倡的作爲或文字論述的內容，虞淳熙與羅汝芳、楊起元之間都有極明顯的關聯與呼應之處，顯示虞淳熙的孝論與晚明陽明學間的密切關係。

晚明這種融會三教、強調孝感神明的《孝經》詮釋，不僅時而透露著對《孝經》文本神聖性的信念，更伴隨著對實踐工夫的重視。本章除了討論虞淳熙的全孝心法和齋戒洗心的工夫外，並未能觸及其他環繞著《孝經》開展出的實踐行爲，故下一章將從實踐的角度，進一步討論明末清初士人從事有關《孝經》的儀式性行爲。

第五章
儀式性的實踐

在中國歷史上，《孝經》是一部性質多元的書籍。它是著名的蒙學教本，許多兒童在4、5歲之間就能朗朗上口，甚至全本背誦，並能粗解其義；它也是十三經之一，被推崇為六經之總會、孔曾授受之心法，承載著聖人有關治統的微言大義，故歷代有許多帝王、學者嚴肅地探討其教義、注解其經文；它還是一部善書，甚至是一部能夠感靈的善書，不僅具有教化庶民的功能，通過適當的儀式與修持，更可能感通神明，帶出許多神蹟。《孝經》也因此能夠成為一部跨越年齡、性別和社會階層之藩籬，廣泛被閱讀的書籍。雖然文字淺顯，其義理卻被認為極具奧蘊，值得人終生探究，故有所謂「若《孝經》之義，童而習之，雖白首而不暫離焉，夫亦豈能盡其蘊哉」之說[1]。正是因為《孝經》具有如此豐富的性質，誦讀《孝經》的活動也因而具有多層次的意涵，從一般家庭和學校教育的背誦朗讀，到具有宗教儀式性質的誦唸活動，不同人物在不同歷史場域中的誦唸，往往傳遞著關乎個人思想或特殊處境及其時代文化氛圍的特殊意涵。

關於《孝經》在教育、政治等領域的運用與實踐，本書在其他章節中多有觸及，本章將集中討論一些較特殊、具儀式性行為的實踐個案，即明清之際士人從事誦唸、觀想、抄寫《孝經》的實踐活動。我將說明在這些實踐中，《孝經》成為一特殊的儀式性文本，扮演著與更高權威溝通的媒介。這些個案並不屬於某個特定教派或學派內的活動[2]，而是個別士人或於日常生活、或於特殊場合中的自

---

1 朱鴻，〈孝經質疑〉，氏著，《孝經總類》，巳集，頁115。
2 《孝經》確實也成為某些宗教團體內部的經書，例如全真教、三一教等。見Kenneth Dean, *Lord of the Three in One: The Spread of a Cult in Southeast China* (Princeton: Princeton University Press, 1998), appendix 11.

發性活動，所選擇討論的個案，也主要取決於我在閱讀和研究過程中的發現，因此並不能簡單被歸在某一共同範疇之內，或據此推論這類行爲在當時社會具有如何普遍性或代表性的意義。儘管如此，這類《孝經》的實踐活動在當時也絕非罕見特例，宣城的吳肅公(1626-1699)便曾以批判的態度指出當時「鯫生者流，或且起焚香，跽而洛誦，等於維摩懺頌，太上感應諸篇。」[3]再者，這些個案能夠提供我們對於當時士人如何可能看待《孝經》、如何可能從事有關《孝經》的實踐，一些更鮮明而細緻的了解；對於《孝經》在教派活動以外做爲一種儀式性文本，及其在儀式活動中傳遞文化信息的複雜性，也能提供一些有意義的說明。對於上一章所討論有關晚明《孝經》論述的宗教性意涵，也能進一步從實踐的角度，提供呼應的觀照。

一、士人《孝經》實踐的個案研究

(一)呂維祺晨夕焚香誦《孝經》

呂維祺是孟化鯉的學生，是晚明河南新安著名的講學領袖，曾創辦伊洛會、芝泉會，並在會中提倡《孝經》學。他所著的《孝經大全》是明清之際公認最具分量的《孝經》注釋之一[4]。呂維祺相信《孝經》的神通能力，平日有「晨夕焚香，恭誦數過」的實踐工夫，他自言：

> 愚敬信此經[案即《孝經》]如天地神明父母師保，二十年苦心玩索，沉潛反覆，或晨夕焚香，恭誦數過，久之，始敢作《本義》、《大全》。[5]

3　吳肅公本人對此抱持批判的態度，但他同時也批評另一些讀書人輕視《孝經》的重要，他認爲《孝經》之微言大義乃通天地父母之源，鬼神精氣禮樂性命之極。見吳肅公，〈孝經正義序〉，《街南文集》(北京：北京出版社，2000)，卷7，頁4a-5b。

4　見第三章。

5　呂維祺，〈孝經或問引言〉，《孝經或問》，卷首，頁1。

　　由此可見，呂維祺注釋《孝經》主要源於一種眞誠的敬虔，並有得於他長期
虔心的誦唸和默思。我們雖然無法得知呂維祺晨夕焚香恭誦《孝經》的細節，但
可以知道的是，他對《孝經》的信奉態度與其相信天地冥冥間有神明存在、掌管
著人世禍福果報有關，而且明顯受到文昌信仰的影響，他曾說：「余嘗三夢文昌
帝君，皆奇異有徵應，茲乃拳拳表章《孝經》。」[6]文昌信仰在宋元以降頗爲流
行，其強調忠孝倫理及神祐鬼懲的教義，對於民間孝道的勸化發揮了相當的作
用，《文昌孝經》更是宋元以降流傳廣泛的善書。[7]呂維祺的〈五色十八莖葉孝
芝記〉詳細記錄了自己在異夢中與文昌帝君相遇對話的情形，以及蒙帝君嘉許贈
送五色孝芝的經歷，強烈透露著文昌信仰中神祐的色彩：

　　呂子夜焚香，誦《孝經》數過，乃假寐。有神如文昌帝君者，紫蓋
　　麟車，幞頭赤舄，服蟠龍青碧袞衣，束以文玉鞶帶。呂子具袍笏拜
　　帝，帝亦禮呂子。呂子與帝論明王治天下之本源綱領，甚悉大意，
　　謂治本于道，道本于孝，孝本于敬，諄諄內王道、外富強，先德
　　教、後政刑。帝袖中出文書一卷賜呂子曰：「此與《孝經》相表
　　裏。」呂子視之，皆丹篆圖書符籙，拜而受之。復謂呂子曰：「汝
　　羽翼《孝經》甚力，上帝嘉汝純孝，錫汝孝芝一本，十有八莖葉，
　　與《孝經》章篇相應，命汝多壽考，備膺福祉，命汝世世有文名顯
　　者，常如此芝。」徐出袖中一物如黑飴置几上，有頃，出二白角，
　　既而化爲黃羝羊，有五色。帝復謂呂子曰：「此孝芝也。」其大約
　　七、八寸，優游草際，躍然來往。呂子覺而異之。明日起視，瑞靄

6　呂維祺，〈五色十八莖葉孝芝記〉，《明德先生文集》，卷10，頁5a。

7　關於文昌信仰在中國的演變與傳播，見Terry F. Kleeman, "The Expansion of the Wen-
　　ch'ang Cult," in Patricia Buckley Ebrey and Peter Gregory, eds., *Religion and Society in
　　T'ang-Sung China* (Honolulu: Hawai'i University Press, 1993), pp. 45-73; Terry F.
　　Kleeman, *A God's Own Tale: The Book of Transformations of Wenchang, the Divine Lord
　　of Zitong* (Albany: State University of New York Press, 1994). 關於文昌信仰與孝道文
　　化，參見夏紅梅、朱亞輝，〈文昌信仰與孝道文化的完善〉，《洛陽師範學院學報》，
　　期1(2005)，頁95-97；蕭群忠，〈《文昌孝經》的道教孝道觀〉，《道德與文明》，期
　　6(1997)，頁16-19。

繞屋，如煙如雲，且清香芬楚，愈異之。命小奚視，柱壁隙中有物
金紫色，大如升許，枝葉連卷，津津有生氣；命小奚謹護持之，踰
月而枝堅實芳香，光華曄曄。呂子拜而受之，焚香告天，藏諸櫃
櫝。是日也，上頒行《孝經》制旨適至。邑令視之曰芝也，廣文先
生及邑人士皆曰芝也，遠近觀者皆曰芝也。考諸往牒古史，皆相符
合，遂名之曰孝芝。8

　　這異夢作於崇禎十三年(1640)9，當時呂維祺已完成他的《孝經本義》、
《孝經大全》、《孝經或問》，並已於前一年九月將三書進呈朝廷，上疏表章
《孝經》八要，希望朝廷能夠落實聖人所教導的孝治天下，但尚未獲得正式回應
10。夢中呂維祺著官服拜謁文昌帝君，談論明王孝治天下的本源綱領，此都與呂
維祺注《孝經》和上疏朝廷的旨義緊密相關。夢中文昌帝君不僅完全肯定呂維祺
對《孝經》要旨的詮釋，更嘉許他羽翼《孝經》的努力，除了祝福他富貴壽考，
又贈予一化為五色黃羊的孝芝。呂維祺從夢中醒來之後，果然在壁間找到一株散
發著芳香的異草，共有十八莖葉，與《孝經》章數相應。他虔敬禮拜後接受這株
芝草，又在焚香告天後，小心翼翼地將之收藏在櫃櫝中。也就在這一日，皇帝關
於《孝經》的聖旨也送到。這種巧合，讓呂維祺更相信此芝草是神明所賜的瑞
應，他唯一不明白的是為什麼在夢中此孝芝會化為五色黃羊11。

　　雖然夢中文昌帝君把孝芝送給呂維祺本人，也只表達對他個人羽翼《孝經》
的肯定，夢醒之後所得的孝芝也為呂維祺個人所收藏，但是呂維祺卻不願意只從
個人福報的層次來詮釋這株孝芝的意涵，他選擇從治國大業、甚至歷代興亡的角
度，大大抒發了他對崇禎皇帝願意落實孝治天下所寓涵的時代願景。他認為崇禎
正是應驗著「五百年必有王者興」的那位明王，他也把自己所得十八莖葉的芝與
古籍所載漢、唐曾出現過的九莖、二莖、五莖、十四莖之瑞芝相比，認為今日得

8　呂維祺，〈五色十八莖葉孝芝記〉，《明德先生文集》，卷10，頁1a-2a。

9　此文開頭書有「崇禎歲在尚章執徐」，尚章執徐為庚辰，即崇禎十三年。見呂維祺，
　　〈五色十八莖葉孝芝記〉，《明德先生文集》，卷10，頁1a。

10　呂維祺，《孝經大全》，卷20，頁1a-5a。

11　呂維祺的不解，見《明德先生文集》，卷10，頁5a。

此茂盛十八莖葉瑞芝，正說明著過去歷代帝王「未有如今上之大德格天，至孝通神。」[12]又說：

> 昔者堯階蓂產，文境鳳鳴，《春秋》作而麒麟出，《孝經》成而黃
> 玉降，則今上表章《孝經》相符，天人感應之理焉可誣也。[13]

這些文字明白表述著他對天人感應與《孝經》神聖性的信念。

從歷史的後見之明，我們很容易說歷史發展對呂維祺一廂情願的信念是無情的打擊，次年(1641)呂維祺因抵抗李自成(約1606-1645)之亂而殉難，崇禎皇帝的王朝也隨即走入滅亡。故〈五色十八莖葉孝芝記〉中所言無論是呂維祺個人的富貴壽考，或崇禎是中興明王的信念，都不幸地幻滅了。然而，這孝治天下的願景卻弔詭地在滿洲皇帝手上，以一種不是呂維祺可以預想得到的方式進一步落實[14]。不過，歷史事與願違的發展並不能輕易消解信仰者信念的有效性，而明清之際像呂維祺這樣以儒家士大夫自任、以儒學修齊治平為理想的士人中，文昌和關帝信仰及其所傳遞的陰騭思想相當普遍地被接受，其中不少人也相信《孝經》感靈的神聖性，更在日常生活中實踐著誦唸、禮拜此經的儀式。

(二)楊起元的〈誦孝經觀〉

上一章我們已討論了楊起元的《孝經》觀點與虞淳熙極相近，以及他致力於提倡《孝經》學的舉措，並說明他的〈誦孝經觀〉是晚明有關《孝經》實踐非常特別的文本，此文後來傳入日本，日本陽明學者中江藤樹不僅將其載之《孝經啓蒙》，中江藤樹每日清晨誦拜《孝經》的儀式極可能就是受到這個文本的影響。此處則主要分析〈誦孝經觀〉的內容，討論其所涉及的實踐步驟。以下先抄錄全文如下：

12　呂維祺，《明德先生文集》，卷10，頁2b。
13　呂維祺，《明德先生文集》，卷10，頁3a。
14　見第六章。

每日清晨，盥櫛盛服，上香北向，禮拜畢，面北默坐，閉目觀想。
從自身見今年歲，逆觀想回孩提愛親時光景何如，又逆想回下胎一
聲啼叫時光景何如，又逆想回在母胎中，母呼亦呼、母吸亦吸時光
景何如。到此情識俱忘，只有綿綿一氣，忽然自生歡喜，即便將身
觀想作箇行孝的曾子，侍立在孔子之側，無限恭敬，無限愛樂，然
後開目、舉手，稱讚曰：

曾子行孝，孔聖說經，經於何在，在吾此身。首圓足方，耳聰目
明，人人具足，物物完成。離身無孝，離孝無身，立身行道，身立
道行。光於四海，通於神明，至德要道，地義天經。我今持誦，不
得循聲，願明實義，廣育群英。上尊主德，下庇斯民，庶幾夙夜，
無忝所生。[15]

〈誦孝經觀〉的內容是一套結合了佛教觀想、道教修持與泰州理學思想的儀
式，儀式所根據的神話則是緯書中關於孔子告天的神話敘述。緯書中對於孔子告
天儀式的記載並不完全一致[16]，但主要敘述架構並無大差異，均在說明孔子乃感
生之聖人，其受天命而制作《春秋》與《孝經》，爲劉漢制定治統之大法[17]。

孔子作《春秋》，制《孝經》，既成，使七十二弟子向北辰星磬折
而立，使曾子抱《河》、《洛》書北向。孔子齋戒，簪縹筆，衣絳
單衣，向北辰而拜，告備於天曰：《孝經》四卷，《春秋》、
《河》、《洛》凡八十一卷，謹已備。天乃洪鬱起，白霧摩地，赤

---

15 楊起元，〈誦孝經觀〉，《太史楊復所先生證學編》，卷4，頁4b-5b。
16 例如《春秋演孔圖》記：「孔子論經，有鳥化爲書，孔子奉以告天，赤崔集書上，化
爲黃玉，刻曰：孔提命，作應法，爲赤制。」《春秋演孔圖》，收入《續修四庫全
書》子部冊1208，頁9b-10a。關於緯書中記孔子告天儀式，參見冷德熙，《超越神
話》，頁186-192。
17 在緯書的政治神話中，孔子是黑帝之子，受命降世，爲一代「素王」，也是制作定世
運符的聖人，而《春秋》和《孝經》二書便是孔子爲後代王者創制的兩部重要經
典。關於緯書中的孔子制作《孝經》的政治意涵，見冷德熙，《超越神
話》，頁266-
279。

虹自上而下，化爲黃玉，長三尺，上有刻文。孔子跪受而讀之曰：
寶文出，劉季握，卯金刀，在軫北，字禾子，天下服。[18]

　　在此神話中，孔子率領弟子們，攜帶著領受於天的四部經典，虔敬向著天皇
大帝所居的北辰禮拜告天[19]，這個告天的儀式開啓了聖人與天皇大帝間的感通，
於是天現赤虹，化爲黃玉，上且有刻文預示天意，而《孝經》等經典的神聖性與
神通性質也進一步獲得應證。(圖5、6)這緯書的政治神話本用以合法化劉漢帝國
的政權，但在明清之際許多提倡《孝經》的論述中，它則是凸顯《孝經》神聖性
的主要文本根據，也是〈誦孝經觀〉儀式安排的重要基礎。

　　正如Jonathan Z. Smith在其有關儀式的理論所言，儀式是空間性的，神話敘
述則是時間性的。許多時候，儀式與神話結合，透過記憶的形式代代傳衍。儀式
將先祖們轉化成我們記憶可企及的對象，然而在儀式中，我們所記憶的並非先祖
本人，而是神話敘述中他(們)那具有轉化力的行動。具轉化力的行動在儀式的空
間裡凝成一固定的主要模式，規範著後代儀式的主要形式。而當時間性的神話敘
述凝化成儀式時，神話也脫離了特定的歷史空間限制，因此任何地方(place)都可
能在適當的機制下轉變成一特殊儀式的空間[20]。Jonathan Z. Smith這個關於儀式和
神話的觀點可以幫助我們解讀〈誦孝經觀〉。緯書聖人神話敘述中的聖人行動與
轉化力——即孔子受命制作經典、書成告天(向北辰禮拜)、天降祥瑞啓示等等標
幟著天人相感的活動——被凝成固定的樣式，成爲後來儀式中記憶的原型，也規
範了後來儀式的主要形式。〈誦孝經觀〉並不隸屬於特定的寺廟或祭壇內的儀
式，它極可能在實踐者家中的屋室或樓台中舉行，但重要的是要向著北辰的方向
禮拜，也就在向著天帝居所的特殊方位禮拜的這個動作中，古代孔子的神話記憶
被召喚，一個特殊的儀式空間被型塑。《孝經》這個文本也因著進入這特殊的儀
式空間而成爲神聖，《孝經》詮釋史上那個關乎天人相感的聖人神話意涵也隨著

18　沈約，《宋書》，卷27，頁368；亦見虞淳熙，《孝經集靈》，收入朱鴻，《孝經總類》，
　　亥集，頁276-277。

19　關於北辰爲天帝之居所，見冷德熙，《超越神話》，頁191。

20　Jonathan Z. Smith, *To Take Place: Toward Theory in Ritual* (Chicago: The University of
　　Chicago Press, 1987), pp. 103-117.

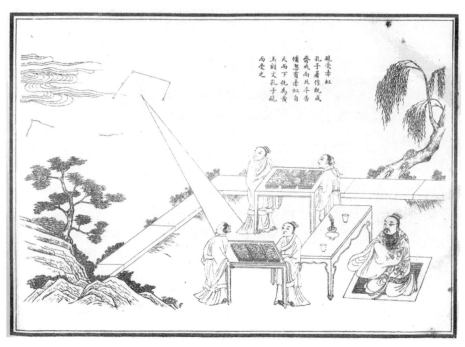

圖 5　《聖蹟圖·跪受赤虹》（明嘉靖年間刊本）。

圖 6　《孔子聖蹟圖·跪受赤虹》（北京：中國書店，1998）。

儀式的展演而活現。

　　實踐者向北方禮拜之後，就進入觀想的修持。這是一個逆回觀想的修持過程。首先，要先觀想回到孩提時代與父母間最自然天成的愛親之情；其次，再觀想回到呱呱墜地時的光景；接著，再觀想回到人在母胎中，與母共呼吸的光景。這三個步驟的觀想，雖帶有釋道修煉的色彩，但思想的基調還是儒學，尤其與楊起元的老師羅汝芳之學緊密相關。以下我便根據與羅汝芳、虞淳熙之言比對的方式，進一步說明〈誦孝經觀〉中觀想的意涵[21]。

　　1.「逆觀想回孩提愛親時光景如何。」根據羅汝芳之學，回到孩提的光景不僅意謂著回想歡樂的童年，更有思想和工夫上的重要性，他說：

> 試觀赤子初生無幾，厥親厥兄孩之則笑，赤子方笑，則親若兄之開顏而笑，又加百倍矣。此物則之必有者也，而其交相懽愛，即所謂懿德之好也，此實良知良能，而又無不知之無不能之。[22]

又說：

> 夫赤子孩提，其真體去天不遠，世上一切智巧心力都來著不得分毫，然其愛親敬長之意自然而生，自然而切。[23]

　　可見歡樂的孩提光景代表著尚未受到太多私欲和思慮牽絆的景況，是較沒有虛矯，最能體現天則，也最接近人至真的本來面目。因此，〈誦孝經觀〉觀想的第一步主要便是要引導去觀想自己良知的本來面目，這也是理學講究復初（復性）工夫的一大步。

　　2.「又逆想回下胎一聲啼叫時光景何如。」此在羅汝芳思想中又有何意涵？

21　楊起元對《孝經》與「孝」的觀點與羅汝芳和虞淳熙有密切關係，亦十分呼應，故如此解讀，有一定的根據。關於此，見第四章。
22　羅汝芳，《孝經宗旨》，頁34b-35a。
23　羅汝芳，《孝經宗旨》，頁38b。

羅汝芳說：

> 彼赤子之出胎而即叫啼也，是愛戀母之懷抱也，孔子卻指此愛根而
> 名之爲仁，推充此愛根以爲人，合而言之曰：仁者人也，親親爲
> 大。若曰爲人者常能親親，則愛深而其氣自和，氣和而其容自婉，
> 不忍一毫惡於人，不敢一毫慢於人，所以時時中庸而位天育物，其
> 氣象出之自然，功化成之，渾然也已。或曰赤子之心，渾然天理，
> 固矣。[24]

　　換言之，人在呱呱墜地時的光景是全然充滿著對母親的愛戀之情，這是最自然天成、無私無僞的愛[25]，而儒家聖人的教化正是本此天生自然的愛戀之情，逐漸擴充之，以達位天育物的境界。羅汝芳在另一處也說：「道之爲道，不從天降，不從地出，切近易見，則赤子下胎之初啞啼一聲是也。」[26]又說：「赤子之心，渾然天理」；「生人之初如赤子時，與天甚相近。」[27]都在在表明他認爲人之初生是最接近本然至善的良知，也是最沒有受到後天俗情物慾引誘的狀態。因此，觀想的第二步就是要引導人觀想這自然無僞的愛，也就是要引人進入這「一念知覺未萌，然愛好骨肉，熙熙恬恬，無有感而不應，無有應而不妙。」的光景之中[28]。

　　3.「又逆想回在母胎中，母呼亦呼，母吸亦吸時光景何如。」這一步的觀想，我們可與虞淳熙〈全孝心法〉並看。關於虞淳熙之學受到羅汝芳深刻的影響，其孝論亦與楊起元見解相近，以及其〈全孝心法〉以愛敬修身的實踐方法等，我們已在上一章討論，此處不再贅述，僅節錄〈全孝心法〉中與本文相關

24　羅汝芳，《盱壇直詮》，上卷，頁63。
25　羅汝芳又曰：「聽著此一聲啼，何等迫切，想著此一聲啼，多少意味，其時母子骨肉之情毫髮也，似分離不開，頃刻也，似安歇不過，真是繼之者善，成之者性，而直見乎天地之心。」見羅汝芳，《孝經宗旨》，頁29a。
26　羅汝芳，《孝經宗旨》，頁29a。
27　羅汝芳，《盱壇直詮》，下卷，頁162。
28　羅汝芳，《盱壇直詮》，下卷，頁163。

的內容：

> 人在氣中如魚在水中，父母口鼻通天地之氣，子居母腹，母呼亦
> 呼，母吸亦吸，一氣流通，已無間隔。何況那本靈本覺的，乘氣出
> 入，又有甚麼界限處。可見此身不但是父母的遺體，也是天地的遺
> 體，又是太虛的遺體。[29]

　　逆想回在母胎中，即逆想回到未生之前，自己的呼吸存在完全依存於母親，母親的呼吸生息又與天地之氣相貫通，因此自己的存在亦可層層上推至始祖，再上推至天地大父母，與太虛大化合一[30]。此觀想不僅幫助人體會自己的身體髮膚受之父母，是父母的遺體，更進一步要人體會到自己的存在也是天地太虛的遺體，與天地萬物同體。這種「天地萬物一體」的思想在晚明《孝經》詮釋中十分重要。張載的〈西銘〉是闡發萬物一體觀的著名文本，在晚明，〈西銘〉一再被援引以詮釋《孝經》，而羅汝芳強調仁孝無別、萬物一體的思想也明顯影響了晚明對《孝經》的理解[31]。虞淳熙闡釋《孝經》時所強調的「人爲天地太虛遺體」，也與天地萬物一體的思想有密切關係。

　　根據上述對〈誦孝經觀〉的理解，若再與佛教《父母恩重難報經》這類報孝恩的文本做比較，便可看出同樣思想自己在母腹中的光景，但所思想的重點卻十分不同。《父母恩重難報經》這類佛教文本，相當詳細地描寫了嬰兒在母腹中受孕育成長的經過，主要的重點在寫母親孕育新生命的過程中所付出的代價、所承受的辛苦和危險，爲要喚起爲人子者對母親的孝思之情及報孝恩的具體行動。因此，嬰兒的成長和母體身心的變化有對等的意義，書寫的分量亦相當，母親做爲孝思和報恩的對象也具體而重要[32]。相對的，在〈誦孝經觀〉的觀想中，母親並不是觀想的對象，母難也不是描述的重點，觀想的重點主要還在觀想者自己的本

29　虞淳熙，〈全孝心法〉，收入朱鴻，《孝經總類》，申集，頁169。

30　虞淳熙，〈全孝圖〉，收入朱鴻，《孝經總類》，申集，頁168。

31　呂妙芬，〈《西銘》爲《孝經》之正傳？──論晚明仁孝關係的新意涵〉。

32　關於佛教孝恩文學的研究，可參見Alan Cole, *Mothers and Sons in Chinese Buddhism.*

來面目，爲要體悟天所賦予的良知，以及自身與天道太虛之聯屬，故具有一種超越日常孝道行爲與具體母子關係的意涵，修道者復其良知本性成爲此觀想實踐的核心關懷。

另外，〈誦孝經觀〉的實踐也明顯與道教修煉工夫有關。事實上，羅汝芳對於「孝弟」與「格物」之旨的體悟也有得於胡宗正教導的道家靜坐工夫，在「恍進於未畫之前」的體證經驗中獲得，故可想見其與道教修煉的密切關係[33]。麥谷邦夫指出，道教到了六朝時已發展出道、神、氣三位一體的教義，人稟九天之氣而生，故人的「受胎父母」並非「眞父母」。雖然道教也主張要禮報受胎父母，也受到佛教影響而有《太上眞一報父母恩重經》這類僞經的創造，但道家終極修煉的目的，則是要越過受胎父母，試圖與生命本源的「始生父母」相接[34]，即回歸到當初在母腹中「我之氣通母之氣，母之氣通天地之氣，天地之氣通太虛之氣。竅竅相通，無有隔閡」的狀態，以達長生不死[35]，在道教傳統中，胎息法便是一種修行者以陰陽合成的精氣哺育自己，猶如回到母胎中食服精氣，「返本還元」的氣的修煉工夫[36]。根據流行於晚明時期，雜糅儒、釋、道三家氣丹之學的重要典籍《性命圭旨》，道教神仙修煉的首要工夫在「返本」，即從不復與元始祖氣相通的境況，透過丹氣修煉，將向外馳散的神氣凝聚回歸，亦即所謂：「以其散之於耳目口鼻四肢百骸者，而復返之於肉團之心，謂之涵養本原；又將以肉團心之所涵養者，而復返之於天地之間，謂之安神祖竅；又將以天地間之所翕聚者，而復返之於眞人呼吸處，謂之蟄藏氣穴。」[37]

33　李慶龍，〈羅汝芳思想研究〉，頁31-35。

34　麥谷邦夫，〈眞父母考——道教における眞父母の概念と孝をめぐつて〉，收入氏編，《中國中世社會と宗教》（京都：道氣社，2002），頁19-38。

35　見尹眞人傳，門人撰述，蕭天石主編，《性命圭旨》（台北：自由出版社，1990），「退藏沐浴工夫」，亨(9-538)。

36　中國有關胎息的理論很多，實際修煉方法亦不盡相同，有以臍呼吸、閉氣、伏氣等不同方法，但總歸一種返本還元的氣的工夫。參見蕭志才，〈略談中國道家論「胎息」〉，《現代養生》，期4(1998)，頁28-29；李國興，〈胎息的本質與悟釋〉，《武當》，期9(2003)，頁56-57；亦見尹眞人傳，門人撰述，蕭天石主編，《性命圭旨》，亨(9-549-558)。

37　尹眞人傳，門人撰述，蕭天石主編，《性命圭旨》，「蟄藏氣穴眾妙歸根」，亨(9-551)。

由此可見，〈誦孝經觀〉的觀想實踐確實與道教修煉有相呼應之處，虞淳熙〈全孝心法〉也明顯具有道教色彩。但儘管如此，〈誦孝經觀〉畢竟沒有言及呼吸等氣的修煉或存思各種神靈，其終極目的亦非要修煉成仙，而是要引人進入孔曾道脈相傳的儒學理想。因此，即便明顯雜糅著三教色彩，其思想主要定位仍在儒學。

〈誦孝經觀〉最後引導觀想者把自己觀想為曾子，服侍在孔子之側，領受孔子傳授孝道[38]。這個孔子為曾子講授孝道的場景主要的文本根據是《孝經》：

> 仲尼居，曾子侍。子曰：先王有至德要道，以順天下，民用和睦，
> 上下無怨，汝知之乎？曾子避席曰：參不敏，何足以知之。子曰：
> 夫孝，德之本也，教之所由生也。復坐，吾語汝。[39]

而此時觀想的重點是要人體悟身為宇宙間聖學傳承的一分子，既是聖道的聆聽受教者，亦是擔負著聖道傳承的傳道者。讚語中的「廣育群英」、「下庇斯民」，除了有《孝經》「孝治天下」之義，亦呼應了羅汝芳等泰州學者所強調的「明明德於天下」的理想。

綜言之，〈誦孝經觀〉這個儀式性的文本引導著實踐者一步步地觀想回到自己良知的本來面目，進一步體會自己的存在不僅來自父母，也來自天地太虛，與萬物同體，最後更帶領觀想者體悟自己身處此宇宙道體中所應承擔的文化使命。實踐者的心境隨著觀想的進程，從有限的個體擴充到無限亙古長存的道體，再從無邊無際的太虛道體回歸現實生命的承擔。最後的讚語則表達了對自我、天地萬物與文化傳承的使命感。這個文本與實踐，無論觀想的修持方式或結合觀想與誦唸的形式，都有著明顯三教融合的色彩，但是觀想的內容與思想基礎，仍然以陽明良知學(尤其羅汝芳之學)為主調。

---

38 這個觀想也令人聯想到道教存思法常有的場景與形象的流動，關於道教的存思法，參見劉仲宇，〈存想簡論——道教思維神秘性的初步探討〉，《上海教育學院學報》，期3(1994)，頁8-15。
39 阮元校勘，《孝經注疏》，卷1，頁1a-2b。

(三)潘平格誦《孝經》祈雨

潘平格(1610-1677)，浙江慈谿人，與呂留良(1629-1683)、黃宗羲(1610-
1695)同時，但因學問之差異，潘平格深受黃宗羲排斥，其學終未能大顯[40]。據毛
勛書寫之傳，潘平格17歲有必為聖賢之志，20歲從事程、朱之學，越五年又從事
王、羅之學[41]，後又學於老、莊、禪；然終覺程、朱、王、羅與二氏之學，均不
合於孔孟，故「竭力參求，慚痛交迫者四十日如一日，而親證渾然天地萬物一
體，當下知孔曾一貫之道，當下知佛老之異於孔孟，當下知程朱王羅之皆不合於
孔孟。」[42]此時，潘平格38歲。從此他放膽非議宋明諸儒，自認能夠復明孔孟之
道，擔負起孔孟學脈傳承之重責[43]。但事實上，他的學問透露著濃厚的晚明理學
色彩，不僅其親證悟道的經歷頗有晚明心學之風，其屢屢重覆的論學宗旨尤與王

40　參見錢穆，《中國近三百年學術史》(台北：臺灣商務印書館，1983)，頁51-69；方
　　祖猷，〈黃宗羲與潘平格〉，《清初浙東學派論叢》(台北：萬卷樓圖書有限公司，
　　1996)，頁141-154；方祖猷，〈論潘平格的求仁哲學〉，《朱子學刊》，輯2(1991)，頁
　　121-136；王汎森，〈潘平格與清初的思想界〉，《晚明清初思想十論》(上海：復旦大
　　學出版社，2004)，頁292-329。

41　此處「王羅之學」，容肇祖、朱葵菊認為是王陽明、羅洪先；方祖猷則認為是王陽明
　　和羅汝芳。筆者猜想容、朱二人之所以認為是羅洪先，可能受到顏日彬文章的影
　　響，該文中說及「程朱王羅」之學，後又引羅洪先之語。若看《潘子求仁錄輯要》
　　的內容，無論強調求渾然天地萬物一體之仁、先立明明德於天下之大志、格通人我
　　的格物論、推己及人的恕道、或重視孝弟慈的思想，都與羅汝芳之思想極相近，故
　　筆者同意方祖猷的判斷，認為此處「羅」應指羅汝芳而言。甚至若以「王羅」意指
　　泰州學者王艮、羅汝芳，亦非無據之見。毛文強，〈潘先生傳〉，收入潘平格，《潘子
　　求仁錄輯要》，收入《四庫全書存目叢書》子部19冊(台南：莊嚴文化，1995)，卷
　　首，頁1a；顏日彬之文，見潘平格，〈篤志力行下〉，《潘子求仁錄輯要》，卷10，頁
　　29b-30a；容肇祖，〈潘平格的思想〉，《容肇祖集》(濟南：齊魯書社，1989)，頁
　　456-478；朱葵菊，〈潘平格的「求仁」思想〉，《中國歷代思想史・清代卷》(台北：
　　文津出版社，1993)，頁82-106；方祖猷，〈黃宗羲與潘平格〉。

42　毛文強，〈潘先生傳〉，收入潘平格，《潘子求仁錄輯要》，卷首，頁1a(564)。

43　潘平格自認為身擔恢復孔孟之道的重責大任，他說：「某竊思孔孟之道二千年不
　　明，至某今日始明之。」又曰：「茫茫宇宙惟我一身擔當，千古學脈推諉不得。」
　　毛文強亦曰：「孟子沒而聖學亡，今至潘子而復明。」潘平格，〈篤志力行上〉，《潘
　　子求仁錄輯要》，卷9，頁24b-25a；潘平格，〈篤志力行下〉，《潘子求仁錄輯要》，
　　卷10，頁29a。

艮、羅汝芳、楊起元泰州一派有明顯的傳承關係[44]。

潘平格著有《孝經發明》二卷，可惜已佚失，無法讓我們更清楚知道他對《孝經》的觀點。但從其對學問宗旨和讀書秩序的發言，我們可以知道他十分重視《孝經》，認爲這是一部記載孔子一貫之言的全書[45]，與《大學》、《孟子》都是發明孔門一貫之旨，也是洞悉爲學血脈的重要經典，故他主張每位學子都應最先熟讀此三書[46]。至於潘平格平日有無誦唸《孝經》的實踐，以目前史料並無法得知，我們只有一則發生在特殊場合的記載[47]。《慈谿縣志》記載曰：

> 順治中，婁東陳瑚招同講學，寓居崑之薦嚴寺，其學以渾然天地萬物同體爲宗。歲大旱，強之登壇禱雨，平格口誦《孝經》，伏赤日中，忽陰雲四合，大雨立沛。薄暮，縣令請相見，棹舟避去。[48]

這則簡單的記載告訴我們：潘平格的學問品格顯然讓某些人相信他有能力祈雨，因此此祈雨儀式中，他被要求登壇禱雨。一般祈雨儀式多由地方官員主持，江浙一帶向觀音菩薩祈雨也很普遍[49]，有時候也會特別邀請有德之人（尤其孝德）來主持，主要相信孝德能感動天的緣故。例如，王敬臣(1513-1595)曾記載一則故事：有一位不習舉業而篤孝行的人，在扶父柩還葬時到了廣東，受到魏校的賞識，被錄之學校，又貢爲教官。當時值荒旱，府縣祈雨不應，占者謂必得有德之人祈之乃可致雨，於是設壇及香案等，相率請此有孝德的教官祈雨，果然，他

44　見下文。

45　潘平格：「《孝經》乃後世學者記夫子言一貫之全書，《大學》乃曾子言一貫之全書。」潘平格，〈孝弟〉，《潘子求仁錄輯要》，卷6，頁22a-22b。

46　潘平格，〈讀書〉，《潘子求仁錄輯要》，卷7，頁5a。

47　金吳瀾、汪堃等纂，《崑新兩縣續修合志》(清光緒六年刊本)(台北：成文出版社，1970)，卷34，頁14a-b。晚出的《慈谿縣志》抄錄了同一則記載，僅文字略有不同，見馮可鏞修，楊泰亨纂，光緒《慈谿縣志》(清光緒二十五年刊本)(台北：成文出版社，1975)，卷31，頁1b。

48　金吳瀾、汪堃等纂，《崑新兩縣續修合志》，卷34，頁14a-b。

49　例如明代杭州官員就常向上天竺寺觀音祈禱而有應驗，參見釋廣賓，《杭州上天竺講寺志》(上海：上海書店，1994)，卷1，頁8a-10a。

「甫登壇，大雨如注矣」。王敬臣讚嘆道：「孝行之動天如此！」[50]潘平格被邀請登壇禱雨或許也因他平日的道德表現，或者也與他所傳講萬物同體的學問有關。

在祈雨儀式中，潘平格身伏赤日中，誦唸《孝經》，果然天降甘霖。這裡《孝經》顯然被當做一部具有神通的書籍，在儀式中被誦唸。爲了能夠更深入地理解潘平格誦唸《孝經》祈雨的這整個事件，下文擬從潘平格個人思想與晚明泰州學風的密切關係，及晚明視《孝經》爲神通典籍的看法，進一步理出一些可以深入了解此事件的學術文化脈絡。

潘平格曾說明自己學問的要旨如下：

> 吾性渾然天地萬物一體，故吾道修身齊家治國平天下，吾學盡倫常日用。吾性渾然天地萬物一體，故吾志明明德於天下，吾工夫強恕反求，格通人我。吾性分本來之大如此，吾道之[？]切正大如此，吾學之平常眞實如此。欲復吾性而不肯昧吾性，欲爲大人而不肯爲小人，便不容不下手，不容不上路，便不容不思量。[51]

這段話很清楚地點出潘平格學問之梗概，即以「吾性渾然天地萬物一體」爲宗旨。這個體悟讓他向外能夠洞悉，從自身到家、國、天下一切之物事均有切不斷的關聯[52]；向內則相信人尊貴而偉大的本性在生命中的最自然表現就是愛親、敬長、惻隱等良知良能[53]。基於這樣的體認，潘平格強調學要先立「欲明明德於天下」的大志[54]，「格物」即是要「格通身家國天下一切之物」[55]，故其學具有偉大的救世宏願和淑世的熱忱。同時他又認爲扭轉世界乾坤的一切作爲，最終都

---

50 王敬臣，《俟後編補錄》（台南：莊嚴文化，1995），頁19b-20a。

51 潘平格，〈篤志力行下〉，《潘子求仁錄輯要》，卷10，頁19b-20a。

52 潘平格，〈辨清學脈〉，《潘子求仁錄輯要》，卷1，頁9a、16a。

53 潘平格，〈辨清學脈〉，《潘子求仁錄輯要》，卷1，頁1a。

54 潘平格，〈辨清學脈〉、〈篤志力行上〉，《潘子求仁錄輯要》，卷1，頁12a-b；卷9，頁3a。

55 潘平格，〈辨清學脈〉，《潘子求仁錄輯要》，卷1，頁2a-b。

應從人的本性出發，故其學既講究「求仁」，即相信要達到渾然與萬物一體的境界，必須以復性求仁爲基礎，直達擴充出去[56]；他又十分強調一切學問當在倫常日用的孝弟中講究實行[57]。綜觀潘平格《潘子求仁錄輯要》一書，他不斷重覆論說的重點就是：人要明白人之所以爲人的尊貴在其渾然與天地萬物一體之性，此正是人有別於禽獸的重要關鍵；人若能眞正體悟此，必能立定「欲明明德於天下」的大志願，且在此眞志大願的趨動下，必然具有付諸實踐的能力[58]。至於如何能夠追求與萬物同體，即「格通人我」的境界，他強調的是一種能夠反求諸己、推己及人的「強恕反求」工夫[59]。

　　從上述對潘平格學問的簡述，我們可以綜合其學問特色如下：1.對渾然天地萬物一體的體悟；2.強調身、家、國、天下一體的聯屬；3.首立必欲明明德於天下的大志；4.重視強恕反求、推己及人的工夫；5.以及將「格物」解爲「格通身家國天下一切之物」。而這幾項特色我們都可以清楚地在王艮、羅汝芳、楊起元等晚明泰州學者的著作中找到極類似的說法。礙於本文的篇幅與題旨，我無法在此以詳細比對史料的方式論證，僅能重點式地指出潘平格與泰州學派間的明顯關係。

　　我曾在〈儒釋交融的聖人觀：從晚明儒家聖人與菩薩形象相似處及對生死議題的關注談起〉一文中論道：王陽明的〈大學問〉以「天地萬物一體」的宇宙觀緊密地聯繫了「己」與「天下萬物」，強調大人之學的「明明德」即是要「復其天地萬物一體之本然」。故修明己之明德與推致此明德之心於天地萬物之間乃是一事；明己之明德必須在「明明德於天下」的無盡過程中實現。這樣的看法到了泰州學派有更明顯的發揮，管志道(1537-1608)說王艮等人「張斯文爲道統，而高標其幟曰：吾以匹夫明明德於天下也。」泰州學風披靡所至，許多人「爭言明

56　潘平格，〈辨清學脈〉、〈孝弟〉，《潘子求仁錄輯要》，卷1，頁1a；卷6，頁19a-b。

57　潘平格，〈孝弟〉、〈篤志力行下〉，《潘子求仁錄輯要》，卷6，頁1a-3b、8a、20a-21b；卷10，頁8a。

58　潘平格，〈篤志力行上〉、〈篤志力行下〉，《潘子求仁錄輯要》，卷9，頁5a-b、9a；卷10，頁9a-b。

59　潘平格，〈辨清學脈〉，《潘子求仁錄輯要》，卷1，頁1b-2b、7b-8a。

明德於天下」[60]。而羅汝芳「吾人此身與天下萬世原是一個」、「故大人聯屬家國天下以成其身」的說法[61]，也同樣體現了這種對天地萬物一體之仁的體悟，以及以儒家講學經世、救世的宏大志向。他們強調應先發「明明德於天下」之宏願、寓自身之成德於講學教化眾生的無盡過程、相信為學救世的動力出於天地萬物一體之本心，這都使得他們的聖人觀體現著接近大乘菩薩救世熱忱的形象[62]。而上述這些學術特質，顯然都可以在潘平格書中找到相近的表述，同時也有學術傳承上的直接證據，即潘平格早年確實曾潛心於「王、羅」之學。

再者，潘平格屢屢言及「強恕反求」，即竭力做到「己所不欲，勿施於人」、「行有不得，反求諸己」，一種以己性己情挈度人性人情的工夫[63]。潘平格認為此是落實「格通人我」、「天地萬物一體」的重要工夫。這樣的觀點也清楚地反映在王艮、羅汝芳和楊起元的言論中，例如王艮以「挈度」訓「格」，以「反己」為格物的工夫[64]；又如羅汝芳說：

> 孔門立教只是求仁，而求之之功只是一個恕字，……以去貫通君臣父子兄弟朋友，而成其仁於家國天下也。[65]

羅汝芳每見人過，總是以極同情理解的態度去看待，故經常脫口說出「怪不得」三字[66]。此亦啓發了楊起元「君子藏身於恕」的說法，他說「恕」就是「人己之心一如」。一個真正體認到與天下百姓一體的人，必能時時秉持著「若論

---

60 管志道，〈再覈臥碑士農工商可言軍民利病合教民榜文各安生理議〉，《從先維俗議》，卷2，頁90a；管志道，〈續答先生教創中意〉，《惕若齋集》（明萬曆二十四年序刊本）（高橋情報據日本內閣文庫藏明萬曆二十四年序刊本影印，1990），卷1，頁29a-30a。

61 羅汝芳，《盱壇直詮》，上卷，頁12a、11a。

62 呂妙芬，〈儒釋交融的聖人觀：從晚明儒家聖人與菩薩形象相似處及對生死議題的關注談起〉；亦參見陳立勝，《王陽明「萬物一體」論——從「身——體」的立場看》（台北：國立台灣大學出版中心，2005）。

63 潘平格，〈辨清學脈〉，《潘子求仁錄輯要》，卷1，頁7b-8b。

64 王艮，《王心齋全集》（台北：廣文書局，1987），卷3，頁2b-4a。

65 羅汝芳，《盱江羅近溪先生全集》，卷3，頁24a。

66 楊起元，《太史楊復所先生證學編》，卷1，頁50a。

善，我既有，則天下人皆有；若論不善，天下人既不無，我何得獨無」的態度，
反身審察[67]。甚至一般被認爲潘平格特別的「格通人我」之格物說，我們都可以
在楊起元文集中找到類似之語，楊起元：

> 格亦有通徹之義，通而謂之格，猶治而謂之亂也。格物者，己與物
> 通一無二也。[68]

　　潘平格的格物說很可能轉手自楊起元之說[69]。另外，潘平格所一再強調要相
信自我的本性，要在孝弟日用倫常上用功等，此也都是泰州講學的特殊之處[70]。
　　綜上所論，經由上述學術史脈絡化的努力，我想我們對於潘平格以誦唸《孝
經》祈雨的這整個事件可以有更深入的理解。儘管潘平格對羅汝芳之學以及整體
宋明理學持著批判的態度[71]，但他的思想仍明顯受到羅汝芳等泰州學者的影響，
其學的要旨與講學救世的作法也沒有脫逸晚明泰州學派的範圍。而羅汝芳的思想
又深刻地影響了晚明虞淳熙等人的《孝經》論述。另外，晚明也有不少人相信
《孝經》的神通性，無論虞淳熙編纂《孝經集靈》、陳繼儒說：「則《孝經》一

67　有關楊起元「藏身於恕」的看法，見楊起元，《太史楊復所先生證學編》，卷1，頁
　　12a、47a-49b。
68　楊起元，《太史楊復所先生證學編》，卷1，頁8a-b。
69　然兩人對佛教的立場迥異，亦會影響到他們部份的學說，但仍不應因此而漠視兩人
　　學問中極明顯的傳承性。
70　有人問潘平格渾然一體之仁如何有諸己，潘平格回答：「須信吾人本來是仁」，又
　　説：「學者苟信得及，而日從事於強恕反求，則步步是踏實地。」這種最終歸結到人
　　對自我良知本性的「信心」的説法，與王畿、羅汝芳等人看法很相近。潘平格，《潘
　　子求仁錄輯要》，卷4，頁19b-20a。王畿之説，見氏著，〈聞講書院會語〉、〈宛陵會
　　語〉、〈金波晤言〉，《龍谿王先生全集》，卷1，頁8a-10a；卷2，頁25a-27b；卷3，頁
　　15a-16a。羅汝芳之説，見氏著，《盱江羅近溪先生全集》，卷6，頁11b-12b。至於潘
　　平格強調孝弟人倫，可以下面一段話爲代表：「一友引陽明先生語晁在座云：『滿堂
　　皆是聖人。』潘子曰：『滿堂皆是人子。』友云：『人人須為聖為賢。』潘子曰：『平
　　格只願人人為孝子悌弟。』友又解〈西銘〉云：『乾父坤母，人須識得天地是一大父
　　母，方能一體。』潘子云：『平格只願各人識自己之父母，自能一體。』」潘平格，
　　〈孝弟〉，《潘子求仁錄輯要》，卷6，頁8a。
71　潘平格，〈讀書〉，《潘子求仁錄輯要》，卷7，頁16a。

卷未必非吾儒神通之書，何至令佛老弟子旁行禍福之說於天下」[72]、或楊起元：「雖書生賤士，持誦是經，且足以感靈袛，致瑞應。」[73]都清楚表達著這樣的信念。因此，雖然我們無法藉由潘平格本人的《孝經》學著作進一步了解他以《孝經》祈雨的實踐意涵，但若我們考慮具有地緣關係的晚明浙江一帶的《孝經》觀點，我們同樣可以追溯到與羅汝芳、楊起元的密切關係。楊起元等人相信孝能夠「調雨暘而集靈貺」[74]，以及「雖書生賤士，持誦《孝經》，足以感靈袛，致瑞應」的看法，應是潘平格以誦唸《孝經》祈雨的重要學術背景。潘平格平日傳講的「渾然天地萬物同體」之學及其對《孝經》的重視，恐怕亦透露著類似的看法，因此當旱災民困之際，潘平格會被「強之登壇禱雨」，他也選擇誦唸儒家神通之書——《孝經》——來感靈禱雨。

(四)許三禮告天誦《孝經》

許三禮(1625-1691)是河南彰德縣人，康熙元年(1661)進士，先後從孫奇逢、魏象樞(1617-1687)學[75]。康熙十二至十九年(1673-1680)出任杭州府海寧縣知縣[76]，建海昌講院講學[77]，又建告天樓，每日早晚兩次在告天樓中兢兢業業地行告天的儀式，希望能透過告天的工夫達致天人相感、順天應民。關於許三禮的告天儀式、其學之主要精神及其在明清學術史上的意義，王汎森已在〈明末清初儒

---

72 陳繼儒，〈孝經序〉，《白石樵真稿》，卷1，頁3a-b。

73 楊起元，〈孝經序〉，《太史楊復所先生證學編》，卷4，頁3a-b。

74 楊起元，〈孝經序〉，《太史楊復所先生證學編》，卷4，頁1b。

75 姜希轍，〈海昌會語序〉，收入許三禮撰，《天中許子政學合一集》(台南：莊嚴文化，1995)，頁463；許三禮，〈丁巳問答〉，《天中許子政學合一集》，頁4b(526)。許三禮撰，許協寅輯，《許少司馬酉山先生年譜》，收入許三禮撰，許協寅輯，《懷仁堂遺稿》(清末民初間許協寅輯鈔本)(中央研究院傅斯年圖書館藏)，冊8，四十六歲、四十九歲下(沒有卷頁)。

76 此處根據許三禮自言，在康熙十二年六月內除授此職，康熙十二年十一月到任。《海寧縣志》則記載其於康熙十六年任海寧知縣。見許三禮，〈安陽許子道風徵應上下〉，《天中許子政學合一集》，頁18b(682)；許三禮，康熙《海寧縣志》(清康熙十四年刊本)(台北：成文出版社，1983)，卷5，頁45a。

77 關於海昌講院的規模與形式及講學之會規儀注，參見許三禮，〈講院圖式〉、〈講院銘言〉、〈海昌講學會規儀注〉，《天中許子政學合一集》，頁1a-7a(455-459)。

學的宗教化——以許三禮的告天之學爲例〉一文中有所探討，此處不再詳述[78]。以下將扣緊許三禮在怎樣的情境下誦唸《孝經》、爲何選取《孝經》及他如何理解誦唸的行爲等議題，進行討論。

根據許三禮自述其成學的過程，他早年學問從宋明理學入手，曾涉觀空坐靜及黃老之學[79]，但都未能深契。康熙四年（1665，41歲）與父親纂刊《文昌帝訓》、《太上感應篇》、《立命篇》，因悟「凡事從天理動者，造化在我」，認爲聖學當如是，從此在家塾中龕孔子像[80]，旁設五經、四子及濂洛關閩之書，與同人子侄講學其中。家塾名曰懷仁堂，塾前畫太極、河、洛三圖；柱上對聯書：「主宰乾坤一太極，裁成民物幾函經。」[81]這是許三禮學問逐漸走出宋明理學範圍，走向學貫天人、德格幽明、以天自處的聖人之學的重要轉捩點。

後來，他又悟到：「聖希天，爲上帝立心，爲斯民立命。聖學也，總要事天。」於是在家塾旁邊的小樓上(此樓供有文昌像，又設有文昌籤)，開始每天早晚做告天的工夫。此時，許三禮每逢朔、望會誦唸《孝經》，並間求一籤，據他所言，頗有靈驗。小樓院上的門聯則書著：「朔望一卷《孝經》，呼吸帝座；且晚幾持聖號，戒慎我心。」[82]這樣的實踐大約延續了六年(約從1665-1670)。此時許三禮的告天儀式還是屬於比較私人的性質，在自家家塾旁小樓中進行，而且只在朔望才誦唸《孝經》。

許三禮在出任海寧縣知縣後，於康熙十四年(1675)在衙署中興建告天樓，從此每日早晚告天，此時告天的工課比先前更加完備，根據三年後著成的〈告天樓告法〉[83]，儀式進行如下：淨手焚香，先向天地君親師位前五拜，隨後跪誦〈自

78　關於許三禮的告天工課，見許三禮，〈告天樓告法〉，《天中許子政學合一集》，頁1a-b。亦見王汎森，〈明末清初儒學的宗教化——以許三禮的告天之學爲例〉，《新史學》，卷9期2(1998)，頁89-122。

79　《年譜》將此繫在二十四歲(1648)，見許三禮撰，許協寅輯，《許少司馬酉山先生年譜》。

80　許三禮主張敬拜孔子應該用像才莊嚴，明代改用木主是不必要的措施，他在家塾中所供的孔子像，得自蜀府，乃由曲阜請來，又有七十二賢像，請自浙庠。見許三禮，〈讀禮偶見〉，《天中許子政學合一集》，頁5b(631)。

81　許三禮，〈丁巳問答〉，《天中許子政學合一集》，頁3b(526)。

82　許三禮，〈丁巳問答〉，《天中許子政學合一集》，頁3b(526)。

83　〈告天樓告法〉著於康熙十七年，見許三禮撰，許協寅輯，《許少司馬酉山先生年

矢心盟十六言〉，又禮誦〈上帝告〉、〈至聖頌〉、〈先賢讚〉，凡誦後均三叩至誠拜禮。拜畢，端立，念〈希聖達天印文〉一遍。念畢，隨即在告天日程冊子上用印，面東端坐靜息一時。接著，誦《禮記‧月令》中值月六節、誦《孝經》六章、誦《易經》值日卦象、玩《太玄經》值日的贊候。又在告天日程冊上寫：「今日值何甲子，逢何星宿，又書星宮協吉的在何方，所宜何事，不宜何事。」然後則跪陳年日籍貫及誓言祝言。之後，又焚香一炷，端坐靜息一時，默默念想君子克念作聖，聖人以天自處的境界[84]。這一套告天儀式的設計，包括六段工夫：1、報答生成之恩，推極生成之量；2、默契上帝之心，景儀賢聖之學；3、究天地人合一之道，參氣數理有用之秘；4、思舍報君親，別無入聖道之路，有傷民物，即重傷天心之恐；5、有範圍天地、曲成萬物之力，德贊聖帝、道茂人天之功的一段工課；6、君子克念作聖，聖人以天自處境界[85]。

以上的告天工課，許三禮每日早晚均要切實行一遍，即使因此而終夜不寐，亦未嘗中斷。據張美文所言，許三禮「每早告天、告祖，方出堂理事。又每晚轉堂後，或宴客罷，不拘三鼓四鼓，必仍告天、告祖。休息一時方寢，幾于終夜不寐。」[86]此時許三禮以地方官員在衙署興建告天樓，所行的告天儀式也比先前更具公共性質，他在儀式中不僅發誓自己每一唸要「為民物立命」，也祝禱天清地寧、君王壽考聖明，並祈求萬民樂業、五穀豐登、聖人之道常明常行、千劫兵疫全消、旱潦不祟等。可以說在海寧知縣任內所行的告天工課主要以省察自己施政的功過及為民祈福為主[87]。

(續)─────────────────

譜》，五十四歲下。

84　各種告、頌、贊、誓言的內容及詳細儀注，參見許三禮，〈告天樓告法〉，《天中許子政學合一集》，頁1a-8b(548-552)。

85　許三禮，〈告天樓告法〉，《天中許子政學合一集》，頁1a-8b(548-552)。

86　許三禮，〈丁巳問答〉，《天中許子政學合一集》，頁12a(530)。

87　許三禮告天自責的內容與精神，可從以下兩段引文見其梗概：「義農黃帝堯舜禹湯文武周孔十一大聖人，全體大用即我之全體大用也，一處不周到，引疫負罪，政無已時，斯文未喪，願天其牖啟之焉。」「董楊王周邵程張朱陸薛王諸大儒之卓見堅操所未及，實我之卓見堅操所當及也，一件不淳全，負疚負咎，政無寧日，聖道將興，願天其孚佑之焉。」許三禮，〈安陽許子告天自責十二則〉，《天中許子政學合一集》，頁9a-10b(691)、37a(692)。另外，告天樓興建之緣由，見許三禮，〈海寧縣告天樓記〉，收入氏撰，許協寅輯，《懷仁堂遺稿》，頁數不明。

　　此時，許三禮會在每日早晚舉行的告天儀式中誦唸《孝經》六章，誦唸的時間則安排在「究天地人合一之道，參氣數理有用之秘」的一段工課中。這一段工課主要是按著一定的日程，誦唸並玩索《禮記・月令》、《易經》、《太玄經》三經相應的內容，目的在細參天地間「不變天道、不絕地理、不亂人紀、不忒物候之妙。」[88]要想及：「聖德功化，眞正天地位于我，萬物育于我，件件非虛言。」[89]終極目的則是希望透過這樣的工課，達到「天地合德，日月合明，四時合序，鬼神合吉凶，先天弗違，後天奉若，進退存亡不失其正」的境界[90]。爲什麼要在究「天地人合一之道」的告天工課中，選擇誦唸《孝經》？到底《孝經》在許三禮心目中是怎樣一部經典，它如何會與《月令》、《易經》、《太玄經》放置在「觀天道、察地宜、審人事」的範疇之內？

　　許三禮在〈告天樓告法〉中對於何以選擇誦唸《孝經》並沒有詳細說明，僅說：誦《禮記・月令》時要細參其「不變天道，不絕地理，不亂人紀，不忒物候之妙」，之後「隨誦《孝經》六章以實之」[91]。我們從其家塾小樓門聯題書：「朔望一卷《孝經》，呼吸帝座」，已可想見許三禮對於誦唸《孝經》可達到和通宇宙、順天應民之境界，有一定的信念；此處他顯然認爲《孝經》一書對於聖學「希天、法天、配天」的崇高目的，更有著具體落實、篤實可行的意義。關於此，我們可以從許三禮其他的言論及其《聖孝廣義》一篇，獲得進一步的理解。

　　許三禮論學以「顧諟天之明命」爲宗旨。何謂「顧諟天之明命」？據其自言：「所謂顧天命者，仍從自心自性中，常照見天命之原也。」[92]但他特別說明，這不僅是要講求盡孝盡忠、去人欲、存天理而已，更要像邵雍一樣，透過長期告天的工夫修養，達到知人、知天、達理、達數，見造化生心，宇宙在握，立命而達天德的境界[93]。換言之，許三禮所體認的聖人之學，主要的目的不在追求

88　許三禮，〈告天樓告法〉，《天中許子政學合一集》，頁5b(550)。
89　許三禮，〈戊午問答〉，《天中許子政學合一集》，頁18b(571)。
90　許三禮，〈丁巳問答〉，《天中許子政學合一集》，頁21a(535)。
91　許三禮，〈告天樓告法〉，《天中許子政學合一集》，頁5b(550)。
92　許三禮，〈戊午問答〉，《天中許子政學合一集》，頁30a(577)。
93　許三禮，〈戊午問答〉，《天中許子政學合一集》，頁29a-31a(577-578)。亦參見同書，頁5b(465)、3a-b(480)。

自身道德的圓滿而已，而是要能「奉天治民」，發揮參天地化育之功[94]。他相信天地之數自有治亂，但聖人卻能撥亂世而返之治，補天地之憾[95]。他認為學問不僅要識得「天定可以勝人」的一面，還要明白「人定亦可勝天」[96]。而要能發揮撥亂返正之功的關鍵，就要培養一種能夠學貫天人、德格幽明、順天治民、通權達變的超凡見識與能耐[97]。這是許三禮之學的最大特色，也是他批評二程與朱子之學尚未能達到的境界[98]。他也認為，只有靠著真正洞悉人在宇宙間的地位與天賦予人的特質[99]，以及長期志學和兢戰不懈的工夫才有可能達到此境界，而告天便是重要的入手工夫[100]。

除了告天，許三禮又提出「施由親始」的為學進程，即從天賦予人的根本倫理「孝弟」入手，擴充出去，此就是他所謂「仁孝達天」之義[101]。事實上，在許

94　關於此，許三禮書中多有發揮，可參見《天中許子政學合一集》，頁466-468、487、504、506、509。

95　例如他說：「一治一亂，是天地不得不然之數也。五百年適當貞元之期，或先其期而見，或後其期而聞，要皆天地特特生出幾個帝王聖賢，任道救亂，以終全其生生之德之心。故帝王聖賢生出，俱不是了了然然，止完自己一身一心之事，任此道，就要救此世，膺此氣運，就要副此一段天心。」許三禮，〈北山問答〉，《天中許子政學合一集》，頁3a-b(494)。類似言論，亦參見許三禮，〈聖學發明〉，《天中許子政學合一集》，頁506。關於君王與聖賢能補天地之憾，見許三禮，〈戊午問答〉、〈三補憾〉，《天中許子政學合一集》，頁566、706-707。

96　許三禮批評陶望齡之學止見天勝人之一端，未能明白人可勝天的一面。見許三禮，〈海昌講學集注〉，《天中許子政學合一集》，頁518-519。許三禮又言：「蓋人定者勝天，誠至者動物，德大者受命，道盛者化神。果能在獨時自盡乃性，到聖神田地，則參天兩地，育民覆物，皆我分內事也。勿論時有險易，位有崇卑，遇有順逆，隨在具在，裁成輔相之妙用。」見許三禮，〈歷敘數千年而著經世要言〉，《天中許子政學合一集》，頁1b(509)。

97　許三禮，〈海昌講學集注〉、〈北山問答〉，《天中許子政學合一集》，頁518、497-505。

98　許三禮批評二程與朱子之學未達「出聖入神，達天德」之境界。許三禮，〈海昌會語・聖學之三〉，《天中許子政學合一集》，頁2b(464)。

99　對許三禮而言，人真正體認到自己在天地間的位置，以及自己秉賦於天、與萬物一體之仁性，是學聖最關鍵的入悟處。關於此，可參見其對聖學的論述及其自述成學過程。許三禮，《天中許子政學合一集》，頁463-468、526。

100　許三禮說做功課[工課]的次第曰：「始則告天，次則法天，久之合天，又久之格天，皆體認之功也。」見許三禮，〈聖學問答〉，《天中許子政學合一集》，頁3a-b(484)。

101　發明「仁孝達天」之義，見許三禮，〈仁孝達天發明〉，《天中許子政學合一集》，頁1a-4b(460-461)。關於施由親始，則見許三禮，〈海昌會語・聖學之三〉，《天中許子政學合一集》，頁7b-11b(466-468)。

三禮論學中，有一種試圖同時兼顧根源與究竟、下學與上達的傾向。他一面強調
聖學要從告天、法天入手，認爲學問要有一超越的向度，即要從天帝主宰的高
度，才能眞正洞悉到人之所以爲人的意義與價值；人也只有在敬事天地、法天順
天的大抱負下，才能成就全體大用之學。另一方面，他對學問流於說悟談心很有
顧忌，強調一切要從孝弟人倫入手，所謂「舍敦倫之外，更從何處見實行。」他
說即使格天地、動鬼神、感風雷、貫日月，也都只是從最基本人倫節義推致擴充
的結果而已[102]。故范光陽（1630-1705）論許三禮之學曰：「其綱領在顧諟天之明
命，其條目在孝親、忠君、仁民、愛物。」[103]這樣的論學特色也充分反映在他的
十六言〈心銘〉：「小心翼翼，昭事上帝，上帝臨汝，毋貳爾心。父兮母兮，生
我劬勞，欲報之德，昊天罔極。」[104]這十六言也是他每次告天工課中都要朗誦自
省的內容。

　　對許三禮而言，上述兩個面向絕無矛盾，而是互相通融的。他說：

　　《孝經》曰：「天地之性人爲貴，人之行莫大於孝，孝莫大於嚴
　　父，嚴父莫大於配天。」只此數語於聖學之根原、究竟、入手俱括
　　盡矣。洵乎《孝經》十八章爲諸經之精髓。[105]

　　孝是徹上徹下的工夫，這種觀點也呼應了晚明學者強調仁孝一體、孝即本體
工夫的思想特色。

　　許三禮又說：人有二親，即本生父母（堂上二人）和眾生父母（天地），故天
地、父母不應判爲二；事天之學即事父之學；饗帝與饗親總是一氣相通、一誠所
感[106]。由事親即事天、根源與究竟一氣相通的觀點看來，我們不難理解何以許三
禮在告天工課中，在誦唸《禮記·月令》之後，要隨即誦讀《孝經》「以實之」，

102　許三禮，〈海昌會語·聖學之三〉，《天中許子政學合一集》，頁7b（466）。
103　范光陽，〈聖學規跋〉，收入《天中許子政學合一集》，頁1b（481）。
104　許三禮，〈海昌會語·聖學之三〉，《天中許子政學合一集》，頁9b（467）。
105　許三禮，〈海昌會語·聖學之三〉，《天中許子政學合一集》，頁8b（467）。
106　許三禮，〈海昌會語·聖學之三〉，《天中許子政學合一集》，頁8b-9a（467）。

此處所謂「實之」,當是在對天道、地理、民物等無限道理的思索之餘[107],補以《孝經》所宣揚的孝弟人倫。這既是許三禮認爲聖學最切要的入手工夫,符合其提倡「施由親始」的下學上達之道,也更平衡地表達了他學問中強調仁孝一體、事天即事親的特色。

值得進一步說明的是,因著具有「以天地爲大父母」的視野,許三禮對「孝」以及《孝經》的詮釋,也可以推衍出去,體現一種具有「事天、愛民、建皇極」的崇高意義,尤其在從天子與聖人行治統以救世的角度詮釋時,更是如此。也因此,《孝經》一書可以被理解爲處處體現著要教導君王和聖人治統之要、能夠全天性、爲天地代言立命的一部經典。從這個角度,我們亦可理解何以《孝經》在告天儀式中被置放在與《月令》、《易經》、《太玄經》同一個範疇內。關於許三禮對《孝經》這種特殊的詮釋,清楚顯明於他專門爲天子闡釋孝義的《聖孝廣義》一書,該書著於康熙朝《御定孝經衍義》著成之際[108],是許三禮秉持自己對儒家聖學的體會,對這部深受朝廷重視的經典,進行一種崇高而廣義的詮釋。全書以聖人爲上帝之孝子,從天地大父母的崇高角度著眼,衍述一種天人相感的帝王之學,其精神樣貌從以下引文可見一斑:

> 聖人,上帝孝子也,君師之所由作也。專疏,實以尊其經。六合一家,萬物一體,受之天地,不敢貳,不敢虐,孝之始也。體元贊化,撫中蒞外,洽德於幽明,以告泰和於天地,孝之終也。夫孝始於事天,中於仁民愛物,終於爲萬世建皇極。虞書云:欽若昊天,敬授人時。[109]

另外,根據吳文楠和許三禮的問答,我們知道許三禮除了自己行告天工課

---

107 許三禮,〈北山問答〉,《天中許子政學合一集》,頁497。

108 《孝經衍義》乃康熙命葉方藹等人編修,成書於康熙二十一年,於康熙二十九年頒布天下。此書採衍義體裁,仿《大學衍義》之例,以提挈綱領、附例條目的方式寫作,全書共100卷。許三禮撰寫《聖孝廣義》時正候補在家,時爲康熙二十一年。見許三禮撰,許協寅輯,《許少司馬西山先生年譜》,五十八歲下。

109 許三禮,〈聖孝廣義〉,《天中許子政學合一集》,頁1b(700)。

外，也鼓勵人每天早晚在祖先祠前朗誦《孝經》，焚香擊磬[110]。在這篇問答中，許三禮清楚講述了他對於在祖先祠前朗誦《孝經》的看法，他說：

> 解透此關，即可知聖學入門。試問吾子信得過親死是不死耶？凡人死是魄朽，而魂終在，時散時聚，在人感格耳，唯神天皆然。何以感格也？鬼神無聲無臭矣，感格之道，須用聲用臭，凡焚香蠟、陳牲醴、用呼祝、動聲歌，無非聲臭之屬。聞之赴，感道有然耳。況祖父親者更不同，是一本之連枝，葉茂而根尚生，可知「子孫在，祖父未嘗死」可信，的的確確。信及者少，如此中尚參疑信，安望學貫天人，德格幽明之聖學耶。[111]

可見許三禮不僅相信鬼神的存在，也相信人可以感格神靈，感格之道則用聲、臭。子孫在祖先祠前誦唸《孝經》，便是要透過朗誦之聲，感格父祖之魂。這種感格並不僅限於子孫與父祖之間，也存在於人與天之間，故有所謂「仁人格帝，孝子饗親，一以貫之」之說[112]。同樣的道理，許三禮在祈雨時，除了燃香燭、鳴金鼓、誠心懺禱外，向天呼求也是很重要的一部份。他相信天乃人之大父母，人有疾痛，急切呼天，積誠所致，天是不可能不回應的。又說：「持咒者不百遍不能通炁，諷經者不千遍不能通靈，吾且晚呼天，計數百聲，巡行計二百週，繼之二百叩，且懺且禱，積誠可通。」[113]果然有一回旱災，在他步禱告天22日之後，雷電交作，大雨傾盆[114]。

關於誦唸經典，許三禮還說：誦經是儒家一件重要法門，可惜長久以來失傳，反被釋道專美於前。他相信透過長期諷誦經典，觀想聖人氣象，人能夠受到潛移默化的啟發與興起，有聲化、形化、神化之功[115]。他更詳細敘述了他如何構

---

110 許三禮，〈丁巳問答〉，《天中許子政學合一集》，頁14a（531）。
111 許三禮，〈丁巳問答〉，《天中許子政學合一集》，頁14a（531）。
112 許三禮，〈丁巳問答〉，《天中許子政學合一集》，頁15a（532）。
113 許三禮，〈戊午問答〉，《天中許子政學合一集》，頁20b（572）。
114 許三禮，〈戊午問答〉，《天中許子政學合一集》，頁20b（572）。
115 許三禮，〈丁巳問答〉，《天中許子政學合一集》，頁26a-b（537）。

想著以持誦《易經》和《孝經》做爲達致天人相感的工夫進程：

> 吾儒每旦晚，誠能潔誠持誦《大易》六十四象，三百八十四爻，與
> 六十四大象，并《孝經》十八篇，再爲之時時觀想仲尼祖述堯舜一
> 章，是何等浩浩神理，與《孟子》居天下之廣居一節，是何如嚴嚴
> 氣象。如是用功，或十年，或二十年，積至三十年，五十年之久，
> 未有不通靈得力者。116

　　這種透過誦讀聖人經典，以聲音感格天帝神靈，並體悟其中奧義，觀想聖賢
氣象的工夫進程，是許三禮追求「學貫天人、德格幽明」境界的重要工夫。《孝
經》雖然不是他唯一誦唸的經典，但此書與其他儒學經典共同構成指引人進到學
貫天人之境的重要文本，也是一部兼具神聖與神通性質的儒家經典。

(五)黃道周獄中手書《孝經》

　　下文要討論黃道周關於《孝經》的實踐，並不像上述例子是以口誦經，而是
以墨筆書寫經文。儘管口誦與筆書之間有著有聲與無聲之別，但誠摯的「心聲」
本超越有聲無聲之間，而且兩者在佛教傳統中都是重要的修行法門。佛教對於誦
經的修行主要可從兩方面理解：一是藉著虔敬誦唸經典以修煉誦唸者之心，增長
理解和智慧；另一則是相信誦唸經典時三界鬼神均得聞道，故亦是弘法、作功
德。書寫經典同樣有這兩個主要功能，既是修心的法門，也有祈福、弘法的目
的。許多信徒也都長期同時致力於誦經與抄經的修行。因此，誦經與抄經的行爲
雖然不同，卻有著密切的關聯。本文所討論的誦唸與書寫《孝經》雖不屬於佛教
的實踐，但在熟悉佛教實踐的晚明文化中，實踐者與詮釋者雙方援引佛教實踐以
理解、詮釋並傳遞(或接收)文化訊息，是極有可能的。再者，黃道周手書《孝
經》的例子也與上述其他誦唸的例子一樣，通過《孝經》所展演的儀式行動都同
時兼具著自我修行、自我表述，以及某種與更高權威溝通的性質，在儀式中《孝

---

116 許三禮，〈丁巳問答〉，《天中許子政學合一集》，頁26a-b(537)。

經》也成爲一本承載著豐富政治與文化意涵的文本。

　　黃道周書寫《孝經》的場合是在監獄，崇禎十四年到十五年之間(1641-1642)，他在獄中一遍又一遍地書寫《孝經》，共達120本之多[117]。所書之本或贈送親友，或應付獄吏[118]，也有被私下出售，引起鄉紳爭購者，《三垣筆記》記曰：「每本售銀一兩，人爭市之，以爲家珍。」[119]也有流入宮中者，據稱崇禎在宮中時見黃道周所書《孝經》，並指其「沽名」[120]，但也有人認爲正是他這樣重覆書寫《孝經》的行爲，終於改變崇禎的態度，免其死刑[121]。而黃道周大量書寫《孝經》的作品，更造就了他在中國書法史上的崇高地位。

　　要解讀黃道周在獄中書寫《孝經》的行爲，我們必須先說明其下獄的因由。黃道周在崇禎十一年(1638)七月三日，一日內同上三疏：一劾楊嗣昌(1588-1641)以奪情爲兵部尚書入閣，一劾陳新甲(d. 1642)以奪情起爲宣大總督，一劾遼東巡撫方一藻主張與清軍議和。三疏上後，皇帝召閣臣府部與黃道周同詣平台，黃道周與楊嗣昌展開激烈辯論，崇禎面責黃道周「無端詆毀大臣」、「恐是別有所爲」，結果以朋串撓亂的罪名，將之貶爲江西布政司都事。也就在這一年，黃道周開始纂寫《孝經大傳》；第二年他又在石養山中，構十朋軒和九串閣，列置56位心契仰慕之古人，表明他尚友古人、不興朋黨的心志[122]。

117　黃道周，〈書孝經別本後〉，《黃石齋先生文集》(上海：上海古籍出版社，1995)，卷
　　　12，頁25b。

118　徐鼒曰：「道周繫獄，吏日奉紙筆乞書，爲書《孝經》百二十本。」見氏著，〈黃道
　　　周傳〉，收於洪思等撰，侯真平、婁曾泉校點，《黃道周年譜》(福州：福建人民出版
　　　社，1999)，頁245。莊起儔，《漳浦先生年譜》：「先生既以清苦聞天下，諸獄卒皆不
　　　敢有望於先生，惟日奉紙剳丐先生書。先生時時爲書《孝經》以當役錢。凡手書
　　　《孝經》一百二十本，皆以獄卒持去。」收入洪思等撰，《黃道周年譜》，頁72。事
　　　實上，並非120本均爲獄卒持去，有送給好友蔣德璟者，見卞永譽，《式古堂書畫彙
　　　考(二)》(台北：臺灣商務印書館，1983)，卷28，頁32b-35a；黃道周，〈書孝經別
　　　本後〉，《黃石齋先生文集》，卷12，頁25b。。

119　李清，《三垣筆記》(上海：上海古籍出版社，1997)，附識上，頁18b。

120　莊起儔，《漳浦黃先生年譜》，收入《黃道周年譜》，頁72。

121　陳壽祺，〈黃道周傳〉，收入《黃道周年譜》，頁238。計六奇，〈黃道周遺戌〉，《明季
　　　北略》(上海：上海古籍出版社，1997)，卷17，頁4a-5b。

122　莊起儔，《漳浦黃先生年譜》，收入《黃道周年譜》，頁64-68。崇禎八年楊嗣昌父親
　　　楊鶴去世，他丁憂辭官，又遭繼母之喪，在家守孝，崇禎皇帝命其奪情起復，他三
　　　次懇辭未果，於崇禎十年三月赴任。見樊樹志，《大明王朝的最後十七年》(北京：

　　崇禎十三年(1640)，江西巡撫解學龍(1582-1645)薦舉黃道周，未料此舉引起崇禎震怒，認為二人是朋黨，立刻下旨削二人籍，各杖八十，發西庫司審問擬罪。此案又因有人上疏為黃道周說情，擴大偵辦，牽連所及包括涂仲吉、施邦曜(1585-1644)、馬思理(d. 1647)、葉廷秀(1625年進士)等，幾達20人[123]。

　　黃道周敢於逆麟，上疏彈劾楊嗣昌和陳新甲之奪情，他所據的理由是：朝廷用人開奪情之例，則國家孝治的秩序將會崩解。他說：「夫使守制者可推，則是聞喪者可以不去也；聞喪可以不去，則是為子可以不父，為臣者可以不君也。」又說：「而人臣以哀毀不祥之身，決裂馳驟，玷陛下之仁孝之治，是不宜使天下四夷聞且見之也。」他向皇帝表明：自己若不上疏，可以保住官職，但所損害的將是「陛下之綱常名教」[124]。

　　晚明政壇上因上疏彈劾大臣奪情而引起的動盪，前已有張居正(1525-1582)的著名事件，上疏者力持天經地義之「孝」攻擊奪情之違背倫常，卻立即陷入朋黨亂政之糾紛，引發一系列政治傾軋。黃道周對此不可能不有所警覺、深思，但他仍然上疏，此固然與其個性與信念最有關係，但也可能受到崇禎皇帝對孝、《孝經》與孝治天下看重的態度所鼓舞。在此之前，崇禎朝內已有江旭奇和瞿罕連番上疏請尊《孝經》，崇禎皇帝也曾頒布聖諭，要各州縣社學重視《孝經》和《小學》教育。不過，當黃道周以激昂正直的姿態，持著「孝」與「孝治」的凜然大義彈劾楊嗣昌時，深具政治韜略卻也多疑專斷的崇禎皇帝還是認定他「有所為而為」，以「朋黨」定他的罪[125]。黃道周自以為持孝盡忠的作為，卻換得朋黨亂政的不忠罪名；兩年後，崇禎還因著解學龍的薦舉，進一步朝著清查朋黨的角度繼續偵辦，多人因此被牽連降職、下獄。

　　黃道周在詔獄中，除了發憤著書外[126]，他更選在「十指困於拷掠，指節尚

(續)————————————

　　　中華書局，2007)，頁93-116。

123 洪思等撰，《黃道周年譜》，頁74。查繼佐，〈黃道周傳〉，收入《黃道周年譜》，頁
　　　148。

124 洪思等撰，《黃道周年譜》，頁65-67。

125 關於崇禎皇帝的政治韜略與才能，剛愎多疑的性格，對朋黨的痛惡與一貫的處置，
　　　以及崇禎朝先前發生如溫體仁攻訐錢謙益、高捷彈劾錢龍錫等牽涉朋黨之案，參見
　　　樊樹志，《崇禎傳》(北京：人民出版社，1997)，第四章。

126 蔣德璟曾鼓勵黃道周在獄中要著書自見，他說：「自明夷演易，後名賢幽繫俱著書自

搖搖未續」時[127]，以「血肉淋漓、指節垂斷」[128]之痛一次次地用禿筆書寫著
《孝經》，這行動的政治和道德意涵是明顯而深刻的。他在獄中發憤著作《春秋
論斷》、《易象正》等書，是以實際行動效法往聖賢哲的作爲，延續著「文王拘
而演《周易》、仲尼厄而作《春秋》」的傳統；而以血和墨書寫《孝經》，則有
著宗教意涵的自我修行、自我表述與傳道之意。

　　佛教徒用血或墨書寫佛教經典的實踐，在中國有長遠的歷史，也普遍爲人所
知[129]，黃道周雖然持闢佛的立場，所書寫者又是儒家經典，不能逕以佛教的實踐
相比擬，然而一個行動在文化場域中所傳遞出的信息及引發的詮釋與溝通，勢必
會相當程度地倚賴既有而熟知的文化模式及意涵，其衍伸和被挪用的意義也超乎
實踐者本身所賦予的意涵。因此，即使黃道周手書《孝經》不同於佛教徒書寫佛
經的實踐，但爲了解其行動在晚明的意義，適度說明佛教書寫經典的實踐是必要
的。而且晚明也確實有人以血書《孝經》來報答親恩，其行爲與血書佛經報恩極
相近[130]。

　　《大方廣佛華嚴經普賢行願品別鈔會本略科》中記載了毗盧遮那如來，剝皮
爲紙，析骨爲筆，刺血爲墨，書寫佛經，以宣揚佛法[131]。許多佛教信徒也效法這
種血書佛經的作法，以上報佛恩，下化眾生。血書的行爲不僅表達了書寫者的所
發的宏願與異常的虔誠、毅力，許多人也相信唯有血書才能眞正求得眞如之道，
以助人得法[132]。今天蘇州的寺院還藏有十多部的血書佛經[133]。另外，歷史上也
（續）

　　　見，若不能脫子於險，我責也。子無成書，子責也。」黃道周在獄中果然著作了
　　　《春秋論斷》、《詩序正》、《易象正》等書。見卞永譽，《式古堂書畫彙考（二）》，卷
　　　28，頁36a-b。
127　洪思，〈收文序〉，收入《黃道周年譜》，頁255。
128　計六奇，〈黃道周遺戍〉，《明季北略》，卷17，頁5a。
129　中國最早的記載在成書於7世紀的《陳書》，所記之事則是發生於579年陳叔陵之事，
　　　其他事例與說明，可參見John Kieschnick, "Blood Writing in Chinese Buddhism,"
　　　Jounal of the International Association of Buddhist Studies 23:2 (2000), pp. 177-194.
130　陳希友是長樂縣的諸生，能文有志節，嘗刺血寫《孝經》一百餘卷，以貧故，父母
　　　未葬，藉以報親也。見徐景熹修，魯曾煜纂，乾隆《福州府志》（清乾隆十九年刊
　　　本）（台北：成文出版社，1967），卷62，頁27a
131　《大方廣佛華嚴經普賢行願品別鈔會本略科》（成都：巴蜀書社，1993），卷2，頁
　　　2(456)。
132　John Kieschnick, "Blood Writing in Chinese Buddhism."

有一些以血書佛經來報父母之恩、或爲父母祈福的例子（孝行表現），例如，隋代陳呆仁(549-620)曾刺血寫《法華經》，爲先妣修福[134]；宋代朱壽昌因母子不相聞50年，棄官走天下求之，而以「刺血書佛經」表達自己求母、思母之志[135]；宋代濟州的李延，其家世世同居、結廬守墓，父母病，截指割股，刺血書佛經，爲父母祈福[136]；晚明的憨山德清(1546-1623)，32歲時「因思父母罔極之恩，且念於法多障，因見南岳思大師發願文，遂發心刺血泥金寫《大方廣佛華嚴經》一部」[137]；黃安割肉出血，書寫願文，願以此生成道報答母慈[138]。簡言之，以血代墨抄寫佛經是一種以受苦激烈的手段表達修持者之敬虔與志願的方式，一般以墨抄寫的例子更多，但兩者目的相同，都是一種修行的法門，也是一種表達懺悔、發願、報恩、祈福的行動。

當黃道周帶著血傷在獄中艱困的環境下，一次又一次地書寫《孝經》時，這行動確實容易令人聯想到佛教徒書寫佛經的實踐，其所傳遞的文化信息也具有許多相呼應、引人聯想之處。儒者黃道周俯伏在儒家天道與聖人傳統之前，藉著誠摯書寫孔聖相傳的神聖經典，同樣表達著他個人誠摯的懺悔、報恩、發願與祈福之情。書寫的動作愈艱苦，書寫的次數愈多，也代表了書寫者愈堅誠的心志，以及相信能夠更多召致「天之福報」的願望。這樣儀式性的書寫行爲具有宗教的意涵，無論其所書寫的經典或訴諸權威的天道，也都具有超越現世政權的高度，而歷史上相信《孝經》文本具有神聖性與感應能力的傳統資源，也提供了支持這種宗教超越意涵的憑據[139]。當然，黃道周的實踐在當時的政治情勢下更是政治意味

（續）————————————————
133 參考郁永龍，〈蘇州西園戒幢律寺的文物珍寶〉：http://www.hkbuddhist.org/magazine/505/505_17.html（2007/4/21）。
134 〈隋司徒陳公捨宅造寺碑〉，收入董誥等編，《全唐文》，卷915，頁9521。
135 脫脫，《宋史》，卷456，頁13405。
136 李燾，《續資治通鑑長編》，卷21，頁477。
137 釋福善日錄，釋通炯編，《憨山老人夢遊集》（台北：藝文印書館，1968），卷53，頁479a(17179)。
138 其事見李贄，《焚書》（台北：漢京文化事業有限公司，1984），卷2，頁79。
139 黃道周的門人林有柏曾說自己與師從事40年，見老師行止坐臥只是一部《孝經》，又說「此書到處有鬼神護持，到處有日月星辰照臨其上，切勿輕易放置，輕易品題。」據此，很可能黃道周亦相信《孝經》文本的神聖性。黃道周，《孝經集傳》（內閣文庫本），卷末，頁50b。

十足，在他不斷地書寫《孝經》的同時，他也一次又一次地宣示著聖賢教導「孝治天下」的眞理性，並藉此強化自己彈劾楊嗣昌等人「奪情」的理據，也表明自己對此篤信不渝的心志，同時《孝經》「以孝事君則忠」的思想，更可做爲他對皇帝耿耿忠誠的保證。這樣的意涵是鮮明的，故當蔣德璟（1646卒）、黃景昉（1596-1662）等人設法營救黃道周時，便充分利用了他手書《孝經》的忠孝人格與懺悔之臣的形象，在崇禎面前適時進言，也成功使他獲得皇帝的赦免。經過這個事件後的黃道周，書法的成就達到最高峰，從此他忠孝的人格形象更與《孝經》、書法結爲緊密不可分的一體，爲中國藝術文化史留下特殊的一頁[140]。（圖7）

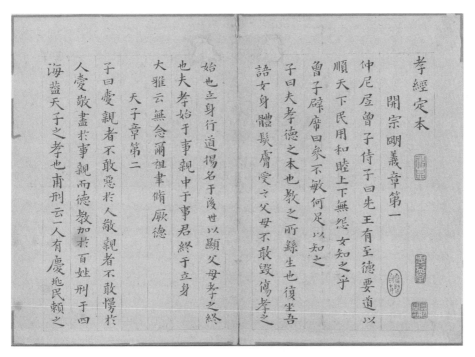

圖7　黃道周書孝經（國立故宮博物院藏品）。

---

140 關於黃道周《孝經》的書法藝術成就，參見賴曉雲，〈從黃道周書《孝經》論其書法藝術〉（國立台灣大學藝術史研究所碩士論文，2004）。

二、結語

　　以上幾個個案,雖然都具有某種程度的宗教意涵,但他們並不隸屬於任何宗教團體內的活動,而是很具個人色彩的實踐行為。雖然他們當中某些人在思想與信仰上也有相通、可呼應之處,例如呂維祺和許三禮顯然信服文昌帝君,他們誦唸《孝經》的活動也多少可以找到文昌信仰的關聯;又如楊起元、潘平格的思想明顯有許多共通點,與泰州學派及羅汝芳等人對孝與《孝經》的看法密切相關,但是他們之間並沒有直接的師承關係,也不隸屬於同一學派,其實踐行動也沒有統一的規範或形式。因此,我們並不能將他們視為一個團體,或太快聯繫到某一思潮,而僅能以個別案例的方式看待。

　　幾個個案中,除了潘平格為祈雨而誦經與黃道周獄中書寫《孝經》外,其餘三個例子都是日常生活中的日常實踐。無論呂維祺因著對《孝經》神通性的信念與對文昌帝君的信仰,每日虔敬誦讀經文;或楊起元的〈誦孝經觀〉以觀想修持的方式,引導自己體悟本心與天道,及聖賢傳承的歷史文化使命;或許三禮把誦唸《孝經》匯入整個告天的儀式中,以落實他希聖達天之學,這些實踐者都通過誦唸《孝經》的儀式性行為,從事著心性修養的工夫。即使黃道周在獄中重覆書寫《孝經》的行動明顯是一種政治與道德立場的表述,但也仍然透露著他藉此以強化、安定自己心念的修養作用。

　　從呂維祺、楊起元、潘平格和許三禮的實踐,我們看出《孝經》顯然被當做一部可通靈的典籍,實踐者都相信虔敬持誦《孝經》能夠感通神靈。因此,無論是觀想、告天或祈雨儀式中的誦經活動,都明顯具有與神靈溝通的目的,其儀式經驗(無論潘平格之祈雨或許三禮之占卦)也都帶有某種神應色彩。同樣地,黃道周手書《孝經》的實踐活動也具有與更高權威溝通的意味。在當時的政治情勢中,黃道周的實踐明顯具有重覆宣示聖人教導的真理,援引聖人經典的權威,並與政治最高權威——君王——溝通的複雜意涵。

　　儘管上述實踐個案具有許多相似性,甚至操作著「誦唸經文」這類似的動作,但事實上每個實踐行為所承載的意涵並不相同。同樣是誦唸《孝經》的儀式

性行爲，因著誦唸者的不同思想、不同身世背景，在不同的歷史情境下演出，便傳遞著不同的文化意涵。呂維祺對《孝經》的信仰態度及其長達二十餘年的誦經實踐，除了有儒學傳統的因素，顯然還受到文昌帝君信仰的影響。楊起元〈誦孝經觀〉的實踐，有著鮮明融會佛教觀想與道教修煉工夫的痕跡，但其主要精神還是陽明良知學，所觀想的境界也以孔曾聖賢相傳的文化使命爲主。至於潘平格誦《孝經》祈雨的這個特殊例子，若從學術史的脈絡中尋繹，在他明確反對宋明理學的聲明下，卻透露著與羅汝芳、楊起元等泰州學風十分相近的精神傳統，以及晚明江浙一帶相信《孝經》可通神靈的思想。許三禮誦唸《孝經》始終以「天帝大父母」爲焦點，也不乏文昌信仰的色彩，我們必須配合著他告天、法天、合天、格天的學問進程與「學貫天人」的理想，方能領會。黃道周的實踐除了表述著自己對「孝治天下」的堅定信念，也不排除對《孝經》神通性的肯定，但因其在特殊的政治情勢與場域中的實踐，其表述忠孝的政治意涵還是最爲明顯。從這幾位士人在個別情境下使用《孝經》的個案，我們也再次體會到一個文本在文化實踐中所可能扮演和發揮的文化意涵是極豐富的，而儀式的展演及創造的意義更是不斷更新演變的。

　　儘管所傳遞的文化意涵不盡相同，上述個案仍具有共同的特點，即它們都是與《孝經》有關的儀式性行爲。每個實踐者透過實踐的展開，型塑了一特定的儀式時空，《孝經》也在此特定儀式時空中，化成一本具有神聖意味或別具深意的文本，讓實踐者得以通過它，從事著種種自我修煉與自我表述，並與更高權威進行溝通。

第三部

晚明到民初的變化

第六章

政策的延續與落實

　　本章主要討論從晚明到清初《孝經》與科舉關係的變化，以及《孝經》受到清初帝王所重視、做爲帝國政治意識型態的重要內容。主要分爲兩部分討論：首先，將說明從晚明到清初，士人屢次上疏朝廷請重視《孝經》、將其納入科舉的情形，並強調清初明確將《孝經》納入科舉必試科目的政策改變，應回溯到晚明士人的訴求，才能清楚洞悉其間延續性的發展。接著，則由考查清初河南與浙江杭州兩地推廣《孝經》教育的情形，進一步討論清帝國孝治意識型態教化的落實。由於浙江杭州一帶是晚明《孝經》學復興的重鎮，而河南地區在晚明有呂維祺的提倡，清初又陸續出版許多《孝經》著作，故這部分的考查亦能提供我們在下一章討論清初《孝經》詮釋觀點變化的社會史背景。

一、晚明的訴求、清初的實現

　　崇禎二年正月丙子(1629. 2. 12)，徽州婺源生員江旭奇趁著皇帝到太學釋奠時，在侍衛森嚴、劍戟交轅下，竟然伏甬道進呈《孝經疏義》和一份奏疏[1]。奏疏主要有兩大訴求：一是建言《孝經》應被納入科舉考試中命題；二是建請將忠孝名臣諸葛亮(181-234)、張巡(709-757)、岳飛(1103-1142)三人陪祀文廟[2]。江旭奇的奏疏強調《孝經》爲孔子所作、受到漢以降許多帝王的重視、在唐代明經

1　《崇禎實錄》(台北：中央研究院歷史語言研究所，1967)，卷2，頁43。江旭奇在〈進呈始末〉一文中對其進呈的過程有很詳細的說明，見江旭奇，《孝經翼》，頁1a-15b。

2　江旭奇，〈進孝經疏義奏疏〉，收入江元祚，《孝經大全》，頁1045-1046。

科考試中佔重要地位，並指出理學大儒朱熹、許衡均重視此書[3]。奏疏中也說及當時《孝經》學荒廢的情況，建議將《孝經》納入科舉的必試科目：

> 今世儒童、生員鮮讀二書（案指《孝經》、《小學》）者。臣以爲厚人心，淳風俗，實爲王道。誠於考試間以命題，則孔曾傳授之密旨與朱熹嘉惠後學之盛心爲世誦法，自能培植根本，延綿命脉。[4]

江旭奇的看法在晚明並不孤單，事實上，大約半個世紀之前，類似之見已開始在一些士人中蘊釀。第三章中我們已看到，萬曆年間，朱鴻、孫本、王世貞都有類似主張，認爲只有將《孝經》納入科舉，它才能在士人教育中扎根，也才能眞正發揮孝治天下的教化作用；韓世能曾進呈《孝經》；楊起元在南京國子監提倡《孝經》教育；陶承學（1518-1598）也有「賢公卿羽翼孝經者，捧其注疏，呈之宸陛，有日頒行學宮，以昌治理。」的想法[5]，不過，晚明士人上疏皇帝請尊《孝經》而有明顯成效者，仍以江旭奇爲第一人。此可能與萬曆皇帝不理朝政、天啓年間魏忠賢（1568-1627）擅權亂政，以及崇禎即位後的力圖振作有關[6]。

崇禎皇帝對於江旭奇的上疏有相當正面的回應，第二天即下令：

> 江旭奇欣逢盛典，奏請進書，意亦可嘉。《孝經疏義》留覽，其考試命題併前代諸臣祀事，該部酌議具奏。[7]

此不僅讓祭酒、諸生和江旭奇的家人如釋重負，也讓江旭奇一舉成名，造成「各衙門差人討《孝經》」，甚至連外國使臣都前來求《孝經》的轟動局面[8]。

3　史書記載許衡「敬《小學》如神明」，江旭奇則強調《小學》之體裁實橐於《孝經》。江旭奇，〈進孝經疏義奏疏〉，收入江元祚，《孝經大全》，頁1045。

4　江旭奇，〈進孝經疏義奏疏〉，收入江元祚，《孝經大全》，頁1045-1046。

5　朱鴻，《孝經總類》，頁18。

6　關於崇禎皇帝即位後殫心治理國政、力求中興的努力，及其性格與決策上的限制，見樊樹志，《崇禎傳》。

7　江元祚，《孝經大全》，頁1049。

8　江旭奇，〈進呈始末〉，《孝經翼》，頁1a-15b。

崇禎六年正月，皇帝頒布聖諭：

> 祖制設科取士，專爲致治求賢，近來士習日偷，貢舉失當，人材鮮
> 少，理道不張，皆緣督學師教各官董率乖方，培養無術，盡失舊
> 例。……至《孝經》、《小學》諸書，及州縣各有社學，原欲養蒙
> 育德，敷教儲才，近來全不講究興舉，其士子自童時入塾以迫應試
> 登科，只以富貴溫飽爲志，竟不知立身修行，忠君愛民之大道。如
> 此教化不明，士風吏治安得不日趨卑下。……今欲祗遵祖制，起敝
> 還醇，童子入學過試，先查德行，自童儒以及鄉會，須有實蹟，方
> 許入場。9

此聖諭之頒布對《孝經》學的提倡頗爲關鍵，目前日本仍藏有一些崇禎年間
《忠經》、《孝經》、《小學》的合刻本，書前載有聖諭，每章上面標寫該章之
論旨，顯然爲士子準備考試的用書10。北京國家圖書館藏晚明雨花齋刻本《孝經
忠經等書合刊》，內有《孝經集注指南大全》，同樣可看出是因應聖諭而刊刻的
書籍11。另外，江元祚編輯的《孝經大全》、陳仁錫和馮夢龍編的《孝經翼》也
都出版於此時，且均載有聖諭，同樣都是在聖諭效應下出版的書籍12。

第二年(崇禎七年，1634)，湖廣黃州府生員瞿罕再次上疏13，並進呈《孝經

9　見江元祚，《孝經大全》，頁11-20。

10　例如日本內閣文庫藏《忠經孝經小學講義》，《孝經忠經詳注》，尊經閣文庫藏《孝經
　　小學參注疏意》，《精鐫孝經參注疏意》，《張天如先生標題孝經集注詳解》，《御覽標
　　題孝經存是詳解》，《孝經直解序》。

11　《孝經忠經等書合刊》共包括四本：《孝經集注指南大全》、《忠經集注指南大全》、
　　《小學集注指南大全》、《太祖聖諭演訓》，書中收錄有崇禎六年的聖諭以及江旭奇的
　　奏疏。現藏北京國家圖書館善本書室。

12　江元祚書由葛寅亮作序，序作於崇禎六年七月。江元祚與江旭奇有親戚關係，見江
　　旭奇，〈進呈始末〉，《孝經翼》，頁9b；14a-b。

13　瞿罕爲瞿九思之子。萬曆三年(1575)，瞿九思被誣陷爲民變首領，當時年幼的瞿罕
　　與兄瞿甲徒步隨父上京訟冤，年僅13歲的瞿甲還上書宰輔，爲父辯屈，感動許多
　　人。見羅宗強，《明代後期士人心態研究》(天津：南開大學出版社，2006)，頁380-
　　381。

貫注》、《孝經存餘》、《孝經考異》、《孝經對問》諸書。據瞿罕所言，雖然崇禎二年皇帝詔令酌議《孝經》考試命題，但由於對今古文仍存著歧異，六年來一直未能有明確的決策，故他決定再度上疏。瞿罕的訴求與江旭奇類似，但建議更明確。在經文注解方面，他認為朝廷取士既以朱注為準，對於《孝經》亦應採同樣標準，他主張：「則論斷《孝經》既當以孔氏古文為正，而考定篇次自當以朱熹的《刊誤》為宗。」希望藉此能消弭今古文之爭，也為《孝經》考試定下明確的版本。瞿罕自己的作品《孝經貫注》，是一部綜合各典籍、各類知識以注《孝經》的龐雜之作，他說自己的態度是：「惟以朱子《刊誤》為宗，凡朱子增入者，罕逐字解之。」[14]

對於如何落實《孝經》教育，瞿罕則提出四項具體的建議：(1)宜倣責令童蒙先習《小學》之例，特頒一勅，勸讀《孝經》；(2)宜倣梁、宋之制，專委一官講究《孝經》，以儲德行；(3)以《孝經》命題考試方面，可倣《小學》出題之近例，試士之日，但取《孝經》試童子，以堅其志向，而鄉會之發題，仍從舊制；(4)經筵應講《孝經》[15]。可見瞿罕的構想是從皇帝的經筵、士人之學，到童蒙教育，全面性落實《孝經》之教，並仿古代之例設《孝經》專門官員。

崇禎皇帝對於瞿罕的上疏很快做出回應，崇禎七年十二月十八日下令：《孝經》委宜表章，瞿罕之注解則令禮部看議。崇禎八年(1635)三月，禮部針對瞿罕注解的《孝經貫注》，做出評斷：「雖其中固不無附會汎濫之處，然亦可謂即流溯源，著述不妄者矣，合無准從書肆刊布，以無虛其六年苦心。」[16]至於考試命題方面，禮部的覆議如下：

> 至於命題一節，崇禎二年奉有明旨，已經覆請一遵聖祖頒定之舊第，《孝經》雖不並於四書、五經，自不後於《小學》、《性理》，今依朱子定本頒行，令督學師儒等官，凡遇考試生童，將

---

14 瞿罕，〈孝經貫注凡例〉，《孝經貫注》(明崇禎七年刻本)(上海華東師範大學圖書館善本書部藏)，頁2b。

15 瞿罕，〈上禮部表章孝經公揭〉，《孝經貫注》，頁7a-13a。

16 陳子壯，〈禮部覆表章孝經疏〉，收入呂維祺，《孝經大全》，卷19，頁10a-14b。

《孝經》、《小學》、《性理》三書間出論題，仍不時講究，使多
士翕然誦習，立行蒸蒸，庶幾上副表章之旨。而於皇上以孝治天下
之隆義不無裨益矣。[17]

崇禎八年三月十六日聖旨：

《孝經》原隸學宮，著兩雍及直省各學臣，嚴飭士子同《小學》俱
務誦讀力行，考試仍一體命題以驗有無熟習。所進《貫注》不必刊
布，欽此。[18]

　　瞿罕的訴求仍得到崇禎正面的回應，雖然朝廷並沒有從其議專設一官講《孝
經》，瞿罕本人的著作《孝經貫注》也沒有得到太多重視，未蒙朝廷正式刊行，
因此大大限制了此書的流傳與影響。清初冉覲祖曾說：「明季黃梅瞿罕從朱子所
定《孝經貫注》，以朱子所刪為《孝經存餘》，又有《考異》、《對問》，上之
朝，未蒙頒行，世鮮知者。」[19]可見瞿罕之書在清初時已未能通行，如今也只有
上海華東師範大學藏有一孤本。
　　崇禎八年七月，朝廷又御製《小學新序》，頒行天下[20]；目前尚存的明刊本
《精鑴孝經參注疏意》、《精鑴小學參注疏意》也同樣出版於這一年。崇禎十二
年(1639)五月，皇帝再下聖諭，希望各地能確實稽查落實《孝經》、《小學》教
化的情形：

聖祖六諭、《小學》、《孝經》果否遵旨通行講讀考試，撫按年終
類奏該部，詳加甄別，以憑黜陟。[21]

17　陳子壯，〈禮部覆表章孝經疏〉，收入呂維祺，《孝經大全》，卷19，頁14a-b。
18　陳子壯，〈禮部覆表章孝經疏〉，收入呂維祺，《孝經大全》，卷19，頁14b。
19　冉覲祖，〈孝經詳說序〉，《孝經詳說》，卷1，頁2b。
20　《崇禎實錄》，卷8，頁259。
21　呂維祺，〈進呈孝經疏〉，氏著，《孝經大全》，卷20，頁2b。

崇禎十二年九月，理學大儒呂維祺上疏，進呈其所著《孝經本義》、《孝經大全》、《孝經或問》[22]。同年十一月，呂維祺又疏陳表章《孝經》八要，陳明孝治天下的政治藍圖，呂維祺提出的八要為：1.進講經筵以樹模範、2.東宮講習以端儲教、3.頒諭宗戚以敦親睦、4.頒行試題以驗習學、5.鄉會出題以隆大典、6.頒諭武士以明大義、7.辟舉真孝以勵士俗、8.諭俗講解以正民風[23]。

呂維祺疏中所提表章《孝經》的訴求，比江旭奇、瞿罕更全面而積極，涵括從帝王、皇太子、宗戚貴族、士人到庶民各階層落實《孝經》教育的管道與方法。在庶民教育方面，他建議讓府、州、縣官在鄉約時宣講《孝經》，朝廷應該「凡塾師教習處，皆頒《孝經》一部」；也主張以《孝經》教化、糾正士民之過犯，凡犯過之士民若能背誦講解《孝經》明白者，即可獲寬宥[24]。在士人教育與考試方面，他主張應比照經書制義的方式，以《孝經》出題考試儒生：「合無責令兩雍省直師儒學官，凡遇貢監生儒考試，照經書出題作制義，如解卷無孝經制義，以不職論。」[25]他又提出「鄉會出題以隆大典」的建議，希望恢復王安石改革科舉以前的唐宋舊制，將《孝經》提昇到與四書、五經同等的地位，正式納入科舉的鄉、會試之中。他說：

> 合無勅令習本經者，皆通《孝經》，遇鄉會試令出《孝經》題一
> 道，列四書後、本經前，減本經一篇。[26]

晚明鄉會試第一場考四書三題、經四題，呂維祺提議經書減為三題，增加《孝經》一題。

呂維祺表章《孝經》的用意雖然得到朝廷的肯定，不過朝廷以《孝經》篇章不多、出題難有變化為由，並沒有接納他的建議把《孝經》正式納入鄉會試中[27]。

22　呂維祺，〈進呈孝經疏〉，氏著，《孝經大全》，卷20，頁1a。
23　呂維祺，《孝經大全》，卷20，頁1a-15a。
24　呂維祺，〈五陳表章疏〉，《孝經大全》，卷20，頁14a-b。
25　呂維祺，〈四陳表章疏〉，《孝經大全》，卷20，頁10b-11a。
26　呂維祺，〈四陳表章疏〉，《孝經大全》，卷20，頁11b。
27　朝廷的回覆如下：「《孝經》章數無多，若更定一題，易於揣摩打點，這會場七題選

後來呂維祺又補陳表章《孝經》四翼疏，提出以比類推擬的方式出題，即可避免《孝經》因篇幅短小、易於揣摩的問題，同時也提議將《孝經》與《大學》合稱「孝學」，合併在第一場中出題[28]，但這些建議終究沒有獲得朝廷採納。基本上，明代科舉論題中雖也曾以《孝經》命題[29]，但並沒有在考試的規制上正式將《孝經》納入必試科目。

兩年之後，即崇禎十四年(1641)正月，呂維祺因抵抗李自成之亂而殉難，明王朝亦衰亡在即。晚明士人上疏朝廷表章《孝經》的許多訴求，以及他們對崇禎皇帝似乎驗應著「五百年必有王者興」的期待，都隨著明帝國的崩解而付諸流水。然而，他們的理念與願景卻沒有因朝代的鼎革而幻滅，反而在滿洲皇帝新帝國的建設工程中獲得進一步的實現。

滿族以邊疆部族入主中國，要重建並有效統治這個龐大而失序的帝國，確實是一項艱鉅的工程，不過以實際績效而言，卻獲得相當的成功。清帝王在滿漢文化衝突和不同勢力集團的矛盾中，固然努力維繫多種族、多元文化的穩定局面，以建設一龐大的帝國[30]，但在朝廷統治的意識型態方面，尤其是對以漢人為主的中國本部地區(China proper)而言，儒家思想仍佔極重要的地位。康熙皇帝以程朱理學為官方正統的路線，有效地提昇、鞏固了君權，完成帝國的統一，並開創新局[31]。在清初的政權與意識型態之下，晚明文化中如陽明學強調良知自主的精神、朋友結社講學的風氣、三教融合的性靈追求等，都遭受強烈的批判與壓抑。取而代之的是一套講求由虛返實、居敬行簡、躬行實踐、禮儀法度的價值與行為。清初帝王則努力在大小禮儀與經筵日講中賣力演出[32]，使自己成為體現這套

(續)————

仍舊，或於科歲二考間出以觀士子學習條欸，嚴飭行。」呂維祺，〈補陳表章孝經四翼疏〉，《孝經大全》，卷20，頁15b。

28 呂維祺，〈補陳表章孝經四翼疏〉，〈七陳表章疏〉，《孝經大全》，卷20，頁15a-20a。

29 朱鴻在〈孝說〉一文曾說嘉靖丙戌(1526)曾以《孝經》命題試士，萬曆庚辰(1580)首以發策，乙酉(1585)又併《春秋》、《孝經》以為策問。見朱鴻，《孝經總類》，頁120。

30 Evelyn S. Rawski, *The Last Emperors*, pp. 197-302；葉高樹，《清朝前期的文化政策》(板橋：稻鄉出版社，2002)。

31 高翔，《康雍乾三帝統治思想研究》(北京：中國人民大學出版社，1995)，第一章。

32 清朝皇帝相對比前朝皇帝更注重禮儀的行使，雖然不可能親自主持每一項儀式，參見Evelyn S. Rawski, *The Last Emperors,* pp. 212-215。清皇帝祭天禮儀，見Angela

價值的典範,落實一種集道統與治統於一身的聖王之治[33]。

在清初帝國建設的大工程中,《孝經》很快便受到帝王與朝臣的重視,主要因為《孝經》的教導完全符合清廷對家族組織的支持與收編,具有穩定上下秩序、移孝作忠、敬順君父的教化功能。而且如第一章所言,地方社會中的宗族與孝的教化等機制,從明中期以降即有快速發展的趨勢,清廷的統治也順勢配合這樣的發展。其實滿族在入關前即有漢化的趨向,根據黃麗君的研究,天聰朝(r. 1627-1636)是滿漢文化交融的分水嶺,漢人孝道思想在此時也逐漸為滿族所接受,入關之後融合更快[34]。事實上,「孝」也在滿族貴族教育中佔重要一環,故清皇帝強調孝教、努力實踐孝行,也是體現滿洲之道(The Manchu Way)的做法。羅友枝(Evelyn Rawski)也指出,清朝對皇帝品格的要求、皇帝登基時的禮儀設計,也主要強調孝的品格[35]。

再者,《孝經》教孝在中國有深遠的文化根源,不僅可以追溯到孔曾聖賢之傳,以君王之尊提倡《孝經》教育也是漢唐盛世君王們的重要舉措,而明太祖「聖諭六言」在明中期以後普遍與鄉約和宗族結合,以及晚明士人提倡《孝經》、幾番上疏朝廷的努力,都是清初帝王提倡《孝經》的重要歷史文化資源。另外值得注意的是,在外族統治的王朝裡,《孝經》屢次被翻譯以資教化,目前尚存有西夏文《孝經》、元代蒙古文《孝經》[36]。清廷也採取類似的作法屢次將

(續)———————————————

　　Zito, *Of Body & Brush: Grand Sacrifices as Text/Performance in Eighteenth-Century China* (Chicago: University of Chicago Press, 1997). 皇帝對禮儀的重視主要仍有關君權之鞏固與帝國之治理成效,故必要時,也會修改禮儀以提昇官僚制度運作的效力,並鞏固君權,Norman Kutcher, *Mourning in Late Imperial China: Filial Piety and the State* (New York: Cambridge University Press, 1999), pp. 73-119.

33　高翔,《康雍乾三帝統治思想研究》,頁31;黃進興,〈清初政權意識型態之探究:政治化的道統觀〉,收入氏著,《優入聖域》,頁88-124;劉家駒,《儒家思想與康熙大帝》(台北:學生書局,2002),第二、三章。

34　黃麗君,〈孝治天下:入關前後滿族孝道觀念之轉化及其影響〉(國立中正大學歷史研究所碩士論文,2006)。

35　Evelyn Rawski, *The Last Emperors*, p. 203, pp. 207-210; Evelyn Rawski, "The Creation of an Emperor in Eighteenth-Century China," in Bell Yung, Evelyn S. Rawski, and Rubie S. Watson eds., *Harmony and Counterpoint: Ritual Music in Chinese Context* (Stanford: Stanford University Press, 1996), pp. 150-174.

36　西夏文《孝經》有一文本存在大英博物館,另一文本被蘇俄學者發現,1966年由

《孝經》譯為滿文，根據葉高樹的研究，《孝經》於順治朝有阿什坦的翻譯、康熙朝有和素譯本、雍正皇帝敕譯滿漢合璧《孝經》和滿文《孝經集注》，乾隆朝又重刊雍正《御製繙譯孝經》[37]。此均可見清朝統治者對《孝經》的重視。

　　不僅清朝皇帝重視孝的教化與《孝經》，清初士大夫也延續晚明士人上疏的作法，繼續上疏朝廷請尊崇《孝經》。順治十年(1653)，魏裔介(1616-1686)上〈振士習以養人才疏〉，請重視《孝經》教育，並於科歲兩考及鄉會試中俱以《孝經》命題[38]。順治十三年(1656)魏裔介再度上疏，請頒《戒殺彙鈔》、《人臣儆心錄》、《孝經衍義》等御製書籍，以資教化，並再度請朝廷將《孝經》納入科舉出題[39]。這一年(1656)，朝廷出版了由大學士蔣赫德（1670卒）纂寫的《御定孝經注》，明確表達了朝廷孝治天下的理想[40]。而《孝經》與科舉的關係，在清初也有重大突破，順治十六年(1659)，朝廷終於下令規定科舉第二場論題中以《孝經》出題[41]。從晚明以來，士人屢次上疏尊崇《孝經》、納入科舉的努力，至此終於有了明確的結果，《孝經》再次被朝廷正式列為科舉的必試科目，每一位準備參加科舉的士子都必須研習此書。

（續）────────────

　　　Academy of Science of the USSR出版，前有呂惠卿序，見Eric Grinstead, *Analysis of the Tangut Script* (Studentilitterature: Curzon Press, 1972), pp. 277-296. 1307年刻本的蒙古文《孝經》，現存北京故宮博物院。西夏文《孝經》資料，蒙Erling Johannes von Mende教授提供，特此誌謝。

37　和素譯本刊於康熙四十七年(1708)。參見葉高樹，《清朝前期的文化政策》，頁65-75。

38　魏裔介，〈振士習以養人才疏〉，《魏文毅公奏議》(上海：商務印書館，1936)，卷1，頁14-15；魏荔彤輯，《魏貞庵先生年譜》(台北：廣文書局，1971)，頁12a。

39　魏裔介請頒的御製書籍包括：《戒殺彙鈔》、《人臣儆心錄》、《資政要覽》、《順治大訓》、《勸善要言》、《範行恆言》、《孝經衍義》。見魏裔介，〈請頒御製諸書疏〉，氏著，《魏文毅公奏議》，卷2，頁35-36；上疏年代見《魏貞庵先生年譜》，頁18b(36)。另外，魏裔介對於《孝經》的提倡及其在清初政治發生的作用，見Lynn Struve, "Ruling from Sedan Chair: Wei Yijie (1616-1686) and the Examination Reform of the 'Oboi' Regency," *Late Imperial China* 25:2 (2004), pp. 1-32.

40　關於《御定孝經注》的出版及其政治意涵，可參見順治皇帝及四庫全書館臣所著之序，見蔣赫德纂，《御定孝經注》(台北：臺灣商務印書館，1983)，卷首。關於順治皇帝以孝治天下的自我期許，見宋德宣，《滿族哲學思想研究》(瀋陽：遼寧大學出版社，1994)，頁140-141。

41　《欽定大清會典事例》，卷331，頁2a。

康熙承順治之治，對於《孝經》與孝治的推行更是不遺餘力。在掃除鰲拜(1669卒)勢力後，於康熙九年(1670)十月，康熙皇帝頒布了《聖諭十六條》，首揭「敦孝悌以重人倫」，做為教化士民的準則。我們在第一章中已論及，聖諭的內容深入清代各階層教育與文藝作品，對於穩定社會秩序起了深遠的影響。康熙亦極重視《孝經》，他曾說：

> 《孝經》一書曲盡人子事親之道，為萬世人倫之極，誠所謂天之經，地之義，民之行也。推原孔子所以作經之意，蓋深望夫後之儒者身體力行，以助宣教化而敦厚風俗。其旨甚遠，其功甚宏，學者自當留心誦習，服膺弗失可也。[42]

他本人更以身作則，對祖母孝莊文皇后克盡孝道，竭力為全民之典範，以落實孝治天下的統治[43]。

康熙又繼承順治的遺願，續修《孝經衍義》，他命儒臣葉方藹(1629-1682)等負責纂修。終於在康熙二十一年(1682)完成《御定孝經衍義》100卷，康熙親序於二十九年(1690)，出版後頒布天下[44]。這部由朝廷主持編纂的《御定孝經衍義》，在體例上不取章句訓詁，而是仿真德秀(1178-1235)的《大學衍義》而作，強調《孝經》的政治教化功能；經文則取朱熹《孝經刊誤》為準[45]，此不僅與朝廷崇尚朱學的立場相一致，對於日後《孝經》詮釋的發展也有重大影響。朝廷頒行《御定孝經衍義》的舉措當然有仿效唐玄宗頒布《御注孝經》以行孝治的意味。正如魏斐德(Frederic Wakeman)指出，《御定孝經衍義》的編纂可謂是一種清教徒式倫理規範建設的核心工作，是繼明末以來打擊以陽明學為代表的道德

---

42 清聖祖御製，清世宗纂，《聖祖仁皇帝庭訓格言》(台北：臺灣商務印書館，1983)，頁10b-11a。

43 楊珍，《康熙皇帝一家》(北京：學苑出版社，2003)，頁13-78；劉家駒，《康熙大帝與儒家思想》，頁89-93。

44 頒布天下的時間或曰在康熙二十九年(1690)，但康熙三十年(1691)禮部進呈22部《孝經衍義》，皇帝下令發與直隸各省巡撫及奉天府丞，共19部。見〈孝經衍義進呈表〉，《孝經衍義》(清康熙三十年刊本)(上海圖書館古籍室藏)，卷首。

45 《御定孝經衍義》(台北：臺灣商務印書館，1983)，卷首〈凡例〉，頁1a-b。

相對論論述、強化程朱學以忠孝等絕對倫理爲準則的秩序觀，以及清初強調禮法與實踐等一系列政治主張與作爲的延續，同時也是以朝廷之權威推動社會教化的重要工程。《御定孝經衍義》整個編纂工作也是清廷繼修纂《明史》之後，再一次試圖凝聚當時智識菁英所完成的重要文化事業[46]。而此書的頒布對於《孝經》學也有重大影響，關於此，將於下一章討論。

　　雍正即位後，雖面臨皇權正統性的危機，其政治手段也頗染神道設教的色彩，不過他許多施政仍承繼康熙朝，對於孝的教化也極重視[47]。尤其是將康熙的聖諭推衍爲《聖諭廣訓》一書，明令各地每逢朔望必須宣講，童生考試亦需默寫一條。這種以孝弟思想爲基礎，重視家族組織與宗族文化之建置，強化宗法制度對社會安定的重要性，都是清朝統治所肯認的主流價值[48]。而在提倡《孝經》方面，雍正因顧慮《御定孝經衍義》篇帙繁多，一般讀者難以周遍通讀，故特別命人專釋經文，在雍正五年(1727)出版了《御纂孝經集注》。該書體例「悉仿朱子四書章句集注爲之」[49]，主要目的仍是推廣孝的教化，雍正序曰：

> 誠使內外臣庶，父以教其子，師以教其徒。口諷其文，心知其理，身踐其事。爲士大夫者能資孝作忠，揚名顯親；爲庶人者能謹身節用，竭力致養。家庭務敦於本行，閭里胥嚮於淳風，如此則親遜成化，和氣薰蒸，躋比戶可封之俗，是朕之所厚望也夫。[50]

至於科舉考試以《孝經》命題方面，康熙朝主要延續順治十六年的定制，在

46　Frederic Wakeman, *The Great Enterprise* (Berkeley: University of California Press, 1985), p. 1094.

47　楊啓樵，《雍正帝及其密摺制度研究》(上海：上海古籍出版社，2003)，頁188。

48　井上徹，《中國の宗族と国家の禮制》，頁253-291。清朝禁私人講學結社、承認家庭組織，關於此從明末到清初的變化，參見Benjamin Elman, *Classicism, Politics, and Kinship: The Cháng-chou School of New Text Confucianism in Late Imperial China* (Taipei: SMC Publishing Inc., 1991), pp. 32-35.

49　見紀昀等所纂〈提要〉，收於《御纂孝經集注》(台北：臺灣商務印書館，1983)，卷首，頁1(18)。

50　〈世宗憲皇帝御製孝經序〉，《御纂孝經集注》，卷首，頁1b-2a(17-18)。

鄉會試中的「論」題部分以《孝經》出題。但因爲《孝經》篇幅短小,出題變化少,康熙二十九年(1690),議准鄉會試二場論題,除《孝經》外,可兼用《性理》、《太極圖說》、《通書》、《西銘》、《正蒙》等書。到了康熙五十七年(1718),卻演變成專用《性理》的局面,《孝經》又不再受重視[51]。故雍正即位之後,立即下詔諭,再度改回以《孝經》命題,明申《孝經》應與五經並重,因爲均是聖人之教,是化民成俗之本,而宋儒之書雖足羽翼經傳,卻未若聖言之廣大[52]。此可能也與雍正本人不若康熙熱衷於理學有關,而朝廷既將《孝經》定位爲孔曾相傳、承載聖人之教的儒學經書,其地位自在宋儒著作之上。

綜上所論,晚明許多士人提倡《孝經》學,呼籲朝廷應重視《孝經》教育,將其納入科舉必試科目,並希望皇帝以帝王之尊倡導此學,以落實孝治天下的理想。這些呼籲與建言,在明崇禎朝內受到朝廷相當正面的回應,聖諭各州縣學要重視《孝經》和《小學》的品德教育,也因而促成一波《孝經》的出版風潮,不過並沒有眞正落實在科舉制度的改革上。明清鼎革,雖然政權易手、社會經歷天崩地解的變動,但清初皇帝對於《孝經》教化的提倡則明顯承繼晚明的作法,且更爲積極,士人呼籲重視《孝經》的聲音也沒有中斷。魏裔介幾次上疏都承繼著晚明士人的訴求,結果也獲得清廷的支持,終於促成科舉規制的改革:從順治十六年開始,《孝經》正式在科舉第二場「論」中出題命試。

不僅如此,清初幾位皇帝多次御注《孝經》以頒布天下。配合著清廷對家族組織、宗法秩序的支持,《孝經》也成爲帝國教化與統治意識型態的基石。因此,就朝廷提倡《孝經》以落實孝治意識型態的政策發展而言,從晚明到清初實有相當的延續性。雖然柯啓玄(Norman Kutcher)指出,從晚明到清初,官員守喪禮制有逐漸鬆弛、私人化的趨向,清朝皇帝爲了官僚體制效率經常要求官員在職守制,到了18世紀末,喪禮只能成爲個人事件,已失去晚明時期具有凝聚社會的力量,故認爲「家國同構」的孝治意識型態已有改變,逐漸向絕對效忠朝廷的方

---

51 《欽定大清會典事例》載五十五年議定,二場論題專用性理。見該書頁1b。Lynn Struve指出此與康熙五十四年(1715)出版《性理精義》有關,見Lynn Struve, "Ruling from Sedan Chair: Wei Yijie (1616-1686) and the Examination Reform of the 'Oboi' Regency", pp. 1-32.

52 趙爾巽,《新校本清史稿》(北京:中華書局,1976-77),卷108,頁3149-3150。

向傾斜[53]。我個人覺得柯啓玄太過質實地把「孝治天下」的意識型態聯結於某種特定的禮制實踐，忽略了在「孝治天下」這個政治論述之內，本來就容許有不同禮制實踐的可能性、君權與父權的角力、或爲不同目的服務的詮釋空間。它總是指涉著忠孝一體、眾德一致的和諧與理想，而實際上任何能夠掌握解釋權優勢的一方，都可能運用孝治意識型態做出有利於己的詮釋。因此，我認爲在中國尚未對「家國關係」提出顛覆性看法之前，「孝治天下」的意識型態仍具有普遍效力（仍是普遍的思維方式）[54]，雖然在這個政治意識型態下，不同的操弄與詮釋，以及權力關係的競爭是沒有停息的。

二、落實於地方

　　既然提倡《孝經》以落實孝治天下理想是清廷的政策，那麼從地方史的角度，是否可以看到這種政策落實的情形？本節主要考察河南地區和浙江杭州府的情形，希望能對上述問題略有說明。選擇河南和杭州做爲考察焦點，主要因爲浙江杭州是晚明《孝經》學之重鎮，而河南是呂維祺的家鄉，同時又是清初許多《孝經》著作的產地。因此，以下的討論，一方面說明清初《孝經》教育落實於地方的某種情形，另一方面則做爲下一章討論清初《孝經》學的社會史背景。不過，由於史料所反映兩個地區在清初落實《孝經》教育方面有明顯的差距，河南地區在經歷晚明戰亂之後，清初的學術生態明顯有一股乘著新帝國而開拓的新現象，一時之間，建書院、興士習蓬勃地展開，提倡孝弟禮法教育的史料十分豐富，充分顯示地方配合中央，上下合力推廣教化的情形。相對地，浙江的史料則較不明顯，可能由於江南地區在晚明已是文化菁英區，思想與文化活動都較豐富而複雜，加上清帝國與江南的緊張關係，帝國意識型態的下貫也較複雜。因此，下面的討論將主要以清初河南地區爲主，輔以我對浙江杭州府志及書院志考查的

53　Norman Kutcher, *Mourning in Late Imperial China: Filial Piety and the State* (New York: Cambridge University Press, 1999).
54　我認爲眞正顛覆性的看法出現在清末民初，尤其以個別國民做爲民族國家的主要組成分子之後。

心得，加以說明。

(一) 清初河南的理學復興

明代河南理學有尤時熙、孟化鯉、呂維祺、張信民等學者的倡導，晚明講學活動亦相當活躍[55]，概括而言，此地學風是兼具陽明學色彩與北方篤實實踐的精神。不過，清初河南理學的發展則主要源於孫奇逢(1585-1675)的領導，並逐漸與陽明學區隔，力主程朱學爲正統[56]。17世紀末期，從1670年代至1690年代之間，以耿介(1623-1693)、冉覲祖、竇克勤(1653-1708)、李來章(1654-1721)爲首的理學群體，先後興建了嵩陽、朱陽、南陽、紫雲四所書院，形成彼此往來問學密切的師友社群，也成爲當地推動《孝經》教育、落實朝廷孝治政策的重要機構。以下先簡介四所書院在清初興建的歷史與講學領袖。

嵩陽書院位於登封縣內，1674-1680年間在地方官與邑紳合力捐獻之下，於傾圮的舊書院基礎上重建[57]。書院內設有專祠祀程朱，又建有麗澤堂、觀善堂、輔仁居，以及博約、敬義兩齋[58]。主導此次嵩陽書院的興建者主要是耿介[59]。耿介爲河南登封人，順治九年(1652)進士，與湯斌同選翰林院庶吉士，兩人因此結

---

55 戴霖，〈明代洛陽地區講會論略〉，《河南科技大學學報》，卷21期4(2003)，頁17-20。

56 關於孫奇逢在河南的講學，見呂妙芬，〈清初河南的理學復興與孝弟禮法教育〉，收入高明士編，《東亞傳統教育與學禮學規》(台北：國立台灣大學出版中心，2005)，頁177-223。。

57 耿介的《敬恕堂文集》記丁巳年(1677)創修嵩陽書院，又記甲寅年(1674)嵩陽書院成。見該書，卷1，頁9a；卷2，頁7b。根據《登封縣志》，1674年是知縣葉封建諸賢祠，1677年耿介建先師殿、三賢祠等，但同書稍後又記各項工程始自1679年春至1680年秋訖工。書院後續尚有擴建工程，均見洪亮吉等編纂，乾隆《登封縣志》(清乾隆五十二年刊本)(台北：成文出版社，1976)，卷17，頁11a-12b；16b。邑紳捐田的情形，見施誠重修，《河南府志》(清乾隆四十四年刊)(中央研究院傅斯年圖書館藏)，卷29，頁31a-b；洪亮吉等編纂，《登封縣志》，卷17，頁11a-13b。

58 耿介，〈創建嵩陽書院碑記〉，《敬恕堂文集》(清康熙年間刊本)(中央研究院傅斯年圖書館藏)，卷2，頁54b-57a。

59 嵩陽書院始建於北魏太和八年(484)，初名嵩陽寺。唐高宗弘道年間在此祈雨，改爲太乙觀。五代周時，設立太乙書院。宋仁宗下令重修書院，賜名嵩陽書院。元末，書院遭到嚴重破壞，明嘉靖年間曾修房舍，聘師招徒，並修建二程子祠。清康熙初年，登封知縣葉封先重建之，耿介致仕後，捐田興學，遂大興。見張志孚、何平立，《中州文化》(瀋陽：遼寧教育出版社，1998)，頁191-194。

爲至交，以聖人之學相砥礪。耿介官歷福州巡海道、清西湖東道、直隸大名道，丁母憂後便不復出，專心從事學術教化工作。康熙十二年(1673)，耿介至蘇門拜訪孫奇逢，執贄門下[60]。他的學問以嚴謹守禮著稱，對於程朱的存敬工夫有深刻體會，故特以「敬恕」名其書齋，晚年尤喜言「仁孝」二字，屢次闡發以仁孝爲千聖心傳的心得[61]。

嵩陽書院是耿介講學的據點，也是清初河南理學傳承的重要場所，當時與耿介一起講學的學者很多，包括冉覲祖、竇克勤、李來章、王澤溢、姚爾申、趙賜琳、孫祚隆、趙國鼎、楊淑蔭、喬廷謨、張度正(1687舉人)、裴清修、梁家蕙等[62]，都是河南具名望與影響力的學者。耿介去世後，嵩陽書院由冉覲祖主持。冉覲祖學宗程朱[63]，康熙二年(1663)舉鄉試第一；三十年(1691)成進士，選庶吉士，授翰林院檢討；康熙四十二年(1703)致仕歸鄉，同時主教儀封縣的逐初書舍與登封的嵩陽書院，著有《五經詳說》、《孝經詳說》、《性理纂要》、《正蒙補訓》等[64]。

朱陽書院座落於柘城縣東門外，於1689-90年間開始興建，主要資金支持者是地方鄉紳竇大任，講學領袖爲竇克勤。從康熙二十八年到四十七年(1689-1708)，朱陽書院又在鄉紳與地方官的支持下陸續擴建，具有相當規模[65]。竇克勤是柘城人，師承耿介，曾六過嵩陽書院向耿介問學[66]。他於康熙十一年(1672)成

---

60 湯斌，《孫夏峰先生奇逢年譜》，卷下，頁30b。
61 見下文。
62 著者不詳，《中州先哲傳》(涇川圖書館出版)(美國哈佛燕京圖書館善本書室藏)，卷19，頁17a-18a，19a-20a；卷20，頁1a-2b，4a-7a，14a，17b-18b。
63 冉覲祖之學，一尊程宗，嚴屬批判陸王之學，其學可見《冉蟬庵先生語錄類編》(清光緒七年大梁書局重刊本)(中央研究院傅斯年圖書館藏)。
64 黃舒昺編，《中州名賢集》(清光緒十七年，睢陽洛學書院刊本)(台北：中央研究院傅斯年圖書館藏)，卷下之一，頁1a-2b。冉覲祖，《冉蟬庵先生語錄類編》，卷首〈語錄緣起〉。
65 朱陽書院的建築包括先聖殿、存誠齋、主敬齋、居仁齋、由義齋、講堂、友善堂、寡過堂、藏書樓、先儒祠、正學祠、愛蓮高、朱陽夫子祠、廚舍等，各建築的相關位置、分別興建的年代與興建者，請參見竇克勤輯，《朱陽書院志》(南京：江蘇教育出版社，1995)，頁396-401。
66 耿介記此事曰：「庚申、辛酉余興復嵩陽書院，柘城竇靜庵先生違去數百里，聲應氣求，十年之間，六過其地，相與折衷天人性命之理。」見耿介，〈朱陽書院志〉，《朱

舉人，到京師見了湯斌，湯斌哀嘆師道久廢，勸其就教職，他因此當了泌陽縣教諭，稟持朱子教育理念，在泌陽積極從事教育工作：「乃仿朱子白鹿洞遺規而擴之，分立五社長，各置簿，月朔稽善過，爲勸懲。又立童子社，每月五日集童子習禮儀，令讀《孝經》、《小學》，稍長者爲解《性理》。」[67]康熙二十七年(1688)，竇克勤成進士，但不久即致仕回鄉，講學於朱陽書院。朱陽書院的學規與建制多仿當年他在泌陽教諭時的做法：「今朱陽書院初二、十六之期，實踵泌陽之法而行之，當日所刊泌陽學條規，久與士子爲漸摩矣。」[68]朱陽書院的教育成果頗爲人稱譽，《中州先哲傳》曰：「時河南北自夏峰、嵩陽外，惟朱陽學者稱盛。」[69]竇克勤逝於康熙四十七年(1708)，朱陽書院則由其子竇容邃(1683-1754)繼續主持[70]。

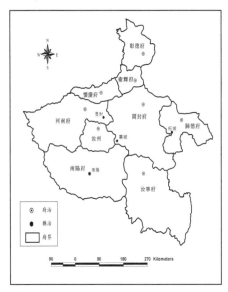

圖 8 清代河南省示意圖(由中央研究院「中華文明之時空基礎架構」研發團隊製作)。

(續)———————————————
　　陽書院志》，頁451。《中州先哲傳》則記道：「耿介講學於嵩陽，往就之，六年五至，非父召不歸也。」見該書，卷19，頁19a。
67　泌陽在河南省南陽府。引文見《中州先哲傳》，卷19，頁19a。泌陽學規的內容，於黃舒昺編，《中州名賢集》，卷15，卷末，頁1a-7b。
68　竇克勤，《朱陽書院志》，頁446。
69　《中州先哲傳》，卷19，頁19b。
70　竇容邃在朱陽書院講學前後約40年，直到他去世(1754)爲止。關於竇容邃的傳，見《中州先哲傳》，卷19，頁20b-21b。

　　南陽書院座落於南陽縣內，康熙三十年(1691)間由知府朱璘興建[71]，並聘請襄城學者李來章前來主持。李來章出身襄城官宦世家，是李敏(1454進士)的後裔[72]，曾祖父李繼業(1555舉人)曾爲束鹿縣知縣[73]。李來章年輕時讀《近思錄》而歸於聖學，曾拜謁孫奇逢於夏峰，又與李顒(1627-1705)結交，以正學相砥礪[74]。康熙十四年(1675)李來章舉鄉試[75]，次年(1676)結識冉覲祖[76]，又於京師結交許三禮、受業魏象樞，亦曾與湯斌、張沐、竇克勤等河南地區的理學家寓書往來論學[77]。康熙二十九年(1690)也曾赴嵩陽書院與耿介共同講學[78]。李來章主持南陽書院的時間並不長，約僅一、二年，便因母老而謝歸，不過南陽書院的學規章程則出於其手。李來章回到襄城李家莊後，修葺了先祖李敏和李繼業曾先後講學的紫雲書院，吸引不少學者前來就學[79]。

　　以上嵩陽、朱陽、南陽、紫雲四所書院，不僅修復興建的年代非常接近，主持書院的學者之間也有密切的師友關係。我們從幾所書院的學規內容、讀書次第的規劃，也可以看出許多雷同；而從這些學者之間的書信往來、贈送書籍、相互閱讀著作、纂寫序文等，則可知他們隸屬同一學圈、分享著共同教育理念的事實。因此，這些書院不應被視爲獨立的機構，它們更反映著同一波理學復興與教育改革下的成果。1680年代，徐嘉炎(1631-1703)對當時中州理學復興的情形有如下的描寫：

71　朱璘於1690年出任南陽府知府，其生平見唐煦春等修，光緒《上虞縣志》(清光緒十七年刊本)(台北：成文出版社，1970)，卷11，頁20b-22a。

72　李敏的生平，見《明史》，卷185，頁4893-4895。

73　許子尊，〈讀紫雲書院記書後〉；冉覲祖，〈明束鹿令李公肖雲先生傳〉；竇克勤，〈李肖雲先生傳〉；耿介，〈李肖雲先生傳〉，均收於李來章、李琇璞纂，《敕賜紫雲書院志》(南京：江蘇教育出版社，1995)，頁156-157；168-169；169-170；170-171。

74　李顒曾爲招父魂赴襄陽，與李來章結爲兄弟。見〈李禮山先生〉，《中州名賢集》，卷中之二，頁1a。

75　《中州先哲傳》，卷20，頁1a。

76　李來章：「予得交冉子始自丙辰(1676)。」見李來章，〈四書玩注詳說序〉，於氏著，《禮山園文集》(台南：莊嚴文化，1997)，卷3，頁13b。

77　《中州先哲傳》，卷20，頁1a。

78　李來章，《禮山園文集》，卷後〈本傳〉，頁1a-4a。

79　《中州先哲傳》，卷20，頁1b。

昔二程興教于伊洛，至元而魯齋振之，明則安陽之崔（崔銑），新安之呂（呂維祺），皆醇儒，皆中州產也。去二程數百年而蘇門代興，近者耿逸庵先生（耿介）秉鐸嵩少之間，禮山（李來章）與中牟冉先生（冉覲祖）實左右之，中州固理學之淵藪也，然吾聞歐陽文忠老于蔡，蘇文定卜休于潁，彼所稱文章之宗者，亦皆以中州為歸。[80]

可見耿介、李來章、冉覲祖等人是繼孫奇逢之後，中州理學的重要領袖，他們不僅在學術淵源上遙承程朱與許衡的精神，在古文的寫作上，也欲以醇正載道的文風，對治晚明以降靡冶的江南文風。[81]

我們若進一步考查清初出身河南的理學家們，秉持相近的教育理念和作法，在各地從事建書院、興士習的教育改革工作，我們對河南地區這一波理學中興、推廣孝弟教化的影響力，將會留下更深刻的印象。例如，湯斌巡撫江寧時，進行了懲巫祝、毀淫祠、沉偶像、革火葬、焚毀淫詞小說等一系列的激烈改革[82]，同時極力強調《孝經》、《小學》和聖諭教化。施教的對象不僅針對士人，更下至社學，他規定地方社學要先講《孝經》和《小學》，並教導歌詩習禮、問安親膳、進退揖讓之節[83]。湯斌在特舉卓異儒學教授陸在新時，特別標舉他能闡明《孝經》、《小學》之旨[84]；又曾勉勵王抑仲，應在其興建的七十多所義學中推行《孝經》、《小學》教育，以恢復古學精神[85]。

張伯行（1651-1725）是另一位出身河南的清初名臣，一生以表章「正學」（即程朱學）為先務，曾在山東建清源書院、夏鎮書院、濟陽書院。撫閩時又建鰲峰

---

80 徐嘉炎，〈禮山園文集序〉，於李來章，《禮山園文集》，卷首，頁21a-23a。
81 關於對李來章文章的稱許，見《禮山園文集》卷首諸序，及部分文章後的評點。
82 蔣竹山，〈湯斌禁毀五通神——清初政治菁英打擊通俗文化的個案〉，《新史學》，卷6期2（1995），頁67-112。
83 湯斌，〈明正學勤課藝告諭〉，《湯斌集》，卷7，頁573。
84 湯斌，〈特舉卓異疏〉，《湯斌集》，卷2，頁64-66。
85 湯斌，〈與王抑仲書〉，《湯斌集》，卷4，頁194-195。另外，湯斌對《孝經》的重視，也清楚反映在其根據馮從吾（1556-1627）的〈學會約〉所增損的〈志學會約〉，馮從吾所列的講學主要書籍中並無《孝經》，湯斌則在新會約中特別加入《孝經》一書。馮從吾，〈學會約〉，收入氏著，《少墟集》（台北：臺灣商務印書館，1983），卷6，頁1a-5a；湯斌，〈志學會約〉，《湯斌集》，卷1，頁25。

書院，並廣搜先儒文集，刊布《正誼堂叢書》，對當地的士人教育及傳播程朱理學有極大的貢獻[86]。張伯行崇尚程朱學，重視《小學》、《近思錄》、主敬的教育，以及強力執行毀淫祠、正風俗的政治作風，均與湯斌及當時河南學風相近[87]。

　　另外，竇克勤在泌陽的教法，後不僅用於朱陽書院，也被祥符教諭張度正所採用，施行於祥符[88]；其子竇容邃曾任新寧縣知縣，在職期間也有一系列作興教育的作為[89]。又如，冉覲祖曾應張伯行之邀主持儀封縣教事[90]，其講學好友孟鏑則任登封縣教諭[91]。田蘭芳(1628-1701)曾與湯斌等人共訂志學會約以講求聖學，後主持道存書院[92]。耿介門人喬廷謨任商水教諭時，以耿介所教的仁孝之旨主教，重修學宮、分諸生為五會，勒學規、刊書程、務端嚴以化澆漓，之後又調任歸德府教授[93]。孫奇逢的曾孫孫用正(1662生)曾任禹州學正，再任許州學正，他在許州興建書院和社學，「悉本奇逢之教以教學者。」[94]李來章除了主持南陽和紫雲書院外，後出任廣東連山縣知縣，在當地創建連山書院，又仿呂坤《實政錄》、《宗約歌》二書體例，以圖像、演說、俗歌等形式，並以文言和方言並陳的方式，為當地土著講解聖諭[95]。

　　上述這些例子，讓我們看到清初河南地區的理學復興並不只局限在北方幾所書院的私人講學層面，它更隨著學者們出仕各地教育官員而有更深遠的影響。更重要的是，因為他們的學風與教育理念與清初帝國的意識型態契合，故更易於推

86　關於張伯行的生平，見黃舒昺編，《中州名賢集》，卷中之三，頁1a-10b；張金鑑，〈清儀封張伯行的生平與政治思想〉，《中原文獻》，卷15期1(1983)，頁7-13；楊菁，〈張伯行對程朱學的傳布及其影響〉，收於林慶彰編，《經學研究論叢》第十一輯（台北：學生書局，2003），頁225-248。
87　王汎森，〈明末清初思想中之「宗旨」〉，《大陸雜誌》，卷94期4(1997)，頁1-4。
88　祥符縣在河南省開封府。另外，周世爵同樣是耿介門人，由歲貢生官封邱縣(河南開封府)訓導，見《中州先哲傳》，卷20，頁6a。
89　《中州先哲傳》，卷19，頁20b。
90　儀封縣在河南開封府。《中州先哲傳》，卷19，頁17a-b。
91　《中州先哲傳》，卷19，頁18a。
92　《中州先哲傳》，卷19，頁24b。
93　商水屬河南開封府；歸德府亦屬河南省。《中州先哲傳》，卷20，頁5b-6a。
94　禹州、許州均在河南開封府內。《中州先哲傳》，卷19，頁7a。
95　李來章，《連山書院志》（南京：江蘇教育出版社，1995），頁309-354。李來章，《連陽排風土記》（揚州：廣陵書社，2003），卷7，頁5b-13a。

行。朱維錚指出清朝有意扶植程朱理學並抑制王學，此一策略與清初帝王和東南士紳的特殊矛盾有關，清廷對學術菁華區江南的士紳的打擊也最大[96]。河南地區的際遇與風尚顯然不同，反而乘著新帝國蒸蒸日上的氣勢，走出長期的低迷，在帝國意識型態的支持下，展開一波回歸正統程朱理學的學術復興。

(二)清初河南的《孝經》教育

耿介這一代的中州理學家，除了少數新安縣的學者以外，都明顯地比老師孫奇逢更斷然地擺脫了陽明學的影響，獨尊程朱學爲正統[97]。而從嵩陽、朱陽、南陽和紫雲書院的學規，我們發現他們對程朱學的尊崇，反映在教育理念上的特色則是：重視以《孝經》和《小學》爲基礎的品德行爲教育。

耿介之學以程朱爲宗，強調誠敬仁孝之教[98]，他曾說：「若使孝心一息斷絕，便是生理一息斷絕，此身雖生猶死也。」[99]他也將日用倫常的各種儀節工夫與一切合禮合道的心思行爲，完全視爲孝的展現。他說：

> 斯道在日用倫常，無時不然，無處不有，如孔門言仁，而孝弟乃爲
> 仁之本。夫子授曾子以一部《孝經》，若能於孝之一字時時體認，
> 視聽言動不合禮，非孝也；喜怒哀樂不中節，非孝也；橫逆之來不
> 能三自反，非孝也。以至博學審問慎思明辨篤行，無非孝之功夫；
> 居處恭，執事敬，與人忠，無非孝之發用。[100]

---

96 朱維錚，《走出中世紀》(上海：上海人民出版社，1987)，頁162。清初浙東地區有長達二十年的抗清鬥爭，直到康熙三年才結束，浙東思想家闡揚民族氣節與反抗精神亦十分明顯。見方祖猷，《清初浙東學派論叢》，頁14-15；23-34。

97 新安縣的學者比較受到鄉賢孟化鯉和呂維祺的影響，而孟、呂兩人都宗陽明學。

98 冉覲祖，〈朱陽書院記〉，《朱陽書院志》，卷4，頁13b(455)。雖然耿介也講仁孝一旨，乍看和羅汝芳、楊起元之說相近，不過他排斥陽明學的態度是明確的，耿介強調自己的從閱讀《四書》而得之體悟。

99 耿介，《敬恕堂文集》，卷7，頁83a。

100 耿介，〈書范大中卷〉，《敬恕堂文集》，卷5，頁35a。

耿介對孝與禮法的重視明顯反映在其家規和嵩陽書院學規中[101]。嵩陽書院規定學生讀書「大約以《孝經》、《小學》、《四書五經大全》及《通鑑綱目》為主。」[102]書院學規也首揭「仁孝之旨」：

> 孝為德之本，故平日諄諄以仁孝為勸勉，諸生中有在家庭不能盡孝道者，錄過。[103]

嵩陽書院規制仿白鹿書院，立堂長一人，齋長二人，隨時稽查諸生言行舉止，有過者錄過糾正、懲罰[104]。書院規定學生：

> 於《理學要旨》、《孝經》、《輔仁會約》皆有切于身心性命日用倫常之事，自當時加溫溽玩味，身體而力行之，有漫不加省者，錄過。[105]

另外，從耿介在嵩陽書院、大梁書院講學的講章，或與朋友門人的書信，也可見他格外重視《孝經》，他也要求門人和家人都要熟讀《孝經》[106]。許多耿介的門人也都以《孝經》做為教學之首務，例如，鍾國士教人皆從《孝經》、《小學》入手[107]；裴清脩和楊蘊六也令門人皆讀《孝經》，講仁孝之旨；梁家蕙亦然，四方負笈從其遊者甚眾，他悉令其讀《孝經》[108]。可見當時以耿介為中心的

---

101 嵩陽書院重視教孝與《孝經》，亦可見張伯行，〈嵩陽書院記〉，黃舒昺編，《中州名賢集》，卷7，頁24a-38a。

102 耿介，《敬恕堂文集》，卷3，頁24a。

103 耿介，〈嵩陽書院學規〉，《敬恕堂文集》，卷7，頁36a。

104 耿介，〈嵩陽書院學規〉，《敬恕堂文集》，卷7，頁35b-37a。

105 耿介，〈嵩陽書院學規〉，《敬恕堂文集》，卷7，頁36-37。

106 可參見耿介，《敬恕堂文集》，卷2，頁69b-72a；卷5，頁5b-7b；24a-25a；47b-48a；67a-68b；卷6，頁7a-7b；29b-30b；47b；65a-65b；73a；卷7，頁22a-24b；31b；33a-b；36a；48a-52b；56a-b；卷8，頁7b-9a；卷10，頁6b-7b。

107 見耿介，〈與孫君建世兄〉，《敬恕堂文集》，卷4，頁43b-44a。

108 耿介，〈題裴學沐尋樂居〉，〈題楊蘊六持敬齋〉，〈梁氏家乘序〉，《敬恕堂文集》，卷8，頁17b-18b；22b-24a。

學術社群，對於《孝經》教育的落實是相當認眞的。

　　爲了推廣《孝經》教育，耿介在康熙二十一至二十二年間(1682-1683)纂修了一部蒙學教材《孝經易知》[109]。耿介自述此書對教化的助益曰：

　　　　甲子(1684)纂修《孝經易知》成，俾書院及闔邑成人、小子皆讀
　　　　《孝經》，每春秋約來背誦，嘗數十百人，面命以躬行孝道，遠方
　　　　來求取《孝經》者，歲不下數百本。[110]

冉覲祖亦描述耿介利用《孝經易知》教育當地兒童的情形：

　　　　嵩陽耿逸庵先生有《孝經易知》，徧給童蒙，每歲春秋集童子於書
　　　　院，令其倍(背)誦，授之飲食，獎以紙筆。及期，童子塞途而至
　　　　會，講堂下揖讓如禮，朗然成誦。既畢，縱遊書院中外，遍林麓泉
　　　　石間，垂髫總角，嘻笑歌呼，天眞爛漫，太和在宇。[111]

　　嵩陽書院雖然主要以培養士習和舉業爲目標的書院，不過書院每年春秋兩次特別爲兒童舉辦特會，開放書院讓兒童參觀，並以獎勵紙筆的方式鼓勵其背誦《孝經》。這種活動有銜接各層級教育的功能，加強書院與地方整體教化工作的關係。從天眞爛漫的兒童身上，從其朗朗誦讀聖人經典的稚聲中，教育者也看到未來的希望與昇平的願景。書院還提供外界求索《孝經易知》，每年送出數百本是頗可觀的數量。《孝經易知》又先後在湯斌和張壎的益助下，於吳中地區重刊[112]，李來章也在廣東的連山書院中規定學生研讀此書[113]，故讀者群並不

---

109 耿介，〈紀事略〉，《敬恕堂文集》，卷6，頁46a。但在〈紀事略〉中又將此書纂修繫
　　於1684年，見同書，卷首，頁9b。
110 耿介，《敬恕堂文集》，卷首，頁9b。
111 冉覲祖，《孝經詳說》，卷6，頁28a-b(517)。
112 張壎是長洲的貢生，康熙十八年至二十二年任登封縣知縣，與耿介等學者有密切的
　　往來和合作，後調陞廣西南寧府判。其任登封知縣之年與傅見洪亮吉等編纂，乾隆
　　《登封縣志》，卷14，頁65a-b(405-406)；卷31，頁5b-6a。
113 耿介，《敬恕堂文集》，卷7，頁62b。李來章，《連山書院志》，卷4，頁1b(331)。

限於河南地區。

《孝經易知》的內容畢竟太淺顯，雖然能夠達到接引初級讀者的目的，卻不能滿足下一階段的教育要求，故耿介後來又根據呂維祺的《孝經本義》和萬聖階的《孝經行注》編纂另外教本，做爲進深教育之用[114]。冉覲祖也因應這種教育銜接上的需求，特別著作《孝經詳說》，他清楚說明自己著書的動機是做爲接續《孝經易知》之後的進階讀本：「《易知》過簡，成童後，欲敷析文義者不能不取證於他書，予爲是編，與《易知》相輔而行，分長幼授之，視《易知》爲詳，故謂之詳說。」[115]

另外，1690年代出仕河南的張潤民，對當地各書院教育非常支持，尤其重視《孝經》、《小學》的教育，他說：

> 我朝五十年來以孔孟之書取士，詔舉山林有道，不崇講學之名而務
> 其實。今春余銜命督學中州，立意倡明理學，丕變士習，兢兢以
> 《孝經》、《小學》、聖諭十六條，爲多士父老講解。[116]

康熙四十年(1701)，河南襄陽知縣陳治安又將耿介的《孝經易知》和冉覲祖《孝經》講義合輯成《孝經合解》。陳治安指出，這部書的刊行主要欲落實朝廷推廣《孝經》的政策，並效法朱子以〈庶人章〉勸諭南康庶民的做法[117]。他也明令規定：

> 今令四鄉公報民間秀俊，年十一歲以上，不及入書院讀書者，各給
> 《孝經》一冊。本地教讀爲之分析句讀，訓解文義，即以目前所知

---

114 耿介，〈與萬聖階先生〉，《敬恕堂文集》，卷6，頁65a-b。我未能找到萬聖階之傳及其《行注》。
115 冉覲祖，《孝經詳說》，卷6，頁28a-b。
116 張潤民，〈敕賜紫雲書院志序〉，《敕賜紫雲書院志》，頁2a-b。
117 陳治安輯，〈刊刻孝經合解叢說七條〉，《孝經合解》(清康熙四十年刊本)(北京中國國家圖書館藏)，頁2b。

依類推衍，勤爲開導，務使言下精了大義。每歲春秋二仲之朔，齊
赴書院聽挑背，量給賞格。[118]

讓我們再看竇克勤與李來章對《孝經》教育的推廣。竇克勤擔任泌陽教諭
時，每月召集童子習禮儀，令讀《孝經》、《小學》。從《朱陽書院志》所保存
的講章內容，我們也可以看到他許多專門論「孝」的講章，如〈擬講其爲人也孝
弟章〉、〈擬講弟子入則孝章〉、〈擬講孝哉閔子騫章〉、〈擬講賢賢易色
章〉、〈擬講孝經〉和〈擬講小學〉等。從其講章內容看來，竇克勤與耿介所言
仁孝一旨、由孝顯仁、以孝弟爲學之端等說法相近，亦均推崇《孝經》爲承載聖
學之全、治術之要，及古來千聖百王所傳之心法[119]。這些講章也反映了朱陽書院
中關於《孝經》的教育內容。

李來章的教學同樣重視《孝經》，耿介曾概述其教學規模曰：「先立志以端
其趨向，首標《孝經》、《小學》以培其根本，體諸身心性命之微，嚴之戒懼慎
獨之際，驗之日用倫常之間。」[120]李來章在紫陽書院學規中說及《孝經》曰：

五經之書皆是夫子刪述前聖，而晚年親筆更作《孝經》。蓋以惟仁
可以見天地之心，惟孝可以得爲仁之實。諸經之樞紐，群聖之精
髓，皆萃結於此一書者也。吾輩今日爲學須涵養存想，使孺慕之愛
充滿洋溢，處處發露，時時呈見，更從而博觀傳注，講明其理，如
昏晨宜如何定省，冬夏宜如何溫清，口體宜如何奉養，志意宜如何
將順。更進而擴充推致，立身行道，仁民愛物，即做到參天地、贊
化育地位，亦不過極其橫塞之量而止，豈能出於其外更有事業。識
仁、定性是程門兩件絕大功夫，然由孝道推之，皆有道路可入。先
肖雲先生(李繼業)嘗曰：孝親是人生一點良心，最爲眞切，人能擴

---

118 陳治安輯，〈刊刻孝經合解叢說七條〉，《孝經合解》，頁3b-4a。

119 竇克勤的講章，參見《朱陽書院志》，卷3，頁7a-8b；9a-b；13a-14b；15a-16b。又
見其語錄，於《中州名賢集》，卷中之四，頁5b-6a；6b-7a。

120 耿介，〈南陽書院學規序〉，收入李來章，《南陽書院學規》(南京：江蘇教育出版
社，1995)，卷首，頁2a(199)。

而充之，便與天地相似。諸子於《孝經》一書熟讀潛玩，立定爲人
腳跟，即進而希聖希天無難也。[121]

由此可見，李來章相信《孝經》是孔子晚年親筆所作，全書召示宇宙天人相
貫通之理，也是一切道德修身與政治教化的準則。他主張爲學須涵養存想人內心
天賦的孝親之情，並要博觀《孝經》傳注，講明晨昏定省、冬夏溫清等孝行的細
節，並付諸實踐。故他勉勵書院學生曰：「於《孝經》一書熟讀潛玩，立定爲人
腳跟，即進而希聖希天無難也。」[122]至於研習《孝經》的次第，則認爲應先讀耿
介的《孝經易知》，再讀呂維祺的《孝經大全》。

從上述康熙年間河南地區的史料，我們清楚看到在朝廷政策與地方士人教育
理念的驅動下，地方官員與士紳聯手提倡《孝經》教育的情形。當時不僅書院和
官學中的講學十分重視《孝經》，他們也藉著編撰和出版《孝經》教材，配合贈
書、獎勵等措施，於地方落實《孝經》教育。而這些河南士人的教育理念，也因
其出仕外地，進一步推行於其他地區，其影響力並不限於河南地區。

(三)清初浙江杭州的例子

相較之下，我檢閱《杭州府志》和浙江地區清初的書院志，並沒有發現如河
南一樣有關地方士人推廣《孝經》教育的豐富史料[123]。雖然從方志的孝義傳可知
當地對於孝行的重視，而浙江書院中也有講《孝經》的史料，例如，施璜(1706
卒)記康熙年間於還古書院會講時，有講《孝經》章旨[124]，但放在整體講學情況
而論，比重很輕，絕不同於上述河南學者們在書院教育中積極推行的情形。

另外，我們從是鏡(1693-1769)的年譜，可以看到清初無錫一帶承繼晚明東

---

121 李來章，〈紫雲書院學規〉，《敕賜紫雲書院志》，頁3a-4a(147)。

122 李來章，〈紫雲書院學規〉，《敕賜紫雲書院志》，頁3b-4a。

123 《杭州三書院紀略》中，雖可見清初朱子學復興，但未見大力推展《孝經》教育的
　　紀錄。王同編，《杭州三書院紀略》(南京：江蘇教育出版社，1995)。

124 施璜編，《還古書院志》(南京：江蘇教育出版社，1995)，卷11，頁624。施璜，字
　　虹玉，休甯人。棄舉業，專致講學，師事高世泰。傳見《清朝先正事略》(台北：明
　　文書局，1985)，卷28，頁19b。

林講學的傳統，仍有講學會的活動，是鏡不僅與講學會的同學誦讀《孝經》，也著有《孝經頌》、《孝經翼》，又曾爲瞿朝晉參訂《孝經廣義》[125]。從其年譜，我們可知他熟悉潘平格、羅汝芳的思想，並致力於立日記省過的實踐，他對孝與《孝經》的重視，比較接近晚明理學的風格與傳統。此地雖不在浙江，但同屬江南地區，這個例子也顯示士人更多承繼本地學風與個人心得而重視《孝經》，並非直接受到朝廷政策影響，故在此補充説明。

儘管杭州本地士人推廣《孝經》教育的史料不多，但我們還是可以看到地方官員因應朝廷政策，在浙江推廣《孝經》教育的紀錄。例如，福州人鄭開極(1638-1717)，順治十八年(1661)進士，於康熙三十年(1691)督學兩浙[126]。此時正是《御定孝經衍義》頒行不久，又適逢沈珩(1619-1695)獻其所藏的黃道周《孝經集傳》[127]，鄭開極遂決定重刊此書以響應朝廷對孝教的重視。他在〈序〉中説道：

> 今天子以孝治天下，詔儒臣纂修《孝經衍義》，炳然天經垂地義著矣。承乏宮諭，奉命視學兩浙，思以宏孝理者敦士行，翼經傳者贊聖學，惴惴焉，懼不克勝任。竊聞鄉先正石齋黃公考注經傳，其功甚偉，而《孝經集傳》一書尤稱醇備，乃後學未之獲睹也。[128]

同樣地，當時身爲浙江巡撫的張鵬翮(1649-1725)在爲此書作序時，也強調皇帝既以《孝經》頒示各省，臣子理應奉行遵守。他説：

---

125 張敬立編，金吳瀾補注，《舜山是仲明先生年譜》(北京：北京圖書館出版社，2006)，頁503-504，511，513，516，520。是鏡熟悉潘平格、羅汝芳思想，見同書，頁514-515，531。本資料承蒙胡明輝提供，特此致謝。

126 鄭開極傳，見歐陽英修，陳衍纂，《民國閩侯縣志》(上海：上海書店，2000)，卷69，頁407。

127 沈珩對《孝經集傳》的推崇及自己獻書的想法，見沈珩，〈黃石齋先生孝經集傳序〉，〈與鄭肇脩先生書〉，氏著，《耿巖文鈔》，收入《耿巖文選》(台南：莊嚴文化，1997)，二集〔傳序〕，頁1a-3a(196-197)；〔與鄭〕，頁1a-2b(269-270)。

128 鄭開極，〈孝經集傳序〉，收於鄭開極訂，《石齋先生經傳九種》中之《孝經集傳》(日本內閣文庫藏)，卷首，頁1a-10a。

今上登閼化理，敦尚儒術，承世祖皇帝之志，命儒臣纂修《孝經衍義》，刊布海內，俾窮鄉末學，蓽戶陋民，咸曉然於至德要道，天經地義之大德至也。屬在內外臣工，其誰敢不虔奉聖訓，務令家喻戶曉以躋淳風。129

另外，我們也可以看到朝廷政策鼓勵《孝經》著作出版的情形。趙起蛟的《孝經集解》即是一例，趙起蛟是浙江仁和人，與晚明朱鴻同鄉，他的集解以鄭注為主，並博採諸家之注而成。《續修四庫全集》所刊行的《孝經集解》，標明是「據南京圖書館藏清康熙二十三年趙氏家塾刻本影印」，書前的序也多作於康熙二十三年(1684)，不過卷後趙飛鵬所撰的〈孝經集解後跋〉第三頁後缺葉130。日本內閣文庫所藏的《孝經集解》可以看到〈孝經集解後跋〉全文，並知此跋著於康熙三十二年(1693)，即朝廷頒行《御定孝經衍義》後不久，〈跋〉的內容主要敘述趙飛鵬請求父親將此書付梓的經過，趙飛鵬說道：

況今皇上孝治天下，士子應舉子業者，棘闈試論以探其根本，學人聞是書成，走請者日不勝給，正宜急付梓工以公同志，不必瀆陳也。131

雖然事實未必真如〈跋〉中所言，因為朝廷科舉政策的關係，士人對《孝經》的興趣就大增，但士人必須研習此書則是事實。而朝廷孝治天下的政治口號、頒布《御定孝經衍義》的影響也鮮明可見，至少鼓勵了《孝經》著作的出版。從上述各史料可見，在浙江地區，朝廷的政策仍然一定程度地被落實於地方文教事業中。

---

129 張鵬翮，〈孝經集傳序〉，收在趙起蛟，《孝經集傳》(康熙三十二年，趙氏家塾刊本，日本內閣文庫藏)，首卷，頁1a-12a。

130 趙起蛟，《孝經集解》(清康熙二十三年(?)趙氏家塾刊本)(上海：上海古籍出版社，1995)。

131 趙飛鵬，〈孝經集解後跋〉，收在趙起蛟，《孝經集解》(日本內閣文庫藏)，卷後，頁3a。

　　綜上所論，我們從清初河南地區的史料，很清楚地看到地方士人呼應著朝廷的政策，積極主動提倡《孝經》教育，此不僅反映於出版，《孝經》也伴隨著程朱理學的復興及對孝弟禮法的重視，成為書院和地方教育的重點。朝廷孝治意識型態因與士人理念符合，有效地在地方教育體系中建立了落實的管道。相對地，從浙江杭州的史料我們看不到當地士人努力推動《孝經》教育的痕跡，此可能主要與江南學術文化的豐富多元性與高水平有密切關係。不過，我們仍可以看到朝廷的文教政策鼓勵了《孝經》著作的出版，而科舉重新考試《孝經》的事實，也確實要求每位參試者必須研習此書，此對於重視舉業的江南士子們，應具有一定影響力。

三、結語

　　晚明士人提倡《孝經》學，認為《孝經》是一部攸關統治的經典，他們同時具有明確的政治目標，希望能夠說服朝廷重視此書，最好是上從帝王經筵、東宮講學、士人之學與科舉，下到庶民社學之教，均能建立落實《孝經》教育的有效管道。他們尤其關切科舉的改革，希望朝廷能夠正式將《孝經》納入科舉必考科目，進而全面提昇《孝經》在士人之學與政治領域中的地位。崇禎年間，江旭奇、瞿罕、呂維祺陸續上疏，提出具體建議，也獲得朝廷相當正面地回應，崇禎皇帝聖諭各地應確實重視《孝經》和《小學》之教，也帶動了一波出版《孝經》、研讀《孝經》的風潮。雖然如此，晚明並未正式在科舉制度上更改鄉會試的內容。

　　明清鼎革之後，雖然政權易手、社會經歷劇變，但是對於《孝經》與科舉及政治意識型態建構的關係，則明顯延續了晚明的發展。清初魏裔介幾度上疏，明顯延續著晚明士人的訴求，要求朝廷重視《孝經》，而清初幾位帝王也清楚意識到《孝經》對於穩定社會、政治秩序的重要性，而大力提倡。故晚明士人的許多訴求，其實要等到清初才進一步落實為帝國的政策。順治十六年，朝廷正式改變了科舉規制，《孝經》被納入第二場論中出題；而康熙命儒臣修纂《御定孝經衍義》頒布天下，以及雍正敕纂《孝經集注》，更是明確肯定了《孝經》做為孝治

天下綱領的重要經典地位，對於提昇《孝經》學具有重大影響。

　　在清廷孝治天下的政策指導下，配合著清初士人對晚明學風的反思與革新，我們可以看到一些努力將《孝經》教育落實於地方的情形。清初河南地區隨著戰亂的平息，出現一波理學復興的風潮，許多書院和講學活動興起，而且十分呼應朝廷的意識型態：尊程朱學爲正統、激烈批判陽明學、提倡《孝經》和《小學》的禮法教育。故此地也相當程度地體現了朝廷與地方士人共同提倡《孝經》、落實孝教的情形，也成爲清初《孝經》著作出版的重要地區之一。相對地，我們考查晚明《孝經》學的重鎮浙江杭州府的情形，則看不到類似河南士人大力提倡《孝經》學的情形，《孝經》在整體浙江學術活動內容中也不占有突出的地位，可以說朝廷對《孝經》的重視並未明顯反映在地方教育的內容上。儘管如此，我們還是可以察見朝廷政策的影響力，至少我們看到浙江地方官員和士人，受到朝廷政策的鼓勵而刊印《孝經》的紀錄，而《孝經》成爲科舉必試科目，也確實影響著從事舉業的士人之學。

第七章

明清之際詮釋觀點的變化

　　上一章我們討論了從晚明到清初，士人上疏請重視《孝經》、改革科舉，及落實於政治政策的延續性發展，說明《孝經》受到清初幾位皇帝格外的重視，成為代表帝國孝治意識型態的重要經典，也正式被納入科舉考試必試科目。本章則以晚明到雍正年間生產的《孝經》著作為考查焦點(書目見附錄)，探討從晚明到清初《孝經》學的發展及詮釋觀點的變化。

　　在綜覽了晚明到清初出版的數十種《孝經》著作之後，我歸納出兩個最主要的變化趨勢：一、過濾陽明學；二、逐漸由多元觀點轉向一元觀點。下文我將分別說明這兩方面的變化。就過濾陽明學方面，我將分別討論河南、浙江兩地的作品，比較異同，並說明這種「過濾」並非全然出於朝廷政治力的干預，也反映著整體學風的轉變。至於從多元轉向一元觀點，除了說明逐漸變化的趨勢外，我也指出康熙《御定孝經衍義》的頒布，對後來詮釋觀點回歸朱子學的籠罩，發生了重大的影響。最後，則試圖從注釋的形式與議題著眼，說明在明顯學術斷裂的表象之外，從晚明到清初的《孝經》學仍有著學術傳承的延續性。

一、過濾陽明學

　　我們在第三、四章中已論及，晚明萬曆年間的《孝經》學，儘管論述的重點不盡相同，卻都深深烙印著陽明良知學的痕跡。不僅虞淳熙、楊起元與羅汝芳有深厚的師友關係，他們的《孝經》詮釋深受羅汝芳之學的影響，即使是傳記資料有限的朱鴻，我們也知道他傾慕王陽明的良知學，曾遊學於鄒守益、錢德洪(1496-1574)、王畿之門，並希望以良知教來詮釋《孝經》。因此，在這些學者

的論述裡，無論將「孝」等同於「良知」，把《孝經》定位爲孔門傳授之心法，
或是運用陽明學者闡述良知學的相同論述邏輯來解釋《孝經》等，都不難看出受
到陽明學影響的痕跡。

　　萬曆年間這般富陽明學色彩的詮釋觀，持續影響著崇禎年間出版的《孝經》
著作。江元祚的《孝經大全》因主要根據朱鴻的《孝經總類》增輯新編，故作品
的基調完全延續《孝經總類》，不必多論。呂維祺的《孝經大全》是晚明《孝
經》學的巨著，呂維祺本人具陽明學素養，他在箋注中大量援引理學家之言，他
的許多論點也承襲了朱鴻、虞淳熙之說，同樣反映了濃厚的陽明學風。至於黃道
周的《孝經集傳》，此書乃輯《禮記》、《孟子》、《論語》等書之言以發明經
旨，作者尤重在闡發經書之五微義與十二著義[1]，大鹽平八郎認爲黃道周的注解
基調仍是陽明學[2]，不過此書的內容也反映了逐漸擺脫理學範圍、以先秦經典來
詮釋《孝經》的取徑。

　　然而，崇禎朝也有以朱子學注釋《孝經》的作品。江旭奇的《孝經疏義》已
佚失，故無法得知此書的內容，不過江旭奇尊崇朱學，強調「是非一斷以朱
子」，曾著《朱翼》一書，顧名思義是羽翼朱學之義[3]。其上疏表章《孝經》時
亦推崇朱熹對《孝經》的重視，並言：「誠於考試間以命題，則孔曾傳授之密旨
與朱熹嘉惠後學之盛心，爲世誦法，自能培植根本，延綿命脉。」[4]以此推想，
他的《孝經疏義》很可能不採陽明學觀點，而以朱熹《刊誤》爲本。另外，瞿罕
在崇禎七年進呈的《孝經貫注》也宗法朱熹《刊誤》本，並逐一闡發注釋[5]。江
旭奇和瞿罕的例子反映了崇禎年間陽明學已退潮的學術趨勢，也可能與江、瞿二

1　五微義指：因性明教、追文返質、貴道德而賤兵刑、定辟異端、韋布而享祀。十二
　　著義指：郊廟、明堂、釋奠、齒胄、養老、耕耤、冠、昏、朝聘、喪、祭、鄉飲
　　酒。見黃道周，〈孝經集傳序〉，《孝經集傳》（日本內閣文庫藏），卷道，頁
　　1b(157)。

2　大鹽中齋(平八郎)，〈增補孝經彙注敍〉，頁549-551。

3　四庫館臣稱此書「是非一斷以朱子，故名《朱翼》」，並判斷此書是供場屋之用，但
　　也指出該書內容龐雜，與朱子學南轅北轍。見《武英殿本四庫全書總目提要》（台
　　北：臺灣商務印書館，1983），卷138，頁18b-19a。

4　江旭奇，〈表章孝經疏〉，收入呂維祺，《孝經大全》，卷19，頁8a-b。

5　瞿罕，〈孝經貫注凡例〉，《孝經貫注》，頁2b。

人上疏將《孝經》納入科舉的實際考量有關。朝廷考選制度總要有一定的標準，既然朱注《四書》是朝廷採取的定本，建議同樣以朱子觀點來詮釋《孝經》應是最順理成章的構想，也最易被採納。

晚明這種具濃厚陽明學色彩、又富多元觀點的《孝經》詮釋，到了清初則有變化，雖然變化並非成於一夕之間，但變化的趨勢卻相當明顯。其中最鮮明的變化，即是過濾掉陽明學的內涵，甚至進一步完全抹煞晚明學者對《孝經》學的貢獻。學術及政治意識型態在明清之際的變化，當然有相當的朝野共識做基礎，正是這種上下合流的作用，其影響的動能與發揮的成效才會如此明顯。同樣地，在《孝經》詮釋方面，亦充滿了朝野雙方複雜的交互影響，以及略有參齊異調，卻又大致相近的走向。

順治在〈御製孝經注序〉中，對晚明學者的《孝經》注釋工作提出了嚴厲的批評，他回顧《孝經》的學術史，說道：

> 自漢以來，去聖日遠，詮釋滋多，厥旨寖晦。孔安國尚古文，鄭玄主今文，互有異同，各矜識解。魏晉而降，諸儒群興，析疑闡奧，代不乏人，源流攸分，不無繁蕪。迨及開元，更立注疏，亦既萃一代之菁英，垂表章於奕世矣，而詳略或殊，詎云至當。宋之邢昺，元之吳澄輩，標新領異，間有發揮，然揆之美善，或未盡善。至於明季，著述紛紜，或拾前賢之緒餘，文其謭陋，或摘古人之紕繆，肆彼譏彈，不知天懷既薄，問學復疎，因心之理未明，空文之多奚補，其於作經之意，均未當耳。6

順治顯然知道晚明《孝經》學的著作豐富，不過強烈的價值偏見，讓他完全抹煞了這些著作的價值，而這種試圖壓抑晚明學術聲音的作法，在清代《孝經》詮釋中也確實發生了重要的影響力。以下我擬就河南、浙江兩個地區的作品，更具體地說明清初《孝經》注釋著作如何層層剝落陽明學的過程。

6　〈御製孝經注序〉，《御定孝經注》卷首，頁2a-b。

(一)河南的著作

在明清之際《孝經》學術史上，河南地區的重要性在於：晚明有呂維祺的倡導及其《孝經大全》之著述，清初則有耿介、冉覲祖等人陸續推出新作，並試圖在地方教育中推廣。從兩代學者的傳承，也可看出此地在明清之際《孝經》學術變化的大趨向。呂維祺是晚明新安的理學大儒，我們在第三、五章中已介紹過他個人敬信《孝經》、有「晨夕焚香恭誦數過」的實踐，並主盟地方講會提倡《孝經》學；第六章中也談到他向朝廷進呈《孝經》著作，又疏陳表章《孝經》八要的作爲。他所注釋的《孝經大全》更被公認是晚明最好的《孝經》注釋之一。該書在崇禎十二年(1639)進呈朝廷後，沒有機會出版，要到康熙二年(1663)才正式出版。出版後頗獲好評，對於河南地區後續學者的著作也有重要影響。

上一章我們也說明了清初河南經歷了一波明顯程朱理學的復興，以及耿介、冉覲祖、竇克勤、李來章等學者，如何藉著書院講學，與地方官員聯手共同落實《孝經》教育的推廣。耿介的《孝經易知》是一部爲一般鄉民和兒童品德教育所寫的讀本，內容與呂維祺的《孝經大全》有明顯重疊(簡明本)；陸遇霖的《孝經集注》，序作於康熙三十三年(1694)，也明顯受到呂維祺《孝經大全》影響。陸遇霖在〈自序〉中說道：

> 邇年方覯《大全》、《箋注》、《易知》、《通俗》諸書，伏讀之下，因念不肖之不幸蚤棄於父母，致孝無由。……聖賢血脉具在此書，孰不當講貫而修明者，第《大全》浩繁，貧寒難購；《通俗》太俚，恐掩經旨。妄爲節其冗蔓，裁其謭陋，適於繁簡之中，鐫刻成書，名曰《集注》，言摭諸家注明經義也。7

可見陸遇霖的《孝經集注》主要受到呂維祺和耿介著作的啓發。因感於《孝經大全》太過浩繁，對於一般庶民、寒士，不僅內容深奧，在購買上亦有經濟困

7　陸遇霖，〈孝經集注自序〉，《孝經集注》(清康熙三十三年刻本，上海圖書館古籍室藏)，卷首，頁1b。

難，而《通俗》之書又太過俚俗，對經義的探索不夠，故此書之作是希望在兩者間取得某種平衡。而陸遇霖曾任河南歸德府的知府[8]，此書很可能著於他出仕河南之時，如同上一章所論陳治安、張潤民等地方官員推廣《孝經》一樣，此書的出版可能也是陸遇霖致力地方教化的一項努力。另外，《孝經集注》篇末之〈識〉由張伯行撰寫，張伯行崇尚程朱學、重視《小學》及主敬的教育，明顯承繼著湯斌及清初河南主流學術價值，由此亦可推想陸遇霖此書與清初河南學術圈的密切關係。

冉覲祖的《孝經詳說》同樣是《孝經大全》和《孝經易知》的續作。冉覲祖是耿介的學生，繼耿介之後主持嵩陽書院，他的《孝經詳說》主要是提供學子們在研讀《孝經易知》之後的進深讀本，也是嵩陽書院推廣《孝經》教育的重要一環。冉覲祖又說自己著作《孝經詳說》時參考了前代許多作品，最後仍以鄉賢呂維祺的注釋為最主要的憑據：「大抵取之《本義》、《大全》者居多。」[9]然而，冉覲祖程朱學立場鮮明，對於陽明學的批判相當嚴厲[10]，故他對於呂維祺著作中許多傾向陽明學的詮釋頗不以為然，他說：

> 吾鄉呂忠節公介孺著《孝經本義》、《大全》、《或問》，識解洞徹，援引詳備，於今文之學，集厥成矣。然意在進呈，頗有浮誇語，非儒者注經之體；而於王門支流如近谿、海門輩，世所指為怪誕不經者，亦錄其言，使人駭異，蓋瑜中之瑕，不相掩也。……夫學者派出姚江，率皆自任聰明，驅經從我，不肯俛首虛心體會古人之意。[11]

---

8 陳錫輅纂修，光緒《歸德府志》(清光緒十九年重校刊清乾隆十九年本，中央研究院傅斯年圖書館藏)，卷5，頁10b。

9 冉覲祖，〈孝經詳說序〉，《孝經詳說》，卷1，頁3a。《孝經詳說》也採用陳士賢的注。

10 關於冉覲祖對陽明學的批判，其中也包含冉之誤讀陽明者，見《冉蟬庵先生語錄類編》，卷1，頁4b、7b、19a-20b；卷2，頁9b、21a；卷4，頁33a-b。

11 冉覲祖，〈孝經詳說序〉，《孝經詳說》，卷1，頁2b-3a。

　　冉覲祖排拒陽明學的態度，使得他著《孝經詳說》時，雖主要依據呂維祺的注釋，卻大量過濾了呂維祺書中原有的陽明學觀點。他在〈凡例〉中毫不諱言自己「若其涉陽明家言者，悉為芟削」的作法[12]；對於三教色彩濃厚的虞淳熙之言，也大多刪去[13]。

　　另外，竇容邃有《孝經管窺》之作，我雖未能得見此書，但由於竇容邃乃竇克勤之子，竇克勤師承耿介，所主講的朱陽書院又與嵩陽、南陽往來密切，均屬於河南孫奇逢、耿介學圈中的重要成員。竇克勤的教育理念稟承朱子白鹿洞遺規，重視《孝經》、《小學》。竇容邃則繼父親之後主講朱陽書院，前後幾達40年，傳記稱其學「以誠敬為宗，以日用倫常為實際。」[14]可見竇容邃之學與清初中州學術的主要精神相符合。據此我們可以推想，他的《孝經管窺》在思想基調上應與耿介、冉覲祖相近。

　　綜上所論，晚明到清初河南地區在《孝經》學方面有明顯的發展，清初許多作品都明顯受到鄉賢呂維祺《孝經大全》的影響，但精神風貌與內容已起了相當的變化。事實上，從對《孝經》的態度與提倡方式，我們已清楚看見呂維祺和耿介學圈的差異。呂維祺基本上屬於晚明理學家講學的傳統，不僅他本人思想富陽明學色彩，以地方講會的方式來提倡《孝經》也符合晚明講學風尚，他個人更對《孝經》抱有某種宗教性的信仰，並以長達二十餘年深思體踐的方式來注釋此書，他的作品同時保留了朱鴻《孝經總類》的大部分內容，因此是一部總集晚明《孝經》論述的集大成之作，學術程度高，政教意圖強，主要設定的讀者是皇帝和士大夫階層。呂維祺本人也以上疏朝廷的方式，試圖提倡《孝經》之教。相對地，耿介等人的《孝經》注釋則明顯更貼近庶民和童蒙基礎教育，儘管耿介對於「仁孝」之旨也有相當精深之見[15]，但他的《孝經易知》卻極淺近，顯然是考慮

12　冉覲祖，《孝經詳說》，〈凡例〉，卷1，頁4b。

13　例如，「詩云：有覺德行，四國順之」。冉覲祖按：「覺訓大為是。呂氏《大全》引虞德園之說，以覺為良知交徹的妙處，是姚江一派話。大抵呂忠節之學自姚江而晴川，而西川，而雲浦，淵源有自，故未免多引王門諸人之說以江(注)孝經耳。」冉覲祖，《孝經詳說》，卷2，頁35a。

14　《中州先哲傳》，卷19，頁21a。

15　耿介從康熙二十四年之後的文字，屢屢談及仁孝一體的觀點，參見耿介，《敬恕堂文集》，卷7，頁31b；33a-b；卷8，頁7b-9a。

到所設定的讀者群之故。另外，耿介、冉覲祖所主持的書院教育也極強調日用倫常的禮法實踐，不喜玄妙高談之風。加上他們的學術立場都明顯反對陽明學，因此他們的《孝經》學雖然受到鄉賢呂維祺的啓發，但在他們閱讀、吸收呂維祺著作的同時，也極力過濾掉其中的陽明學觀點。不僅羅汝芳、周汝登（1547-1629）等王門左派學者的聲音被刪去，《孝經大全》中所錄朱鴻、虞淳熙等人的文字，也未獲保留。

（二）浙江的著作

晚明萬曆年間《孝經》學的復興主要發生在浙江，並與陽明學有密切關係，這些浙江士人的論著在呂維祺的《孝經大全》中獲得相當的保留，但到了清初河南學者的著作中，卻僅零星被引用，故其論述之輪廓已不復可見。如果我們考慮地緣關係，江浙地區晚出的《孝經》學著作如何呢？是否較多保留了晚明學者的看法16？

崇禎年間由江元祚編輯出版的《孝經大全》，以及陳仁錫、馮夢龍編的《孝經翼》，在內容與體例上均大體承襲朱鴻之作，這些書籍的出版可以證明朱鴻、虞淳熙等人的《孝經》注釋與論著在當地持續傳衍至少約半個世紀。崇禎年間出版於徽州與宛陵的兩部書籍——《孝經古注五種》、《孝經忠經等書合刊》——也同樣保留了虞淳熙、楊起元等人的觀點17。另外，姚舜牧（1543-1627）的《孝經疑問》也是晚明浙江地區的作品，姚舜牧是浙江歸安人，1573年領鄉薦，曾令新興、廣昌，仰慕唐樞（1497-1574）、許孚遠（1535-1604）之學18。《孝經疑問》的

16　以下僅能根據筆者目前所見的《孝經》文本分析，明代浙江地區應有更多《孝經》相關著作，例如，浙江仁和人郎瑛（1487-1566），事母甚孝，曾割股以療親，又著有《訂正孝經》一卷，惜已佚失。其他可能還有許多著述史料散見於文集，本文亦未能完全掌握。見徐熥，《徐氏筆精》（台北：學生書局，1971），卷7，頁31b-32a。

17　《孝經古注五種》是崇禎四年新安程一礎的刻本，內容包括：朱熹撰，董鼎注，《孝經大義》、虞淳熙《孝經集靈節略》、朱熹撰，董鼎注《孝經刊誤》、楊起元輯《孝經引證》、羅汝芳《孝經宗旨》。《孝經忠經等書合刊》共四種十卷，為崇禎年間兩花齋刻本，卷首摘述羅汝芳、楊起元等人論孝之言，及虞淳熙《孝經集靈》節略。二書目前均藏於北京國家圖書館。此二書雖不是出版於浙江，但在江南地區，故援引以供參考。

18　姚舜牧之傳，見沈廷芳，《歷代兩浙人物志》（清稿本）（上海圖書館古籍部藏），卷7。

序文中說：「方今聖天子以孝治天下，將舉此書頒之學校，俾士子誦習而開科登賢必賴焉者。」[19]故推論此書成書之年可能在崇禎朝。姚舜牧基本上贊同朱熹對《孝經》的許多看法，他更直斷篇中某些文字非出於孔子，或語義紛雜不相類，甚至主張宜刪去之[20]。在《孝經疑問》中，姚舜牧主要以自己的話來解釋《孝經》，沒有轉錄前人之注，故完全沒有晚明其他論著的痕跡，只能視爲作者個人意見的表達。

趙起蛟是浙江仁和人，他的《孝經集解》約成於康熙二十三年(1684)[21]。《孝經集解》以鄭氏注爲主，彙集諸家注解並加作者案語而成[22]。從該書的引文，我們可以判斷趙起蛟應該看過朱鴻、孫本、虞淳熙的作品[23]，不過朱鴻等明儒之注在其書並不佔有重要分量；相對的，鄭氏注、邢昺疏、以及司馬光、朱申、吳澄、董鼎之注，更多被引用。

另外，趙起蛟明白排拒佛教，斥佛教因果爲怪誕，又批判那些不拜父母而拜神佛之像者爲妄惑，呼籲時人應以敬神佛之心以敬父母[24]。他在注〈感應章〉時說：

> 又異端因果，怪誕無稽，故感應之說，聖人所不道。篇內言天明地察，以及神明彰、鬼神著，所以明孝道之廣大，而天人同原，幽明一理，皆於此章詳揭示，無非勉人爲孝，非徒以應感動人也。[25]

---

19 姚舜牧，〈孝經疑問序〉，《孝經疑問》(台南：莊嚴文化，1997)，頁1a-b。

20 姚舜牧，《孝經疑問》，頁12a；13a；16a。

21 《孝經集解》著成年代應早於康熙二十三年，因爲書前的序作著於此年，此書本做爲課自家子弟之用。至於出版年，《續修四庫全書》所收的《孝經集解》標明是據康熙二十三年趙氏家塾刻本影印，但由於書中後〈跋〉頁數有缺，故不知書寫的年代，若根據日本內閣文庫藏的《孝經集解》，後〈跋〉書於康熙三十二年，亦同爲趙氏家塾刻本。

22 〈孝經集解例言〉，《孝經集解》，卷首，頁1b。

23 參見趙起蛟，《孝經集解》，卷1，頁11a；卷2，頁7a；卷3，頁7a-b；卷4，頁6b-7a；8a；卷6，頁2b；卷7，頁1b-2a。

24 趙起蛟，《孝經集解》，卷10，頁3b-4a。

25 趙起蛟，《孝經集解》，卷16，頁2a-b。

因此，他雖然引用虞淳熙之言，但虞淳熙《孝經》論述中豐富的孝感事蹟與宗教性意涵的文字，均未在《孝經集解》中獲得任何保留。因此我們可以說，雖然趙起蛟與朱鴻、虞淳熙等晚明《孝經》學者有地緣關係，他也確實閱讀過他們的著作，也沒有刻意迴避或完全過濾掉他們的注解，但顯然對趙起蛟而言，其他前代的許多注釋更符合其心得，也更具分量，故在其作品中，晚明諸家之注僅浮光掠影式地被擷取，晚明那些具陽明學色彩和宗教性意涵的語彙和思想，也都在此揀擇的過程中被汰除了。

葉鈜的《孝經注疏大全》出版於康熙二十九年[26]。葉鈜出身名門，祖父葉繼美(1549-1604)，外祖父錢士升(1575-1652)，都是晚明名儒，葉鈜本人也活躍於浙東學界[27]。除《孝經注疏大全》外，葉鈜尚著有《孝經論題標準》，此書主要以《孝經》的文句闡論其於全書之要旨，以便申論，應是科舉參考書。另外，葉鈜又有《小學衍義》、《續小學》、《明紀編遺》等作品[28]。其中《續小學》乃續朱子《小學》之作，該書的體例雖遵朱子內外篇之目，但所引格言懿訓，則包括不少明季理學大儒之言，且絕不排斥陽明學者[29]。《明紀編遺》是葉鈜根據《明實錄》所著的史書，全書共六卷，書中特別標立「理學大儒」一節，從其揀擇剪裁，亦可窺其對明代理學的看法，江左王學占有相當重要的分量[30]。

從葉鈜的著作，我們可以發現他對理學有相當興趣，亦少門戶之見，他在《續小學》中不僅援引程朱理學家之言，亦引了楊起元的〈誦經威儀〉，以及羅

---

26 該書數篇序分別著於康熙二十一年(1682)和二十三年(1684)。

27 此可從《孝經注疏大全》所列「同學參定姓氏」名單得知。

28 毛際可在〈小學衍義序〉中說：「本朝以《孝經》為試論之一，于是學者加稍涉獵，而《小學》猶束諸高閣，昔人所謂敬信如神明者而漠然置之，為可慨也。是書……卓然正學之羽翼，後人之津梁哉。」葉鈜在〈自序〉中也說及自己幼承祖訓，重視《小學》的工夫，希望推廣此教育。見毛際可，〈小學衍義序〉，《小學衍義》(清康熙年間刻本，上海圖書館古籍室藏)，卷首，頁1a；葉鈜，〈自序〉，《小學衍義》(清康熙二十三年刊本，上海圖書館古籍室藏)，卷首，頁1b。葉鈜，《明紀編遺》(北京：北京出版社，2000)。

29 葉鈜，〈續小學題辭〉，《續小學》(台南：莊嚴文化，1995)，卷首，頁2a。

30 葉鈜在《明紀編遺》的「理學大儒」部分，主要記載明代理學大家，在陽明學方面，除了王陽明之外，他花了相當的篇幅記泰州學派的學者及王畿，由此亦可窺見其理學立場。見《明紀編遺》，卷4，頁21b-39b。

汝芳、鄒元標、王陽明、董澐(1458-1534)、王畿、高攀龍(1562-1626)、劉宗周
等明儒之言，或記其事蹟[31]。但《續小學》竟誤把楊起元說成正德末年的翰林編
修，也誤把羅汝芳當做是正德朝的理學之宗，此可能是抄刻之誤，以葉鈖的知識
背景，不應犯此錯誤[32]。另外，葉鈖對《孝經》的某些觀點也頗符合晚明朱鴻、
虞淳熙之見，例如他說：

> 《孝經》立教之書而治世之書也，自太極分而乾始坤生，則孝藏於
> 一畫。……余聞昔者孔子著《孝經》成，天降赤虹，化爲黃玉刻
> 文，所援神參契運斗陳經者是矣。……二經(《春秋》、《孝經》)
> 衰微，凶及家國，聖人之言，信可畏也。[33]

又曰：

> (孔子)……特作《孝經》以統會之(指六經)，爲天下萬世常法也。[34]

這種把《孝經》與《春秋》並列，視爲孔聖言治統之書、爲六經之總會的看
法，以及援引緯書「天授意聖人著書」之神話，並將孝推到宇宙創生的層次等，
均明顯可見於朱鴻、虞淳熙之論；又例如，他指責王安石是造成《孝經》學之不
彰的罪魁禍首、斥《忠經》出於妄作，亦是晚明諸家的常論[35]。葉鈖相信鬼神感

---

31 葉鈖，《續小學》，卷1，頁9a-b，10b-13a；卷2，頁12b，14b；卷4，頁5b-6b；卷5，
　頁6a-7a，19b-20a；卷6，頁5a-7a，8b-9a，10a-b，16b，24b。
32 見葉鈖，《續小學》，卷1，頁11a。楊起元生於嘉靖二十六年(1547)，成進士、授翰
　林編修之年爲萬曆五年(1577)；羅汝芳生於正德十年(1515)，八歲時已進入嘉靖
　朝，故應爲嘉靖、隆慶、萬曆年間的儒學大儒。吳道南，〈明吏部右侍郎楊俊所先生
　墓誌銘〉，《吳文恪公文集》，卷17，頁21a-29a。關於羅汝芳生平，見程玉瑛，《晚明
　被遺忘的思想家》。葉鈖在《明紀編遺》中寫了明代「理學大儒」，在介紹陽明後學
　的部分也提及羅汝芳守寧國之事，故推斷他不致犯此錯誤。見該書，卷4，頁31a。
33 葉鈖，〈自序〉，《孝經注疏大全》(清康熙二十九年刊本，上海圖書館古籍室藏)，卷
　首，頁1a-2b。
34 葉鈖，《孝經注疏大全》，頁1b。
35 見第三章。

應，也頗類虞淳熙、楊起元之見。因此，就葉鈐的詮釋內容而言，無論他所運用的理學知識背景，或他相信孝感神靈的態度，都使他與晚明江浙地區的《孝經》學之間，具有某種相近的精神樣貌，也是清初作品中少數仍流露著陽明學色彩的《孝經》學作品。儘管如此，葉鈐的書卻不能被視為晚明《孝經》學的直接傳承，主要因為他在書中完全沒有提及朱鴻、孫本、虞淳熙、黃道周、呂維祺等人之書，也沒有轉引前人的注語。因此，我們沒有文字上的證據說明兩代之間的直接傳承，對於他們之間類似的學術觀點和精神樣貌，我們只能從廣泛學術史的角度來解釋：彌漫於晚明江浙的陽明學與三教融合的學風，即使在清初有所轉向或受到壓抑，仍保有一定的傳統。

　　綜上所論，明清之際《孝經》學著作在河南地區有較直接的傳承，主要受到呂維祺的影響，並在清初表現出明顯拒斥陽明學的態度。不過，河南士人過濾陽明學的動作，與其說是全然受到官方意識型態的主導，毋寧說有相當地方學術本身發展與轉變的基礎。學者也沒有因此完全接受朱子對《孝經》的看法，事實上，對他們而言，呂維祺的看法還是凌駕於朱子《孝經刊誤》之上。江浙地區則不同，江浙畢竟是陽明學流衍的重要區域，也是三教雜糅、人文薈萃、文化多元且文化水平較高的區域，在當時也具有較高反抗滿清的意識，上一章我們也看到此地士人對於朝廷孝治政策的直接回應亦明顯不如河南。清初浙江對陽明學的包容程度遠勝於河南，在《孝經》著述中，我們也沒有看見太多嚴厲批評陽明學的言論或有意刪汰的動作，反映了某種地緣學術傳統的影響。儘管如此，以目前所見《孝經》注釋而言，從明末到清初學者間的傳承並不明顯。從清初浙江地區的《孝經》著作中，我們雖仍可見朱鴻、虞淳熙、楊起元的身影，但也只是驚鴻一瞥，晚明陽明學色彩濃厚的《孝經》學，終究難以獲得全面的保留，遑論進一步的發展。

二、詮釋觀趨於一元

　　《孝經》詮釋從明末到清初的另一個變化，則是由本來較多元的詮釋觀點逐漸轉變成以朱子為準、以官修《御定孝經衍義》為尊的一元觀點。本節主要說明

這樣的變化趨勢。

　　晚明的《孝經》論述活潑而多元，除了有朱鴻、孫本所代表的政教功能論述，也有虞淳熙、楊起元等重視個人修身、強調孝感神應、富宗教性意涵的論述。詮釋的思想背景，既有江浙學者以陽明學爲主的觀點，也有瞿罕、姚舜牧唯朱子爲尊的立場。撰寫的風格與目的也多元，有呂維祺、黃道周等內容較深奧、學術性較強的論著，也有胡時化以接近說書的口語所撰寫的通俗本[36]。這種多元觀點與風格並呈的現象到了清初並沒有立即改變，尤其是在官修《御定孝經衍義》尚未出版前，《孝經》學仍然保有較多樣的風貌。

　　毛奇齡(1623-1716)的《孝經問》不是注釋經文之作，而是針對《孝經》學術史的某些爭議性議題，發表看法。毛奇齡認爲《孝經》是孔子所作、今文與古文並非二本、劉炫並無僞作《孝經》，又極力反駁朱熹《孝經刊誤》和吳澄《孝經定本》隨意分經傳而刪削經文的作法，並指出因爲明代科舉用朱注，使得儒生尊信朱子甚於孔子，故甚少人敢於疑詰朱熹和吳澄擅改經文之舉[37]。我們知道毛奇齡的理學立場是尊王斥朱，且他逞才好怪、自視頗高[38]，從其議論看不到官方意識型態之干預是可以理解的。

　　張能鱗的《孝經衍義》約著於順治十八年(1661)，序作於康熙九年(1670)[39]，全書共22卷。此書之作乃「以五經四書爲經，以二十二史爲緯，而附之以子集諸書。」主要欲闡發立德致治之要，而爲聖天子敦倫化俗之助[40]。全書

36　胡時化的《孝經贊義》（上海：上海古籍出版社，1995）非常口語，像說書人的話本。

37　事實上，朱鴻等明儒是曾經反駁、質疑過朱子擅分經傳的作法，但毛奇齡似乎未見其書，因爲毛奇齡提及孫本時是閱自王草堂《孝經彙刻》之轉引。而毛書中提及王復禮(草堂)的《孝經彙刻》，王復禮對於朱子刪改《大學》、《孝經》的作法很不以爲然，王復禮乃王陽明裔孫，學術立場應該受到家學的影響吧。毛奇齡，《孝經問》（台北：臺灣商務印書館，1983），頁6a；19a-22b。

38　錢穆，《中國近三百年學術史》，頁226-236。

39　〈劉如漢嘉州高標書院記〉：「公乃出江南督學時，手訂大學衍義、孝經衍義、儒宗理要等書示士子。」張能鱗於順治十八年出任江南學政。見張晉生等編纂，《四川通志》（台北：臺灣商務印書館，1983），卷47，頁39a(652)。

40　張能鱗，〈孝經衍義序〉，《孝經衍義》（清康熙九年序抄本，北京中國國家圖書館藏），頁2a。

針對《孝經》的內容，分成四大部分：1.孝序，即開宗首章，本末始終之序也；
2.孝統，即天子以下五章，自天子以至於庶人之統也；3.孝治，即三才章、孝治
章、聖治章，括其義而約之孝治也；4.孝行，即紀孝行以下九章，謂之孝行也。
在每大項下則又細分條目，並援引諸多經史著作以闡發其義，全書體裁與書寫風
格與一般注釋體裁不同[41]。

　　李光地(1642-1718)是康熙朝重要御用學者，他的《孝經全注》在清代也有
一定影響力，《孝經精義》的作者張敍(1690-1775)便十分推崇此書[42]。《孝經全
注》不是彙集前人注語的集注，而是李光地個人闡釋經義的作品，他認爲《孝
經》是曾子記其與孔子問答之言而成，他削去《孝經》的章次之目，以「愛敬」
二字貫串全經，指出《孝經》之教旨在使人推其愛敬父母之心以及於人，乃自天
子至庶人一體適用之理[43]。又說愛敬之根源在仁孝，而「仁孝之理，得之最先，
而統之最全」，故以孝爲根源，施由親始，推而極之，終能德脩而道行[44]。李光
地著重「仁孝一理」和「愛敬」的論述，其實也是晚明學者的普遍看法，故雖然
他全書沒有援引任何前輩學者的論著，但義理的連續性仍不應被完全忽略。另
外，即使李光地是御用朱子學者，但他並不全然同意朱子的看法[45]。他認爲〈西
銘〉與《孝經》關係密切的看法，顯然近於晚明學者而異於朱子[46]；他也不同意
朱子對《孝經》的質疑，他在通釋全經經旨之後說：

　　則此經之義，昭白無疑。而章句之間，亦無凌雜之可議也。中間與
　　《左傳》文相出入，故先儒以爲疑，然《易》文言釋四德處，亦左

41　見張能鱗，《孝經衍義》。
42　張敍，《孝經餘論》(上海：上海古籍出版社，1995)，頁3a。
43　李光地，《孝經注》，《榕村全集》(出版地不詳：大西洋圖書公司，出版年不詳)，頁
　　5a-b(4099-4100)；14a(4117)。
44　李光地，《孝經注》，《榕村全集》，頁1b-2b(4092-4094)；19b-20b(4128-4130)。
45　李光地先亦講陽明學，並未專宗朱子，直到康熙三十一年(1692)之後才專意於朱
　　學。見李清馥編，《榕村譜錄合考》(北京：北京圖書館出版社，1998)，頁547。李
　　光地同樣反對朱子對《大學》文本的改動，有關李光地之學及其對朱學的承繼與創
　　發，見On-Cho Ng, *Cheng-Zhu Confucianism in the Early Qing* (New York: State
　　University of New York Press, 2001), pp. 101-162.
46　呂妙芬，〈〈西銘〉爲《孝經》之正傳？——論晚明仁孝關係的新意涵〉。

氏文也，左氏傳出最後，大抵采摭經史，雜以傳授聞見，烏知非左
氏撮《易》、《孝經》之意而爲之辭乎。[47]

　　吳之騄(1638-1709)的《孝經類解》出版於康熙三十年(1693)，是一部博採
經史子集以驗經文，體制內容博雜之書。值得注意的是，此書雖然博採諸書，卻
完全沒有引用晚明學者的任何言論。吳之騄自言《孝經類解》之作乃欲承朱子之
志，亦即朱熹作《刊誤》後，曾言欲掇取他書之言以發經旨，而爲外傳[48]，但終
未能成，故吳之騄以博采經傳的方式著成此書，以竟朱子之志[49]。但是，《孝經
類解》的寫作受到朱子的啓發，主要是反映在著作動機上，而非作品的內容。
《孝經類解》雖稍後於《御定孝經衍義》出版，但就內容與形式而言，兩書並不
雷同，應無直接影響，吳之騄在〈序〉末也特別說道：「國家之《孝經衍義》具
在，草茅之士，無敢贅其辭也已。」雖是謙詞，卻也顯明兩書基本上並不同調。

　　李之素的《孝經內外傳》約著於康熙十五年(1676)[50]，是李之素教授生徒
時，以兩年的工夫，採輯經史百家之言而成。《內傳》採孝子之嘉言，《外傳》
採孝子之實行，合正文，共六卷[51]。該書正式出版當在康熙六十年(1721)左右[52]，
由出版前書寫之序屢屢言及《御定孝經衍義》與朝廷「孝治天下」的政策，清楚
反映《御定孝經衍義》之頒行對後續《孝經》類書籍的書寫與出版所具的重要影
響力。在比對《孝經內傳》與《御定孝經衍義》的內容之後，我們發現兩書在引
文上有許多重疊處，尤其是《孝經內外傳》第一卷前半的許多內容均同於《御定
孝經衍義》，使人不禁懷疑此書在出版前是否曾參考《御定孝經衍義》，進行補
綴修飾。然而，兩書的差異仍清楚可見，特別《御定孝經衍義》詳衍天子之孝，

47　李光地，《孝經注》，《榕村全集》，頁20a-b。

48　朱熹，《孝經刊誤》(台北：臺灣商務印書館，1983)，頁12a。

49　吳之騄曰：「朱子擬作孝經外傳，茲集乃朱子之志。」見〈孝經類解凡例〉，《孝經類
　　解》(台南：莊嚴文化，1997)，卷首，頁1a。

50　李之素的自序寫於康熙十五年，文中說此書「閱二載而成」。見李之素，〈序〉，《孝
　　經內外傳》，卷首，頁1a-b(11)。

51　李之素，〈序〉，《孝經內外傳》，卷首，頁1a-b(11)。

52　卷首幾篇〈序〉分別寫於康熙五十四年、五十九年、六十年。見李之素，《孝經內外
　　傳》，卷首。

是一部論天子治天下的政書，而《孝經內傳》則是教育士民之書，故在體制與內容上，都有差異。另外，李之素援引了王陽明、呂柟、陳獻章(1428-1500)、陳繼儒等明儒之言[53]，又徵引楊起元〈誦孝經觀〉全文[54]，亦不同於《御定孝經衍義》。

另外，許三禮在朝廷頒行《御定孝經衍義》之際，特別著了《聖孝廣義》進呈皇帝。關於許三禮的思想及其每天早晚在告天的儀式中誦唸《孝經》的行為，我們已在第五章中討論，此處不再贅述，僅再指出他的《聖孝廣義》從「天地大父母」的崇高角度出發，以聖人(君王)為上帝之孝子，闡揚「孝始於事天，中於仁民愛物，終於為萬世建皇極」的政教意涵，表達了一種天人相感的帝王之學，故不僅不受限於朝廷《御定孝經衍義》的規模，更有欲提昇之。

由上述諸書以及上一節所論河南清初的《孝經》著作，均可見清初《孝經》學仍呈現相當多元的觀點。然而，《御定孝經衍義》的頒行對於稍晚的《孝經》詮釋則有重大影響。畢竟這是一部由朝廷正式頒行天下的官修著作，帶有明顯官方意識型態，對《孝經》詮釋也有定於一尊的作用。《御定孝經衍義》採衍義體裁，仿《大學衍義》之例，以提挈綱領、附麗條目的方式寫作，而非章句訓詁；在經文章節方面，則採取朱熹《孝經刊誤》所定經一章、傳十四章的規模，衍經不衍傳。該書引用的文獻極多，包括：《十三經注疏》、《五經大全》、《性理大全》、《二十一史》、《資治通鑑》、《資治通鑑綱目》、《通典》、《通志》、《通考》、《大學衍義》、《大學衍義補》、名臣奏議、名臣言行錄等。所引理學學者以宋儒居多，尤其程朱學者；明儒方面，因《明史》尚在纂修，去取未定，故不綴入，僅「言及事跡顯著，舊無異詞者，間見各條案中。」[55]又因設定專為君天下之天子陳孝道之書，故全書詳於衍天子之孝，諸侯以下則少略[56]。基於這樣的編纂原則，在《御定孝經衍義》中，不僅看不到陽明學的色彩，整個晚明《孝經》學幾乎全被略過。也正因為如此，它「擺脫」了晚明以降許多學術

53　李之素，《孝經內外傳》，卷1，頁62a-70a。

54　李之素，《孝經內外傳》，卷1，頁68b-69a。

55　《御定孝經衍義・凡例》，卷首，頁1a-3b。

56　《御定孝經衍義・凡例》，卷首，頁1a-3b。

上的論辯與觀點，以朝廷推行孝治天下、崇尚程朱理學的威勢，呈現出一部以朱子學爲詮釋主軸、以「孝治天下」政教論述爲主要目的《孝經》官方正統版本。

《御定孝經衍義》的出版雖不能說完全封殺其他詮釋的空間[57]，或立刻產生一種上行下效的作用，但它確實明顯地影響了康熙中、晚期以後出版的許多《孝經》著作。吳隆元(1694進士)的《孝經三本管窺》、任啓運(1670-1744)的《孝經章句》、汪紱(1692-1759)的《孝經章句》都明顯受到《御定孝經衍義》的影響。

吳隆元《孝經三本管窺》，所謂「三本」分別指：古文本、今文本、朱子《刊誤》本而言。雖然他說：「依古文則條理分明，依朱子則脉絡通貫。」[58]似有難以明確取捨之意，但實際上他極尊崇朱子，也推崇《御定孝經衍義》。他說：

> 康熙十六年，上命儒臣倣西山眞氏《大學衍義》撰《孝經衍義》一百卷，依朱子《刊誤》本所定經文列於卷首，衍經不衍傳，如西山眞氏之例。蓋朱子之學至今日大光，而《孝經》之旨昭然於天下。[59]

故《四庫全書總目提要》也說此書：「本其大旨，以古文爲是，蓋以朱子《刊誤》用古文本云。」[60]

任啓運的《孝經章句》是根據他在雍正元年(1723)於山西佛寺中得到的抄本，加以訓釋而成的。該抄本有一段關於「敬身」的文字，是其他《孝經》版本所無，任啓運依照朱子《孝經刊誤》的分章，認爲這一段文字應爲傳第十章，甚至推論此抄本可能是南齊熊安生的版本[61]。雖然任啓運在訓釋中表達了部分不同於朱子的意見，也根據此新獲抄本，做出新的判讀，但整本書的分章規模仍大體遵循朱子的《孝經刊誤》。

---

57 例如應是的《讀孝經》著於康熙五十九年(1720)，成於雍正四年(1727)，雖然也參考《御定孝經衍義》，但仍採邢昺《孝經正義》版本，而不用朱子《刊誤》本。

58 吳隆元，《孝經三本管窺》(台南：莊嚴文化，1997)，頁16a。

59 吳隆元，《孝經三本管窺》，頁30b-21a。

60 見吳隆元，《孝經三本管窺》，卷末，頁549。

61 任啓運，《孝經章句》(台南：莊嚴文化，1997)，頁14a。

汪紱的《孝經章句》更完全以朱子《孝經刊誤》爲準。汪紱在〈自序〉中說道：

> 維聖朝殫心經義，特命儒臣譔《孝經衍義》一書，用朱子所定經文
> 列於卷首，衍經不衍傳，蓋倣眞西山《大學衍義》之例，是朱子之
> 學至今日而大光，而《孝經》之傳，亦於今爲烈也。猗與休哉，而
> 第是《孝經衍義》既以《刊誤》爲宗，而鄉會命題仍用《石臺》之
> 舊，則草野所傳誦，亦仍不知所適主。紱鄙野布衣，讜陋奚似，然
> 竊惟聖王方以孝治天下，則《孝經》爲人人所當幼而服習，以長而
> 力行者，而何可聽其蹖駁衡決爲也。用是忘其固陋，捃摭舊聞，凜
> 先慈膝上之傳言，繹朱子刊刪之微旨，謬成章句。……使經傳互相
> 發明，而孝道彰於日用，則愚者一得，或廣而播之，其亦有當於朱
> 子之心，則亦有當於孔子曾子之心焉。[62]

汪紱呼應吳隆元之說，認爲朝廷頒布《御定孝經衍義》意謂著「朱子之學至今日而大光，而《孝經》之傳，亦於今爲烈。」但他也同時指出問題，即在版本上仍然沒有統一，雖然《御定孝經衍義》採朱子《刊誤》本，科舉孝試仍用《石臺》本。汪紱因遵信朱子，故特別以《刊誤》本爲準，著成《章句》一書，希望能「繹朱子刊刪之微旨」。談到朱子分經傳的作法，汪紱認爲是「刪其傅會，去其支離，定其經緯，通其脈絡，此千古折衷之定衡也。」[63]說到朱子刪經文，他則說：

> 朱子亦孔子，孔子《孝經》而可，而況於刪汰哉。經文一篇，脈絡
> 自貫，朱子所刪，刪其附會耳，至傳文則多非孔子之言。其以義理
> 爲去取，尤無足疑。[64]

---

62 汪紱，〈自序〉，《孝經章句》（台北：新文豐，1997），卷首，頁2b-3b。
63 汪紱，《孝經或問》，頁4a。
64 汪紱，《孝經或問》，頁4b。

表達了完全尊信朱子的態度。另外,朱軾的《孝經注》根據吳澄的《草廬》本;姜兆錫《孝經本義》採《石臺》本,但二人的注釋基本仍以朱子為依歸。

綜上所述,從晚明到清初《孝經》學的發展,我們確實看到一種逐漸由多元趨向一元觀點的變化趨勢,尤其在《御定孝經衍義》頒布天下之後,朱子的觀點及《刊誤》本的影響力更為明顯。康熙中、晚期的《孝經》學已明顯剝落了晚明陽明學的色彩,蛻變成以朱子學為主的詮釋觀點。

三、形式的延續性

就注釋的文字內容而言,我們清楚看見清初學者相當排拒晚明極富陽明學色彩的詮釋,在有意的刪汰和揀擇之後,晚明《孝經》學在清初學者的作品中至多只能浮光掠影地存留,許多時候均完全被抹除,故清初的《孝經》學基本上呈現出一種跳躍式承接唐宋注釋的樣貌,彷彿晚明作品對其毫無影響。這種鮮明的學術「斷裂」當然是官方意識型態運作的結果之一,卻也必然具一定程度的假象,因為即使是有心刻意避免,也沒有任何人、事可能完全跳脫晚近歷史的影響。

文字的內容確實與意識型態十分攸關,故在意識型態箝制的機制中被過濾與刪汰的必要性也較大;相對地,注釋的形式和議題的提出雖未必完全無關乎意識型態,但相關的程度畢竟較不明顯,故亦較不需刻意排拒或斷絕關聯。因此,本節希望從形式和論題著眼,指出從晚明到清初《孝經》著作在形式與論題上所具有的連續性。

雖然朱子曾提出欲掇採他書之言以發經旨而為《孝經》外傳的構想,但他並未能落實此想法。後來的學者如宋人龔粟撰《孝經集義》、黃榦(1152-1221)撰《孝經本旨》、元人程顯道撰《孝經衍義》都受到朱子的啟發,以《外傳》的形式著作[65]。明代的學者在這方面也有所發揮,朱鴻的《五經孝語》,彙輯《易》、《書》、《詩》、《春秋》、《禮記》中言孝之語與《孝經》經旨互相

---

65 朱明勛、溫顯貴,〈試論朱熹《孝經刊誤》的影響〉,《孔孟月刊》,卷39期 12(2001),頁34-39。

發明66；呂維祺的《孝經大全》，箋注的內容更加豐富，博采歷代典籍及許多理學家語以闡發經旨，再加案語發揮己說；瞿罕的《孝經貫注》，所徵引的典籍更多，甚至衍伸出去針對史傳故事、祀典禮制、歷代制度、性理哲學、各地風俗等發表大篇議論，而有「附會汎濫」之譏。黃道周著《孝經集傳》多引《禮記》、《孟子》以闡發經義，故有所謂「《孝經集義》以一部《禮記》為義疏，以《孟子》七篇為導引」之說67，四庫館臣也特別指出黃道周這種作法是「實本朱子之志」而作，即意指黃道周的作法與朱子《外傳》的構想相近68。晚明這種彙輯前人、前書論孝之語的注釋方式，大體為清初著作所因襲，冉覲祖的《孝經詳說》、趙起蛟的《孝經集解》、李之素《孝經內外傳》、葉鈐《孝經注疏大全》、吳之騄《孝經類解》、任啓運《孝經章句》、姜兆錫《孝經本義》、汪紱《孝經章句》，都採類似的方式。雖然各書體制大小不一，所採之典籍與學者的範圍亦頗不同，但若僅從注釋的方法與形式看，從晚明到清初實有相當的連續性。

　　我們從問答體的論述方式，也可以看到某種延續性。晚明楊起元輯羅汝芳論孝之語著成《孝經宗旨》，便是語錄體的形式；孫本的《孝經釋疑》和呂維祺的《孝經或問》也是採問答體形式，論述關於《孝經》典籍與文義大旨等問題；同樣地，瞿罕也著有《孝經對問》三卷。這種以設問具答的形式，針對歷代《孝經》學爭議或經旨等議題進行發言的寫作，仍為清初學者所常採用，毛奇齡的《孝經問》、葉鈐的《孝經注疏大全》、汪紱《孝經或問》均是。

　　另外，李之素《孝經內外傳》中以《內傳》記言、《外傳》記歷代孝實的方式，雖然未必受到晚明的啓發，因為區分「記言、記事」的方式本是中國史學書寫的普遍形式，但是這種輯歷代孝子故事與《孝經》經義相發明的作法，在晚明也不陌生，例如，朱鴻《曾子孝實》輯有許多曾子行孝的故事；虞淳熙的《孝經

66　朱鴻，《五經孝經》，收於《孝經總類》，戊集，頁239-263。

67　〈孝經集傳提要〉引陳有度之言，見〈孝經集傳提要〉，收於黃道周，《孝經集傳》，卷首，頁3a。

68　〈孝經集傳提要〉，收於黃道周，《孝經集傳》（四庫全書版本），卷首，頁2b。在思想和許多觀點上，黃道周與朱子是有明顯差異的，此處四庫館臣指出其本朱子之志而推闡演繹，更多是指形式而言。

集靈》雖不純粹以蒐集孝子故事爲目的,但內容仍包含了許多歷代孝子的故事;同樣的情形亦見於楊起元的《孝經引證》、胡時化的《孝經列傳》。

　　至於《孝經》學議題的討論,從晚明到清初也有明顯的延續性。清初學者所關心的議題如:《孝經》的作者問題、《孝經》今古文的版本問題、朱子分經傳與刪改經文的問題、《孝經》章節有無篇名的問題等,也都爲晚明學者所熱烈討論。當然,晚明學者的論述在相當程度也是回應著朱熹對《孝經》的質疑,其中許多議題更是歷代《孝經》學討論的重點。故因此,即使我們不必刻意強調晚明學術對清初的影響,但我們至少可以說:在《孝經》學術發展史中,晚明學者並沒有缺席,他們針對《孝經》相關學術議題與經文詮釋的論著,無論就質與量而言,都有不容忽視的重要性。他們對於歷代《孝經》文獻的蒐集、整理與出版工作,更是對學術傳承極重要的貢獻。

　　由於清初朝廷的態度與整體學風的轉變,晚明學者的議論未受到重視,清初一些作品幾乎以越過明代學術影響的方式試圖上承唐宋,造成一種學術「斷裂」的表象。然而,姑不論像耿介、冉覲祖的著作明顯受到呂維祺的影響,或葉鉁、趙起蛟不迴避陽明學而援引明儒著作的例子,即使強烈批判明儒學術者,我們仍然可以在他們的言論中發現明代學術的痕跡。例如,順治在〈御製孝經注序〉中批評明季《孝經》著述「於作經之意,均未當耳」,但他也承認明季《孝經》著作紛紜的事實;又如毛奇齡雖然看不起明儒的學問,但他顯然讀過明人的著作[69],而且還特別提到王復禮所刻的《孝經彙刻》[70],也引了孫本「《孝經》統爲一篇,並無章次,亦不分經傳」之說[71]。而從以下張敍這段評語,我們也可知道清代學者不僅閱讀了晚明的《孝經》學著作,對其中深富陽明學的思想義蘊亦瞭然於心:

69　毛奇齡,《孝經問》,頁5a。
70　王復禮,號草堂,是王陽明後裔。王復禮將《大學》與《孝經》二經彙刻成書,篇末載朱子文集中諸書,痛言經文不可改竄之立場。此彙刻已佚。王復禮尚著有《三子定論》(台南:莊嚴文化,1995),是一部調停朱陸王學說之說,三子即指:朱熹、陸九淵、王陽明。毛奇齡,《孝經問》,頁19a-22b。
71　毛奇齡,《孝經問》,頁6a-b。

若夫慈湖、姚江之徒出，遂乃脫去本文，自憑胸臆，說出一片直指
人心，超凡入聖話頭，以及《心法》、《宗旨》、《集靈》、《引
證》諸書作，無非致良知、求眞性、當頭棒喝、通身汗下伎倆，則
此經遂爲達磨、槃可之別傳，其庸下者又轉因果報應之公案矣。何
聖經之不幸至此也。[72]

　　綜上所論，從晚明到清初，《孝經》學的詮釋觀點確實發生了重大的轉向，
即從具濃厚陽明學色彩的詮釋觀轉向以朱子學爲一尊的詮釋觀，而且許多清初的
學者與著作都有刻意打壓或完全漠視明代學術的傾向，故呈現出明顯學術斷裂的
表象。本節則試圖從注釋的形式、書寫與議題等方面著眼，說明在學術斷裂的表
象之下，我們仍能夠看見某種屬於學術史的延續與傳承。

四、結語

　　理學爲宋至明的儒學主流，朱熹集北宋理學之大成，其學問到了元明更被提
升爲官學，對明代學術起了重大的規範作用。陽明學的興起主要是在理學傳統內
對朱學的一種對話與修正，並在明代中、晚期吸引了許多人的興趣，其鼎盛之
期，確有凌駕朱學之勢。晚明之際，陽明後學及其引發的社會效應招致許多嚴厲
的批判與反省，逐漸衰微，朱學也有再興之勢。清初的皇權再次鞏固朱學的官學
地位，進一步打壓陽明學，也試圖將晚明多元紛陳的學術現象，納入一元的正統
意識型態之下。

　　以上簡短對宋明理學發展史的勾勒，其實也可用以描述從宋到清初《孝經》
學詮釋觀點的變化。唐末到北宋的《孝經》學並不興盛，朱熹對《孝經》文本提
出若干質疑，他本人也沒有下很大的工夫在這部典籍上，但他曾刊誤《孝經》，
其試圖整理全書章節、區分經傳，並點出全體大義的作法，基本上與他對《大
學》文本的處理方式相近。正如其學問對後代學界有著重大影響一樣，朱子的

72　張敘，《孝經餘論》，頁2b-3a。

《孝經刊誤》，甚至他疑經的態度，對後代的《孝經》學也發揮了相當大的影響。元代董鼎的《孝經大義》和吳澄的《孝經定本》，以及許多明初的著作，都有明顯尊信朱子的傾向[73]。這現象到了晚明萬曆年間有了變化，此時陽明學是主流的學術聲音，當時江浙一帶出現一批致力提倡《孝經》學的學者，他們宣稱《孝經》是孔曾相傳的聖人經典，也試圖反駁朱子對《孝經》所提出的各種質疑。他們的詮釋觀明顯採取陽明學的立場，而如同王陽明在《大學》版本上對朱子的反駁一般，他們也反對朱子憑己意改動經文的作法。因此，萬曆年間的《孝經》學，顯然也有一種在強烈受到朱子學影響下，試圖修正朱子觀點的企圖，並呈現了陽明學觀點凌駕於朱子學觀點的現象。而隨著陽明學在明清之際的快速衰微，以及受到清廷擁護程朱學的影響，《孝經》學的詮釋在清初又再度擺盪回到朱子學的強烈籠罩下。

　　從上述晚明至清初《孝經》學術發展的變化，我們看見其與儒學內部朱子學和陽明學的消長有密切的關係。然而許多經學史的著作，並未能細緻地說明這一層關係，往往和清儒一樣帶著偏見的眼光一筆抹煞明儒的貢獻，或呈現一種朱熹《孝經刊誤》一出，即從此主導著後代《孝經》學發展的歷史圖像[74]。本章透過詳細觀察晚明到清初不同《孝經》文本所呈現詮釋觀點之變化，希望補充並複雜化這個歷史圖像，凸顯一種屬於經學與理學緊密關聯的學術發展史。

73　見第三章。

74　例如朱明勛，〈論《孝經刊誤》在宋以後《孝經》研究史上的影響〉，頁32-38；羅螢、黃黎星所著的《孝經漫談》（台北：頂淵文化，1997），除了黃道周外，幾乎全略過明人著作，見該書頁53-58。陳鐵凡的著作是個例外，他已指出明代中葉後《孝經》學受到陽明學和佛學影響的事實，惟未能詳述。見氏著，《孝經學源流》，頁234-241。

第八章

清中晚期的孝經學

　　本章討論清中葉以後的《孝經》學發展，主要分為三部分。首先，說明在乾嘉考證學風的影響下，清中、晚期的《孝經》學明顯反映了考證學的興趣，加上當時有兩個從日本傳回中國的《孝經》文本，廣泛引起學者注意，使得《孝經》今古文、《鄭注》相關問題，成為學界討論的焦點。接著，將說明清中葉以後《孝經》學有別於清初，逐漸鬆脫意識型態籠罩的現象，包括再現晚明注釋、反駁朱子，呈現比清初更多元的觀點。另外，由於從學者注釋《孝經》的文字，我們看不到晚明宗教性意涵的詮釋有明顯復興之跡象，故本章亦試圖從出版的形式與背景著眼，即根據某些多種文本合刊、以善書形式出版的《孝經》，說明《孝經》宗教性意涵的延續性存在。

一、考證學風下的關懷

　　清代是經學文獻整理與研究創發的重要時期，在考證學風的影響下，無論在校勘、訓詁、輯佚、疏釋上均有重大突破，且已形成專業學術團體與論辯的規模[1]。《孝經》學的研究雖在數量上遠不及其他經典，但也充分反映考證學風的影響。尤其因為兩個《孝經》文本——《古文孝經孔氏傳》、《孝經鄭注》——相繼在清中葉由日本傳入中國，廣泛引起學者的注意和討論，使得今古文和

《鄭注》問題，再度成爲清代考證學風下學者們最關切的《孝經》議題[2]。

（一）《古文孝經孔氏傳》辨僞

今古文的差異一直是經學的重要議題，有些經書在今古文的內容上有極大差異，例如《尚書》[3]，故版本的判定嚴重影響經典的內容與眞僞；又如《春秋》學，今古文形成不同的解釋系統，今古文版本的判定也影響經義的解釋與應用。相對而言，《孝經》今古文本的差異並不大，故雖然學者們都意識到文本的差異是個問題，也熟知唐代劉知幾和司馬貞對此問題有過論辯[4]，但卻也多認爲既然差異有限，對於經義亦無太大影響，可不必深究。這樣的觀點在晚明相當盛行，也爲某些清儒所接受[5]，但由於清代考證學發達，對於考證、辨僞的興趣與能力增加，同時也因爲日本傳入《古文孝經孔氏傳》的衝擊，使得《孝經》今古文問題再度成爲討論的焦點，辨僞則是主要關懷所在。

中日交流有長遠的歷史，隋唐時期已很興盛。許多中國的典籍傳到日本之後，在日本重刊、傳衍，獲得保存，後又傳回中國[6]。關於《孝經》回傳中國的情形，宋朝曾有日僧奝然(938-1016)攜來鄭注《孝經》一本，獻於朝廷，但此書後又失傳[7]。明清時期，中日交流更盛，山井鼎所輯的《七經孟子考文》中有古

---

2 楊家駱，〈清代孝經學考〉，收入楊家駱主編，《中國學術名著》第四冊(台北：世界書局，1969)，頁1-10。

3 今文《尚書》29篇，孔安國本古文《尚書》多出16篇，東晉梅頤本古文《尚書》又比今文多出25篇。本田成之，《中國經學史》(上海：中華書局，1935)，頁123-124。

4 王溥，《唐會要》，卷77，頁7b-13a。

5 參見第三章；亦見劉沅，《孝經直解》(北京：北京道德社，出版年不詳)，頁9a。

6 吳哲夫指出，文獻紀載早在第三世紀中國儒家經籍已傳入日本，《孝經》傳入日本的最早年代雖不可考，但在隋唐年間已傳入。吳哲夫，〈中日孝經書緣〉，《故宮文物月刊》，卷6期9(1988)，頁66-75；Laura E. Hess, "Qing Reactions to the Reimportation of Confucian Canonical Works from Tokugawa Japan," in Joshua A. Fogel ed., *Sagacious Monks and Bloodthirsty Warriors: Chinese Views of Japan in the Ming-Qing Period* (Norwalk, Conn. : EastBridge, 2002), pp. 126-157.

7 奝然獻書在北宋太平興國九年(984)，見顧永新，〈《孝經鄭注》回傳中國考〉，《文獻季刊》，期3(2004)，頁217-227。陳鱣，〈序〉，《孝經鄭注》(上海：商務印書館，1939)，卷首，頁1。

文《孝經》一卷，此書約於1730年代傳入中國，但當時並未起引太多注意[8]。後來鮑廷博(1728-1814)委託汪鵬(1783卒)在日本尋找《孝經鄭注》，未能尋得，卻於乾隆四十一年(1776)帶回太宰純(1680-1747)校刊的《古文孝經孔氏傳》[9]，鮑廷博隨即將之刊於《知不足齋叢書》，此書於1782年又被收入《四庫全書》。

　　《古文孝經孔氏傳》傳入中國後立即出版，也引起學者們的廣泛注意，其真偽問題頓時成為討論的焦點。除了少數者外，大部分的學者都認定它是一本偽書。而綜觀清代學者對於《古文孝經孔氏傳》真偽問題的討論，由於牽涉到兩個層次的辨偽，有時論析的焦點不是很清楚，對文本支持與否的立場與理由也各有不同。簡言之，第一個層次的辨偽是：孔安國到底有沒有為《孝經》作傳？中國隋代出現的《古文孝經孔氏傳》是否本身即是一部偽書？第二個層次則是：18世紀由日本傳入的《古文孝經孔氏傳》是真的保存了早期中國傳入的文本？抑或後來日本人所偽造？這兩個層次的因素交織考量的結果，學者的立場大致可以分成以下幾種情況：

　　(1)認定清中葉由日本傳入的《古文孝經孔氏傳》是日本人所偽造，因此無論孔安國是否曾為《古文孝經》作傳，即無論中國古代的《孔傳》本身之真偽如何，都無改於對眼前日本傳入之書的低劣評價。《四庫全書總目提要》即表達這種判斷，雖然《古文孝經孔氏傳》被收入《四庫全書》出版，但編纂的官員認定這是一部偽書。他們並不是因為珍視其海外秘本的價值而將之收入；相反地，是要人有機會看到此文本、知道所謂的海外秘本亦不過如此，不必給予過多重視。《四庫全書總目提要》：

8　據Hess研究，此書於1732年刊刻於日本，不久後即傳入中國。Laura E. Hess, "Qing reactions to the reimportation of Confucian canonical works from Tokugawa Japan."

9　胡平生指出，太宰純主要根據足利學校所藏的一個約14世紀的抄本(足利本)，並以其他本子校讎而成，而從足利本抄寫書體，又可判斷其祖本為隋唐時代的版本。不過，舒大剛則認為足利本與唐宋時流行的《古文孝經》不相近，屬另一系統。胡平生，〈日本《古文孝經》孔傳的真偽問題——經學史上一件積案的清理〉，《文史》，輯23(1985)，頁287-299；顧永新，〈日本傳本《古文孝經》回傳中國考〉，《北京大學學報》，期2(2004)，頁100-109；舒大剛，〈論日本傳《古文孝經》決非「隋唐之際」由我國傳入〉，《四川大學學報》，期2(2002)，頁110-117。

特以海外秘文，人所樂觀，使不實見其書，終不知所謂《古文孝經
孔傳》不過如此，轉爲好古者之所惜，故特錄存之，具列其始末如
右。10

　　他們認爲，如果此書果眞早存於日本，何以僧奝然獻鄭注《孝經》時不一併
獻上此書？根據這個理由，加上認定該書內容「淺陋冗漫，不類漢儒釋經之體，
並不類唐宋元以前人語」，他們推論此書並非隋唐傳入古本，應是日人爲誇耀己
國圖籍之富而僞作11。

　　(2)論辨的焦點回到中國古代，由於漢代的古文《孝經》與相關著述均已佚
失，《古文孝經孔氏傳》是隋代再度被「發現」的文本，故其眞僞問題從隋唐以
來已有許多討論，主要議論點是：孔安國到底是否曾爲《孝經》作傳？隋代再現
的《古文孝經孔氏傳》是否爲僞作12？清儒也主要在前人論析的基礎上繼續討
論。大體而言，大多數的清儒都傾向認定隋代出現的《古文孝經孔氏傳》是一部
僞作，至於是誰所僞？則有王肅(195-256)、劉炫、劉歆(約50B.C.-23)等不同看
法13。許多人因爲認定早期中國的《古文孝經孔氏傳》本身已是僞作，連帶地對
清中葉日本傳入的《古文孝經孔氏傳》也不重視。例如，阮元(1764-1849)說：
「近出於日本國者，誕妄不可據。要之，孔注即存，不過如《尚書》之僞傳，決
非眞也。」14即是一例。不過，也有人站在文獻保存的角度，姑且不論《古文孝

10　紀昀等纂，《四庫全書總目提要》，卷32，頁3b-4a。
11　紀昀等纂，《四庫全書總目提要》，卷32，頁1b-4a。
12　漢代的古文《孝經》，以及許慎和馬融關於古文《孝經》的撰著，都相繼佚失。到了
　　隋代，王劭稱於京師訪得孔安國傳，交給劉炫，劉炫序其得喪，著有義疏，講於人
　　間，漸聞於朝廷，後獻入朝廷。當時已有人懷疑此《孔傳》乃劉炫僞作。唐代，玄
　　宗曾詔令群儒質定《孝經》今古文，劉知幾主古文，舉十二驗駁鄭注；司馬貞主今
　　文，摘古文閨門章文句凡鄙、庶人章割裂舊文等。這是歷史上對《孝經》今古文問
　　題最重要的論辯。
13　例如，鄭珍、汪師韓認爲是劉炫僞作；丁晏、汪宗沂認爲是王肅僞作；康有爲則以
　　古文經書全爲劉歆所僞。鄭珍、丁晏之說，見下文；汪師韓，《孝經約義》(清光緒
　　十二年刊本)(台北：中央研究院傅斯年圖書館)，頁9a；汪宗沂，〈孝經十八章輯傳
　　序〉，《孝經十八章輯傳》，卷首，頁9a；康有爲，《新學僞經考》(香港：三聯書局，
　　1998)，頁99。
14　阮元，〈孝經注疏校勘記序〉，《孝經注疏校勘記》(台北：復興書局，1961)，卷首，

經孔氏傳》是否爲隋代僞書，如今由日本傳入的《古文孝經孔氏傳》仍因保存早期流行的文本而有價值。盧文弨(1717-1795)即代表這種看法，他指出太宰純本雖有一些錯誤，然「必非近人所能撰造」，故以保存古書的價值而言，此書不容忽視[15]。

(3)認爲孔安國確曾爲古文《孝經》作傳，日本傳入《古文孝經孔氏傳》也非後人所僞，故有重要價值，這種看法可以曹庭棟(1699-1785)爲代表。曹庭棟在乾隆年間完成的《孝經通釋》以古文爲主，今文爲附，采輯漢至清代諸家注釋而成書。曹庭棟說：

> 《古文孝經》二十二章，與《尚書》、《論語》同出孔壁，孔氏安國讀而訓傳其義者。……自唐以十八章之今文爲定，而二十二章之古文幾廢，然以孔氏之經出孔氏之壁，古文之信而有徵明甚，茲恪遵古文。[16]

《孝經通釋》書末的〈總論〉也引前儒「論古文傳授」、「論當從古文」等說法，顯明其力主古文的態度[17]。另外，洪良品(1827-1897)也篤信古文，他著有《古文孝經薈解》，根據《續修四庫全書總目提要》所述，洪良品以日本刻本爲眞古文，勝於劉炫所傳[18]。然在清儒之中，對《古文孝經孔氏傳》持如此高評價者實爲少數。

清儒中對於《古文孝經孔氏傳》辨僞最用力者當屬丁晏(1794-1875)和鄭珍(1806-1875)，他們的看法也經常爲其他學者所引用，最具代表性，故以下簡要整理、說明兩人的論點，以凸顯考證學者的關懷與論學特色。

(續)

　　頁1a。

15　盧文弨，〈新刻古文孝經孔氏傳序〉，《古文孝經》(台北：藝文印書館，1966)，卷首，頁5a-7a。

16　曹庭棟，〈孝經通釋例說〉，收入《孝經通釋》(台南：莊嚴文化，1997)，卷首，頁1a-b。

17　曹庭棟，〈孝經通釋總論〉，收入《孝經通釋》卷末，頁2b-6b。

18　中國科學院圖書館整理，《續修四庫全書總目提要》，頁831。洪良品，《古文孝經薈解》(清光緒十七年刊本，北京中國國家圖書館藏)

丁晏的辨僞主要在說明《古文孝經孔氏傳》是王肅僞作，雖然他稱「日本所得之古文尤僞之僞者」，但實際上他並沒有針對「日人僞作」這一點展開論證。他根據邢昺（932-1010）《孝經注疏》等書引用《孔傳》的情形多與日刻本雷同，判斷日刻本大概是唐宋以來流傳之版本。不過，他沒有站在文獻保存之價值的角度發言，而是強調《古文孝經孔氏傳》既爲王肅所僞，其重要性已不足據。

在〈集先儒說辨古文孔傳之僞〉一文中，丁晏採集先儒司馬貞、吳澄、歸有光等人的看法，彙爲一文[19]。在〈日本古文孝經孔傳辨僞〉中，丁晏則提出他自己的論證，他的方法是將日刻本《古文孝經孔氏傳》比對中國群書典籍中言及古文《孝經》和引用王肅注的情形來做說明[20]。他總共提出10項證據：前五項根據古代典籍記載有關古文《孝經》的資料，指出與傳世《古文孝經孔氏傳》文本不合者，以此論證傳世的《孔氏傳》必非孔安國所作[21]；後五項證據則是《古文孝經孔氏傳》的內容與其他書所引王肅注相同的例子，以此推論此書乃王肅僞作。丁晏總結其論證曰：

> 夫《孔傳》與古文不合者五，可斷其非眞古文；與王肅宛合者五，
> 又可斷其爲肅僞撰矣。[22]

鄭珍的辨僞比較明確地針對日本傳入的《古文孝經孔氏傳》，雖然部分論證的焦點還是模糊，似乎也針對隋代《孔氏傳》而發。鄭珍在〈辨日本國古文孝經孔氏傳之僞〉一文中，清楚表達他認爲孔安國未曾作傳，隋代《孔氏傳》爲劉炫

19　丁晏，〈集先儒說辨古文孔傳之僞〉，收入氏著，《孝經微文》（上海：上海書局，1994），頁12b-17a。

20　丁晏，〈日本古文孝經孔傳辨僞〉，收入氏著，《孝經微文》，頁17a-21b。

21　五個論據分別是：《漢書藝文志》未言孔氏作傳，故《孔傳》之存在與班志不合；與許慎《說文解字》所載不合；與《禮記》引用古孝經明堂處不合；經文總字數及今古文差異字數與桓譚《新論》所言不合；引韓愈等人文認爲《古孝經》可能是以科斗文字書寫的《孝經》，與傳世《古文孝經》不同。見丁晏，〈日本古文孝經孔傳辨僞〉。

22　詳見丁晏，〈日本古文孝經孔傳辨僞〉；引文在頁21a。

偽作的立場[23]，而且直指日本傳入的《孔氏傳》爲日人所僞造，並推斷日人僞造的動機爲：「作是書者，彼窮島僻壤一空腐之人，見前籍稱引《孔傳》，中土久無其書，漫事粗挦，自詡絕學以耀其國富祕藏耳。」[24]雖然他並不能提出任何支持如此推斷的理由，但此明顯反映他個人的態度。

鄭珍在文中提出10項論證，其中第一、二、四、五、六項比較清楚是針對日本《孔氏傳》而言，主要欲說明日刻本不同於劉炫本《孔傳》。(1)第一項說劉炫首提《孝經》爲「孔子自作」的看法，此有別於兩漢以來諸學者之說，也是劉炫說的重要特點，而日刻本《孔氏傳》序則仍以孔子爲曾子陳孝道，此說與劉炫不合，故就此判斷此書非劉炫之《孔傳》。言下之意，該書即或非日人僞作，亦非隋唐文本。(2)第二項先說明《孝經》各章標目始於皇侃，並說司馬光所見的古文本，經止分22章，沒有標目，而日刻本《孔氏傳》既有標目，且標目多同於唐玄宗御注本，故以此推論日刻本是後人僞作。(3)第四項是依邢昺《孝經注疏》中引用劉炫駁《鄭注》「孝始於事親」三句，推論出此「必僞孔傳與鄭異義，乃持以難鄭氏」處。再根據日本《孔氏傳》對此三句的解釋與《鄭注》同，判斷此書絕非劉炫本《孔傳》。(4)第五項是先認定唐玄宗御注《孝經》有一定體例，即在引用舊說時必標明「依某注」，若沒有標明則爲唐玄宗自撰。接著，再比對日本《孔氏傳》與唐玄宗御注的內容，發現許多唐玄宗御注本未標明「依孔傳」的部分都包含在日本《孔氏傳》內，以此推論日刻本不同於劉炫本《孔傳》。鄭珍在此隱然指控日人是根據唐玄宗御注本作僞，只因連疏之體例都未弄清楚，才犯下如此錯誤。(5)第六項運用同樣的方法，比對邢昺《孝經注疏》引用「孔安國曰」和日本《孔氏傳》之差異，認定日刻本是後作的僞書。以上五個論點，均欲說明日刻本《孔氏傳》不同於劉炫本《孔傳》，不是隋代版本，雖不能直接證明此書是日人所僞，但因認定其爲後出的僞作，故判定其價值更低。

鄭珍的另五項論證，或以漢代經注體例，或借考定孔安國卒年，推論《孔

23　鄭珍：「不知孔氏原未與《孝經》作傳，就令唐人所見《孔傳》，至今尚存，亦是劉炫僞撰，不足與漢儒注說並重。」鄭珍，〈辨日本國古文孝經孔氏傳之僞〉，《巢經巢文集》（台北：中華書局，1971），卷1，頁8b。

24　鄭珍，〈辨日本國古文孝經孔氏傳之僞〉，《巢經巢文集》，卷1，頁8a-b。

傳》序說之誤，也指出其與桓譚《新論》所載字數有差異，或有依班固(32-92)
所言改動字樣的痕跡。這部分的論證，也可用以質疑隋代再現之《孔傳》，未必
針對人偽作。

綜言之，丁晏、鄭珍雖然在《古文孝經孔氏傳》的辨偽上下了很大工夫，也
充分展現清儒在檢閱各種典籍與考察注疏體例上的用心，不過他們的判斷往往很
主觀，據以判斷的標準也有許多自己的定見。平心而論，很難就此論定日本傳入
的《孔氏傳》是日人所偽造的[25]。然而，他們的看法及其對《古文孝經孔氏傳》
低下的評價，仍然代表大多數清儒對該書的看法。

(二)《孝經鄭注》的問題

關於《孝經鄭注》（以下簡稱《鄭注》），清儒最關切的議題和工作主要為：
考定作者、輯佚《鄭注》並為之作疏、對日本傳入《鄭注》的辨偽。關於《鄭
注》作者的討論有長遠的歷史，清儒承續前儒的考定，續有發展。至於輯佚，由
於鄭玄在乾嘉學術中佔有極重要的地位，輯佚又是清考證學者的重要興趣與成就
所在，加上日本《孝經鄭注》刻本傳入中國，都使得《鄭注》的輯佚與作疏工作
獲得斐然的成績。這些工作與論辯也使得《鄭注》成為清考證學風下《孝經》學
的熱門議題。

關於《鄭注》作者問題，由於早期《孝經鄭氏解》並未題名作者，雖然到了
東晉時期普遍認為作者即鄭玄，但歷代學者仍有不同看法，主要討論的焦點為：
鄭玄到底曾否注過《孝經》？《鄭注》的作者是否另有其人？南齊的陸澄即曾對
鄭玄的作者身分提出質疑，他說：

> 世有一《孝經》，題為鄭玄注。觀其用辭，不與注書相類。案玄自
> 序所注眾書，亦無《孝經》。[26]

---

25 胡平生，〈日本《古文孝經》孔傳的真偽問題——經學史上一件積案的清理〉；顧永
新，〈日本傳本《古文孝經》回傳中國考〉。
26 蕭子顯，《南齊書》，卷39，頁8b。

　　陸澄指出，《孝經鄭注》和其他鄭玄注經，在立義和用辭上均不同，而且鄭玄自序並未言及注《孝經》，故懷疑《鄭氏注》的作者不是鄭玄。同樣的懷疑也載於《經典釋文》、《隋書‧經籍志》[27]。唐代開元七年(719)，劉知幾和司馬貞曾針對今古文問題論辯。劉知幾主古文，他指出以鄭玄爲《鄭注》作者首見於東晉穆帝時期(r. 344-361)，歷代學者對此已多有質疑，他又提出12條證據，論證鄭玄並非作者[28]。

　　《大唐新語》據梁載言，以鄭自序「僕避難於南城山，棲遲巖石之下，念昔先人，餘暇述夫子之志，而注《孝經》」，推斷作注者應是鄭玄之胤孫，而非鄭玄[29]。王應麟(1223-1296)的《困學紀聞》與《玉海》也以作者爲鄭玄之孫鄭小同[30]。不過，也有學者以同樣這段序言認定鄭玄是作者，且據此推論鄭玄注《孝經》的年代[31]。可見學者們在論證上有許多臆測與主觀相信的成分，每個前提又牽動著後來的許多推論，很難判斷孰是孰非。

　　清儒繼續對《鄭注》的作者問題，大體延續前儒的看法，主要分爲兩派：(1)以鄭小同爲作者，此有陳鱣(1753-1817)、陸燿(1723-1785)、桂文燦(1823-1884)[32]、阮福(1802生)；(2)以鄭玄爲作者，此以嚴可均(1762-1843)、皮錫瑞

27　《經典釋文》序錄：「世所行鄭注，相承以爲鄭玄。案鄭志及中經簿無，唯中朝穆帝集講孝經，云以鄭玄爲主。檢孝經注與康成注五經不同，未詳是非。」《隋書‧經籍志》：「又有鄭氏注，相傳或云鄭玄，其立義與玄所注餘書不同，故疑之。」陸德明撰，吳承仕疏證，《經典釋文序錄疏證》(台北：臺聯國風出版社、中文出版社，1974)，頁103b(總206)；魏徵、長孫無忌撰，《隋書》，卷32，頁935。

28　劉知幾提出的12條證據爲：鄭玄自序、弟子追論師著、鄭志目錄、鄭記、鄭玄碑銘均未言及其曾注《孝經》；鄭玄弟子宋均只說及鄭玄對《孝經》有評論、略說，未言有注，宋均亦表示自己「無聞」鄭玄注《孝經》事；《後漢書》史書未記載；司馬宣王奏書只提及王肅注，當時若有鄭玄注，亦必當言之；王肅注書專攻鄭注，若鄭玄注《孝經》，王肅必當攻擊之，然肅無言；魏晉朝賢撮引諸注，未有一言引及《孝經》之注。王溥，《唐會要》，卷77，頁7b-9b。

29　劉肅，《大唐新語》(北京：中華書局，1985)，頁135。

30　王應麟，《困學紀聞》(上海：商務印書館，1936)，卷7，頁18a-b；王應麟，《玉海》(台北：臺灣商務印書館，1983)，卷41，頁33a-b。

31　樂史，《太平寰宇記》(台北：文海出版社，1963)，卷23，頁9b；皮錫瑞，〈孝經鄭注序〉，《孝經鄭注疏》(台北：中華書局，1965)，頁1a-b。

32　陳鱣說見下文。陸燿僅推測之詞，其《孝經考證》著於乾隆三十年左右，爲清抄本，現藏上海圖書館。關於桂文燦之書，見中國科學院圖書館整理，《續修四庫全書

(1850-1908)為代表，潘任、簡朝亮(1851-1933)亦持此看法[33]。

第一派看法中，以阮福的討論最詳細。阮福基本上贊同《困學紀聞》、《玉海》、《大唐新語》所言，認為《鄭注》的作者是鄭小同。他根據《後漢書》鄭玄傳，推論鄭玄家貧，後遊學才成通儒，先人並無講學者，故自序「念昔先人」應非出自鄭玄之言。又說鄭玄之子益恩並不能傳其學，且早卒，益恩遺腹子因手紋似鄭玄，鄭玄命名為小同，小同能通經，且以孝聞，才是繼志以成《鄭注》者。至於自序所言「避難南城山」一段，阮福則以為是鄭小同的子孫在魏晉年間避難時追念小同所言，故「念昔先人」之「先人」是指鄭小同[34]。

認為《鄭注》作者為鄭玄者，可以嚴可均為代表。嚴可均主要反駁陸澄的質疑，他承認陸澄所言《孝經鄭注》與其他鄭玄注經不相類的情形確實存在，但是他以鄭玄曾師事不同學者及注各書時期不同，來解釋不相類的原因。換言之，若能認識到鄭玄注書百餘萬言、時間長達三十餘年，其間本有變化，就不會以諸經不相類為由致疑鄭玄的作者身分。至於鄭自序未言《孝經》，嚴可均認為根本不足為證，既然〈六藝論〉中已言鄭玄注《孝經》，何以能夠漠視這樣的證據，而獨以自序未言否認鄭玄曾注《孝經》。嚴可均也指出以鄭小同為作者之說更晚出，且為臆測之語[35]。

皮錫瑞承嚴可均之說，以鄭玄為作者，對於鄭小同之說，有長文反駁。他說：

> 鄭小同注《孝經》，古無此說，自梁載言以為胤孫所作，王應麟遂傅會以為小同。梁蓋以《孝經鄭氏解》世多疑非康成，故調停其說，以為康成之孫所作，又以序有「念昔先人」之語，於小同為合，遂叛此論。案：鄭君八世祖崇為漢名臣，祖沖亦明經學，《周

總目提要》，頁829-830。

33　簡朝亮大致承前人之說，其說見氏著，《讀書堂答問》（北京：北京出版社，1997），頁6a-7b。其他三人之說，見下文。

34　阮福，〈孝經注解傳述人〉，《孝經義疏補》（上海：上海古籍出版社，1995）卷首，頁6a-11b。

35　嚴可均，〈序〉，《孝經鄭注》（上海：商務印書館，1939），卷首，頁1-2。

禮疏》曰：「玄，鄭沖之孫」；《禮・檀弓疏》皇氏引鄭說稱鄭沖

云：「小記云：諸侯弔必皮弁錫衰，則此弁経之衰，亦是弔服

也。」皇所引是鄭志之文，蓋鄭君稱其祖說以答問。然則鄭君之祖

必有著述。序云：「念昔先人」，安見非鄭君自念其祖，而必爲小

同念其祖乎。36

　　皮錫瑞指出，以鄭小同爲《鄭注》作者的說法最早見於《大唐新語》所引梁
載言之說。他推論梁載言是因爲知道《鄭注》作者有疑議，又因鄭自序有「念昔
先人」之說，故找到一調停之說，即以《鄭注》仍與鄭玄有關，但非成於鄭玄之
手，而是後裔承先人之志所完成。皮錫瑞認爲此說沒有堅實根據，只是臆測，且
較「鄭玄爲作者」說更晚出。對於鄭玄先祖是否爲學者，皮錫瑞也有不同看法，
他說鄭玄祖父鄭沖能明經學，故鄭自序所謂「念昔先人……而注《孝經》」，很
可能就是鄭玄感念其祖而發。同樣地，潘任《孝經鄭注考證》基本上也認同嚴可
均的看法，又列舉十五證以說明鄭玄是作者37。

　　另外，丁杰根據徐彥《公羊傳疏》「何氏解《孝經》與鄭俙同，與康成異
矣」之說，認爲《鄭注》作者非鄭玄，亦非鄭小同，而是鄭俙。不過，孫志祖

36　皮錫瑞，〈鄭氏序〉，《孝經鄭注疏》，卷首，頁1b。
37　潘任的十五證爲：1.《孝經鄭注》與鄭玄注《禮》多相合處；2.《孝經鄭注》與詩
　　箋義多合；3.以〈六藝論〉反駁劉知幾說鄭玄未注《孝經》；4. 劉知幾說王肅好發鄭
　　玄短處，王肅未攻《孝經鄭注》，正說明鄭玄非作者。潘任則舉證說王肅確有攻擊
　　《鄭注》；5. 范曄《後漢書》必然有證據才會說鄭玄注《孝經》；6.《唐會要》引鄭
　　玄〈六藝論〉說鄭玄注《孝經》；7. 古時《孝經》和《論語》多並稱，鄭玄既注《論
　　語》，應亦注《孝經》；8. 馬融曾著《孝經傳》，鄭玄爲馬融弟子，其注《孝經》爲師
　　承；9.《孝經正義》曾說孔安章王注此經，潘任認爲鄭即指鄭玄；10.《孝經鄭注》
　　有引緯書處，潘任以爲此正與鄭玄注經好引緯書同；11. 韋昭《孝經解讚》有合《孝
　　經鄭注》之處，潘任認爲韋昭既膺鄭玄，此書應是讚鄭玄注解之著；12. 劉知幾以司
　　馬宣王奉詔令諸儒注《孝經》，以王肅說爲長，未言及鄭注，可見當時無《鄭注》。
　　潘任則以王肅與司馬氏有親誼，故言肅說不言鄭注，乃其私心所致；13. 認爲《公羊
　　傳疏》說何休解《孝經》孝經與鄭俙同、與康成異，正說明鄭俙與鄭玄是二家，鄭
　　玄亦曾注《孝經》；14. 以鄭小同爲作者始於《太平寰宇記》，屬臆測之辭，無據。又
　　以《後漢書》鄭玄傳中追念先人之言，爲鄭玄注《孝經》的動機；15. 認爲鄭玄避難
　　南城山注《禮》時，餘暇乃注《孝經》，故二書多有相合。潘任，《孝經鄭注考證》，
　　收入《希鄭堂叢書》（清光緒年間刊本，中央研究院傅斯年圖書館藏）。

(1737-1801)反對這種看法,認爲根據《徐疏》只能說當時至少有兩家《鄭注》,不能據此否認鄭玄不是《鄭注》作者[38]。王仁俊也贊同孫志祖之見[39]。但是日本學者重澤俊郎則認爲當時鄭玄的注可能並未傳到南方,只有鄭儕的注傳到江南,故《隋志》所載立於國學的《鄭注》是鄭儕所作[40]。

綜上所論,清儒對《孝經鄭注》作者的看法仍承襲前代學者,主要有鄭玄、鄭小同二說,也有人提出鄭儕才是作者的看法。雖然他們的論證過程依然展現穿梭群書引證典籍的功力,但畢竟直接證據很少,可能的情況又太多,許多判斷都主要憑據個人主觀信念,同一段文字在不同信念解讀下,結果往往南轅北轍,如此當然不可能完全解決千年來的歧見。

輯佚古義是清代漢學的重要成就之一,清儒對《鄭注》的另一重要關切則在輯佚,日本刻本的傳入,也衍生出更多輯佚、作疏、辨僞的工作。清儒對於《孝經鄭注》的輯佚早在日刻本傳入以前已開始,且有相當學者投入此項工作[41]。例如,乾隆年間陳鱣根據《經典釋文》、唐玄宗御注《孝經》、邢昺《孝經注疏》及其他典籍所引用的鄭注,輯錄《孝經鄭注》一帙[42]。日本岡田本《鄭注》是在嘉慶六年(1801)才傳入中國,這是由岡田挺之(1737-1799)根據日本所藏《群書治要》中所載的《孝經鄭注》爲本,但因經文不全,又據注疏本補之而成書的[43]。岡田本《鄭注》傳入中國後,鮑廷博同樣隨即將之重刊於《知不足齋叢書》,也同樣引起學者廣泛注意。

不像《古文孝經孔氏傳》普遍被認定是隋代僞書,故評價和接受度都不高,

---

38 孫志祖,《讀書脞錄》(台北:復興書局,1961),卷494,頁10b-11a。

39 王仁俊,《玉函山房輯佚書續編》(上海:上海古籍出版社,1989),頁66。

40 重澤俊郎著,孫彬譯,〈《公羊義疏》作者時代考〉,《中國文哲研究通訊》,卷12期2(2002),頁11-38。

41 清人輯《孝經鄭注》者包括王謨、袁鈞、孔廣林、陳鱣、嚴可均、臧庸、黃奭。見史應勇,〈傳世《孝經》鄭注的再考察〉,《唐都學刊》,卷22期3(2006),頁6-10;趙景雪,〈清代《孝經》文獻輯佚研究〉,《安徽文學》,期3(2007),頁57-58;朱明勛、戴萍波,〈清代《孝經》研究論要〉,頁141-143。

42 陳鱣《孝經鄭注》的〈序〉作於乾隆四十七年。陳鱣,〈序〉,《孝經鄭注》,卷首,頁1。

43 Laura E. Hess, "Qing Reactions to the Reimportation of Confucian Canonical Works from Tokugawa Japan."

《鄭注》雖在作者問題上有所爭議，但無論該書是否爲鄭玄所作，總是漢代作品，沒有涉及作僞的問題，唐代司馬貞已言：「且其注縱非鄭氏所作，而義旨敷暢，將爲得所，其數處小有非穩，實亦非爽經。」[44]故對此書的爭議向來較少。加上乾嘉學者推崇鄭玄，對於《鄭注》的興趣很高，因此岡田本《鄭注》傳入後，學者對此書的接受度遠高於《古文孝經孔氏傳》。在接納的前提下，進一步從事補證、輯佚、疏解者，也大有人在。例如，洪頤煊(1765-1837)的《孝經鄭注補證》主要採集群書中的鄭注文字與日刻本做比較，進行補證工作。所謂「補證」，即以其所採集者，證明其出處，或補日刻本之所無[45]。嚴可均同樣採信岡田本，並配合其他典籍所引鄭注匯輯成《孝經鄭注》一書。皮錫瑞稱讚嚴可均的輯本最爲完善[46]，自己更在嚴可均輯本的基礎上，爲《鄭注》作疏。皮錫瑞認爲鄭玄深於禮學，故援古禮以注《孝經》是鄭玄注之特點，此特點卻爲後儒所忽略，故其作疏便主要發揮此特點，並解釋諸家對鄭義的質難[47]。潘任的《孝經鄭氏解疏》（又名《讀孝經日記》）也是在嚴可均輯本的基礎上，繼續作疏[48]。以上諸家對於岡田本《鄭注》都沒有辨僞或批判的意味，而是以接納的態度，將之與中國群書中所載鄭注內容互相參照補證，主要目的在盡量還原《鄭注》的面貌。

不過，清儒中仍有人對岡田本《鄭注》抱持質疑態度。例如，鮑廷博雖刊行此書以廣其傳，但他對於該書的來源《群書治要》則有不確定感，他說：「不知所謂《群書治要》輯自何人？刊于何代？何以歷久不傳，至近時始行於世？其所收是否奝然獻宋原本？或由後人掇拾他書以成者？茫茫煙水，無從執問難焉，亦俟薄海內外窮經之士論定焉可耳。」[49]阮元更直指日本傳入的《鄭注》是僞書：「鄭注之僞，唐劉知幾辨之甚詳，而其書久不存，近日本國又撰一本，流入中

44　王溥，《唐會要》，卷77，頁11a-b。

45　洪頤煊，《孝經鄭注補證》（台北：興中書局，1964）。亦見周中孚，《鄭堂讀書記》（北京：中華書局，1993），卷1，頁4a。

46　皮錫瑞，〈序〉，《孝經鄭注疏》，卷首，頁1b。

47　皮錫瑞，〈序〉，《孝經鄭注疏》。

48　潘任，《孝經鄭氏解疏》，收入《學古堂日記》（清光緒間刊本，中央研究院傅斯年圖書館藏）。

49　鮑廷博〈孝經鄭注跋〉，收入洪頤煊，《孝經鄭注補證》，卷尾，總頁5438。

國，此僞中之僞，尤不可據者。」[50]阮元也因此拒絕爲鮑廷博刊本作序[51]。而清儒中對日本《鄭注》提出最多質疑者當屬焦循(1763-1820)，他在〈勘倭本鄭注孝經議〉一文中，以《經典釋文》、《正義》核對岡田本，共找出12處文字不相合者，做爲對日本刻本的12項質疑[52]。

其實焦循比對文本的作法和洪頤煊很接近，同樣發現諸文本之間有同有異，只是洪頤煊沒有提出質疑，而以「同則驗證、闕則增補」的態度對岡田本進行補證，焦循則據相異處提出懷疑。不過，焦循主要目的並非在辨僞，而是更直接批評此書沒有價值，不足爲重。他說岡田本本身即是掇拾他書而成，故即使眞有鄭注內容，也已經過刪節，且經文又不全，根本無法保證此本即是奝然所獻的殘文。焦循更直接批判此書內容沒有菁華，因而認定「雖眞鄭注，亦已糟粕。」他感嘆道，鄭玄學術之菁華在《禮注》與《詩箋》，這些毫無疑議的重要文獻卻少有學者能通其義，而對於《孝經鄭注》這樣有疑議的糟粕之作，大家卻反而更熱衷[53]。儘管如此，焦循還是主張要保存岡田本，理由是恐怕廢而不存，後會引發更多不必要的惋惜或混淆，反而可能導致後人以假亂眞。但他也聲明一定要將此本清楚題名爲「日本鄭注孝經」，不使混於立諸學官的《鄭注》[54]。我們從焦循的文章，可以清楚讀出他對於當時從日本傳入中國的古籍，抱持相當懷疑與抗拒的態度[55]。

類似的保留態度也可見於臧庸(1767-1811)。臧庸的《孝經鄭氏解》也是輯佚之作，但不採信岡田本《鄭注》，完全以中國典籍爲據，亦即以《經典釋

---

50 阮元認爲從唐玄宗御注《孝經》、元行沖作疏，到邢昺《注疏》，大體保留了前代《孝經》學的菁華，他所謂「尚未失其眞」，故學者欲窺《孝經》之奧，實不必另闢蹊徑。見阮元，〈孝經注疏校勘記序〉。胡平生指出，阮元後來態度有轉變，認爲日刻本之流行，亦未嘗不可。胡平生，〈日本《古文孝經》孔傳的眞僞問題——經學史上一件積案的清理〉。

51 阮元，〈孝經鄭氏解輯本題辭〉，收入臧庸，《孝經鄭氏解輯本》(上海：商務印書館，1939)，卷首，頁1a。

52 焦循，〈勘倭本鄭注孝經議〉，氏著，《雕菰集》(上海：商務印書館，1936)，卷12，頁186-189。

53 焦循，〈勘倭本鄭注孝經議〉，卷12，頁188。

54 焦循，〈勘倭本鄭注孝經議〉，卷12，頁188。

55 焦循，〈勘倭本鄭注孝經議〉，卷12，頁188。

文》、《孝經正義》爲主，旁摭群書所引以附益。此書獲得阮元的稱許與推薦[56]，周中孚(1768-1831)在《鄭堂讀書記》中也稱讚此書的品質優於孔廣林、陳鱣等人之輯本[57]。另外，徐紹楨(1861-1936)、曹元弼(1879-1953)也以岡田本爲僞作；侯康(1798-1837)說岡田本「妄誕不可信」，並繼續以中國所存的典籍進行輯佚[58]。不過，顧永新指出，後來隨著《群書治要》的眞實性漸爲清儒認同，《鄭注》的可靠性與價值也進一步獲得清儒認可；加上光緒末年敦煌本《孝經》的發現，其中《鄭注》注文與岡田本相同度高達九成以上，已可證明岡田本《鄭注》並非日人僞造[59]。

綜上所論，乾嘉學風下的《孝經》學主要環繞在今古文和《鄭注》問題上，此又主要受到18世紀由日本傳入《古文孝經孔氏傳》與《孝經鄭注》的刺激，因此學者的關懷集中在辨僞與評斷文本價值上。在方法上，除了援引、評論歷代學者討論的相關文獻，清儒更發揮考證學的工夫，在比對群書文本異同的基礎上，提出許多新的見解。儘管如此，他們的判斷仍然相當主觀，許多論證的前提都建立在個人的信念上。簡言之，清儒普遍認定原本流傳於隋唐的《古文孝經孔氏傳》即是一部僞書，故清中葉日本傳入的《孔氏傳》即或不是日人所僞，亦因本即僞書而價值不高。更何況有許多學者認定日刻本已不同於中國隋代的版本，是僞中之僞，故對其評價更低。至於《鄭注》，由於未涉及僞造，加上乾嘉學者對鄭玄的推崇及對輯佚《鄭注》的興趣，故學者們對日本傳入刊本的接受度較高。洪頤煊、嚴可均等人都願意將岡田本視爲一有價值的文獻，與其他中國典籍互證，試圖回復《孝經鄭注》的面貌；皮錫瑞、潘任則進一步爲之作疏。然而，也有不少清儒認定岡田本《鄭注》的文字鄙陋，疑爲日人所僞。他們傾向只依靠中國典藏的群籍來輯佚，對於由日本傳入的刻本基本上抱著懷疑的態度。至於《鄭

56　阮元，〈孝經鄭氏解輯本題辭〉。

57　周中孚，《鄭堂讀書記》，卷1，頁5b-6a。

58　徐紹楨，《孝經質疑》(清光緒十年刊本，北京中國國家圖書館藏)，卷首序，頁1b；曹元弼，〈孝經今古文各本表〉，《孝經學》(上海：上海古籍出版社，1995)，卷3，頁1a。侯康的考證，收於馬鐵卿輯，《孝經精粹》(清光緒二十四年跋，手抄本，上海圖書館古籍室藏)。

59　顧永新，〈《孝經鄭注》回傳中國考〉。陳鐵凡也據敦煌本繼續做《孝經鄭注校證》。陳鐵凡，《孝經鄭注校證》(台北：國立編譯館，1987)。

注》的作者問題，清儒仍延續前代學者的質疑與見解，以鄭玄、鄭小同兩派看法最普遍。

二、多元觀點的再現

我們在第七章中論到，明末清初學術思潮的主流變化，以及清初皇權提倡朱學、打壓陽明學、試圖將晚明的多元學風改造成一元正統意識型態的作法，反映在清初的《孝經》學則是：具陽明學觀點的明儒注釋被大量刪除，以及普遍支持朱子對《孝經》文本的整理，即《朱子刊誤》成為權威性的文本。然而，隨著乾嘉考證學的發展，清儒對於歷代文本的廣泛挖掘與閱讀、學術興趣轉移、對學術專業的要求等，都使得清初帶有意識型態而刻意打壓明儒的舉動，及普遍稱許朱子《孝經刊誤》的看法，有了鬆動和改變。加上道光、咸豐之後，清廷統治力的衰弱，許多先前被禁毀的文獻都獲得復活重現[60]，《孝經》在內容上的正統性固然讓它免於被禁毀的命運，不過意識型態的鬆動，對於晚明陽明學詮釋觀點的再現，及表達反對朱子刊誤的意見，仍有影響。以下根據清中晚期的《孝經》文本，說明上述兩個現象。

(一)再現明儒詮釋

曹庭棟的《孝經通釋》著於乾隆二十一年(1756)左右，此書主要兼採並陳歷代各家對《孝經》的注釋，而不加以分析取擇，因為曹庭棟認為各家注者各出己見，代表不同的觀點，雖然沒有任一觀點是全備的，但卻都有特定的洞見與價值。他說：「猶夫觀天者，此窺其一角，彼識其一隅，然而無非天也。」[61]因此除了內容明顯背理、膚淺、衍說者不採外，他以兼採並陳諸家見解的方式，將多元的注釋內容呈現給讀者，讓讀者自己論定。由於曹庭棟這種開放的態度，也由於他廣泛參閱歷代著作，使得清初被刻意刪汰的晚明注釋內容得以獲得再現。

---

60 王汎森，〈清末的歷史記憶與國家建構——以章太炎為例〉，收入氏著，《中國近代思想與學術的系譜》(台北：聯經出版公司，2003)，頁95-108。
61 曹庭棟，〈孝經通釋例說〉，《孝經通釋》卷首，頁1b-2a。

《孝經通釋》所據的先儒著作，共有90家之多，其中明儒就有26家，不僅含括晚明虞淳熙、朱鴻、孫本、呂維祺、黃道周等人的《孝經》注解，明代理學家王守仁、尤時熙、羅汝芳、周汝登、楊東明、方學漸(1540-1615)等人的語錄，亦在採集之列[62]。

綜觀《孝經通釋》的內容，晚明的注解被採入的分量相當多，佔全書可觀的比例，先不論呂維祺、黃道周等較受清儒重視之學者的注釋內容被大量援引的情形，即使被清初學者刻意貶抑的虞淳熙之注，亦大量被採入[63]。因此，在清初《孝經》學中被壓抑的具宗教性意涵或陽明學觀點的注釋，在此書都獲得一定程度的保留。至於曹庭棟沒有採納楊起元的注解與言論，我認為應是作者沒有機會看到楊起元的著作，而非刻意排拒，因為虞淳熙的觀點與楊起元相當接近，既然虞淳熙的作品既已被大量採入，沒有理由認為曹庭棟會刻意無視楊起元的著作。

孫念劬的《孝經彙纂》刊於嘉慶四年(1799)，據作者自言，著作該書主要因認為《孝經》甚有裨於世教，也欲表達自己對父母孝思之自訟與自勖。孫念劬說自己「搜輯各家注說，沉玩熟復，採其精要，以抉經之意義，暢經之旨趣，集成一編，名曰彙纂。」[64]該書卷首列有「引用書目」，明儒的著作只列了兩家作品：周鼎的《孝經集注》[65]和呂維祺的《孝經本義》、《孝經大全》、《孝經或問》[66]。孫念劬對呂維祺推崇備至，認為他「言言中欵，乃是孝經注說之正宗也。」故全書援引呂維祺文字的分量相當可觀，書末更附錄《孝經或問》的主要內容[67]。

雖然在《孝經彙纂》的《孝經注說》中，呂維祺之外的明儒著作很少被採入，不過孫念劬後又有《經注補遺》、《孝經廣義》之作，在這兩部作品中則採

62　曹庭棟，〈孝經通釋例說〉，《孝經通釋》卷首，頁2b-3a。
63　虞淳熙被引的情形，可見《孝經通釋》，卷1，頁8b；15a-b；卷2，頁6a；11b-12a；13b；卷3，頁6a；10a；12b；17a-b；卷4，頁2b-3a；6a；9a；12a-b；22b；23b；卷5，頁1b；4a；8b-9a；卷6，頁4a；卷7，頁7a；11a；卷8，頁9a；10b；15b-16a；17b；卷10，頁3a-b；17a。
64　孫念劬，〈孝經彙纂序〉，收入《孝經彙纂》(北京：北京出版社，1997)，卷首。
65　此書似已佚失。
66　見《孝經彙纂》的「引用書目」，列在書卷首。
67　孫念劬，〈凡例〉，《孝經彙纂》卷首，頁3a-b。

入更多明儒言論，朱鴻、孫本、虞淳熙等人對《孝經》的注釋都被採入[68]，陽明後學如王艮、羅汝芳、楊東明的言論亦被採納[69]。由此亦可見，孫念劬並不像清初學者般排拒以陽明學觀點注釋《孝經》，此或與他個人的佛教背景有關[70]。他的著作雖非極力宣揚或特別支持明儒觀點，但對於再現明儒論述，仍有貢獻。

　　另外，晚明的《孝經》著作也被收錄於叢書中出版，如道、咸年間出版的《遜敏齋叢書》收有虞淳熙的《孝經集靈》，光緒年間出版的《端溪叢書》收有楊起元注《孝經》，此也是再現明儒詮釋的一種管道[71]。不過整體而言，晚明《孝經》著作在清代仍普遍不受重視，朱鴻的《孝經總類》、江元祚的《孝經大全》、陳仁錫的《孝經翼》等總輯類的作品在清代都沒有再重刊，除了明刊本外，只能靠學者輾轉抄錄而流傳。道光(r. 1820-1850)年間王德瑛輯《今古文孝經匯刻》，共收歷代《孝經》著作15種，所收的明儒著作也只有項霖的《孝經述注》和黃道周《孝經集傳》兩種[72]。這現象說明，即使清中葉後的《孝經》學呈現較開放多元的趨勢，晚明注釋與觀點也因而獲得再現的機會，但主要仍反映清儒考證的興趣與關懷。

(二)反駁朱子

　　上一章中我們也論到，受到康熙提倡程朱理學、《御定孝經衍義》以朱子《孝經刊誤》為定本的影響，康熙晚期以後的許多《孝經》著作都十分尊信朱子，稱讚朱子對《孝經》的刊誤為「千古折衷之定衡」，也有許多人以繼承朱子未竟之志而注釋《孝經》[73]。這種獨尊朱子的一元觀點在清中葉以後有了變化，

68　朱鴻之言被採入者，見《經注補遺》，頁3a；《孝經廣義》，頁1a-b；5b；7b；11a-b；13a；23a-b。虞淳熙之言，見《經注補遺》，頁3a；《孝經廣義》，頁2b；8a；8b；9b-10a；16b。孫本之言，見《孝經廣義》，頁22b-23a。

69　王艮之言，見《經注補遺》，頁2a；羅汝芳之言，見《經注補遺》，頁1a-b；《孝經廣義》，頁3a；楊東明之言，見《孝經廣義》，頁21b-22a。

70　孫念劬另著有《金剛經彙纂》，可見其佛教背景。

71　《端溪叢書》為梁鼎芬等所輯，於清光緒二十五年，由番禺端溪書院出版。

72　王德瑛輯，《今古文孝經匯刻》(清道光十四～十六年間出版)(上海圖書館古籍部藏)。

73　汪紱，《孝經或問》，頁4a。

尤其在考證學風影響下，不少反駁朱子的看法都以學術論著的方式出現，對於朱子刊誤《孝經》的作法也多有批評。

我們從上文所述，無論重啓今古文本的議論、輯佚前代著作的工作，都可見清儒對漢魏以降《孝經》學及相關議論的重視，並努力承續而發揚，朱子一家之見已無法籠絡學界的看法。曹庭棟以古文爲主、今文爲附，彙集歷代諸家的作法已明顯不獨尊朱子；而孫念劬說：「朱子取古文《孝經》，分爲經一章，傳十四章，又刪削經文二百二十三字，定爲《刊誤》一書。自此以後，講學家務黜鄭而尊朱，不得不黜今文而尊古文，釀後學以水火之爭矣。」對朱子刊誤亦不無責備之意[74]。張錫嶸(1853進士)著《讀朱就正錄》，質疑朱子分經、傳的作法，也反駁朱子對《孝經》的疑問[75]。另外，賀長齡(1785-1848)選用黃道周的版本、《孝經解紛》的作者試圖將經文分爲四段解讀的作法，也都顯示朱子《刊誤》本在清中葉後地位已不可與清初同日而語。

對於朱子刊誤《孝經》，分經傳、刪削或移易經文的作法，清初毛奇齡已大加批評，認爲這是宋儒非聖毀經的表現[76]。毛奇齡個人在思想上近陽明學而遠朱學，他在《孝經問》中不僅批評明代儒生因科舉而大受朱子影響，也特別抄錄王陽明六世裔孫王復禮對朱子改動《大學》和《孝經》的批評[77]，可見當時反對朱子刊誤《孝經》的態度，還須將之與王陽明和朱子對《大學》版本的不同看法，以及兩學派的思想差異一併考量。到了清中葉之後，思潮已有變化，反對朱子《孝經刊誤》的理由也超越陽明學與朱子學之辨，甚至在思想上尊崇朱學的學者，也反對其刊誤的工作。

丁晏的《孝經徵文》主要針對朱子等前儒懷疑《孝經》而作，他認爲朱子作《刊誤》，刪去「子曰」及引《詩》、《書》之文，並論斷部分經文援引自其他典籍的看法，都是「疑經非聖」的表現，故一一反駁。所謂「徵文」即是抄錄古代典籍中徵引《孝經》的文字，並蒐集古注，主要欲說明《孝經》在漢代以前已

74　孫念劬，〈孝經源流〉，《孝經彙纂》，卷首，頁5a-b。

75　張錫嶸，《讀朱就正錄》與《讀朱就正錄續編》，收入氏著，《張敬堂太史遺書》(清同治九年刊本，上海圖書館古籍室藏)。

76　毛奇齡，《孝經問》，頁1b；18b-19a。

77　毛奇齡，《孝經問》，頁21b-22b。

普遍被誦習講授，非後人附會之作，並希望以此能達到尊聖人經典、息群儒之議的目的[78]。其他如陳澧(1810-1882)也反駁朱子之疑，潘任則贊同丁晏《孝經徵文》的看法[79]。

方宗誠(1818-1888生)雖學宗朱子，但不以《刊誤》爲是。他說《孝經》蓋曾子門人編次之書，「實是一篇渾成文字」，又說自己因爲不相信朱子《刊誤》，故做《孝經章義》一書[80]。方宗誠在《孝經章義》中，首先指出「愛、敬」二字貫串全書，並以陳明各章主旨的方式，來說明《孝經》全書文義之貫串、渾然成篇，亦以此反駁朱子對《孝經》的質疑，以及刪削、移易經文的作法。類似地，簡朝亮亦不認同朱子分經傳的作法，認爲朱子《刊誤》本是未定之書[81]。

另外，根據《續修四庫全書總目提要》，倪上述的《孝經刊誤辯說》旨在說明《刊誤》一書並非盡爲朱子所作，因爲書中有語脉斷亂、統紀混淆之處，故認爲某些文辭絕非出自朱子。王爾翼的《孝經刊誤參解》雖主要遵循朱子《刊誤》本，但有未慊於心者，則加以改正。趙長庚的《孝經存解》，大旨雖宗朱子，認爲朱子分章序次有條理，但並不全然贊同朱子；在〈讀孝經刊誤問答序〉中也明確反對私意刪節經文的作法，並極力試圖迴護朱子作《刊誤》之舉，認爲朱子態度謹慎，並沒有完成此工作，故《刊誤》並非已成之書。趙長庚說後儒因見《刊誤》而詆毀《孝經》或過信朱子，實令人惋惜[82]。

綜上所論，不同於清初《孝經》學強烈去晚明學術(去陽明學)的傾向，以及在官方意識型態的主導下定朱子學爲一尊的態度，清中葉以後的《孝經》學由於

78　丁晏，〈孝經徵文自序〉，《孝經徵文》，卷首。

79　陳澧，《東塾讀書記》(台北：臺灣商務印書館，1968)，卷1，頁2-3；潘任，《讀孝經日記》，收入《學古堂日記》，頁10a-b。

80　方宗誠，《孝經章義》(台北：藝文印書館，1971)，頁1a。

81　簡朝亮，《讀書堂答問》，頁11a-12a。

82　《孝經刊誤辯說》是清乾隆二十七年(1762)刊本(北京中國國家圖書館藏)；《孝經刊誤參解》是清同治年間刊本；《孝經存解》是清光緒十年刊本(北京：北京出版社，1997)。參見中國科學院圖書館整理，《續修四庫全書總目提要》，頁825；827；830。趙長庚，〈讀孝經刊誤問答序〉，《讀孝經刊誤問答》(收入《孝經存解》)，卷首，頁1a-3a。

受到考證學的影響，逐漸擺脫朱子學的籠罩。在遍覽群書典籍、尊崇漢儒、保存文獻的學術氛圍中，對於前代各文本與觀點，都持有較開放而多元的態度。在這樣的學術環境中，在清初被強烈壓抑的晚明《孝經》論述也獲得再現的機會，雖然無論具陽明學或具宗教性意涵的詮釋觀點均非清代《孝經》學的主流，但至少沒有被刻意刪汰。同樣地，隨著主流學術思潮的變化，即從清初程朱官學到乾嘉考證學的變化，清初受到朱學強烈籠罩的《孝經》詮釋觀點也逐漸失去吸引力，朱子《孝經刊誤》普遍受到學者質疑，而清儒在今古文議題、輯佚《鄭注》、作新疏等工作所展現的熱忱與成績，也足以說明清中葉以後的《孝經》學已走出宋明理學的範圍，開展出具清代特色的學風。

三、《孝經》宗教性意涵的延續

我們在第四、五章中，論到晚明具宗教性意涵的《孝經》論述與實踐，並在第六章討論其在清初受壓抑而衰微的情形。如果我們從清代大量《孝經》注釋和論著內容來看，雖然清中葉以後的確可見晚明注釋的再現，官方意識型態的控制也減弱，但是晚明宗教性的論述和實踐並沒有明顯復興的跡象。換言之，若就學者注釋《孝經》的文字內容而言，《孝經》的宗教性意涵在明清之際有明顯的斷裂，在清代似乎有快速消失的趨勢。

我們知道，《孝經》宗教性意涵的重要理據之一是「至孝能感通天地神明」的信念，而這種孝感神應的信念並沒有在明清之間出現斷裂，反而具有明顯的連續性。例如，二十四孝這類以孝感為主軸的故事，在清代不僅沒有消失，反而有更多發展、更多版本出現；割股療親、萬里尋親等普遍被實踐的孝行，從明到清也有增無減，且一樣都深具孝感神應的成分[83]。因此，從社會普遍的信念和孝行實踐面而言，實在難以解釋何以《孝經》的宗教性意涵會在清代快速消沉。此也引領我們思考，是否可以從另外的角度來看《孝經》與孝感神應的關係？亦即，在《孝經》注釋或學術論著的內容之外，我們是否可以發現另外一些承載《孝

83　參見第一章。

經》宗教性意涵的表現方式？

　　我相信從《孝經》與其他宗教教義結合、被宗教教團運用的情形，可以發現許多有意義的現象，例如全真道、三一教都要求信徒讀《孝經》，《孝經》也被視爲教內的典籍。又如福建地區流行的五帝信仰[84]，該教的寶卷《天仙五皇大帝消劫本行寶經》記載，五皇大帝奉元始天尊教旨，特到東魯拜見大成至聖文宣王孔子，請求夫子之道要往下方開教，救度眾生，消除末劫。文宣王遂命曾子取出《孝經》一卷，付與下方開教，頒行天下。於是五皇大帝即開始勸化人間，教導世人要誦《孝經》義旨，循行孝道，方可解天災。接著寶卷的內容即恭錄《孝經》全文[85]。而鍾雲鶯關於清末民初民間儒教對儒學經典宗教性詮釋的研究，也提供我們對更早期類似現象的想像[86]。不過，對於民間信仰與《孝經》關係的全面性考察，由於牽涉到多種宗教團體和實踐，本書實無力承負，以下僅能就我所見的清代《孝經》文本，特別注意其被刊行的方式，以及幾部晚清宗教人士所注的《孝經》，希望能夠對於《孝經》宗教性意涵在近世中國持續存在的情形，略作說明。

　　如果我們注意《孝經》出版的方式，往往可以鮮明地感受到這部書仍然承載著鮮明的宗教意涵。例如，有一些《孝經》和其他宗教典籍合刊，在這些合刊中的《孝經》，就其文本的內容而言，很多時候只有經文、根本沒有注解，即使有注解，注解內容也可能沒有太多宗教性意涵；然而，如果我們著眼於整體合刊書籍的內容與出版者，情形則大不相同。例如，上述《天仙五皇大帝消劫本行寶經》中抄錄《孝經》的例子，雖然只錄經文、未加任何注解，但在五帝信仰脈絡中，其宗教性意涵是極鮮明的。又如乾隆年間李鳳彩輯《孔子文昌孝經合刻》，此書共有二卷，第一卷爲《孝經》經文，第二卷爲《文昌帝君孝經》經文，均無

84　關於五帝信仰，詳見Michael Szonyi, "The Illusion of Standardizing the Gods: The Cult of the Five Emperors in Late Imperial China," *The Journal of Asian Studies* 56, no. 1 (1997), pp. 113-135.

85　《天仙五皇大帝消劫本行寶經》（又名《五帝經》，福建地區五帝信仰的寶卷），卷3禮部，頁4-17。此書是流傳於清代的地方性寶卷，蒙Michael Szonyi教授提供，特此致謝。

86　鍾雲鶯，《清末民初民間儒教對主流儒學的吸收與轉化》（台北：國立台灣大學出版中心，2008）。

注解。我們從李鳳彩的序可以清楚看出他對孔子《孝經》具有某種宗教性的信念，李鳳彩說自己所以合刊二經，主要認為二書內容可互相發明，他也同意明儒所謂「文昌為先天之孔子，孔子為後天之文昌」的看法[87]，他在序文中還敘述了一個自己的夢：

> 是夜，夢臥樓上孔子、帝君及城隍之神列座，各二侍者，余見座旁有帖一本，徑取觀之，色如墨，無文字。覺後不解所謂，及讀孝子文印偈曰：「至文本無文，蘊之孝道中，發現自成章，司之豈容泄，天聾與地啞，非聾亦非啞，特將天地秘，不使人盡解。」始悟聖前帖本即孝思發現所成章也。[88]

夢中孔子和帝君、城隍神一同列座，都在神界之中。李鳳彩還說孔子所謂「下學上達」即是「下學於孝而上達於天」，亦即以孝貫通天地人三才；他也相信孔子作《孝經》後向北斗告拜、天現赤虹黃玉祥瑞的神話，此神話也與文昌帝君、孝弟明王等共同出現於序中。因此，對李鳳彩而言，儘管兩部《孝經》的文字不同，但旨歸一致，且殊途同歸，最終要引導人由孝而達天。他說：「讀孔子孝經者，知自天子以至庶人，壹是皆以孝為本；讀文昌孝經者，知自天上以至人間，壹是皆以孝為重。同於庸行，循循下學，庶太和洋溢於家庭，即太和洋溢於宇宙爾。」[89]

《孔子文昌孝經合刻》主要以善書的形式出版，李鳳彩曾任鎮洋縣尉，在職務調動之前，他將書交給同僚周福山，請周幫忙「代為印紙以勸世」[90]。周福山自己也很相信孝感神應的真實性，並篤信關聖帝君。由於父親被遠謫西域，卒於

87　李鳳彩，〈孔子文昌孝經合刻序〉，李鳳彩輯、附周福山輯，《孔子文昌孝經合刻》，卷首，頁1a-b。

88　李鳳彩，〈孔子文昌孝經合刻序〉，李鳳彩輯、附周福山輯，《孔子文昌孝經合刻》，卷首，頁1b。

89　李鳳彩，〈孔子文昌孝經合刻序〉，李鳳彩輯、附周福山輯，《孔子文昌孝經合刻》，卷首，頁2a-b。

90　周福山，〈續刻關聖帝君覺世真經序〉，李鳳彩輯、附周福山輯，《孔子文昌孝經合刻》，卷首，頁1a-2b。

外地,他有萬里迎櫬往返的經歷,據其自述,他帶著父親靈柩在荒涼巔嶺上遇到大風雨,幾乎斷糧,在情急之下他急禱關聖帝君,竟然剛好有鎮將要過嶺,屯兵先行掃雪插標開路,使其能順利下山,他毫不猶豫地將此歸因為關聖帝君之顯靈庇佑。另外,周福山曾為了圓母親歸寧之夢,每每向帝君神像默禱,希望能夠讓自己籤製江左,後果然如其所禱地成就,60歲的母親在離家四十載之後,終於能夠歸寧,與80歲外祖母共聚一堂,周福山同樣將此歸為自己一念孝感蒙帝君之默佑[91]。周福山個人對關聖帝君的信仰,讓他在接到李鳳彩的書後,又在該書後面附以《關聖帝君真經》以及記載許多孝感事蹟的《孝行引證》,一併以《孝經合編》的方式刊行[92]。這個現象也說明《孝經》的感應思想讓它很容易與其他類似的信念與宗教教義結合,以善書的方式宣揚孝之重要性,《孝經》的宗教性意涵也繼續被承載於這類實踐之中。

王古初的《孝經經解》著於咸豐(r. 1850-1861)年間,王古初是一位道士,據洞陽秋蓬老人炎涵潤〈序〉中所言,他曾指點王古初要洞悉《孝經》和《周易》的關係:「夫《孝經》者,周易之本源也;《周易》者,大孝之究竟也。《周易》於天道中包括人道;《孝經》於人道中暗藏天道。」[93]王古初恍然有悟,著成《孝經經解》,書中果然充滿由孝(人道)以契合天道之理。例如他說:

> 一家天地,父母最神。至尊者大,至神者靈。靈通兩大,惟有二親。孝親真切,萬聖降臨。萬神懽悅,萬靈赴心。萬事如意,萬禍不侵。大開智慧,大長才能。一貫心法,頃刻通靈。……愚孝可矜,亦能感格,通於神明。何況賢智,德立道成,先王有此,天下和平,同歸大順,萬國咸寧。[94]

91　周福山,〈續刻關聖帝君覺世真經序〉,李鳳彩輯、附周福山輯,《孔子文昌孝經合刻》,卷首,頁1b-2a。

92　李鳳彩輯、附周福山輯,《孔子文昌孝經合刻》二卷、附錄一卷。

93　炎涵潤,〈孝經經解原序〉,於王古初,《孝經經解》(民國十七年重刻本,上海圖書館古籍室藏),卷首。

94　王古初,《孝經經解》,頁1a-b。

又說：

> 高厚恩深，孝參兩大，道包天地，孝不相下。孝合斗樞，斡旋造
> 化，孝德如輿，承載諸夏。何爲天經，錫自鴻鈞，九疇洪範，敍此
> 彝倫。身本枝葉，孝歸其根，歸根復命，始見天根。天根既見，元
> 氣氤氳，浩然充塞，萬刦長存。何爲地義，地四生金，成於天九，
> 至剛無形。未探月窟，地義無憑，孝能集義，神而最靈。……孝德
> 積累，莫可比倫，大中至正，精義入神。[95]

> 感應通靈，惟孝至誠。明王事父，孝合高明，上天清朗，永無氛
> 祲。明王事母，孝通坤貞，大地安樂，海宴河清。天明地察，大彰
> 神明，神無不明，不明奚神。修德凝道，日月合明，明王大孝，以
> 明契神。明無不通，萬聖合形，微者皆顯，神乎其神。神之又神，
> 明無不明，神化之極，總持萬靈。萬靈統攝，完我虛靈，從心所
> 欲，正大光明。上徹九天，下透幽冥，億萬祖宗，齊證聖神。[96]

王古初的經解道教色彩濃厚，從其內容，我們可以看到緯書所言，孝存在元
氣混沌、天地絪縕化生之中，爲萬化之原、生人之本，也明顯可見禍福果報如影
隨形的觀念。王古初強調道家修身應從孝起手，以孝爲修德凝道的關鍵[97]。民國
十七年(1928)出版的重刊本，在經解上方尚有眉批，眉批內容修道色彩亦濃，如
言：「蓋苦海無邊，回頭是岸，只要道心眞切，夫發孝心，彌天罪過，皆湏
矣」；「其言修道凝德，暗藏傳授心法，尤爲甚多，學者苟能發大孝眞心，積誠
之久，得問聖學之傳授心法，方知此解之神妙。」[98]在在強調學道者要眞能「發
大孝眞心」去修道，才能洞悉《經解》所欲傳授的心法，也才能一探道體之奧，

95　王古初，《孝經經解》，頁7b。
96　王古初，《孝經經解》，頁15a-b。
97　王古初，《孝經經解》，頁1b。
98　王古初，《孝經經解》，頁2a；4b。

否則如人在紙窗內，窗外萬重山水景物，一無所見[99]。

《孝經經解》至少在光緒二十年(1894)、民國十二年(1923)、十七年均曾重刊，而且均以勸世善書的方式重刊。我們從民國十二年曾廣晴所寫的〈重刊孝經經解序〉，可知當時印1000部發送；十七年重刊本書後詳列捐助重刻者姓名共271人，並附有幾帖治病藥方，以助窮鄉僻壤缺乏醫藥的鄉民。像這類由道士注解、以善書形式刊行的《孝經》，無疑繼續承載著濃厚的宗教性意涵，並明顯與晚明許多論述與實踐相呼應。

張恩霨的《孝經闡要》在光緒九年(1883)出版，此書與其他9種典籍一併以道經的形式出版，10部道書分別爲：《課誦規儀》、《三教總持》、《躬行心懺》、《明聖經注》、《坤寧妙經》、《孝經闡要》、《大學闡要》、《中庸闡要》、《慈印眞經》、《中黃道經》[100]。另外，《孝經闡要》也與其他張恩霨所著7種典籍合刊[101]。張恩霨自稱慈元居士，我們從其著作很明顯可以看出他具三教的背景，他說自己：

> 謹訂此編，刊傳課誦。晨鐘暮鼓，聊醒塵迷。三教並興，庶幾有日。謂缺聖經，則有孔孟之書在。[102]

可見在他所輯的著作中，《孝經》、《大學》、《中庸》等儒家典籍都被當做三教典籍看待，與《太上感應篇》、《文昌帝君陰騭文》一樣，均具聊醒晨迷的作用。

《三教總持》一書充滿三教色彩，序作題名「孝道明王金闕護靈大帝古佛慈光菩薩」，說道：「玄皇傳筆，帝師選仙，乃有中黃丈人，累劫修眞，圓成道

---

99 王古初，《孝經經解》，頁5a。

100 張恩霨編訂，《道經十種》(清光緒九年刊本，北京中國國家圖書館藏)。

101 七種分別爲：《大學闡要》、《中庸闡要》、《教法源頭》七種(包括：《弟子規》、《小兒語》、《女小兒語》、《孚佑帝君增勸敬信懺悔》、《文昌帝君陰騭文》、《武帝覺世眞經》、《太上感應篇》)、《孝經闡要》、《論語論略》、《孟子論略》、《留松堂詩孝》，北京中國國家圖書館藏。

102 張恩霨，〈序〉，《道經十種》，頁2a-b。另外，從《課誦規儀》、《三教總持》等書，亦可清楚見其三教背景。

果，慈育天尊，玄玄道祖之託名也。」[103]又說：「是則余斗中孝道之光，而經內慈印之心，後先同契，而一元無上法門，功德不可思議也。」[104]經末紫霞一元無上元君所說的偈，亦主要闡明「大孝通冥漠」的意涵[105]。而在《孝經闡要》的自序中，張恩霨則說孝是生人之大本、經世之大原，孔子著《孝經》，旨在「傳帝王不傳之心，發天地未發之祕」[106]。由上可見，列在慈元居士所編訂10種道經之中的《孝經》，不僅宗教意涵鮮明，且明顯傳承了晚明三教融合的傳統。

　　這種具三教色彩、標舉至孝能感通神明、召致祥瑞好報的觀念，我們仍能在民國出版的某些《孝經》著作中清楚看到。例如，《孔聖孝經定全球》、《孝經德教》二書均具有這樣的色彩，而且這兩部書的出版也都受到地方尊孔人士的捐助，以類似傳統善書的方式出版[107]。關於這兩部書的內容，我們將在下一章中再詳細討論。又如張栩的《孝經淺釋》，是民國十六年(1927)作者在北京嚴正社壇領受太乙老祖之諭，注釋成書以為興教救世之資，故注的內容雖主要引唐玄宗注和邢昺疏，但此書無疑深具宗教性意涵[108]。

　　另外，《孝經》也經常與二十四孝或其他孝子傳故事合刊出版，而這類書籍中也有不少是由善人捐助、以善書勸世的形式出版。例如，金汝榦等所輯《孝經傳說圖解》從第二卷開始即是孝子傳，並有戴蓮洲的繪圖，每一板下方都刻有捐刻者的姓名，可見此書是由地方善心人士捐助出版以勸孝[109]；民國初年由「儒佛合一救刧會」出版的《宋刻孝經》，前為《孝經》、後附《二十四孝圖說》，書的內容沒有太多神秘色彩，主要欲教孝改善風俗，不過此書為非賣品，書底印有「歡迎印送」的聲明，也由具善會或宗教性質的團體刊行[110]。其他也有把《孝

103　張恩霨編訂，《三教總持》之〈序〉，卷首，頁1a-3a。

104　張恩霨編訂，《三教總持》之〈序〉，卷首，頁2b。

105　張恩霨編訂，《三教總持》，頁14b-15a。

106　張恩霨，〈孝經闡要自序〉，《孝經闡要》，卷首，頁1a-3a。

107　李興惠，《孔聖孝經定全球》(民國五年序刊本，日本國會圖書館藏)；世界不孝子發出，《孝經德教》(1944-47年尊經會出版，上海圖書館古籍室藏)。

108　張栩，〈述孝經淺釋緣起〉，《孝經淺釋》(台中：文听閣圖書有限公司，2008)，頁5-8。

109　金汝榦等，《孝經傳說圖解》(清道光元年刻本，北京中國國家圖書館藏)。

110　儒佛合一救刧會，《宋刻孝經》(民國出版，北京中國國家圖書館藏)。

經》和〈功過格〉、〈禍福指南〉等書合刊，或者與教孝勸善格言，以及佛道觀念明顯的勸孝文本合刊者[111]，這類書同樣都是以善書的性質出版、流傳，在《孝經》文本方面，通常僅以經文或簡易通俗的版的形式出現，並無特殊之處，然而以整體合刊的情形看，則明顯承載著傳統善書的宗教性質。

綜上所論，就《孝經》注釋的內容而言，從晚明到清代《孝經》學的發展主要反映著主流學術思潮的變化，即從晚明以陽明學為主、三教融合意味濃厚的詮釋觀點，到清初以朱子學為主注經，再到乾嘉以後主要反映考證學風，以校勘、辨偽、輯佚為主要興趣。在這一系列發展與變化之中，我們幾乎要判定晚明深富宗教性的《孝經》意涵幾已完全斷裂。然而，若我們稍微離開主流思想界學者的注經內容，把眼光放在一些以宗教善書形式刊行的《孝經》，或由宗教界人士所注解刊行的《孝經》，則有明顯不同的認知。無論與文昌、關帝信仰結合，或與功過格、禍福指南、道教文本合刊等，即使沒有任何注解的《孝經》經文，都在這類刊物中呈現十足的宗教性，且持續傳承著宋元以來民間宗教教化的色彩。

四、結語

本章討論清中葉以後《孝經》學的重要議題與發展趨勢。由於受到乾嘉考證學的影響，又因日本傳入《古文孝經孔氏傳》和《孝經鄭注》的刺激，學界對於《孝經》的關懷主要集中在今古文與《鄭注》相關議題上，並有相當著作致力於辨偽。大體而言，清儒普遍認為隋代再現之《古文孝經孔氏傳》是偽書，故對18世紀日本傳入的《古文孝經孔氏傳》評價及接受度都不高，甚至在證據不充足的情況下，不少學者仍認定此書是日人所偽，顯示排拒心理強烈。相對地，清儒對《鄭注》的接受度較高，主要因為此書未涉及偽作問題，在高度尊崇鄭玄的心理下，清儒很重視對《鄭注》的輯佚，日本岡田本《鄭注》的傳入正好提供學者更多的資料，有助於輯佚工作。清儒也延續前儒對《鄭注》作者的討論，雖然舉出

---

111 例如，台北王氏圖書出版的《孔子孝經》（東京大學圖書館藏）。另外，孫鏘，《孝經易知錄》與〈教孝篇〉、《二十四孝》、《中西嘉言》等合刊的善書(此書出版人、地、年均不詳，現藏中央研究院民族所圖書館)。

更多證據，但基本見解並無不同，仍主要有鄭玄、鄭小同兩派看法。

　　另外，不同於清初明顯以朱子爲一尊的詮釋觀點，清中葉的《孝經》學有再現多元觀點的傾向。晚明具陽明學和宗教性意涵的注解普遍爲清初學者所鄙視，幾乎不見於清初《孝經》作品之中，但卻被再度抄錄、刊印於在清中晚期某些作品中，顯示清初官方意識型態的控制與主流學界對陽明學的反感，都在清中葉以後有鬆弛緩和的跡象。同樣地，清中葉後的學者對於朱子刊誤《孝經》的作法，也多半抱持批評的態度，已大不同於康熙朝頒定《御定孝經衍義》時的情況。

　　最後，本章也試圖說明，雖然就學者對《孝經》的注解和論述內容而言，從晚明到清代，我們可以清楚看到《孝經》的宗教性意涵明顯衰微，沒有再復興的跡象。然而，在一個孝感神應之觀念仍普遍被大眾相信的社會裡，我們很難相信《孝經》的宗教性意涵會消失無存。因此，我們也試著把焦點從學者的注釋內容轉移到出版的情形，尤其注意《孝經》與其他宗教類典籍合刊、以善書形式被刊載的情形，以及由宗教界人士說解、出版的作品，由此我們發現，《孝經》的宗教性意涵在近世中國可能始終沒有斷絕過。在孝的教化普遍受到大眾支持的近世中國社會中，《孝經》很容易與不同宗教教義結合，爲不同教派或不同信念人士所接納，是一部眞正能夠跨越三教、充滿民間教化色彩的「孔聖經典」。

第九章

新世界秩序下的《孝經》論述

　　一般被認為代表進步、樂觀的西方啓蒙價值，在歷史中的落實過程其實既迂迴又漫長，且至少有激進和保守兩股對峙的思潮不斷激盪。Jonathan Israel指出，激進的啓蒙主義者要求全體民主與平等之徹底推行，保守的啓蒙主義者則對全體民主的立即可行性抱持懷疑，傾向在既有的社會體制中進行改革。這種不同啓蒙思潮對峙的情形，即使在美國獨立戰爭和法國大革命之後，都沒有改變[1]。除了啓蒙思潮內的不同立場，反啓蒙運動也始終未曾中斷。中國的情形也類似，晚清對於政治改革如何落實有立憲派和革命派的不同立場[2]，革命派雖取得勝利，但革命的理想無法落實，在社會嚴重失序之際，立即湧現傳統思潮的復興，往後年間，激進和保守的思潮始終激盪互現[3]。

　　從制度面而言，新政治體制及全球政經格局與秩序的形成，已劇烈改變傳統中國的處境，迫使中國必須改制，以求免於西方政經與武力之侵襲。民族國家(nation state)的國民身分[4]、法律上對家庭人倫關係的新定義[5]、新式教育體制下

1　Jonathan Israel, *Enlightenment Contested: Philosophy, Modernity, and the Emancipation of Man 1670-1752* (Oxford: Oxford University Press, 2006), pp. 11-15; Jonathan Israel, *A Revolution of the Mind: Radical Enlightenment and the Intellectual Origins of Modern Democracy* (Princeton and Oxford: Princeton University Press, 2009), Ch. 1.

2　張朋園，《立憲派與辛亥革命》（台北：中央研究院近代史研究所，2005）。

3　關於五四時期反對新文化運動的代表人物與主張，見沈松僑，《學衡派與五四時期的反新文化運動》（台北：國立台灣大學，1984）；劉軍寧指出，中國缺少以柏克為代表重自由的保守主義，但仍有保守主義傾向的主張，見劉軍寧，《保守主義》（北京：中國社會科學出版社，1998），第十章。

4　關於中國國族建構的歷史過程，文化國族主義、種族國族主義等不同的國族想像，以及國民論述對傳統政治秩序的批判及其與救亡圖存之國族主義緊密聯繫等現象，參見沈松僑，〈我以我血薦軒轅──黃帝神話與晚清的國族建構〉，《台灣社會研究季

對個人的啓蒙與西方國際法主導的新世界秩序等6，都強烈衝擊著中國傳統人倫秩序與孝治天下的政教觀。雖然如此，傳統價值與實踐，尤其像「孝」這般重要的人倫關係與觀念，絕不會隨著法政體制的改革在一夕之間全然消解，反而成爲不同價值激辯與角力的核心。事實上，當時對於中國傳統文化與中國往何處去的討論，不僅擺盪於激進與保守之間，且經常以儒學、家庭、孝道爲激辯的焦點7。因此，檢視此時期有關孝與《孝經》的論述，對於中國從傳統走向現代的發展，亦能有所啓發。

　　本章主要討論在西潮衝擊下《孝經》論述的新面貌。民國出版的《孝經》當然還是有重刊前人著作、或以捐刻善書的方式刊印《孝經》勸孝、或繼續清代以來對《孝經》作者與文句的考釋與經義之疏解8，不過因應時勢之劇變，以及西

(續)───────────────

　　　刊》，期28(1997)，頁1-77；沈松僑，〈國權與民權：晚清「國民」論述，1895-
　　　1911〉，《中央研究院歷史語言研究所集刊》，73本4分(2002)，頁685-733。

5　陳惠馨指出，中華民國《民法·親屬編》的基本精神是以歐陸近代法律思想中之獨
　　立人格、男女平等原則爲基礎，有別於傳統中國法律以宗祧繼承、家族主義，男尊
　　女卑之精神。不過修法的過程，仍有不少維護傳統人倫秩序的主張與考量，詳見陳
　　惠馨，《傳統個人、家庭、婚姻與國家──中國法制史的研究與方法》(台北：五南
　　圖書出版股份有限公司，2006)，頁274-283。有關民國民法中對家庭與親族的重新
　　定義，以及實踐時與傳統原則的衝突等，參見Kathryn Bernhardt, *Women and Property
　　in China, 960-1949* (Stanford: Stanford University Press, 1999), chs. 3- 4.

6　雖然中國接受西方國際法秩序原理的態度與過程，比日本、暹羅都更抗拒而緩慢，
　　但仍無法抵擋這個趨勢。參見張啓雄，〈論清朝中國重建琉球王國的興滅繼絕觀──
　　中華世界秩序原理之一〉，《第二回琉中歷史關係國際會議報告·琉中歷史關係論文
　　集》(那霸：琉中歷史關係國際學術會議實行委員會，1989)，頁495-519；張啓雄，
　　〈東西國際秩序原理的衝突──清末民初中暹建交的名分交涉〉，收入王建朗、欒景
　　河主編，《近代中國、東亞與世界》(北京：社會科學文獻出版社，2008)，頁399-
　　442；趙國輝，〈近代東亞國際體系轉型期理念研究──以近代中日兩國對國際法理
　　念的接受爲中心〉，收入王建朗、欒景河主編，《近代中國、東亞與世界》(北京：社
　　會科學文獻出版社，2008)，頁29-47。

7　例如晚清知識分子在鼓吹國民概念時，同時對傳統君主專制政體、家庭制度進行嚴
　　屬批判，見沈松僑，〈國權與民權：晚清「國民」論述，1895-1911〉。

8　例如，曹元弼的《孝經學》主要在傳統語境中論述孝義與《孝經》，沒有雜糅或反駁
　　西方觀點。作者強調尊卑貴賤的傳統孝治秩序。馬浮的《孝經大義》也仍很傳統，
　　但已見反駁西方觀念，如以掠奪爲家族之起源、生物進化論等。馬浮，〈孝經大義序
　　說〉，收入《孝經大義》，於《復性書院講錄》(台北：廣文書局，1979)，卷首，
　　1a；亦見同書，卷3，頁64。其他如姚廣平編《孝經集解》(上海：大東書局，
　　1935)、遺史輯，《孝經通義》(無出版資料，但書上印有「經學課本」，美國普林斯

學對傳統儒學的衝擊，此時的《孝經》論述也呈現前所未有的風貌。列強和西學的威脅、中國的救亡圖存、對未來世界的願景，構成新世紀《孝經》學特殊的關懷。即使像葉繩翥(1908卒)的《孝經古微》這樣傳統而固守儒學本位的作品，字裡行間仍透露著西方威脅的臨在感，作者對維新、革命人士引進西學的強烈不滿，對基督教義的攻擊，甚至試圖以《孝經》比附獨立、自由、群學、大同說等，都顯明此時講論《孝經》已不得不面對新的價值體系與世界局勢[9]。到了民國時期，《孝經》論述的變化更大，尤其回應新文化運動反家非孝的激進批判，文化保守派人士對於與傳統帝制緊密相關的《孝經》，出現了批判與維護的不同立場，但都反映著學者們在擁抱民主、自由、平等價值的前提下，對於如何維護孝弟倫理的苦心；其中一些看法直到1960-70年代台灣中華文化復興運動時期仍然可見。相反地，不同於主流思想界的論辯，民國時期的《孝經》論述也發展出更具宗教性格與末世異象的特點。本章內容即將針對上述兩個有別於傳統的《孝經》論述，進行討論：一、討論文化保守派學者們在回應新文化運動以來對家庭組織與孝道思想的批判時，對《孝經》的歧異看法及其緣由；二、說明民國時期某些《孝經》著作，受到孔教大同思想的影響，具有鮮明的宗教意涵，以《孝經》爲孔教聖經、指引全球邁向和平的福音書。

　　在進入對民國時期不同《孝經》論述的討論之前，尚必須說明幾點。主流思想界有「多論孝、少論《孝經》」的現象，畢竟要直接回應對傳統倫理與家族組織批判時，「孝」才是重點，而且重孝未必同時重視《孝經》，事實上重孝而疑《孝經》者，自古不乏其人[10]，民國時期更爲明顯。另外，保守派陣營裡即使同樣反對激烈家庭革命及非孝思想的學者們，對於「孝」議題的關切程度並不相同，主張更多有差異。例如，國粹派健將章太炎(1868-1936)晚年確有捍衛傳統

(續)───────────
　　　頓大學Gest圖書館藏)亦屬傳統論述。
　9　參見葉繩翥著，《孝經古微》(北京：北京出版社，1997)，卷1，頁7b；21b；27b；36b-37a；66b-67a；68a。
　10　例如朱熹，《朱子語類》，卷82，頁2141-2143；楊椿，〈讀孝經〉，《孟鄰堂文鈔》(上海：上海古籍出版社，1995)，卷6，頁14a-b；姚際恆，《古今偽書考》(上海：商務印書館，1939)，頁6-8。

倫理、重視《孝經》教育的發言[11]，引介西學有力的林紓(1852-1924)與嚴復
(1853-1921)亦然，但整體而言，「孝」與《孝經》並非其學術思想的核心關
懷，他們對傳統孝道也絕非沒有批判[12]。劉師培(1884-1919)雖承認「孝」是人民
之美德，主張家庭倫理不可廢，但他嚴厲批判傳統家族制度的不平等關係對人的
壓抑、導致公德不彰等弊病，故主張家庭革命[13]。由此可見，在傳統與全然反傳
統的兩極之間，存在著更複雜的思想樣態。大體而言，我認爲比較明顯爲傳統家
族制度與孝道辯護者，主要是新儒家與孔教會人士。雖然以下的行文將以分析
《孝經》論述爲主軸，不過第一節主要根據新儒家學者的看法，第二節所討論的
《孝經》則清楚可見孔教大同思想影響的痕跡，但卻不同於康有爲(1858-1927)
和陳煥章(1881-1931)的看法。故以下先簡論康、陳二人對孝與《孝經》的看
法，做爲後文比較的基礎。

　　康有爲提倡孔教，透過對儒家經典創造性的詮釋，在擁抱民主、自由、平
等，反君主專制的前提下，賦予儒學嶄新的意涵[14]。他對於孝弟倫常十分重視，

11　關於章太炎晚年思想回歸傳統道德主張，重視禮法定分而推崇《孝經》等書，見唐
　　文權、羅福惠著，《章太炎思想研究》(武昌：華中師範大學出版社，1986)，頁324-
　　328；359-370。

12　林紓重視西學、引介西方文化，但始終維護儒家傳統倫理所代表的道德秩序，他的
　　文集中也記載不少孝子、貞女事蹟。當家庭革命之說與非孝言論騰囂之際，他的反
　　應激烈，衛道立場鮮明。從〈與唐蔚芝侍郎書〉與〈答姪菶鴻書〉可見，林紓認爲
　　反家非孝的言論之所以流傳，與當時學堂廢經、學生不能接受正確的孔孟教育有
　　關，故他也以致力於教學傳道自詡。即使如此，《孝經》並不是林紓著作的重點。見
　　林紓，《畏廬三集》(台北：文海出版社，1973)，頁28a-30a；許桂亭，《鐵筆金針
　　——林紓文選》(天津：百花文藝出版社，2002)，頁1-25。嚴復曾批評中國重孝治天
　　下而首重尊親的弊病，認爲妨礙自由與公德，但他也認爲社會之所以爲社會者，在
　　有天理與人倫，若天理亡、人倫墮，則社會將散，故仍強調五倫之不可廢。見嚴
　　復，〈原強修訂稿〉、〈論教育與國家之關係〉、〈導揚中華民國立國精神議〉，《嚴復
　　集》(北京：中華書局，1986)，頁31；168；342-345。亦參見林啓彥，〈嚴復論中西
　　文化〉，《人文中國學報》，期6，頁131-151。另外，關於國粹運動既保存傳統，又激
　　烈批判傳統，見王汎森，〈清末的歷史記憶與國家建構——以章太炎爲例〉，頁95-
　　108。

13　劉師培，《倫理教科書》第二冊，收入《劉師培全集》第四冊(北京：中共中央黨校
　　出版社，1997)，頁3a (146)；劉師培，〈論中國家族壓制之原因〉，收入萬仕國輯
　　校，《劉申叔遺書補遺》(揚州：廣陵書社，2008)，頁145-148。

14　關於康有爲的孔教思想，見黃克武，〈民國初年孔教問題之爭論(一九一二～一九一

以孝爲仁之本的觀念基本上也承襲傳統，但對於強調上下尊卑秩序與維護君父
權利的《孝經》，可能因與其理念有距離，並未特別著意[15]。康有爲雖也曾說
《孝經》是孔子所著，又同意晁公武（1105-1180）的看法說「當是曾子弟子所爲
書」[16]，但他並不特別重視此書，無論在其所列應讀之書目，或規劃於孔教會中
宣讀之經典，都沒有特別標出《孝經》[17]。

　　陳煥章同樣沒有針對《孝經》發表太多議論，雖然他曾引孔子告天的神話說
明孔教的經典均與天有密切關係，他主編的《孔教會雜誌》也曾刊載曹元弼的《孝
經學》，但雜誌中論《孝經》的篇幅有限，主要討論還是集中在尊孔議題上[18]。
陳煥章在《孔教論》中也主要闡述孝的重要意義，而非《孝經》。

　　由於儒學教「孝」是不爭的事實，因此在「孔教者中國之靈魂也，孔教存則
國存，孔教昌則國昌」的信念下[19]，力陳孝道之重要性是孔教會的重要任務之
一。爲要說明孔教適用於新中國，陳煥章必須說明「孝」如何符合現代社會的體
制與觀念。陳煥章接受民主、自由、平等、重視個人等價值，他沿襲康有爲托古
改制的作法，將自己的價值理想讀進儒學經典，結合當時流行的進化觀，闡釋他
心目中符合現代社會的孔教思想。他根據儒學修身的傳統論證孔教重視個人，說

（續）────────────────

　　　七）〉，《國立台灣師範大學歷史學報》，期12，頁197-223。

15　康有爲注重家庭人倫，認爲家庭對實現父子之愛極重要，但他反對由血緣關係決定
　　　不平等的人際關係。王齊彥，《儒家群己觀研究》（北京：中國社會科學出版社，
　　　2006），第四章。

16　康有爲，《萬木草堂口說》（北京：中華書局，1988），頁208；康有爲，《新學僞經
　　　考》，頁98-99。

17　或可說在「群經」項下已包括《孝經》，但康有爲顯然不特別看重此書。康有爲，
　　　《桂學答問》（北京：中華書局，1988），頁49-60。類似地，梁啓超（1873-1929）對
　　　於五倫，基本上持肯定態度，但他對《孝經》的評價相當低，認爲其性質同於《禮
　　　記》。他在《國學入門書要目及其讀法》中尚說可當《禮記》之一篇讀之；在《要籍
　　　解題及其讀法》中則說：「書中文義皆極膚淺，置諸《戴記》四十九篇中猶爲下乘，
　　　雖不讀可也。」黃克武，《一個被放棄的選擇：梁啓超調適思想之研究》（台北：中
　　　央研究院近代史研究所，1994），頁69-70；126-127。梁啓超雖列名孔教會，也參與
　　　國教請願，但他強調孔教是教化，而非宗教。梁啓超，《國學入門書要目及其讀
　　　法》，收入氏著，《國學指導二種》（上海：中華書局，1936），頁2；《要籍解題及其
　　　讀法》，收入氏著，《國學指導二種》，頁11。

18　曹元弼的《孝經學》刊於《孔教會雜誌》，卷1號1-4（1913）。

19　陳煥章，《孔教論》（香港：孔教學院重印，1940），頁31。

孟子、陸王心學均「大倡自由自任之說」；接著申論孔教重男女平等、倡一夫一妻制、符合民主體制、教民愛國、行博愛之道、有社會主義精神[20]。他指明「孝」是孔教之特質[21]，也是孔教有別於其他宗教之處，因此在肯定孝教並欲綰合自由、民主等西方價值的同時，陳煥章一一反駁了一般對孝的批判，包括做為君主制的基礎、家族宗法的束縛、上下尊卑的秩序觀等，試圖賦予「孝」符合新政治社會體制的新意涵[22]。陳煥章雖然為家庭制度存在的必要性辯護，也批評提倡家庭革命者，但他承認傳統宗法社會有流弊，認為20世紀的孔教正應矯正傳統宗法家族之流弊。矯正方法之一則是由孔教會取代傳統宗族的功能，執行婚姻喪葬之禮、睦婣任恤之事[23]。

　　綜言之，康有為、陳煥章等孔教會領袖雖提倡儒教，但他們以西方個人、民主、自由、平等之價值改造儒學，編織大同，也改變傳統孝治天下的觀念。他們對「孝」的論述並沒有完全脫離傳統倫理道德的看法，但在回應攻擊的態勢下，則更具衛道立場。對於《孝經》，他們雖承認其為孔教經典，但可能因為此書的政治意涵明顯不符合其政治理念，實際上他們並不重視，《孝經》在其孔教藍圖中也沒有重要地位。

一、回應新文化運動批判的《孝經》論述

　　新文化運動代表著中國自清末以來，在一系列改革追求富強的挫敗之後，對

20　陳煥章，《孔教論》，頁31-49。

21　陳煥章，《孔教論》，頁36。

22　針對「教孝則父子不平等」的批評，陳煥章強調孔教要求父慈子孝，非單方面要求兒子盡孝，並強調道德是非的標準高於父母，他說：「人皆天所生也，託父母氣而生耳，故父不得專也。」故面對不義時，為人子有當爭之自由。針對「重孝近於偏私、有礙國家主義」的批評，陳煥章則強調孝弟為仁之本，孝只是道德之起始，並非終極目標。為了能接引「博愛」觀，陳煥章則說墨氏無差等的兼愛與孔教無異。陳煥章，《孔教論》，頁37。章太炎也認為《孝經》和墨家均取夏法、述禹道，《孝經》：「先以博愛，而民莫遺其親」之「博愛」即墨家之「兼愛」。章太炎，〈孝經本夏法說〉，收入氏著，《太炎文錄初編》(上海：上海書店，1991)，頁4a-5b。

23　陳煥章，《孔教論》，頁37-38。

自身文化嚴屬批判的一個高峰[24]，也是在新舊思潮不斷對峙激盪中，步步增加對傳統文化批判的激烈表現。辛亥革命後社會的動盪失序、第一次世界大戰暴露西方資本主義的弊端與社會危機，導致東方文化思潮的復興[25]，尊孔組織的大量興起、孔教會請立國教的主張更代表著傳統思潮的復興，甚至與袁世凱稱帝事件牽連[26]。在這種氛圍下，五四新青年派對傳統的攻擊也加溫，強烈攻擊傳統專制、迷信、三綱五常，矛頭直指孔子與儒學而激起一波思想革命[27]。做為中國文化核心價值的「孝」與家族制度，也成為被猛烈攻擊的對象。陳獨秀(1879-1942)、李大釗(1889-1927)、魯迅(1881-1936)等人，對「孝」和家庭都有激烈的批評[28]。吳虞(1872-1949)的批判更是直搗核心，他清楚針對著中國傳統家國同構的關係、孝做為忠與一切社會關係的基礎發言，他說：「儒家以孝弟二字為二千年來專制政治與家族制度聯結之根幹」，封建統治者教孝、教忠，目的即欲把中國弄成一個「製造順民的大工廠」。故欲消除君主專制，就必須先打破家族制度，而欲破除家族制度，首先須破除孝弟思想對人們的束縛[29]。對於此，胡適稱吳虞是「隻手打倒孔家店的老英雄」；徐復觀說他從孝及孝相關文化現象來否定中國文化，「算是接觸到中國文化的核心，迫攻到中國文化的牙城，而真正和陳獨秀魯迅們成為五四運動時代的代表人物。」[30]簡言之，五四時期對家庭組織與孝道思想的嚴屬批判，正因其與傳統帝國政治、社會秩序緊密相關，反家非孝的主要目標，

24　翟志成，《馮友蘭學思生命》(台北：中央研究院近代史研究所，2007)，第一章。

25　滕復，《馬一浮思想研究》，頁145-147。

26　見下文。

27　例如，陳獨秀在《新青年》第二卷(1916)連續發表許多討論孔教、孔子與現代社會的文章。亦見，林毓生，《中國意識的危機》(貴陽：貴州人民出版社，1988)，頁115-132；王汎森，〈思潮與社會條件——新文化運動中的兩個例子〉，《中國近代思想與學術的系譜》，頁241-274。

28　陳獨秀，〈東西民族根本思想之差異〉、〈吾人最後之覺悟〉，《獨秀文存》(香港：遠東圖書公司，1965)，頁35-40；49-56；李大釗，署名守常，〈萬惡之原〉，刊《每周評論》第30號(1919.7.13)；魯迅，〈二十四孝圖〉；〈家庭為中國之基本〉，《南腔北調集》(香港：三聯書店，1958)，頁168-169。

29　吳虞，〈家族制度為專制主義之根據論〉、〈說孝〉，收入《吳虞集》(成都：四川人民出版社，1985)，頁61-70；172-177。

30　徐復觀，〈中國孝道思想的形成演變及其在歷史中的諸問題〉；關於吳虞的思想與其家庭、時代的關係等，見王汎森，〈思潮與社會條件——新文化運動中的兩個例子〉。

是要把中國人從君主專制及不平等人倫關係中解放出來。

如果傳統家國同構的政教秩序觀與五四激烈反家非孝的言論，代表著思想光譜的兩極，那麼後五四時期許多知識菁英的思想，更多是散落在思想光譜的中間。他們大多站在各自立場、帶著不同政治目的發言，許多人既反對激烈家庭革命與非孝言論，卻也不再固守傳統意識型態，而是各自發展出一套套雜糅的思想。即使是身屬文化保守陣營、強力回應新文化運動而捍衛傳統家庭組織與倫理的學者們，也多已棄絕傳統帝制的政教觀；民主、自由、平等、重視個人、反君主專制等理念，已是他們思想的重要元素。在這種情形下，當他們捍衛中國傳統文化與倫理時，勢必要面對傳統孝治思想無法與其政治理念完全相容的問題，故必然要重新定義「孝」或「孝治」的意涵，此也關係著他們對於《孝經》的評價。以下將先說明文化保守派學者如何回應五四以來對於傳統家庭組織和「孝」的嚴厲批判，指出無論他們發言的直接對象與具體脈絡如何，他們對「孝」的看法均明顯有別於傳統孝治思想[31]。接著，將討論《孝經》在這波論辯中的角色，及學者們對它歧異的評價。

郁有學將五四時期對傳統家庭組織與孝的批判歸納為四點：家庭本位主義、以三綱為主的吃人禮教、忠孝合一、愚孝行為[32]。其中對愚孝行為的批判，文化保守派學者幾乎沒有回應，我想主要因為他們中多數人也不認同傳統如割股療親等孝道行為，傳統緯書神話或孝感神蹟均不是他們所強調的儒家孝道真義。其他幾點在保守派學者為傳統文化辯護時，都是回應的重點，而且討論延續的時間相當長。

（一）在回應家庭本位主義的批評時，學者們多強調中國傳統社會雖然重視家庭及家庭倫理，卻不是家庭本位，他們所根據的主要是儒家「親親而仁民、仁民

---

31 以這一章的篇幅要處理民國時期的《孝經》論述，勢必無法周全照顧到每一位學者發言的脈絡，粗疏和遺漏是必然的。以下我以五四時期對家庭與孝的批判論點，來討論文化保守派學者的回應，其實時間並不限於五四時期，因這些批判雖生發於五四時期，但影響力持續相當時日，即使在1950年代學者的發言，或1960至1970年代台灣復興中華文化運動下許多對孝的發言中，仍能看出針對這些批判論點的回應。

32 郁有學，〈近代知識分子對傳統孝道的批判與重建〉，《東岳論叢》，1996年2期，頁77-82。

而愛物」，亦即由己身、家族擴展到鄉黨、國家、天下的人倫秩序與民胞物與的理想。例如，梁漱溟(1893-1988)在《中國文化要義》中說，中國社會不是家族本位，而是倫理本位。儒家「親親而仁民、仁民而愛物」的理想雖以家庭倫理為本，卻能突破家族本位而開展「天下一家」、「四海兄弟」的胸懷；儒家道德人本主義發揮著宗教的功能；而且儒家倫理本位的社會，因沒有劃定邊界、不形成對抗，則型塑了中國文化特有的鬆散和平氣息，有別於西方文化競爭對抗的本質[33]。錢穆(1895-1990)也說中國人的宗教是一種人心教、良心教，也可說是孝的宗教。他說孝的外貌有禮，人心則是仁，由此推擴則為整個人心與世道；而家庭是培育人心使能與人類大群相通之場域[34]。謝幼偉(1905-1976)同樣強調儒家重孝並不會被狹隘的家族主義所限，他說由孝親出發，最終是要通往博愛之境，即「以孝為起點，而非以孝為終點」[35]。唐君毅(1909-1978)則試圖由「道德理性」來建立孝的絕對應當性，他在《文化意識與道德理性》書中，特立一章談論家庭意識與孝的形上學根據，即以儒家道德本性做為家庭與孝的理論基礎，強調孝是「任何社會中之人應有之普遍道德」[36]。他的論述是十足宋明理學式的，強調儒家由身、家、國而推致天下的道德實踐次第與和諧社會觀，並引〈西銘〉說明儒家的「孝」具有超越自我、通向對宇宙天地乾坤之孝的向度[37]。

33　在新文化運動的浪潮中，梁漱溟的《東方文化及其哲學》於1921年出版，首先掀起一股東方文化風潮，梁漱溟標舉東方文化之特殊價值、表彰儒學的生命智慧，對後來的新儒家產生重大影響。牟宗三特別稱讚其對生命化孔子、復興宋明理學的貢獻。Charlotte Furth也指出，在1920年代到1930年代重要的新傳統思想家大抵都跟隨梁漱溟，從世界宗教的意義問題來解釋儒家思想。見曹躍明，《梁漱溟思想研究》(天津：天津人民出版社，1995)，第二章、第七章；陳弱水，〈梁漱溟與「東西文化及其哲學」〉，收入周陽山、楊肅獻編，《近代中國思想人物論：保守主義》(台北：時報文化出版，1980)，頁311-321。牟宗三，〈現實中國之宗教趨勢〉，收入氏著，《生命的學問》(台北：三民書局，1970)，頁106-118。Charlotte Furth著，廖仁義譯，〈現代中國保守主義的文化與政治〉，收入周陽山、楊肅獻編，《近代中國思想人物論：保守主義》，頁39-77。梁漱溟的論述，見氏著，《中國文化要義》，頁78-124。

34　錢穆，〈孔子與心教〉，收入賀麟等著，《儒家思想新論》(台北：正中書局，1958)，頁81-87。

35　謝幼偉，《中國文化精神》，頁23。

36　唐君毅，《文化意識與道德理性》(香港：友聯出版社，1958)，頁45-46；54。

37　即從天理與人性的層次來說孝，孝的形上學根據就是天賦予人的善性，孝是性善的

　　(二)在回應孝代表父子間不平等關係、支撐家庭壓抑個體性的批評時，文化保守派學者多會根據儒學傳統內涵，強調孝是本乎人類自然愛敬之情，也是天賦予人的道德本性，更是人類道德培養的根基[38]；他們也常指出傳統家庭倫理並非完全不平等，而是重視父慈子孝雙向之愛，多強調家庭不但不是壓抑個人，反而是滋養、教育個人的重要場域。例如，梁啟超說孔子之教有相互對等的五倫、無片面主從的三綱[39]；梁漱溟也從仁心自然親愛處說孝，以絜矩之道來論家庭關係[40]；錢穆說中國人的家發揮著像基督教教堂的功能，培育著人們的良心[41]。徐復觀則說，先秦儒家強調父子主恩，在恩與敬的氣氛下，根本沒有「父權」之類的觀念，三綱主從的思想是完全漢儒的傑作，其實已背離孔子的儒學。他認為以自然孝弟親情之愛所建築的和樂家庭，是人們生活的基點，能滿足人們的生活需求。家庭的滋養與保護不僅有助於民族的延續，減低人對政治的依附性，更能做為個體與社會全體的重要連接點，為人類啟示出一條通往新民主的道路[42]。而唐君毅特別強調父母也應視子女為獨立之存在，以「敬」的態度面對子女，而非僅視子女為自己生命之外在物而已[43]。

　　(三)面對「忠孝合一」、「以孝涵蓋眾德」的批判，文化保守派學者基本上是贊同批評者的意見，故他們在申明孝的重要性時，便重新定義「孝」僅是眾德目之一，或明確將其規限為家庭內的親情倫理，或也批判傳統以孝涵括眾德、移孝作忠的思想。例如，馮友蘭(1895-1990)說傳統社會之所以視孝為眾德之基，主要與當時是以家為主要生產單位有關，經過產業革命後的現代社會，家已不再是組成社會的經濟單位，自然也不再是規範人一切社會關係與行為的組織，傳統

(續)───────────────
　　　主要內涵，仁心最初的呈現。唐君毅，《文化意識與道德理性》，頁48-52。

38　梁漱溟、謝幼偉、唐君毅等人均有這樣的看法。見梁漱溟，《東西文化及其哲學》，收入《梁漱溟全集》(濟南：山東人民出版社，1989)第一卷，頁466-477；謝幼偉，《中國文化精神》(中國青年反共救國團總團部主編。台北：復興書局，1951)，頁21-3；唐君毅，《文化意識與道德理性》(香港：友聯出版社，1958)，第二章。

39　梁啟超，《先秦政治思想史》，收入《飲冰室合集》專集13(上海：中華書局，1941)，頁75。

40　梁漱溟，《東西文化及其哲學》，頁478。

41　錢穆，〈孔子與心教〉。

42　徐復觀，〈中國孝道思想的形成演變及其歷史中的諸問題〉。

43　唐君毅，《文化意識與道德理性》，頁72。

的孝德也不再適用於新社會。因此在現代社會中,「孝」雖仍是一種道德,卻已不能再做爲一切道德的中心與根本了[44]。熊十力(1884-1968)則批評自漢代以後盛行二千餘年的孝治思想,認爲移孝作忠的觀念根深柢固地涉入倫理、政治之信條與制度,爲帝王所利用。他說:

> 以父道配君道、無端加上政治意義、定爲名教。由此,有王者以孝治天下、與移孝作忠等教條,使孝道成爲大盜盜國之工具,則爲害不淺矣。[45]

徐復觀同樣反對孝治思想,他說孔子僅視孝爲眾德之一,孝主要是家庭內之倫理,不一定能貫通於社會。忠信、忠恕才是將人與己、家庭與社會貫通起來之德,故曾子傳承孔子的一貫之道是忠恕,而不是孝[46]。他更嚴格劃清事父母(孝)與事君(忠)的界線,說道:

> 先秦儒家,……把事父母和事君的界線,是劃分得很清楚的。到後來,這種界線慢慢的混同起來,即是先把對一般人的「忠」,變爲事君的專用名詞;再進而又把忠與孝混同起來,這便使臣道成爲奴才道德,……於是孝道的本身雖不會助長專制,但經過這一偷天換日的手段,把父子關係的孝道,偷到君臣的關係上去,這便犯下了助長專制之嫌。[47]

把具有高度政教意涵的孝治與孝道切割之後,徐復觀保留給「孝」的主要是道德人倫與親情的意涵,以家庭爲實踐場域。透過〈中國孝道思想的形成演變及其在歷史中的諸問題〉這篇學術研究論文,他不僅極力區分先秦孔子孝道思想與

---

44 馮友蘭,〈原忠孝〉,《新事論》,《貞元六書》,頁85。
45 熊十力,《原儒》(香港:龍門聯合書局,1956)上卷,頁28a-30b。
46 徐復觀,〈中國孝道思想的形成演變及其歷史中的諸問題〉。
47 徐復觀,〈中國孝道思想的形成演變及其歷史中的諸問題〉。

後來爲做爲帝制意識型態的孝治思想之差異，並呼籲當代人要重新體認儒家以愛
爲主要精神的孝弟倫理，並以此建構和樂家庭，認爲此將有助於建設真正和諧的
社會、追求平等健全的民主體制[48]。

綜上所論，20世紀中國主流思想界中極力維護孝道者主要屬於文化保守派陣
營，並且是在一系列非孝、批孔、批判家庭組織、反傳統的聲浪中，試圖反駁並
維護傳統文化的背景下進行。這些學者中，大多數都接受了西方民主、科學、自
由、平等、重視個體等價值，同時又看重以儒家爲代表的中國傳統文化，故他們
對孝義的闡發也擔負著縮合傳統文化與現代政治社會體制與價值的責任。他們多
從道德生命、精神層次闡發孝義，以孝爲人道德本性之內涵，以孝行爲道德實踐
之起始，以家庭做爲教育及道德實踐的場域，強調家庭內父慈子孝的雙向之愛，
以及建立和諧家庭對社會的重要性。他們也強調「孝」雖本於家卻不受家庭本位
主義所限，由孝出發可達仁民愛物之博大境界。另外，他們也多同意非孝者對傳
統孝治意識型態的批評，甚至以切割孝與孝治的方式，更單純地爲「孝」保留了
家庭內倫理及道德心性的意涵[49]。

在學者們維護孝道的諸多論述中，《孝經》扮演著怎樣的角色？重要嗎？我
在接觸史料的過程中，很快便得到一個印象：《孝經》不是論辯的焦點，孝才是
核心議題。我想其中理由不難想像，《孝經》在中國歷史上與帝制的密切關係很
難否認，而且傳統孝治思想也與知識菁英所擁抱的自由、民主、平等價值不相
容，因此除了切割孝與《孝經》的關係，或透過重新詮釋《孝經》使其符合民主
價值外，刻意忽視不論也是一種策略，這情形在晚清康有爲、陳煥章提倡孔教時
已然呈現，梁漱溟、馮友蘭亦是如此。另外，也有人選擇面對《孝經》和傳統帝
制之間密切的關係進行回應，論點呈現相當的歧異性。

熊十力和徐復觀的作法很明確，即承認《孝經》的孝治思想在中國歷史上曾
被利用以鞏固君權、控制人民，他們認爲《孝經》並不能代表孔子之教，對於現
代民主社會也無價值。事實上，這種試圖重新挖掘孔教的根本精神以回應批判的
論述策略，從五四以來即相當普遍，目的在發揚孔教內涵使其符合當代價值，並

48　徐復觀，〈中國孝道思想的形成演變及其歷史中的諸問題〉。
49　謝幼偉不願意完全切割孝與政治的關係，因此他必須重新定義孝治，見下文討論。

以「揭露」歷史中造成孔教失真的因素，進而揚棄三綱思想與帝制[50]。談到《孝經》，熊十力認為此書出於曾子、有子之後學，反映了漢代結合孝親與忠君的謬誤觀念，又說：

> 《論語》記孔子言孝，皆恰到好處，皆令人於自家性情上加意培養，至《孝經》，便不能無失。於是帝王利用之，居然以孝弟之教，為奴化斯民之良好政策矣。[51]

　　徐復觀也說三綱主從的思想是漢儒的傑作，是篡奪儒家人倫思想的結果；《孝經》是一部漢儒偽造的書，並開啟中國歷史上為專制政權服務的孝治觀[52]。他說孔子明顯區分忠與孝，但後來忠和孝卻逐漸混同，便犯下了助長專制之嫌，又「經過法家的有意安排，以達到漢人所偽造的《孝經》，在文獻中取得了崇高的地位，而孝道遂蒙上了千古不白之冤。這是大一統的專制政治，壓歪了孝道的結果。」[53]在徐復觀眼中，《孝經》不僅是一部漢儒偽造之書，更重要的是，它的內容完全扭曲、背離孔子教孝的真義，是服務專制政權的工具。

　　相對地，謝幼偉對孝治與《孝經》的評價較正面，他反對熊十力的看法。不過，他在極力強調孝治與《孝經》時，其實是以自己的觀點重新詮釋孝治理想。謝幼偉所說的「孝治」，意指「孝治的根本意義」，而非中國歷史中的孝治思想[54]。他說中國的孝道概念至少包涵了親親、敬長、返本、感恩四種意義，並以此來定義孝治：

50　劉黎紅，《五四文化保守主義思潮研究》（北京：中國社會科學出版社，2006），頁135-152。

51　熊十力，《讀經示要》（台北：明文書局，1974），卷2，頁359-360。

52　徐復觀晚年不再堅持《孝經》是偽書，說有可能是曾子的再傳或三傳弟子所作，但仍強調《孝經》與政治的關係。相關討論見高大鵬，〈由孝經看中國文化〉，《孔孟月刊》，卷21期9（1983），頁34-39，63。

53　徐復觀，〈中國孝道思想的形成演變及其歷史中的諸問題〉。

54　當然，謝幼偉也曾對歷史上的孝治功能發表看法，不過他主要強調孝能感化君王、孝能破除社會階級之分、孝有利於鄉治的一面，而絕口不談孝對於既有尊卑秩序之維護與鞏固君權的一面。謝幼偉，《中國文化的精神》，頁28-31。

　　　所謂孝道，就是依據以上的四種意義而發展出來的道德。根據這樣
　　　的道德去治國，就是孝治。所謂「以孝治天下」，即是以孝的道德
　　　去治天下。儘管歷代帝王之提倡孝道，可含有什麼私心私意，可有
　　　什麼不正當的動機，思利用孝道以鞏固其帝王的地位，但就孝治言
　　　孝治，孝治應有的根本意義，只是以孝的道德，以孝的四種意義去
　　　治天下而已。[55]

　　可見謝幼偉並非不知道或不同意孝治思想曾在歷史上被用以鞏固君權，只是
他不承認那代表真正的孝治意涵，他說：「歷代帝王假借孝治以爲尊君張目，這
是歷代帝王之事，決不是先哲提倡孝治的根本義。」[56]故他不願意完全切割孝與
政治的關係，而欲進一步將儒家的道德與民主政治牽上關係，認爲提倡孝治對民
主政治有莫大的益處。在「以孝的道德去治國(天下)就是孝治」的定義下，他極
力強調民主政治必不能反對親親、敬長、返本、感恩，故孝治與民主政治絕對相
容[57]。
　　謝幼偉也試圖維護《孝經》承載孔子思想、是儒家重要經典的地位。他所採
取的方法是比較《孝經》與《論語》論孝的內容，說明《孝經》中所言孝本於人
性、孝即是愛敬、孝不害義也不違仁，以及移孝作忠的概念[58]，均與《論語》所
言孝義相符合，故判定《孝經》即便不是孔子所作，它也必是孔門弟子根據孔子
的思想而作的[59]。事實上，謝幼偉是選擇《孝經》中符合《論語》論孝的部分，
強調兩者的緊密關係，而刻意淡化了書中維護傳統尊卑秩序與鞏固君權的一面。
　　錢穆、唐君毅也有維護《孝經》的言論。錢穆說：「《孝經》一書把孝父母

55　謝幼偉，〈孝治與民主〉，《中西哲學論文集》（香港：新亞研究所，1969），頁27-
　　38。
56　謝幼偉，〈孝治與民主〉。
57　謝幼偉，〈孝治與民主〉。
58　回應一般對於《孝經》過於強調忠德的批評，謝幼偉說其實《孝經》書中說忠字並
　　不多，雖有移孝作忠的概念，但明顯以事親爲先，忠並未把孝壓倒，孝才是根本。
　　謝幼偉，〈孝經與論語中孝道思想的比較〉，《中國哲學論文集》（台北：華岡出版
　　社，1973），頁104-110。
59　謝幼偉，〈孝經與論語中孝道思想的比較〉。

推廣到孝國家民族，孝人群又進而孝天地。旋乾轉坤，其關捩則在每一人心上建立。後來張橫渠〈西銘〉，始暢申此義，而較之《孝經》，則更爲超越而精湛。」[60]唐君毅認爲《孝經》大約成書於晚周或秦漢之際，他一方面承認《孝經》所言義理過度重視孝之政治社會意義，且涉及各等級之孝的分別，確實與孔門言孝之旨未必盡合，但也認爲我們不能完全抹煞「孝」確有此等政治社會意義，並指出《論語》、《呂覽》與《大戴禮》言孝的內容，亦有政治社會意義。他是透過對《孝經》義理的詮釋，試圖說明書中論孝之言雖略不同於孔子、孟子、荀子之論孝，但其意旨仍有重要的深義，不應忽視[61]。

　　綜上所論，在文化保守派學者回應五四新文化運動以來對孝的嚴厲批判時，他們論述的焦點主要在孝而非《孝經》，許多人均未認眞討論《孝經》，只有少數人給予此書較明確的評價，但見解歧異。熊十力、徐復觀認爲此書是漢儒僞造，已背離孔子教孝的眞義，是爲專制政權服務的工具，故對現代社會已無價值。相對地，謝幼偉、錢穆和唐君毅試圖維護《孝經》的價值，他們或強調此書內容不違背《論語》，或透過重新詮釋某些觀點以強化其重要性。儘管如此，他們並不否認《孝經》在歷史上曾被用以支持皇權，而傳統的皇權與政教觀也絕非其維護《孝經》的目的。因此，無論對於《孝經》採取何種看法，其實就反對歷史上與皇權緊密聯繫的《孝經》與孝治意識型態而言，他們的態度是一致的。

二、孔教聖經、世界和平的福音書

　　有別於上述學者在接受民主、自由、平等價值的同時，對孝做倫理性的闡釋並重新定位《孝經》，另外有一些人則更鮮明地堅守中國傳統觀點，批判西方，並賦予《孝經》新的時代任務。以下討論的這些《孝經》著作，雖然在觀念上有分歧，生產的背景亦不同，但它們都或多或少受到康有爲提倡孔教與大同思想的

60　錢穆，〈中國人文宇宙信仰及其人生修養〉，收入《世界局勢與中國文化》(台北：聯經出版公司，1998)，頁950。原於民國五十八年刊載於《東亞季刊》卷1期1。

61　唐君毅，《中國哲學原論原道篇》(二)，收入《唐君毅全集》卷15(台北：台灣學生書局，1991)，頁129-134。

影響，或與廣義的孔教運動有關，所描繪的《孝經》也都具有一種預示天意、指引全球走向和平的意涵[62]。

　　由於以下的討論與孔教運動有關，故在進一步討論之前，讓我們先簡介中國孔教運動的發展。根據范玉秋的研究，孔教運動在維新失敗後，受到日益高漲的革命思潮及無政府主義等思潮的批判，轉而在海外尋求發展[63]，直到民國初年，在社會普遍對道德重整的心理要求下，加上南京臨時政府教育部廢止讀經決策的刺激，以及袁世凱政府的支持，才再次在中國獲得新的動能。從1912年起，各地紛紛以讀經、尊孔、宗聖等名義成立尊孔組織[64]，由康有為、陳煥章等人為首的孔教會更是積極活動。據邱巍統計，從1913年2月到了1914年初，遍布各地的支會已多達140餘處[65]；張頌之更指出，到了1919年左右，支會總數已近300[66]。在1913年和1916年兩度憲法起草期間，孔教會代表積極多次上書參、眾兩院，提出「於憲法上明定孔教為國教」的訴求。這個政治訴求在當時引發激烈的爭辯，又因著與袁世凱稱帝、張勳(1854-1923)復辟之間的密切關聯，招致當時對孔教的攻擊也政治意味濃厚。雖然最後立孔教為國教的訴求失敗，新文化運動也展開更激烈的批孔行動，但孔教會與其他尊孔組織的發展並沒有斷絕，反而比先前更走向民間，接觸社會中下層、婦女與兒童[67]。南京國民政府時期，孔教會雖在政府壓力下改名孔學會而快速衰沉，但國民政府發起新一波尊孔活動，廣義的尊孔組織也繼續在民間活動[68]。

　　以上孔教運動的簡介有助於我們了解下面這部《孝經》著作。《孔聖孝經定

62　詳細討論，見下。關於康有為和廖平對孔子學說的改造，以預言的方式將世界各洲發展安排在其大同世界，見王汎森，〈從傳統反傳統——兩個思想脈絡的分析〉，收入氏著，《中國近代思想與學術的系譜》，頁111-132。

63　范玉秋，《清末民初孔教運動研究》(青島：中國海洋大學，2006)，第二章。

64　范玉秋，《清末民初孔教運動研究》，第三章。

65　邱巍，〈民初孔教會及孔教運動〉，《中共浙江省黨校學報》，期2(2001)，頁53-59。

66　張頌之，〈孔教會始末匯考〉，《文史哲》，期1(總304期)(2008)，頁55-72。

67　范玉秋，《清末民初孔教運動研究》，頁236-247。

68　本節有關孔教會及廣義孔教運動的簡介，主要參考范玉秋，《清末民初孔教運動研究》；張頌之，〈孔教會始末匯考〉；黃克武，〈民國初年孔教問題之爭論(一九一二至一九一七)〉。

全球》是山東聊城諸生李興熹(1872生)的作品[69]，刊於民國五年(1916)，正是孔教會努力爭取立孔教爲國教之際。而山東因是孔子的故里、儒學的發源地，也是至聖林廟所在之地，被孔教人士尊爲「聖地」，在民初孔教運動中也有輝煌的成績。據方豔華研究，從1912至1914年間，在山東正式成立的孔教組織就有二十多處，而且山東孔教人士也積極參與推動孔教定爲國教的運動[70]。李興熹便是積極參與孔教會的人士，他自稱孔門弟子、孝經學士，爲地方塾師，對於發揚孔教具十分熱誠，又主持槐南孔廟的修建。槐南孔廟座落於東昌府聊城西五十五里處，於宣統三年(1910)開始籌建，主要在李興熹與族弟李孝熹、門人趙學洙等人共同努力下，歷時五年，終於修建完成[71]。

　　李興熹於槐南孔廟修竣後，曾帶著所著的《孝經》到闕里造訪衍聖公孔令貽(1872-1919)，表達：「願聖公繼聖祖周流天下，以明聖道。此事半功倍之時也。公若出，興爲執鞭以保聖駕。」[72]此處說「事半功倍之時」，應指當時孔教運動勢力正旺而言，而李興熹尊衍聖公以傳孔子之道的作法，也和他相信孔家之聖脈相傳有關。他曾輯著《孔聖年譜協春秋》、《孔子世系》、《孔子世系名字辨》，主要蒐集孔子生平及後裔之事蹟。對於孔教應在衍聖公領導下傳播，李興熹也有偉大異象，他說：

> 吾考古論今，聖公燕庭，黃帝一百二十四世孫，堯百二十世孫，湯王百七世孫，微子九十一世孫，孔子七十六世孫。誠神明之冑，全球所仰瞻也。及是時聘中外賢才，周流全球，廣收門徒，明孔子

69　李興熹自述光緒戊申(1908)年三十七歲，生年由此推知。見李興熹，《槐南聖廟誌》(民國五年刻本)(中央研究院郭廷以圖書館藏)。

70　方豔華，〈民初山東孔教會及其活動〉，《成都教育學院學報》，卷18期12(2004)，頁61-63。

71　李興熹，《槐南聖廟志》，頁1a-2a。楠南孔廟於宣統三年籌建，曾赴闕里，焚檀香祭告聖人，呈明衍聖公，壬子(1912)鑄子石像，癸丑(1913)脩孔子大殿，甲寅(1914)塑孔子周流古跡於四壁，乙卯(1915)脩東西兩廡、瓦房六間，又相繼脩先賢諸儒龍牌。李興熹父親李錫泰傾家產以資助之。見〈山東聖莊創脩槐南聖廟公啓文〉，收入《楠南聖廟誌》卷末。

72　李興熹，《孔子世系名字辨》(民國五年刊本)(東京日本國會圖書館藏)，頁13a-b。

《孝經》之道,崇孔子去兵之訓。修琴瑟、考鐘鼓、明禮讓、講忠
恕,玉帛相將,吾知德之流行,速於置郵矣;吾知群洋皆欣欣然相
告曰:中國耀德不觀兵,吾何以槍炮爲哉。[73]

　　李興薫認爲,衍聖公不僅是孔子後裔,其祖先還可追溯到黃帝等上古聖王,
故應被尊崇爲當時孔教的領袖。他也把孔教宣揚的對象從中國擴大到全球,標舉
孔子之道即《孝經》之道,並以「和平德化」爲孔教的重要內涵,認爲唯有此能
對治西洋之窮兵黷武,甚而感化之。這種全球性的視野、強調世界和平的觀念,
是20世紀初在孔教運動影響下的特殊《孝經》觀。

　　李興薫賦予《孝經》在孔教中極特殊的意義,他直稱孔子之道即《孝經》之
道,除了有義理上的理由外,也與他個人對《孝經》的特殊喜好與經驗有關。據
其自言,從十餘歲起他已專志《孝經》,二十餘年來,他對《孝經》的用心到了
「飲食不忘《孝經》,坐臥不忘《孝經》」的地步,並經常夢見孔子[74]。因此,
當他於光緒三十二年(1906)開始執教時,他每日帶領弟子們焚香禮天地聖人、跪
讀《孝經》後,才就坐讀其他書[75]。光緒三十三年(1907),李興薫再次夢見孔
子,夢中孔子執著他的手,對他說:「世道大變,吾傳汝《孝經》,保汝身
家。」李興薫稽首後,向孔子表達欲保四方的心願,孔子點頭曰:「可」。夢醒
後,他焚香拜聖,命弟子們均跪讀《孝經》,以表示尊重聖道[76]。根據這個夢,
李興薫相信孔子已把傳《孝經》的責任委託給他,從此他對於將《孝經》之道傳
播全球,具有特殊的使命感,他說自己:

未始不忘全球共遵《孝經》,歃血爲盟,上載天子,下解倒懸,耀
德不觀兵,以勉大順,以反大同。[77]

73　李興薫,《孔子世系名字辨》,頁15a-b。
74　李興薫,〈孝經序〉,《孔聖孝經定全球》,頁2a。
75　李興薫,〈孝經序說〉,《孔聖孝經定全球》,頁12b。
76　李興薫,〈孝經序〉,《孔聖孝經定全球》,頁2a。
77　李興薫,〈孝經序〉,《孔聖孝經定全球》,頁2a。

李興薏對於《孝經》的特殊信念與情感，還可以見諸以下的故事。光緒三十四年(1908)，李興薏37歲，因痛感清道陵夷，曾親赴曲阜闕里，希望以《孝經》從衍聖公周流天下。但因衍聖公赴磊山而未能相見，於是他在闕里旅遊、登泰山而後返[78]。遊記中他一一記載了每天的行程，以及在不同地點誦讀《孝經》的情形。例如，他在向孔子行十二叩拜禮之後，祈禱「願尼父開我茅塞，啟我靈明，使聖道大行於天下焉。」接著跪誦《孝經》一遍；登夫子講書樓，北望孔子大殿，高歌《孝經》後，覺得心曠神怡；陟尼山五老峰頭，也高歌《孝經》，聲徹天地，見樵夫含笑，感到樂莫大焉；回曲阜謁聖墓時，又詭讀《孝經》，既而大哭道：「今天下變於夷矣，夫子之道息矣」；登泰山後，入夜與朋友在泰山頂孔子殿，燃燈焚香，禮拜孔子，俄爾明月東生，又高歌《孝經》。第二天他在泰山頂上朝上帝，四顧有感，作詩曰：「東嶽泰岱古神洲，萬里江山一覽收，上帝若隨凌雲志，一部《孝經》定全球。」[79]這些具有身體實踐、表演性質的誦唸《孝經》活動，讓我們想起第五章中那些明清之際士人的活動，其間確實有不少類似性，無論以敬虔的態度進行儀式性的誦唸行為，或相信虔誠誦唸能感動天地神明，李興薏與過去文化傳統之間，有著濃厚的聯繫。

事實上，李興薏書中還記載了更多誦讀《孝經》有靈驗的例子。例如，他曾在大旱時期帶領弟子們跪讀《孝經》，結果俄爾大雨如注[80]；母親生病時，其弟曾每夜禱於聖人，焚香跪讀《孝經》，母病痊癒[81]；盜賊徧天下時，他也選擇誦《孝經》，因他相信朗誦《孝經》能使正氣充滿，驅逐盜賊[82]。這一類像《孝經集靈》的記載，頻繁出現在李興薏書中。而他對於孔子和《孝經》的解釋，比起第四章所討論晚明宗教意涵的論述，也有過之而無不及。他說孔子是「天地之主」，是「一元之孝聖王也，全球明月也，萬世師表也」[83]，主張朝廷應封其為

78　1916年見到衍聖公之前，他曾四度親赴闕里。

79　李興薏，〈孝經序説〉，《孔聖孝經定全球》，頁12b-15b。據《槐南聖廟誌》，李興薏在跪讀《孝經》一遍後，又百叩致禱曰：一禱天子選賢相，二禱父母壽命長，三禱五洋莫亂華，四禱百姓孝爹娘。見該書，頁4b。

80　李興薏，〈孝經序説〉，《孔聖孝經定全球》，頁16b。

81　李興薏，〈孝經序説〉，《孔聖孝經定全球》，頁17a。

82　李興薏，〈孝經序説〉，《孔聖孝經定全球》，頁17a；16b。

83　李興薏，〈孔子論贊〉，《孔聖孝經定全球》，頁7b。

「孝聖王」，每多至後三日，應設三尸，一像天、一像聖父叔梁、一像孔子，配天致祭。祭畢，聖尸講《孝經》[84]。他相信孝能「明達乎上下，幽貫乎鬼神」、「充其孝而四靈必至，喪其孝而身弒國亡」[85]。他自己常向孔子祈禱，也積極參與孔教會活動，除了在東昌府文廟孔教會中講授《孝經》和《大學》，他也到曲阜見孔教會領袖[86]，並赴北京造訪孔社本部，拜見社長徐琪[87]，更積極帶領本地槐南聖廟內的禮拜和讀經活動[88]。而《孔聖孝經定全球》書後列名一百六十餘位捐刻此書者，《槐南聖廟誌》卷末也列名數百位捐助修廟者，都顯明李輿熹修建槐南聖廟、組織孔教會的活動，具相當程度的鄉里認同與支持[89]。

書的最後，李輿熹也表達了他以孔聖《孝經》為基準的全球政治秩序觀。他把中國的積弱歸因於不能行孔子之道，認為若能以孔子之法正名分，必能使中國定而全球服[90]。他主張應法伊尹迎太甲之禮，迎小子王(溥儀)重新登基，改國號為「後清天王國」，又說應奉聖人之教，改名為「聖人國」。德、法、美、英、俄稱友邦[91]；而全球各洲因服膺孔聖人的教誨，也都應以聖人命名[92]。雖然李輿熹相信孔子的《孝經》之道將為世界帶來真正和平，但他明顯以中國為世界中心，列強應臣服中國，並非無分界的大同世界觀。李輿熹對新世界的異象，帶有基督教末世觀的色彩，未來和平的新天新地是上天的意旨，人只有靠著信仰與傳教，靠著實行符合天意(上帝)的行動，參與並冀望新天新地的到來。或許也因此，李輿熹書中沒有太多現實政治世界的描述，也缺乏具體推行的策略，而更多

---

84 李輿熹，〈孔聖孝經〉，《孔聖孝經定全球》，頁9b。

85 李輿熹，〈孝經序〉，《孔聖孝經定全球》，頁1b。

86 李輿熹，〈孝經序說〉，《孔聖孝經定全球》，頁18b。

87 李輿熹，〈孝經序說〉，《孔聖孝經定全球》，頁19a。孔社雖同為尊孔組織，但反對孔教會把孔子之道定為宗教。

88 李輿熹，〈孝經序說〉，《孔聖孝經定全球》，頁19b-20a。

89 李輿熹，〈孔聖孝經〉，《孔聖孝經定全球》，頁21a-23b。

90 李輿熹，〈孝經序〉，《孔聖孝經定全球》，頁1b-2a。

91 另一處言德、法、美、英、俄俱應尊《春秋》而稱子，並強調諸國應助高麗興滅國、繼絕祀，反映了李輿熹具傳統中華秩序的觀點。見李輿熹，《槐南聖廟誌》，頁10a-11a；張啓雄，〈論清朝中國重建琉球王國的興滅繼絕觀——中華世界秩序原理之一〉。

92 亞洲名聖人洲、歐洲名歐聖洲、南非為亞聖洲、南美為宗聖洲、北美為復聖洲、海洋為述聖洲。李輿熹，〈槐南聖廟通全球〉，《孔聖孝經定全球》，頁9b-11b。

充滿著對孔子之道的信心、得自於天的異象與應許，以及向全球傳教的熱望。

朱領中的《孝經白話解說》出版於民國二十七年(1938)，主要為不識字者所著，故每章後有口語的「演說」。朱領中在演說中，不僅明申《孝經》為孔子所作，也強調天賦予《孝經》將來統一全球的特殊職份。例如他說：

> 這部《孝經》是孔聖人傳教的宗旨。……當這《孝經》告成的時候，玉皇知道這部書是可以為千古的教法，萬國的統宗，將來統一全球，非此不可的，所以天上顯了異象，一道赤虹化作黃玉下降。是以這書當時就遵行，後世藏在學官，幼孩入學的時候先要讀這部書，歷代相傳，無人不信。[93]

朱領中相信天運循環，認為清末是《孝經》的劫運期，新式教育的改革使得《孝經》和孔教都遭受嚴重衝擊，也造成國家莫大的危險。但他相信當時已處甲子改元之後，是天運回原、世局復古的契機，故他要再度提倡《孝經》教育，以挽救世運[94]。他並說甲子改元之後，天上的玉帝也禪位給關聖，在五教中首推儒門，故主張應趁此世運轉機之時，闡明孝道以改革人心，將《孝經》明定為儒教專書。從前當局者醉心歐化與富強，現在則連外國人都看穿富強的結果，轉而研究中國之聖教，中國人更應認清《孝經》是中華的宗教，將來更是全球的宗教[95]。

另一本類似的作品是《孝經德教》(又名《孝經救世》)，此書署名「世界不孝子發出」，由卷末可知作者是姚明輝(1881-1961)，於1944-47年間由上海尊經會刊印出版，每卷末均列有捐刊者的姓名與籍貫，主要為無錫、上海、海寧等地人士。姚明輝重視《孝經》有家學淵源，據其自述，他7歲即從母親讀《孝經》，父親姚文棟(1852-1929)師承俞樾(1827-1907)等，學兼漢宋，也是著名的

93　朱領中，《孝經白話解說》(1938年國光社出版)(上海圖書館古籍室藏)，演說第一章（無頁碼）。

94　朱領中，《孝經白話解說》，演說第一章。

95　朱領中，《孝經白話解說》，演說第十一、十三、十八章。

邊疆學者和外交人員，曾出使日本、德、俄等國[96]。姚文棟回國後曾講授經學，民國初年又在上海創辦尊孔會，極重視《孝經》，曾輯《孝經鄭注考實》、《孝經音義考證補》二書，家中累代收藏《孝經》類書籍多達三十餘種[97]。姚明輝也撰有《孝經學》讀本，曾用於家族所創辦的西成小學堂（後改爲上海市立西成小學校），民國初年曾由西成小學刊印，於學校中教授，後吳興讀經會又重刊[98]。據孫德餘所言，民國二十七年(1938)，一些朋友聚集在姚明輝上海寓所共同講習，他們承續姚文棟尊孔之意，日以尊經爲論議之嵩緒，並咸認姚明輝所著《孝經學》爲「當今救世之鴻寶，可以立尊孔之中心」，故決定重刊該書。由此推測，此尊孔讀經會應也是支持《孝經德教》寫作與出版的重要背景與團體[99]。

《孝經德教》一書以孔教紀年，這部書和李興憙的作品十分類似，均由尊孔組織以會員捐刻的方式刊行，內容均具中國中心思想的孔教末世觀，且均強調《孝經》是指引世界走向和平和大同的孔教經典。作者說：

> 孔子作經以前爲古之世，及孔子庚申，作經既成，始開今之世。當古之世，雖有國家，無天下也，孔子既開今之世，先進於經義者爲今，必至寰球大一統於孔子經義，而後成今天下。及至今天下，天下文同，天下倫同。文同於《孝經》之書，倫同於《孝經》之行，夫而後今天下成，是爲大一統。現在民國三十年辛巳，遺有天竺、猶太、伊斯蘭之文，尚未同於《孝經》之書；而中國則古之秦楚胡越，初始不同者，現在同矣，同於《孝經》矣，此乃今天下之小一統也。……惟是《孝經》之義，現在猶未大明，必俟其義至於大

96　張敏，〈略論姚文棟邊防思想及實踐〉，《史林》，期2(1999)，頁73-79。

97　《孝經德教》，卷末下，頁7；孫德餘，〈孝經讀本姚氏學後識〉，收入姚明輝，《孝經讀本姚氏學》（台中：文听閣圖書有限公司，2008），頁76。姚文棟所輯兩本《孝經》著作，依姚明輝〈校印孝經讀本序例〉，收入姚明輝，《孝經讀本》（上海西成小學校校印）（日本東京大學圖書館藏），卷首。

98　關於西成小學堂的創立，以及後來上海西成小學在民國初年仍於修身課外，加授《孝經》等，見姚明輝，〈校印孝經讀本序例〉。孫積文，〈孝經讀本姚氏學跋〉，收入姚明輝，《孝經讀本姚氏學》，頁75。

99　孫德餘，〈孝經讀本姚氏學後識〉。

明，乃因書同文而行同倫，乃以先進大明之中國，教化後進之各
國，漸訖四海，明照萬國，大同天下，致治太平。及夫天竺、猶
太、伊斯蘭無不進於中國，而後《孝經》之教化成天下。至於其
時，天竺、猶太、伊斯蘭三流，亦既被化，則亦謂《孝經》不難知
也。蓋至天下大明，則天下皆謂《孝經》易知矣，要其大本，孔子
開之也，故《孝經》爲天下宗。[100]

　　從上面引文可見《孝經德教》的基本信念。作者認爲過去《孝經》已在中國
同化秦、楚、胡、越各族，成就小一統的局面，將來世界各文化、各宗教，亦將
接受孔聖《孝經》之教化而進於全球大一統的和平境界。論到《孝經》德化的大
一統世界，又說：

　　及夫大一統而成今天下，致太平，頌聲興，則天地上下皆無惡怨，
　　修羅地獄一切皆空。告其成功矣，此贊天地之化育而與天地參者
　　也。[101]

　　這種具普世意義的末世觀——《孝經》大一統的新天新地——之所以可能，
最終是訴諸天意，故此書也賦予孔子和《孝經》鮮明的宗教意涵。在《孝經德
教》中，作者明確宣告孔子是爲天地開號令的教化之主[102]，他把《孝經》首章孔
曾之傳比爲佛陀託阿難說經，並依《鄭注》把「閒居」解爲「居講堂」[103]：（圖
9-10）

　　居講堂而開號，如揚于王庭矣，素王之庭也。……孔子以口舌流通
　　藏元，如澤之夬於天矣。而作《孝經》以救天下萬世，法施大矣。

---

100 《孝經德教》，卷1，頁3-4。
101 《孝經德教》，卷1，頁10。
102 《孝經德教》，卷1，頁6。
103 《孝經德教》，卷1，頁7；作者認爲聖人傳授《孝經》是爲天地開號，制法設教，非
　　閒居之事。見同書，卷2，頁2。陳鐵凡，《孝經鄭注校證》，頁1。

圖 9　《孔子聖蹟圖・孝經傳曾》（孔子燕居，在私
下場合傳孝道予曾子）（北京：中國書店，1998）。

圖 10　元趙孟頫書畫孝經卷・開宗明義章（國立故宮
博物院藏品）。

然不云：「天下地上唯我獨尊」，不云：「天主第二位聖子」，則
不居德也。唯稱「子」，而爲玄神辰裔可知焉。[104]

此處作者同晚清今文學家一樣接受緯書神話，以孔子爲黑帝感生的玄聖，稟
天命而爲新世創制，爲素王、新王、今王[105]。他在字裡行間也透露著將孔子與基
督教三位一體中的第二位，即道成肉身之人子(耶穌)比擬的意味。除了以孔子紀
年類似西方以耶穌紀年外，我們從上文所謂「天主第二位聖子」及下面這段描述
「子滋生萬物」的文字，也清楚可見這種類比：

子次亥之後，據《祕緯》及《説文》，亥爲天門，上帝所居，終而復
始，化形爲子。太始在亥，立一於子。據《史》、《漢》、〈律
歷〉，子爲天正，元所始。元行十二辰，始動於子。陽氣周流六虛，
始於子，陽氣踴出爲子，氣鐘於子，化生萬物。子者，滋也，萬物
滋。[106]

他又說：

蓋子日之文，天開於子，天開而後地闢，地闢而后人生，子爲天
統，聖爲天口。子日者，天開口也。[107]

---

104 《孝經德教》，卷1，頁7。
105 《孝經德教》，卷1，頁12-13。康有爲在《孔子改制考》的敘言中説：「天既哀大地
　　生人之多艱，黑帝乃降精而救民患，爲神明，神聖王，爲萬世作師，爲萬民作保，
　　爲大地救主。」《孔子改制考》(北京：中華書局，1958)，頁7。亦見Anne Cheng,
　　"Nationalism, Citizenship, and the Old Text/New Text Controversy in Late Nineteenth
　　Century China," in Joshua A. Fogel and Peter G. Zarrow eds., *Imagining the People:*
　　Chinese Intellectuals and the Concept of Citizenship, 1890-1920 (Armonk, New York: M.
　　E. Sharpe, 1997), pp. 61-81.
106 《孝經德教》，卷1，頁7。
107 《孝經德教》，卷1，頁8。

做爲玄聖後裔的孔子，號稱「子」，與基督教的聖子一樣，都是參與宇宙開天闢地的工作，是萬物得以生長滋養的創生源頭，也是領受天命(上帝旨意)，爲新制(新約)創始成終的擔負者，是天(上帝)與人之間的中保。

作者又宣稱孔子的特殊地位曰：「孔子制法，行在《孝經》，垂教無窮，德配天地，永世一人矣。」[108]換言之，孔子受天命爲後世君主制定明王之法，其地位是獨特無可取代的，也讓他成爲代天說教的聖人。然而不同於基督教的聖子將會再臨世界，《孝經德教》認爲孔子已往，未來大一統世界有賴新的明王興起，施行《孝經》的教化，並定義「明王」的資格爲：「行孔教之天子，攝孔子而行政，其人即出於孔子教化之民，是爲明王。」[109]又宣稱宗孔教以攝行其政的明王必能成就大一統：

> 孔子爲教化之主，明王必宗孔子以育民，而後可以成天下。及至化成今天下，大一統而致太平，爲不肅之大效，此明王之盛德大業也。[110]

據該書所言，天命是最終的依歸，《孝經》德教是「天」爲今世所立之新制，即所謂「《孝經》之道爲天下立」，故天下各國都應遵從[111]。孝治天下的理想因《孝經》的啓示而有永恆的眞理性，此時「天下」無疑已超越中國範圍，包含全球諸國。經文中的「百姓」、「四海」被解釋爲「諸夏各民族」和「夷狄」，而《孝經》德教則被描繪成以中國爲中心，逐漸同化世界各文明的進化歷程[112]。我們可以說，《孝經》和孔教在本書中，已發展成具有類似基督教的末世觀，預示著一種以天命爲依歸、屬於《孝經》的新世界秩序，亦即一種以中國爲

---

108 《孝經德教》，卷2，頁15。
109 《孝經德教》，卷7，頁14。又曰：「自端門受命，位在孔子矣。若夫攝政明王，五帝之精也，則可以爲宗；因孔子爲教化之主，明王則奉行教化者也。孔子陳德義，明王興民行；孔子立經義；明王演史事。」見同書，卷9，頁27。
110 《孝經德教》，卷7，頁14。
111 《孝經德教》，卷8，頁12。
112 《孝經德教》，卷2，頁5-7。

中心，上下尊卑階序井然、敬順平和的全球新秩序。

　　如何能落實《孝經》德教以致世界和平？除了信心和宣教的行動外，作者也以末世地獄的懲罰爲警誡。他說：諸國若能順《孝經》而行，必能致天下和平；若諸國反其道而行，必遭地獄之惡報[113]。地獄的概念在書中清楚被標出，尤其在解釋「如臨深淵，如履薄冰」一段，作者直把深淵薄冰之下解爲地獄，並警告諸侯(即諸國)治國應以戰爲戒[114]。這種以天命爲依歸、以地獄爲懲戒的思維，讓《孝經德教》不僅和基督教雷同，也和傳統三教善書相似，傳承著傳統士人對《孝經》宗教性的論述[115]。

　　另外，有別於康有爲、陳煥章等孔教人士全心擁護自由、平等、民主等，此書則完全以《孝經》思想爲依歸，擁抱傳統中國的價值觀，並據此強烈批判西方文化。作者對於男女平權、現代民法規定下的家庭觀念與扶養義務、個人主義、民族主義、自由觀、資本主義等，均抱持批判的態度[116]。此書著於第二次世界大戰之際，西方文化主導的新世界陷入空前危機，作者對於西方文化幾乎沒有任何好評，他直指民族主義帶領各國互相爭殺，終將導致身死國滅[117]，惟孔教《孝經》所應許的「世界和平」才是人類眞正的福音[118]。

　　不同於上述由尊孔組織刊印、孔教色彩濃厚的著作，鄔慶時(1882-1968)、劉楚湘(1886-1952)的作品學者味較重、宗教味較淡，但也都有孔教因緣，並反映了1920-30年代的傳統思潮。鄔慶時的《孝經通論》著於1929-30年間，據其〈自序〉，是因偶讀黃道周《孝經集傳》，有感於「孝治」乃中國兩千年來賴以

---

113 《孝經德教》，卷3，頁33。
114 《孝經德教》，卷2，頁5-7。
115 像虞淳熙一樣，姚明輝也把「孝」說成創造天地的元氣，並有上帝監臨、孝感神應等思想。例如，他說：「此以混沌元氣之孝開闢天地，故天地開闢皆在孝也。上帝赫赫，監茲男女，裏子咳咳，而有教矣。此其故，見於……順此天地開闢之教以爲教，則可以化民。」《孝經德教》，卷7，頁12-13。
116 《孝經德教》，卷1，頁40；卷3，頁26；卷8，頁11；卷9，頁10-11，12，31-35。
117 《孝經德教》，卷3，頁26。第一次大戰後，中國知識分子對西方之制度與價值漸有質疑，到了1920年代中後期，思想界已由批判傳統轉移到反帝國主義、反個人主義。見王汎森，〈思潮與社會條件——新文化運動中的兩個例子〉。
118 「『天下和平』四字，乃聖人設教之盛心。即以今世界言，『天下和平』一語，豈非救世之良藥哉！」《孝經德教》，卷8，頁23。

安定之主因，又想及當時「中國大義日晦、舉國若狂、家庭之間多事」，認爲均因未明孝治所致，故取古今《孝經》家所言，著成該書，闡明孝治爲救時之良藥。鄒慶時是廣東番禺人，曾跟隨孫中山，後執教中山大學。他今文學派立場鮮明，其書既彙整前人有關《孝經》的論述，也闡明自己的看法，認爲《孝經》爲孔子所做、約成於魯哀公十五年(480 B.C.E.)、以「孝治」爲主旨、並非爲庶人而發或特言家庭內事[119]。鄒慶時也強調以《孝經》爲治能帶領世界走向大同：「孝治將復爲救時之良藥，……是孝治所以結據亂世之終，亦所以開太平世之始，即主張法治之國，將來亦必有改用孝治之一日。」[120]

《孝經大義新解》(又名《儒教大同論》、《中國倫理學》)是劉楚湘的作品，劉楚湘是雲南騰衝人，1916年被選爲眾議院議員，擔任憲法起草委員。1923年曹錕(1862-1938)賄選登上大總統寶座後，劉楚湘返回雲南，曾任省政府執法委員長等職，參與修築滇緬公路，後又回到騰衝縣，經理圖書館、修方志、創辦中學等文教事業。《孝經大義新解》著於雲南，於1937年出版。

劉楚湘說自己是受到康有爲《大同書》的影響才著作《孝經大義新解》，故此書也有鮮明的大同世界觀，同樣強調世界和平是《孝經》教化的應許。雖然劉楚湘沒有像李與熹、姚明輝那般神化孔子與《孝經》，也沒有完全以中國傳統價值爲尚，他接受民主和科學；然而，他同樣把《孝經》教化的源頭推到天(上帝)，強調孔子的孝教是人類文明之指引。在他極力融合中西文化以開創未來的論述中，仍充滿著濃厚的中國本位思想。

劉楚湘延續傳統的觀點，以孝爲人性之內涵、人類延續生命之元、政治教化之本[121]。他將全人類及全萬類之祖推到上帝，認爲「上帝即宇宙之總太極」。又說：宇宙總太極以仁、孝爲則，故行孝是公理、天理[122]；人若以孝爲本而進於仁，則能與宇宙之總太極合德[123]。他認爲儒教之根本在孝[124]，又闡明孔教之教

---

119 鄒慶時，《孝經通論》(民國十九年刻本，上海圖書館古籍室藏)，頁8；11；35-42。

120 鄒慶時，〈自序〉，《孝經誦論》，卷首，頁1。

121 劉楚湘，《孝經大義新解》(民國二十六年鉛印本，上海圖書館古籍室藏)，卷上，頁5a-b。

122 劉楚湘，《孝經大義新解》，卷上，頁11a。

123 劉楚湘，《孝經大義新解》，卷上，頁4b-5b。

義爲：「蓋孔子一貫之道，以孝爲本，以忠恕爲用，以仁爲歸，而總持一切德行則爲敬也。」[125]

　　劉楚湘接受康有爲張三世之說，以據亂世行立君制；升平世行民主禪讓制；太平世行大同制，天下爲公，選賢與能。劉楚湘認爲雖然政治體制因應世運之不同而有差異，但以孝爲政教之本，則不改變。他說：

> 而立君、民主、大同，要視世運爲轉移，而孝則立君如是，民主如是，大同如是。至大同之世，尤須全世界之人，人人以孝爲本，以忠恕爲用，以仁爲歸，全世界一順充塞，無彼爭此奪之風，爾詐我虞之想，全人類雍雍熙熙，和氣充周，生機彌滿，此則大同盛世，爲孝之指歸，人類之極軌也。[126]

　　此即劉楚湘以孝爲指歸的和平大同世界觀。至於如何才能達此大同境界？劉楚湘的構想比較不是宗教末世預言的傳教方式，而是一種文化融合的過程。他像當時不少學者一樣，簡單地把西方文化定義爲形而下的物質文化、中國文化爲形而上的精神文化[127]。他欣賞西方科學成就，認爲科學有助於世界漸進於大同，但也嚴厲批判西方帝國主義濫用科學、製造戰爭、大肆開採天然資源等弊病，認爲只有以中國精神文化爲指導，並結合西方物質文化的成就，才有可能進化到大同世界[128]。或許也因爲如此，《孝經大義新解》充斥一些以科學知識結合《孝經》詮釋的怪異組合，如以萬有引力爲愛力(仁德)、把無線電播音機傳輸聲波聯

(續)

124　劉楚湘：「孔聖以孝創教，曰夫孝德之本，教之所由生，是知中國之儒教即孝也。」劉楚湘，《孝經大義新解》，卷上，頁4a。
125　劉楚湘，《孝經大義新解》，卷上，頁8b。
126　劉楚湘，《孝經大義新解》，卷上，頁10b。
127　劉楚湘，《孝經大義新解》，卷上，頁10a-13b。曹躍明，《梁漱溟思想研究》，頁50-51；266；滕復，《馬一浮思想研究》，頁161。
128　劉楚湘，《孝經大義新解》，卷上，頁25a-27a。這種承認中國文化需要吸納西方文化的主張，在固守傳統價值的新儒家中也是常見的，只是每個人的見解不盡相同罷了。

繫到孝弟感通神明等[129]。在劉楚湘眼中，20世初歐美科學的進步正是人類邁向大同的重要契機，他說：

> 今與歐美之物質文化相見於大地，實爲道與器相得愈彰之會。歐美之物質文化得中國之精神文化，融合裁成，必能產生新文化而放一異彩，以共啓大同之運，增進人類之幸福。[130]

劉楚湘以儒教爲人類未來文明的唯一精神指導，是十足中國本位的[131]。他也極力呼籲中國應該改正教育宗旨，重視固有精神文明，融合新科學，不僅主張應在中小學的修身課中讀經，大學也應設經學專科，並應派人去歐美各大學，開設儒教課程，讓西方各國接受儒教薰陶，攜手共邁和平大同之世[132]。

綜上所論，本節討論的《孝經》著作都或多或少受到孔教會和大同思想的啓發，但這些作者對《孝經》的重視程度顯然勝於康有爲本人。在他們筆下，《孝經》成爲孔教的聖經，是得自天啓的經典，承載著教化世界、指引大同的神聖啓示。這樣的看法不僅承襲傳統《孝經》宗教性意涵的眾多因子，如緯書神話、孝感神應等，更在尊孔組織的經營下，比傳統更進一步地神話孔子和《孝經》，將其改造到與基督教一樣，具有宗教末世預言的意涵。

和上一節思想界菁英的論述相較，這些作品都較保有傳統價值和思維，李興惠、姚明輝幾乎全面擁抱傳統價值、抨擊西方思想；即使如劉楚湘在接受民主、科學的前提下，以中國爲本位、批判西方的立場還是明顯，承襲傳統孝義和孝治的論述亦鮮明，且較沒有改變儒學內容以迎合西方價值的痕跡。另外，這些作品都不避談孝的政教功能，對於孝治觀也給予極正面的評價，甚至期盼有一天世界能進化到以孝治取代法治。不過，有別於傳統以中國爲全部視域、以君主施政爲關鍵、強調家國同構的孝治觀，此時的孝治論述更具全球性視野，無論以天啓或

---

129 劉楚湘，《孝經大義新解》，卷上，頁11a；卷下，頁3a；6a-b。

130 劉楚湘，《孝經大義新解》，卷上，頁12b。

131 劉楚湘，《孝經大義新解》，卷下，頁15b。

132 劉楚湘，《孝經大義新解》，卷下，頁18a。目前中國在美國普設孔子學院，教授漢語與中國文化課程，對照劉楚湘的想法，頗令人玩味。

天意爲依歸，或相信文化融合之進化，都更強調《孝經》德教對未來新世界秩序
具有啓示性的眞理。

三、結語

　　清末民初的中國經歷空前劇變，我們曾經太熟悉當時反傳統思潮席捲全國的
威力，現在更多的研究呈現給我們更複雜多樣的景象，不僅辛亥革命之後，激進
和保守的聲音始終不斷在菁英分子中激盪對話，思想界菁英的想法和一般民眾之
間的距離、都會區和其他地區生活型態的差異等，都使得西潮與新文化運動對傳
統中國的衝擊程度，變得更值得思索，也更難論斷。即使像上海這樣的現代都
會，也充滿著各式新舊雜陳的文化現象[133]。我們從20世紀有關孝和《孝經》的論
述，也清楚看見這種複雜多元、新舊雜陳的局面。主流思想界菁英的論述，迴盪
在對西學與中國文化的檢討與取捨之間，即使面對傳統文化，學者們在非孝、擁
孝的立場上迥然不同，但科學、民主、自由、平等、尊重個人等價值在學者間卻
有相當共識，「孝」做爲傳統君主專制教化意識型態的價值多被消解，更多被視
爲家庭內的倫理道德、個人修身成仁的起始點。傳統善書、孝感神應的宗教色彩
幾被揚棄，即使如唐君毅強調孝的宗教精神義，這種宗教意涵也主要以新儒家道
德心性論而言，與傳統緯書的孔子神話無關[134]。而思想界菁英的著作主要以現代
刊物或學術著作的方式發行，除了報刊雜誌外，也以書院或大學爲基地，向學界
與民眾發言。

　　然而，我們從《孔聖孝經定全球》和《孝經德教》這類書籍，卻看見相當不
同的觀點和實踐。這兩部著作的出版和被運用的方式都更傳統，也更具地方社團
的因素。它們都是在地方尊孔團體和具共同信念的成員支持下，以類似捐刊善書
的方式被出版，捐刊者多達百餘人之眾。從書的內容，我們也清楚看見與傳統接
軌的現象，不僅視孔子爲教主、《孝經》爲天啓聖經的觀念，有傳統緯書神話的

133　李孝悌，〈上海近代城市文化中的傳統與現代(1880s-1930s)〉，收入氏著，《昨日到
　　城市：近世中國的逸樂與宗教》(台北：聯經文化事業，2008)，頁313-363。
134　唐君毅的孝論，主要見《文化意識與道德理性》(香港：友聯出版社，1958)。

淵源，傳統孝感神應和果報思想也很鮮明，即使西學和全球諸國已進入作者的視域，但經常做為被批判和改造的對象，中國傳統的秩序觀與孝治觀並沒有因為西學而瓦解。雖然李興禧、姚明輝算不上主流思想界中的著名人物，他們的觀點也沒有在民初思想論域上激起太多反響，然而不可忽視的是，他們具有某種地方草根性的影響力，我們可以想見他們的著作至少在其所屬的孔教團體與尊經會中被傳播和研習，傳統孝與孝治的觀念也因而被繼續傳承。

我曾在《孝義道德學社新社落成紀念刊》中看到，民國二十五年（1936）在山西太原成立的尊孔組織「孝義道德學社」，男女老少會員共有1700餘人，多為地方居民，該組織的新社於民國二十九年（1940）落成，顯然是地方社區的重要聚集地。道德學社是一融合三教的尊孔組織，相信孔子為上帝之化身，並藉著中小學教育落實孔教教化，每日還集體行禮祈禱世界太平。書中對於鄉民在七七事變中無人傷亡，也歸因於孝的福報，由此不僅可見1930年代尊孔組織在民間活動的某種情形，其傳承傳統的力量也不容小覷[135]。另外，我也看過一本題名為《孔子孝經》的20世紀善書，書中除了《孝經》，還有華盛頓等七位歐美人士的孝行，以及功過格、禍福指南等，並錄有桂宮楊仙的警語：「最可怕者，不良男女，日以自由、平等為口頭禪，著非孝之論，視父母等於路人。」[136]這種現象以及上述孝與《孝經》論述的不同脈絡，都讓我們不禁要問：20世紀的中國，到底被西潮衝垮、衝走多少傳統的基底與元素？思想界菁英的想法與傳統思維之間如何結合運作或彼此衝擊？傳統做為倫理道德與社會政治秩序基礎的五倫如何走向現代？在中國歷史上，具有多元性質的《孝經》文本，又以怎樣的姿態展示於現代人們的生活之中？在21世紀初中國崛起的浪潮中，被認為代表中國文化特質的「孝」與儒教經典《孝經》是否也以某種嶄新、自信的姿態再現？它又表述著怎樣的自我

---

135 書中說學社是「融三教於一爐，而折衷在尊孔」。其宗旨為：「闡揚孔子大道，實行人道貞義，提倡世界大同，希望天下太平。」此應即是由段正元所創立的道德學社，旨在闡揚孔子之道，提倡世界大同。另外，七七事變中其實有一人死亡，但鄉民將其人歸為蕩婦，故遭報應。見《孝義道德學社新社落成紀念刊》（1940序刊本）（東京：日本東洋文庫藏）。關於段正元的思想，見韓星，〈段正元孔教思想與實踐〉，《福建論壇・人文社會科學版》，期2（2008），頁58-62。

136 《孔子孝經》，頁44-45。

認同心理，以及對未來理想世界的願景？這些問題並不是本書可以充分回答的，一些當代的現象我將在結論中談及，然而從本書對於近世中國《孝經》文化史的考查，我們確實可以在歷史流變中看到過去與現在的許多聯繫，也獲得一些啓發。

結　論

　　《孝經》雖是一部「古籍」，然而目前尚存的《孝經》文本絕大多數是近世的產物，且又增加許多有別於古代的新注釋與論著。我們知道所有的文本生產均有其時代背景，如果我們在解讀文本的內容之外，尚能注意文本被生產的政治、社會與思想脈絡，及其所參與創造的歷史活動，將能看到更多與文本交織的歷史文化面向。此即本書所採取的研究取徑。本書主要透過近世出版的各種《孝經》文本，研究從晚明到民初《孝經》論述與相關實踐的文化史。希望透過人們對《孝經》文本的不同解讀，透過對《孝經》在政治與文化各領域中被運用的情形，考察其與人們生活交織的歷史情景，藉此呈現中國近世孝文化的某些面向及其重要的文化意涵。

　　長期以來，《孝經》研究屬於經學研究領域，在問題意識與研究方法上，都相當程度受到清代漢學的影響；在時間上，則以研究唐代以前《孝經》學為主。本書選擇從文化史的視角，研究晚明到民初的《孝經》相關學術、政治、文化議題，研究成果除了可彌補過去對這段時期研究的空白外，也修正過去某些過度化約的看法，並開拓一些學術與政治文化、思想與實踐行動交織的新議題。本書的主要論點其實已在各章結語中陳述，此處我嘗試著再從幾個方面略做綜述。

一、與政治的密切關係

　　我們檢閱明代《孝經》學文獻，發現從1580年代以後有不少總輯《孝經》類的著作出版，包括：朱鴻的《孝經總類》、江元祚的《孝經大全》、陳仁錫和馮夢龍輯的《孝經翼》、呂維祺的《孝經大全》。這些作品在內容與體制上均有相

當雷同性，而以朱鴻的《孝經總類》出版最早，以後幾部書均受到朱鴻作品的影響。從朱鴻《孝經總類》的內容我們看出晚明江浙一帶有一股士人提倡《孝經》學的風潮，他們主要闡揚《孝經》是孔聖相傳、攸關政統的重要經典，並一一反駁歷來對《孝經》文本的質疑，欲鞏固其經典的地位。這些士人提倡《孝經》的行動，其實有相當明確的政治訴求，他們指摘王安石將《孝經》排除在科舉之外造成破壞性影響，呼籲《孝經》應該被納入科舉必試科目，朝廷應以具體的政策來落實《孝經》教育。

萬曆年間士人的觀點與呼籲，到了崇禎年間更化為具體的政治上疏行動。崇禎二年，江旭奇上疏請朝廷將《孝經》納入科舉。崇禎六年，皇帝頒布聖諭，令各州縣學校要重視《孝經》。同年便有江元祚《孝經大全》、陳仁錫與馮夢龍所輯《孝經翼》出版，兩書卷首均載有聖諭；目前尚存一些崇禎年間出版的《孝經》著作，明顯是準備考試的用書，書前亦均載崇禎的聖諭。以上均可見崇禎聖諭對於晚明《孝經》出版的重要影響。

晚明繼江旭奇之後，又有瞿罕、呂維祺分別上疏朝廷請表彰《孝經》，將之納入科舉必試科目。雖然晚明士人的上疏行動未能造成明代科舉制度的改革，不過順治年間，魏裔介再次上疏請尊《孝經》，魏裔介上疏內容高度延續著晚明士人的觀點，終於促成順治十六年科舉改制，《孝經》正式納入科舉第二場論題中出題。

在清初帝國建設大工程中，《孝經》也扮演了重要角色，是強化禮法與倫理秩序之「孝治天下」意識型態的重要根據。順治、康熙、雍正各朝均把《孝經》譯為滿文出版，又均御注《孝經》，顯示統治者對此書的重視。帝王的重視不僅鼓勵更多民間《孝經》著作與出版，也明顯影響了學者論述的觀點。尤其在康熙朝修成《御定孝經衍義》而頒布天下之後，明顯造成官方意識型態主導《孝經》經典詮釋的現象，晚明以陽明學為主的多元詮釋觀點逐漸退潮，轉向以程朱學為尊的一元觀點。

18世紀在考證學風影響下，又受到日本傳入《古文孝經孔氏傳》和《孝經鄭注》的刺激，《孝經》學在問題興趣與研究方法上都展現新的風貌。當時政治意識型態漸為寬鬆，在學術專業訓練的引導下，《孝經》學擺脫了早期朱子學的籠

罩，部分晚明論述得以再現，觀點也較開放而多元。不過，從當時對日本傳入文本的眾多討論中，從部分學者在沒有堅實證據下卻認定日人造偽的發言中，我們仍可讀出在學術研究背後所涉及的民族情感與文化競爭心理。

　　民國時期的《孝經》學反映當代政治局勢與意識型態的現象更為明顯。無論是回應新文化運動對孝的批判，學者對《孝經》可能採取揚棄或維護的立場；或是面對西潮與西方帝國主義的侵略時，有人寄望透過《孝經》以宣揚孔教、傳播和平福音；或於大陸文革、台灣中華文化復興運動期間，對《孝經》新時代意義的說明，及欲轉化其為現代國民教育的讀本，以復興民族精神、復國建國的期許等[1]，都明顯烙印著當代政治局勢與意識型態的影響。即使改朝換代、帝制崩解，《孝經》的政治性格與政治參與度並沒有太大改變。本書透過對近世《孝經》文本生產之脈絡化的解讀，觀察其論述的政治意涵及所參與的政治活動，更能顯明此「古代」文獻持續參與創造近世政治文化與歷史的事實。

二、經典詮釋與主流思潮的交涉

　　學界對於理學和經學研究一直有相當清楚的區辨，基本上屬於不同領域。這當然有一定的道理，楊儒賓指出，雖然理學也是對儒學經典進行詮釋，但在學問類型上明顯與漢學不同，除了最重視的經典有四書和五經之別，詮釋方法與系統也有「心性論模式」與「社會文化實踐模式」的差異[2]。若非有明顯的差異，清代也不可能有漢、宋學之爭。儘管如此，並不意謂著理學和經學之間沒有關聯。宋明理學主導中國近世思想約達600年之久，它的思維模式勢必相當程度影響學者對經書的解讀。不過，由於清代經學的興盛，過去以清代學術標準批評或忽略明代學術的現象很普遍，從經學研究的角度看《孝經》，也往往不容易看到經學以外學術交涉的現象。本書的研究不限於經學，又從晚明的文獻開始，透過分析

1　例如，葉守乾，江公正，《孝經新研究》（台北：三民主義教學研究會出版，1971）；黃和平，《孝經心得》（作者自印，1976）。

2　楊儒賓，〈作為性命之學的經學——理學的經典詮釋〉，《長庚人文社會學報》卷2期2(2009)，頁201-245。

不同時期的《孝經》注釋與論著內容，我們不僅看到每個時期主流思潮與經典詮釋間的密切關係，也增進了我們對近世《孝經》學術史的認知。

晚明《孝經》學的復興主要在浙江一帶，無論朱鴻、虞淳熙或楊起元，他們的《孝經》詮釋都以陽明學爲根據，尤其明顯受到羅汝芳思想的影響。羅汝芳以「孝弟慈」爲講學宗旨，將孝提昇到形上本體的高度，是生生道體之具體內涵，主張孝即是仁、即是良知性體。這樣的觀點明顯有別於程朱，卻相當程度被晚明士人所接受，且影響了《孝經》的詮釋。而晚明三教融合的學術氛圍與思想內容，也明顯影響時人對《孝經》的看法與實踐，促成歷史上富宗教性意涵《孝經》論述的復活，及一些宗教儀式性的實踐活動。

而綜觀近世《孝經》的詮釋內容，我們也發現配合著主流思潮的變化與朝廷正統意識型態的影響，詮釋觀點與研究方法屢有變化。晚明以陽明學爲主的詮釋觀點在清初快速退潮，逐漸轉向程朱官學，甚至有唯朱子學是尊的趨勢。到了清中葉，又明顯擺脫了宋明理學，轉向以考證、辨僞、輯佚、作新疏爲主的漢學學風。民國時期的《孝經》詮釋，則體現一種在新世界秩序下的思考，學者們的論述反映著西方列強侵略的時代危機感、對中國何去何從的思考，及對自由、民主、平等價值與傳統中國倫理道德的省思，呈現前所未有的新風貌。

過去部分學者對於近代《孝經》學術史的看法，會認爲朱子《孝經刊誤》一出，即主導後代《孝經》學的發展。這樣的看法並不符合史實，也無法洞悉明清時期理學思想與經典詮釋間的密切關係，此在本書均已得到修正。再者，若僅以傳統經學的問題意識與方法來研究《孝經》，很可能無法看到清儒的考證學與經學問題叢中的時代關懷，一些受到民間宗教組織與社團支持、刊刻、實踐的《孝經》論著，也極少被關注。事實上，這些作品往往鮮明地反映著人們的價值信念與時代關懷，充分體現著《孝經》與時代思潮間的互動關係，也承載著豐富的歷史與文化意涵。這也是本書希望從較寬廣的視野去觀看《孝經》在歷史中與眾多元素交織互動的情形，希望能更充分掌握經典詮釋與時代思潮間的密切關係。

三、文本實踐的多樣性

　　本書除了分析《孝經》論著的內容外，對於《孝經》與歷史人物的互動、《孝經》在不同歷史情境下被付諸實踐的行動也格外關注。主要因爲《孝經》是中國歷史上一部性質多元的文本，也是一部能夠跨越身分、年齡、性別、宗教等多重藩籬，廣泛爲人所閱讀的經典，又因爲具有天啓和感通神明的神話，故相關的實踐多元而豐富。如果能夠把研究焦點放在《孝經》與歷史人物的互動，考察這個文本在各種歷史情境中的呈現與展演，我們將看到《孝經》參與歷史活動的豐富意涵。

　　本書觸及了政治、宗教、教育等各類的《孝經》實踐，實踐的意涵非常豐富，即使我們僅以「讀《孝經》」這個看似單一的動作爲例，仍可看見在不同歷史情境下，讀《孝經》可以有極豐富而多元的意涵。例如，在政治領域中，我們看到帝王隆重講讀《孝經》的儀式，此儀式具高度政治表演性質，主講著以領受天命的天子身分，向天下展現天子孝的典範、宣示朝廷孝治的意識型態。也看到臣子在朝廷宴會中誦讀《孝經》，從陸澄和王儉的事例可見，誦讀《孝經》就像政治賦詩一樣，表達著諷勸與批判的政治寓意。也有官員要求不孝子誦讀《孝經》，此時，「讀《孝經》」其實是來自官方的一種處罰與馴化的手段，而不孝子藉著誦讀《孝經》的行爲，表達了對在上權威的服從，也通過這個行動來自我改造，帶出悔改(無論眞心與否)與和好的結局。

　　在家庭領域中，我們看到許多家庭的長輩都以《孝經》教育子女，「讀《孝經》」這個行動也發揮著陶冶品德、凝聚情感、表達孝思等功能。許多女子從小接受父母的教導，均能口誦《孝經》，這種誦讀聖人經書的行爲不僅成爲她們德性的表徵，也是她們將來母教的資產。歷史上有許多母親教導兒女讀《孝經》的故事，如許謙和海瑞的寡母口授《孝經》；歸有光回憶自己年幼時常在半夜被母親督促著暗誦《孝經》，要熟讀到無一字齟齬的程度，母親才歡喜。這些記載讓我們感受到母親深度的期許，教導、督促兒子誦讀《孝經》的舉動，承載著母親沉重的盼望，稚幼的朗讀聲迴盪於母子之間，聯繫起母子間最深的情感紐帶，也

成為母親心靈的安慰。另外，還有許多人會在居喪時讀《孝經》以取代其他佛道儀式，這些事例則讓我們看到，「讀《孝經》」不僅傳達著兒子們對父母的孝思，也表明自己信奉儒學、揚棄佛教禮俗的立場。

在地方教化中，我們看到近世不少地方官都曾以《孝經》教化庶民，或頒行條教，或刊刻出版並散發鄉民，要求鄉民朝朝誦念，字字奉行。雖然歷史的書寫並未著墨於那些被教化、被要求誦讀《孝經》的庶民，而是藉此描摹一種美好的圖景，即因著地方官的良政，《孝經》被帶入鄉村庶民生活中，鄉民們在朝朝誦讀《孝經》的陶冶下，將帶給社會和諧秩序。此處「讀《孝經》」是一種政策，也是一種意象，象徵著帝國教化正有效地下貫民間社會。事實上，在一些社學或書院的史料中，我們也看到類似的教化行動及對良風美俗的期許，誦讀《孝經》被推行於兒童教育或對邊民的教育。這些文字除了描述政策外，也讓人想像朝廷的教化正透過朗朗誦讀聲，向社會的底層與帝國的邊陲滲透，中華文明正在受教者心中扎根發芽。

同樣是誦讀《孝經》，有些行為卻帶著濃厚宗教與儀式的色彩。因著相信《孝經》具有神聖性與感通神明的力量，讀《孝經》也被用以消災、驅魅、祈雨、為父母求壽等。有時候更成為人們日常宗教修養的一部分，例如，皇侃日誦《孝經》20遍，以擬《觀世音經》；呂維祺晨夕焚香恭誦《孝經》；許三禮每天早晚在告天儀式中誦讀《孝經》六章。上述這些誦讀《孝經》的儀式性行為，雖有類似性，但實踐者個人的信念與不同的歷史情境，也都使得實踐本身體現複雜多樣的意涵。

綜上所論，即使我們只著眼於「讀《孝經》」這個看似單一的行動，透過豐富的史料，仍能看到這個行動在不同歷史情境中被不同歷史人物操作的豐富意涵。透過這樣對實踐活動的觀察，《孝經》研究也不再只限於書的內容，而是書、書的內容與相關論述，及其與歷史行動者之間的密切關聯。然而，《孝經》的內容及其在歷史上累積的豐富文化意涵，並未在這些實踐中缺席，而是與行動者交互影響，共同創造新的歷史與意義。

四、跨越宗教界域的《孝經》

　　儒、釋、道三教長期對孝議題的對話與關注，到近世以前已發展到相當融合的程度，《孝經》又高度參與這類對話，也普遍被佛教與道教吸收融會，故《孝經》雖是儒門經典，它同時也是三教的經典。本書雖然無法全面關照到《孝經》與民間宗教之間的關係，但仍試圖留意這個面向，指出一些值得注意的現象。例如，虞淳熙對孝與《孝經》的論述，不僅反映羅汝芳思想的影響，更明顯傳承著袾宏淨土宗的思想與實踐，將孝與淨土修行觀緊密結合，同時也與道教有呼應之處，體現著晚明三教融合的學術特色。楊起元的〈誦孝經觀〉同樣是一種融合三教的觀想實踐，雖然最根本的思想因子仍是泰州陽明學。呂維祺敬信《孝經》的態度及其致力表彰的作法，除了有儒學的傳統，又與文昌信仰密切相關，並有異夢、瑞應伴隨。許三禮的告天儀式宗教味十足，若觀其早年為學經歷，我們可以看見除了理學與黃老之學外，文昌信仰也扮演著重要的角色。以上例子都屬於明清之際，在濃厚宗教氛圍中所開展出對《孝經》的詮釋及實踐。

　　從《孝經》出版的形式與背景，我們往往也能看到鮮明的民間宗教色彩。本書列舉福建五帝信仰寶卷《天仙五皇大帝消劫本行寶經》、乾隆年間李鳳彩輯《孔子文昌孝經合刻》、周福山的《孝經合編》，以及光緒年間張恩霨將《孝經闡要》與其他道書一起出版的例子，說明這些《孝經》文本即使本身沒有任何注解，但宗教性十足，且十分融洽地與其他宗教並存。另外，王古初的《孝經經解》，以及《孔聖孝經定全球》、《孝經德教》、《孝經淺釋》等書，也都是宗教修為意味濃厚，標舉至孝感通神明與禍福果報的觀念。這一類民間宗教色彩濃厚的《孝經》著作，過去很少被認真研究過，可說是被排除在《孝經》學術史以外。然而，若我們願意留心考查，其實可以發掘許多新鮮而有意義的文化現象，也會發現無論其信念、論述或實踐，均有漫長的歷史淵源，且絕不僅關乎下層庶民，也與士人文化、儒學傳統有密切的關係。

五、傳統到現代的變遷

雖然重視孝道與《孝經》在中國有悠久的歷史，但中國近世特殊的政治與社會環境，孕育了屬於這個時期特殊的孝道思想與實踐。因此，本書首先說明中國近世時期宗族組織的興盛、教育管道的普及、朝廷的教化政策、儒家禮儀向庶民階層擴展及聯繫帝國等現象，不僅構成近世中國社會的獨特景觀，充分反映近世儒學庶民化的情形，也是推廣孝教化的重要機制，更是《孝經》學及相關活動復甦的重要社會背景。也指出近世中國的孝治意識型態，是由皇權、司法、家族、宗教、文化所共同建構的巨大體制，強烈規範著人們的思想與行動、型塑著人們價值與人生觀，故也是理解此時期中國政治、社會、文化運作的重要前提。

在晚清西學傳入之前，這套價值體系是長期以來維繫中國政治與社會秩序的核心。「孝」普遍被視為自然的天理，是宇宙和諧秩序的重要表徵，此主要反映儒家對宇宙自然和人類社會秩序的看法，即一種上下階序井然、遠近親疏有別，又彼此和諧運作的模式與理想。「孝」同時被視為天賦予人的道德本性（愛、敬之情），因此是百行之先、其他道德的基礎，也是規範人類社會生活的重要原則。

這樣的看法又與家族在傳統社會的功能，以及儒家所構想的理想社群密切相關。儒家的理想人倫與社群生活即以孝弟為本，強調親疏之間有差等的愛，道德的落實必須從親親起始，進而仁民、愛物，亦即以己身、己家為核心，逐步地向外推展，並以天地萬物一體的和諧秩序為終極目標。換言之，血緣關係的家庭不僅構成人們生活中最親密的共同體，也因為有自然愛敬的親情基礎，故能成為教養、培育、實踐道德行為的理想場域。理想的政治就是希望每個人在自己家中從孝弟做起，本著愛敬之情（孝）推至到其他人際關係，共同創造和諧社會。故對統治者而言，也主要強調應行孝以為人民典範、落實孝教以達孝治理想。這整套理念在傳統社會中有一定的現實基礎，也體現了傳統帝國的政治管理理念。在傳統社會中，家族確實相當程度地構築著人們最密切的生活共同體與規範，朝廷也不像現代國家機器能夠深入掌握每一個個體，家族往往扮演政治管理的重要中介角

色。而國家政治的運作理念也主要以家庭倫理爲本，君臣關係、臣民關係、師友關係可以都說是衍生自父子之倫(孝)，甚至中國與外邦的外交關係也是以五倫來定位和規範[3]。

　　這套孝與孝治的理念，與傳統中國政治、社會、文化生活各領域有極密切的關係，構成人們價值與行爲的重要規範，直到晚清才開始受到強烈的質疑而動搖。因此，若我們研究傳統帝制時期中國政治思想、論述與行動，適切地考量孝治意識型態的作用是有必要的。晚清到民國，隨著資本主義向全球的擴張，中國被迫加入國際新秩序體制，也進入全面性的改革。西方個人主義、自由、平等、民主等觀念，直接衝擊著傳統的孝弟觀；而現代民族國家建立，也改變了傳統家國同構的政治觀，「家」成爲「私」的領域，消解了傳統孝治天下政治意識型態的正當性。此時我們看到，許多人在接受自由、平等、民主的前提下，試圖將「孝」定義爲家庭內之倫理，揚棄傳統的孝治政教觀；但我們同時也在另一些尊孔人士的《孝經》著作中，看到傳統觀念與實踐繼續存留，做爲對西方的批判或對未來理想的根據。

　　這種傳統與現代交織互現，傳統觀念存留於當代社會並再創新的現象，直到今天仍然存在。葉光輝研究1990年代台灣社會孝道觀念指出，雖然工業化、都市化、民主化等社會變遷已顯著改變現代人的親子關係和孝道觀念，傳統權威意識較強的孝道觀念和作爲已逐漸式微，但是強調相互性、情感取向的孝道觀念與作爲，如「尊親懇親」和「奉養祭念」仍普遍受到人們重視，也仍相當程度影響著現代台灣人的親子關係[4]。中國家族史的研究者也注意到，儘管傳統宗族體制從民初到文革歷經極大破壞，傳統維繫宗族的社會條件與運作機制已不復存在，但是宗族活動並沒有完全消失，從1980年代以來，甚至有復興的跡象，許多地方都有重修家祠、家譜、聯宗的活動，現代宗族組織似乎以一種蘊涵「市民社會」的新功能再現。

　　同樣地，今天《孝經》也仍然活躍在華人社群宗教、教育、文化各領域，依

3　張啓雄，〈論清朝中國重建琉球王國的興滅繼絕觀──中華世界秩序原理之一〉。
4　葉光輝，〈台灣民眾之孝道觀念的變遷情形〉，收入葉光輝、楊國樞著，《中國人的孝道：心理學的分析》，頁161-210。

稀帶著傳統的面貌，雜糅著當代的價值，積極參與開創屬於21世紀的新願景。舉例而言，蒙學領域近年來很重要的一項發展是由王財貴推動，在華人社會取得顯著成長的「兒童讀經教育」，這項教育理念主要欲扭轉民國初年中、小學校廢止「讀經」所造成的影響，希望藉著民間團體推行的力量，將中國傳統經典重新納入兒童教育的內容，並希望藉此提昇國民文化素養[5]。雖然兒童讀經班並不特別推崇《孝經》，但《孝經》是其中一本教材，故隨著讀經班和教材(書與CD)的發行，以及其他民間不斷新出版的兒童《孝經》讀本，都使得《孝經》在今日華人兒童教育中持續佔有一席之地[6]。

另外，有感於現代工商業社會造成的家庭轉型，導致親情人倫淡薄，許多宗教和教育人士都回到傳統尋找資源，孝的教育也經常成為強調的重點。例如，許多慶祝母親節的活動都特別強調孝親和感恩教育，《孝經》也往往在這些場合中被引用或誦讀[7]。又如「國際尊親會」在幾位諾貝爾獎得主和重要學界領袖的發起下，於1991年正式成立，宗旨即在弘揚孝道文化、導正社會風氣、增進國際交流[8]。可能因為幾位原始發起人都是自然科學家，從2001年開始，該會每年也與財團法人向陽公益基金會、台北天文館聯合舉辦「尊親孝道天文獎」，推廣天文知識，並提倡孝道。天文學和孝道的組合頗特別，主辦單位解釋此獎項的來由，

5　王財貴，《兒童讀經教育說明手冊》，見http://www.bfnn.org/book/books/0874.htm。

6　一些政府機關也會舉行兒童讀經班，例如澎湖縣政府於2008年暑假舉辦「孝順年弘揚孝道系列活動-暑期親子讀經班」活動，包括《孝經》課程。見http://www.penghu.gov.tw/chinese/03news/01view.asp?bull_id=15418。近年新出版的兒童《孝經》讀本非常多，只要上網路書店蒐尋即可見。又如，陳建龍和陳禹達有感於校園問題層出不窮，決定聯手編輯儒家教導生活與品德教育的小冊子，以動物和昆蟲代言，以繪本的形式來教育現代學生。他們的第一本書是《弟子規》，已在2007年出版，並已選定《孝經》做為第二個出版計劃，陳建龍表示他們主要有感於當前孝道蕩然無存，「想亡羊補牢，盼孝道能從學童扎根，找回中華文化的傳統美德。」見《中華日報》2007.06.04，B8。

7　如2001年由行政院蒙藏委員會和台北、高雄、彰化縣市政府，及其他民間團體合辦的「二零零一孝親之旅西藏嘉年華」活動；2008年台南崇明國中慶祝母親節，安排學生讀《孝經》與孝親故事的活動。

8　國際尊親會原始發起人包括：吳大猷、李遠哲、楊振寧、李政道、丁肇中、張昭鼎、李中和、劉源俊、楊德旺。該會緣起與宗旨見：http://www.godfair.org.tw/cigc/preface.htm。

特別引《孝經》:「夫孝,天之經也,地之義也,民之行也,天地之經,則民是則之。」說明結合兩者的理由[9]。

　　除了民間社團和教育人士的推廣外,《孝經》也進入某些學校的課程體制。台灣的德明技術學院從2006年開始,正式將《孝經》和「生活禮儀」訂為全校四年制技術系大一學生共同必修的校定通識課程,學分為兩學分。學校表示希望「以《孝經》內化道德、生活禮儀外顯道德,深耕學生品德教育」。這項課程設計顯然受到傳統教育的啟發,目的是希望改善現代生活中的親情關係與品德教育,而學校在實際執行時,也特意復古,讓一些傳統的形式再現於現代校園內。學校在《孝經》課程結束後,為全校學生舉行大會考,考試模仿古代科舉形式,考題以策論的形式出題,錄取名次仿照科舉,取狀元、榜眼、探花前三名,另外入圍27名。在頒獎典禮中,擔任主考官的校長除了帶領30位受獎學生穿過狀元橋、敲狀元鑼、品嚐狀元糕,更帶領學生在悠揚古樂聲中誦讀《孝經》首章經文。不過這畢竟是21世紀年輕學子的校園,在古色古香的典禮中,學校接著也播放周杰倫的「聽媽媽的話」、五月天的「叫我第一名」,讓傳統和現實、古典和青春氣息結合。而參與會考的狀元學生,則表示自己在上了《孝經》課程後,體會到「孝順就是要先改善與父母的關係」,自己以前很少與父親講話,現在已主動改進[10]。

　　不僅台灣學校重視教孝,中國某些地區的學校也正在強力推行《孝經》教育。例如,山東省嘉祥縣教育局在2009年3月通知全縣中小學,要讓孝德教育進入學校課堂活動。教育局的通知中特別強調孝是中華民族的傳統美德,故學校老師應引導學生懂得孝德,感悟中國傳統文化,熱愛祖國燦爛文化,修身養性,做一個健康成長的合格人才。《孝經》顯然在此活動中扮演著重要角色,教育局特

9　現仍每年舉辦。

10　德明技術學院推動品德教育的源起與成果,參見:http://admin.must.edu.tw/upfiles/ ADUpload/oc_downmul1300002164.pdf(2010.4.28)。此活動主要為培育當代民主生活之倫理基礎,糾正升學主義下五育失衡的現狀而發,而值得注意的是,在學校老師票選的重要品德核心德目時,「孝順」得票率並不高(7票),禮節(38票)、尊重(37票)、公德(35票)等得票更高。相關活動見翁翠萍的報導,http://www.dajiyuan.com/ b5/7/3/14/n1646038.htm(2010.4.28)。

別規定：「各鄉鎮教辦、縣直各學校要認真組織教師，率先閱讀作爲地方教材的《孝經》。」因爲只有教師本身深刻理解、感悟《孝經》的思想意境，才能有效指導學生學習[11]。這項規定不禁讓我們聯想到呂坤《社學要略》中對社師的要求，以及呂維祺上疏的主張[12]。

《孝經》也被用於監獄改造教育。中國海南省海口監區自2006年始，開始在監獄內推行傳統道德教育，以《弟子規》、《孝經》、《論語》、《朱子治家格言》爲教材，受刑人接受的第一堂文化教育即是「孝道教育」。據海南省監獄管理局教育改造處處長崔永福表示：通過孝道教育，可以觸動受刑人內心最柔軟、最脆弱的情感部位，從而產生共鳴，激發其內在的改造動力。這當然也是傳統孝教化的理念。據稱這套教育在試行一年多以後，取得了顯著的成果，故雖然外界對此有不同的意見，認爲應以法制教育爲主，但海南省司法廳以監獄教育需要更豐富，以及傳統道德教育可與法制教育並行爲由，從2007年開始已全面向全省監獄系統推行這套道德教育[13]。這套監獄道德教育目前有正在擴大的趨勢，從網路上可知，甘肅、河南、河北的監獄也有實行者[14]。另外，中國監獄系統第一所職業培訓學校——啓明職業培訓，於2009年2月在江西省成立，主要針對未成年犯的改造教育，學校同樣安排有《弟子規》、《孝經》等傳統教育[15]。

另外，我們從一些宗教人士的發言，也可以看到孝與《孝經》的議題直到今天仍十分受關注。我們知道佛教、基督教入華後，與中國本土文化的衝突點主要就在「孝」，無論出家、斷髮，或祖先崇拜禮儀上的衝突與討論，最終都以孝爲焦點。佛教入華歷史悠久，早已充分融入中華文化，並與儒、道之間有深厚的融合，我們在第四章中也論到佛教對孝的重視，除了製造孝的經典、引《孝經》和佛經相發明，也重新定義佛教徒的「出世大孝」在救度眾生，勝於儒家小孝。基

11　詳見：http://www.jx.jinedu.cn/Article/ks/pjk/200903/20090324153938.html（2010.4.28）。
12　見第二章、第六章。
13　相關報導參見：http://www.hsw.cn/news/2007-08/30/content_6525791.htm。
14　甘肅省白銀監獄：http://www.zj.chinanews.com.cn/detail/804514.shtml（2010.4.28）；河南女子監獄的情形：http://www.124aj.cn/news/mfjs/2008/12/30/55884H7AK6IAHA5C4_2.html；河北省鹿邑監獄：http://big5.chinanews.com.cn:89/gate/big5/www.heb.chinanews.com.cn/news/tpxw/2008-01-08/38668.shtml。
15　參見：http://www.jx.xinhua.org/news/2009-02/18/content_15726171.htm。

督教入華歷史較短，17世紀禮儀之爭曾導致中國百年禁教的歷史，而主要的爭議
點之一也在「孝」（祭祖）。天主教教廷已於1939年宣布廢除祭祖禁令，目前天主
教徒可以在聖堂和家中舉行祭祖的禮儀[16]。相對的，台灣的基督教團體多不贊同
傳統中國的祭祖儀式，認為不合聖經教導的真理，但也意識到這個問題是基督教
在中國本土化過程中遭遇的重大難題。基督教人士仍十分看重孝道，強調孝道思
想與基督教義相合處甚多，並且逐漸發展出以在墓園獻花、舉行追思禮拜紀念等
方式來取代傳統祭祖禮儀的作法。

　　我們從下面的例子，可以看到華人基督教與台灣當代佛教人士對《孝經》的
講論，及其論點與傳統的密切關聯。1994-1995年間，佛教的日常師父(1929-
2004)在鳳山寺為僧團開講《孝經》，日常師父說《孝經》是孔聖心法，不易領
悟，其講論的內容其實和傳統對《孝經》的看法並無大不同，不過他特別強調儒
家思想相對於佛法而言極狹小，今天人們對於如此狹小的道理都難領悟，更遑論
佛法。佛家終極目標要人成佛，成佛的修行必須從做人開始，故學習孔聖心法亦
是佛法修行的一環。他又說真正修行者會感到佛菩薩親自臨在的護持與教導，此
更能幫助信徒體悟《孝經》的意涵。在日常師父的講論裡，傳統儒學的內容被涵
括在佛教教義與修行中，重新定義；雖然《孝經》不能與佛法相提並論，卻也是
處此今日末法時代的人們所不能不學習的功課[17]。

　　香港的何世明牧師(1911-1996)曾於1960年代出版《從基督教看中國孝道》
一書，主張中華基督教應該深入與中國文化融合，建立具中國文化特色的本色神
學，而孝道正是可以讓兩者深度結合的橋樑[18]。2009年元月，東海大學邀請周聯
華牧師到學校演講「基督徒論《孝經》的孝」，吸引近百位師生前往聆聽。周聯
華首先向聽眾解釋《孝經》及其對孝的定義與要點，接著討論基督徒與孝的關

16　台灣的天主教從1971年農曆春節由于斌樞機主教倡導，舉行祭天崇祖禮儀，之後又
　　大力推廣，目前許多聖堂都在新年彌撒後舉行祭祖禮儀。www.catholic.org.tw/
　　catholic/generation.doc (2010.12.20).

17　部分講記見：http://www.bwmc.org.tw/Tvo/tvo_181/tvo_181_03.htm；http://www.bwmc.
　　org.tw/Tvo/tvo_183/tvo_183_03.htm (2010.12.20)。

18　該書初版序作於1961，1980年代香港基督文藝出版社出版，2006在北京重刊。何世
　　明，《從基督教看中國孝道》(北京：宗教文化出版社，1999)。

係。他認爲《孝經》中大部分的要點，基督徒都可以做到，但卻因爲極少部分不做（祭祖禮儀）而背負著基督徒不孝的罪名。他對中國人過分強調禮儀略有批評，也強調「基督徒自有孝敬父母的教導，和爲人之道的方針」，並表示「基督徒要做更有意義的，並做得更好。」最後則借用《孝經》所言「生事愛敬，死事哀戚，生民之本盡矣，死生之義備矣」，期許基督徒做事要眞正從心裡發出，不要只看重禮儀的形式[19]。上面的例子清楚顯示，承繼著長期以來外來宗教在中國本土化過程中經常必須回應「不孝」的指控，以及經常以其教義重新定義「眞孝」、「大孝」的論述策略，今天孝的議題仍爲佛教與基督教人士所關切，其所運用的論述策略也有長久的歷史淵源，而《孝經》也仍然在此類宗教對話中扮演著重要的角色[20]。

　　最後，近年來不僅中國掀起國學熱、孔子熱，清末民初在海外成立的孔教會組織，也有復興壯大的跡象。香港孔教學院近年在院長湯恩佳帶領下，積極在中國各省宣揚孔教，捐建孔子亭、孔子像、孔廟，捐款提倡儒教，2007年在香港舉辦4萬人的大型祭孔典禮。雖然湯恩佳更重視《論語》，但也沒有忽視對孝道文化的重視[21]。印尼孔教會也在2006年正式成爲政府認可的宗教團體，各地分會數約200，會員達400萬人之多，有組織性地從事各種宗教禮儀活動及教學系統，並出版各種教材，《孝經》亦是該會重要教材之一[22]。新加坡南洋孔教會多年來力圖復興，據稱從2004年開始有突破性的發展，與當地儒學研究學術團體結合，吸引更多會員，也積極展開弘揚孔教的活動[23]。其他還有澳門、越南的孔教會，以及台灣如大易教等提倡儒學的民間宗教[24]，我們也都可以在其活動中看到《孝

19　活動的報導見：http://www2.thu.edu.tw/~teach/epaper_02.php?id=249（2010.4.28）。

20　清代有基督教人士強調基督教亦重視孝道五倫之教，只是要知道在君親之上更有天上大君親，而耶穌實爲孝道楷模，基督徒應該效法，並認爲祭墓非古禮，乃後世之變。此論述與周聯華的演講內容可互觀，參見《孝道實義》（清刊本）（東京日本東洋文庫藏）。

21　參見：http://www.pinghesy.com/data/2007/0928/article_1455.htm(2010.4.28)；http://www.confucianacademy.com/home.asp（2010.4.28）。

22　南山石2007年對於印尼孔教的報導，見http://www.pinghesy.com/data/2007/1129/article_1762.htm(2010.4.28)。

23　參見：http://www.kongzi.org.sg/（2010.4.28）。

24　有關目前海外儒教組織的簡介，見：http://www.zgrj.cn/dispbbs.asp?boardID=4&ID

經》教育的推廣。

　　我們從以上這些當代華人社群中對於孝與《孝經》的看法與運用,可以清楚感受到,21世紀初「中國傳統」正以一種新的面貌與意涵席捲而來。一個多世紀以來中國人承受的深刻羞辱感,正在快速改革開放與傲人經濟成長的現實生活中蛻變,「傳統」也因而有機會被人們再次欣賞、擁抱,進而轉換成為觀光財源與民族認同的象徵。在中國強調和平崛起的今天,傳統孝教與《孝經》所宣揚的和諧人際關係,也獲得新的發言機會,以一種不同於西方、代表中國傳統智慧與美德的姿態,進入文化交流與對話的新領域[25]。在這個新世紀的浪潮裡,希望本書對於傳統孝道思想與《孝經》文化的研究,能夠提供我們一些具有歷史向度的觀照與省思。另外,我們也看到在新世紀的中國史研究領域,許多學者正努力修補傳統與現代的斷裂,拉近中國與世界的距離,我衷心希望本書的研究對於前者能略有貢獻。

（續）────────────────

　　　=5230&page=1（2010.4.28）。

25　例如,Henry Rosemont, Jr. and Roger T. Ames, *The Chinese Classic of Family Reverence*
　　即認為《孝經》對於現代社會倫理生活具有重要啟發。

附錄
晚明至民國年間《孝經》著作

書、論著	作者、編輯者	成書或出版年代
《孝經總類》 總輯各家《孝經》版本、注釋、論著 *其他朱鴻所輯的不同版本尚有： 《孝經總函》、《孝經彙輯》、 《家塾孝經》、《孝經叢書》、 《孝經總類》二十卷本。	朱鴻(約 1510 生)， 浙江仁和人。	明抄本，北京中國國家圖書館藏，收入《續修四庫全書》。據該書所收多篇序跋推斷，該書出版大約在 1580-1590 年代。
《五經孝語》 《曾子孝實》 《家塾孝經》 《孝經質疑》 《孝經臆說》 《古文孝經直解》 〈纂輯孝經記〉 〈古孝經一篇大旨〉 〈文公刊誤孝經旨意〉 均收入《孝經總類》	朱鴻	據序推斷，成書於 1580 年代。
《釋疑》 《古文孝經解意》 〈古文孝經說〉 均收入《孝經總類》	孫本(1546 舉人)， 浙江錢塘人。	《釋疑》成書於萬曆十六年(1588)。
《孝經通言》 《孝經集靈》 〈宗傳圖〉 〈全孝圖〉 〈全孝心法〉 〈傳經始末〉	虞淳熙(1553-1621)， 浙江錢塘人。	從序跋推斷，成書於 1580 年代。

〈全經綱目〉 〈齋戒事親之目〉 〈從今文孝經說〉 均收入《孝經總類》		
《孝經會通》 收入《孝經總類》	沈淮(1547 進士)， 浙江仁和人。	陳師之序書於萬曆十四年 (1584)。
〈父母生之續莫大焉衍義〉 收入《孝經總類》	吳從周	萬曆十九年(1591)。
〈孝經本文一說〉 收入《孝經總類》	褚相，浙江海昌 人。	晚明著作。
《孝經宗旨》	楊起元(1547-1599)輯 先師羅汝芳(1515- 1588)孝語所成。羅 汝芳，江西南昌 人；楊起元，廣東 歸善人。	萬曆十八年(1590)楊起元輯。
《孝經廣義》	楊起元(1547-1599)， 廣東歸善人。	萬曆年間著，清康熙三十九年 (1700)刻本，上海圖書館藏。亦收 入《端溪叢書》(1899年出版)。
《孝經引證》	楊起元	萬曆年間著。
《孝經本則》	張復	萬曆二十九年刻本，江西省圖書 館藏。(未見)
《孝經》附《孝經大指》	趙南星(1550-1627)， 河北高邑人。	天啟六年(1626)。
《孝經集注》	陳仁錫(1581-1636)， 江蘇長洲人。	晚明著作。乾隆五十三年(1788) 刊本，北京中國國家圖書館藏。
《孝經緒彙》	丁洪夏韓	崇禎二年(1629)刻本，北京大學 圖書館藏。(未見)
《孝經古注五種》 收入董鼎注《孝經大義》；虞淳熙 輯《孝經集靈節略》；朱熹撰，董 鼎注《孝經刊誤》；楊起元《孝經 引證》；羅汝芳《孝經宗旨》	新安程一礎的刻 本。	崇禎四年(1631)刊本。
《孝經大全》	江元祚，浙江仁和 人。	崇禎六年(1633)序刊本。
《孝經翼》	陳仁錫、馮夢龍 (1574-1646)。	崇禎六年序刊本。日本尊經閣文 庫藏。

《孝經翼》	江旭奇，徽州婺源人。	崇禎年間刊本。日本內閣文庫藏。
《孝經貫注》 《孝經存餘》 《孝經考異》 《孝經對問》	瞿罕，湖廣黃州人。	崇禎七年(1634)上疏朝廷。上海華東師範大學善本書室藏。
《精鐫孝經參注疏意》 收於《孝經小學參注疏意》	張采(1596-1648)，江蘇太倉人。	崇禎八年刊本。
《孝經忠經詳注》 《新刻忠孝二經小學詳注》	陳仁錫	崇禎年間刊本。
《御覽標題疏義孝經存是詳注》	陳仁錫評注、林學曾較訂。	崇禎年間刊本。東京大學總圖藏。 此書後由蔣梅士編成《孝經輯注便覽》，咸豐七年(1857)由廈門多文齋重刊。現藏東京大學總圖書館。
《孝經集注詳解》(又名《張天如先生標題孝經集注詳解》)	張溥(1601-1641)，江蘇太倉人。	晚明刊本。日本尊經閣文庫藏。
《孝經忠經小學詳解》	李春培。	晚明刊本。日本尊經閣文庫藏。
《孝經大全》 《孝經或問》 《孝經本義》	呂維祺(1587-1641)，河南新安人。	《孝經或問》著於崇禎十一年(1638)；《孝經大全》成書於崇禎十二年(1639)，出版於康熙二年(1663)。
《孝經翼》 　　收入呂維祺的《孝經大全》	呂維祜(1643 卒)，河南新安人。	晚明著作。
《孝經本義》	胡時化(1571 進士)，浙江餘姚人。	晚明著作，出版年不詳。
《孝經列傳》(蒐錄孝行傳)	胡時化。	晚明著作，日本內閣文庫藏。
《孝經集傳》 《孝經贊義》	黃道周(1585-1646)，福建漳浦人。	崇禎十六年(1643)成書。
《孝經疑問》	姚舜牧(1543-1627)，浙江烏程人。	晚明刻本。
《古文孝經朱子訂定刊誤集講》	熊兆，江蘇海陵人。	著作時間、出版年不詳。
《御定孝經注》	順治皇帝御注，蔣赫德纂。	順治十三年(1656)序刊本。
《孝經衍義》	張能麟(1647 進	可能著於順治十八年(1661)之

	士)，河北大興人。	前，序撰於康熙九年(1670)。
《孝經問》	毛奇齡(1623-1716)，浙江蕭山人。	康熙年間著作。
《孝經全注》	李光地(1642-1718)，福建安溪人。	康熙年間著作。
《孝經正解》	徐大紳(1592進士)，福建建寧人。	著於明末清初之際，道光二十八年(1848)序刊本。
《孝經集解》	趙起蛟，浙江仁和人。	著成年代應早於康熙二十三年；康熙三十二年(1693)跋刊本。
《御定孝經衍義》	康熙詔儒臣葉芳藹(1629-1682)等修纂。	康熙二十一年(1682)成書。康熙二十九年(1690)作序，三十年(1691)印刷完畢禮部進呈，頒行天下。
《孝經易知》	耿介(1623-1693)，河南登封人。	成書於康熙二十一至二十二年間(1682-1683)。
《聖孝廣義》	許三禮(1625-1691)，河南彰德人。	成書於康熙二十一年(1682)。
《孝經纂注》	彭瓏(1613-1689)，江蘇長洲人。	康熙二十三年(1684)序刊本。
《孝經注疏大全》《孝經論題標準》	葉鈐，浙江嘉善人。	康熙二十九年(1690)序刊本。上海圖書館藏。
《孝經問業合參輯注大全》	張夏，江蘇無錫人。	著於康熙二十九年(1690)，1876年重刊本。上海復旦大學古籍室藏。
《孝經類解》	吳之騄(1638-1709)，安徽歙縣人。	康熙三十年(1693)序刊本。
《孝經集注》	陸遇霖(約生於1644)	康熙三十三年(1694)作序，同治光緒年間出版。
《孝經詳說》	冉覲祖(1637-1718)，河南中牟人。	康熙三十八年(1699)序刊本。
《孝經集解》	孫漢(約1630生)。	康熙三十七年(1698)、四十年(1701)序抄本。北京中國國家圖書館藏。
《孝經合解》(合耿介《孝經易知》與冉覲祖《孝經講義》而	陳治安，康熙三十六年(1697)任河南	康熙四十年(1701)刊本。

成。)	襄城知縣。	
《孝經正文》 《孝經內外傳》	李之素,湖北麻城人。	約著於康熙十五年(1676),出版約在康熙六十年(1721)。
《孝經注》一卷	朱軾(1665-1736),江西高安人。	康熙五十九年(1720)序刊本。
《孝經三本管窺》	吳隆元(1694 進士),浙江歸安人。	康熙乾隆間刻本。
《孝經解義總目》	不詳	不詳(故宮珍本)
《孝經本義》	姜兆錫(1666-1745),江蘇丹陽人。	康熙五十九年(1720)自序,約乾隆四年刊本。
《孝經章句》	任啟運(1670-1744),江蘇宜興人。	雍正元年(1723)得自山西佛寺中抄本。
《讀孝經》	應是(1638-1727),江西宜黃人。	康熙五十九年(1720)始著,雍正四年(1726)成書。乾隆十七年刻本。
《孝經集注》	清世宗雍正皇帝御撰。	雍正五年(1727)。
《孝經刊誤》 《孝經辨釋》	唐文華,湖南善化人。	雍正六年(1728)自序。
《孝經章句》 《孝經或問》	汪紱(1692-1759),安徽婺源人。	乾隆二年(1737)自序。
《孝經管窺》	竇容邃(1683-1754),河南朱陽人。	不詳。
《孝經精義》	張敘(1690-1775),江蘇鎮洋人。	乾隆三、四年(1738、1739)序刊本。
《孝經約義》	汪師韓(1707-1774),浙江錢塘人。	乾隆年間刊本。
《中文孝經》 《孝經外傳》	周春(1729-1815),浙江海寧人。	乾隆年間刊本。
《孝經集注》	程炎,安徽休寧人。	乾隆十六年(1751)序刊本。
《孝經通釋》	曹庭棟,浙江嘉善人。	乾隆二十一年(1756)刊本。
《孝經刊誤辯說》	倪上述,河北樂亭人	乾隆二十七年(1762)刊本。
《孝經考證》(顧炎武手書《孝	陸燿(1723-1785),	乾隆三十年(1765)序抄本。

經》，陸燿考證於後)	江蘇吳江人。	
《孝經集注》	任兆麟（約乾隆年間人），江蘇震澤人。	乾隆四十五年(1780)自序，抄本。上海圖書館藏。
《孝經鄭注》（輯佚）	陳鱣(1753-1817)，浙江海寧人。	乾隆年間刻本。
《孝經彙纂》	孫念劬，江蘇毘陵人。	嘉慶四年(1799)刊本。
《孝經約解》《孝經附刻》	溫汝能，廣東順德人。	嘉慶十年(1805)刊本。
《孝經鄭氏補證》（《增考孝經鄭氏解》）　　收入《知不足齋叢書》	洪頤煊(1865-1837)，浙江臨海人。	著於 1801 年之後，嘉慶年間刊本。
《孝經鄭氏解》　　（收入《知不足齋叢書》）	臧庸（本名鏞堂，1767-1811），江蘇武進人。	嘉慶年間刊本
《孝經鄭注》（輯佚）	嚴可均(1762-1843)，浙江烏程人。	嘉慶二十年(1815)序刊本。
《今古文孝經匯刻》（共收十六種《孝經》）	王德瑛[輯]，山東福山人。	道光十四至十六年(1821-1850)刻本。
《孝經輯注》	賀長齡(1785-1848)，湖南善化人。	道光年間刊本。
《孝經義疏補》	阮福(1802 生)，江蘇儀徵人。	道光九年(1829)刊本。
《孝經音訓》	楊國楨(1782-1849)，四川崇慶人。	道光十年(1830)刊本。
《孝經解紛》	著者不詳。	道光十六年(1836)刊本。
《孝經直解》	劉沅(1768-1855)，四川雙流人。	道光二十七年(1847)自序，咸豐十一年(1861)刊本。
《孝經集解》《孝經集證》	桂文燦(1823-1884)，廣東南海人。	咸豐四年(1854)序刊本、抄本。
《孝經徵文》《孝經述注》	丁晏 (1794-1875)，江蘇山陽人。	咸豐五年(1855)序刊本。
《孝經經解》	王古初	咸豐八年(1858)序刊本，民國十七年(1928)重刊。
《孝經衬解》	王永彬（《圍爐夜話》作者），生平不	咸豐同治年間刊本。(未見)

	詳。	
《孝經述》	傅壽彤(1818-1887)，貴州貴筑。	同治二年(1863)刊本。
《新增孝經補注備考旁訓》	不詳	同治六年(1867)刊本，光緒十年(1884)重刊。
《孝經章句》、《孝經問答》　收入《張敬堂太史遺書》	張錫嶸 (1853　進士)，安徽靈壁人。	同治九年(1870)刊本。
《孝經集義》	曾世儀，湖北黃岡人。	咸豐十年序，同治十年(1871)刊本。
《孝經古今文傳注輯論》	吳大廷(1824-1877)，湖南沅陵人。	同治十二年(1873)序刊本。
《孝經啟蒙新解》	王澤厚	同治年間刊本。
《孝經札記》　收入《十三經札記》	朱亦棟，浙江上虞人。	光緒四年(1878)刊本。北京中國國家圖書館藏。(未見)
《孝經章義》	方宗誠(1818-1888)，安徽桐城人。	光緒八年(1882)刊本。
《孝經闡要》	張恩霨	光緒九年(1883)刊本。
《孝經質疑》	徐紹楨(1861-1936)，廣東番禺人。	光緒十年(1884)刊本。
《孝經存解》《孝經存解闡要》《孝經存解析疑》《讀孝經刊誤問答》	趙長庚	光緒十年(1884)刊本。
《孝經養正》	呂鳴謙，湖北廣濟人。	光緒十五年(1889)刊本。
《孝經雜錄》《孝經群解匯編》收在《皇清經解依經分訂》第278冊	清，作者不詳。	光緒十六年(1890)刻本。北京中國國家圖書館藏。京大人文研藏。(未見)
《孝經注》	孔廣森 [輯](1751-1786)，山東曲阜人。	嘉慶十八年(1813)後序，光緒十六年(1890)刻本。
《古文孝經薈解》	洪良品 (1868　進士)，湖北黃岡人。	光緒十七年(1891)刊本。
《孝經鄭注疏》	皮錫瑞(1850-1908)，湖南善化人。	光緒二十一年(1895)序刊本。

《古文孝經集解》	曹若枒，河南淮陽人。	光緒二十一年(1895)刊本。
《孝經旁訓》(依國子監原文印)	孫傳，浙江人。	光緒二十一年(1895)刊本。
《孝經鄭注附音》	孫季咸，山東榮城人。	光緒二十二年(1896)刊本。
《孝經學凡例》	廖平(1852-1932)，四川井研人。	光緒二十三年(1897)刊本。
《孝經十八章輯傳》	汪宗沂(1837-1906)，安徽歙縣人。	光緒二十四年(1898)序刊本。
《孝經六藝大道錄》	曹元弼(1879-1953)，江蘇吳縣人。	光緒二十四年(1898)序刊本。(未見)
《孝經本義》	劉光蕡(1843-1903)，陝西咸陽人。	光緒三十一年(1905)刊本。收入《西京清麓叢書》
《繪圖孝經新體讀本》	彪蒙編譯。	光緒三十二年(1906)序刊本，1911年第四版出版。
《孝經學》	曹元弼	光緒三十四年(1908)刊本。
《孝經講義》	鍾福球	光緒三十四年(1908)出版。
《孝經古微》(又名《孝經孝翔學》)	葉繩翥(1908卒)。	光緒三十四年(1908)自序，宣統元年序刊本。
《孝經鄭注考證》《讀孝經日記》　　收入《學古堂日記》	潘任，江蘇常熟人。	光緒年間刊本。
《孝經精萃》(輯錄多家論述《孝經》者)	馬鐵卿〔輯〕。	光緒年間刊本。
《孝經古文考》　(收入《孝經精萃》)	侯康(1798-1837)，廣東番禺人。	光緒年間刊本。
《孝經集注述疏》附答問。	簡朝亮(1851-1933)，廣東順德人。	宣統民國年間刊本。
《孝經通論》	鄒慶時(1882-1968)，廣東番禺人。	宣統元年至民國間刊本。
《繪圖孝經讀本》	不詳	宣統三年(1911)刊本。
《孔聖孝經定全球》	李輿惠(1872生)，山東聊城人。	民國五年(1916)刻本。
《孝經誼詁》	馬其昶(1855-1930)，安徽桐城人。	民國十二年(1923)出版。(未見)
《孝經讀本姚氏學》	姚明輝(1881-1961)，	民國十三年(1924)初印。

	上海人。	
《孝經講義》(又名《孝經正義》)	宋育仁(1858-1931)，四川人。	民國十三年(1924)出版。
《孝經説》	陳伯陶(1855-1930)，廣東東莞人。	民國十六年(1927)出版。
《孝經淺釋》	張栩，浙江人。	民國十六年(1927)出版。
《孝經串釋》	李佩精	民國十七至十八年(1928-29)出版。
《孝經今譯》	張佩嚴	民國十八年(1929)出版。
《三經本義》(含《孝經本義》)	謝汝霖	民國十九年(1930)出版。
《孝經之研究》	徐景賢	民國二十年(1931)出版。
《孝經核》	焦琳	民國二十四年(1935)出版。
《孝經大義古今刊誤篇》	張知睿	民國年間刊本。
《孝經大義新解》(又名《儒教大同論》、《中國倫理學》)	劉楚湘(1886-1952)，雲南騰衝人。	民國二十六年(1937)出版。
《孝經救世編》(又名《孝經翼》)	唐文治(1865-1954)，江蘇太倉人。	民國二十六年(1937)出版。
《孝經白話解説》	朱領中，浙江義烏人。	民國二十七年(1938)出版。
《孝經附記》	翁方綱(1733-1818)，直隸大興人。	民國年間抄本。
《孝經德教》(又名《孝經救世》)	世界不孝子發出(姚明輝)	民國三十三至三十六年(1944-1947)出版。
《孝經通義》	喬一凡	民國四十六年(1957)出版。
《孝經通義》(經學課本)	遺史[輯]。	出版年不詳，民國年間刊本。普林斯頓大學圖書館藏。
《孝經易知錄》	孫鏘	著作、出版年不詳，中研院民族所圖書館藏。

徵引書目

近代以前史料叢書

史籍(按朝代、筆畫排列)

[晉]司馬彪,《續漢書》,收入周天游輯注,《八家後漢書輯注》。上海:上海
　　古籍出版社,1986。
[晉]袁宏著,周天游校注,《後漢紀校注》。天津:天津古籍出版社,1987。
[南朝宋]范曄,《後漢書》。北京:中華書,1965。
[南朝梁]沈約,《宋書》。北京:中華書局,1974。
[南朝梁]蕭子顯,《南齊書》。北京:中華書局,1972。
[唐]令狐德棻,《周書》。北京:中華書局,1971。
[唐]李百藥,《北齊書》。北京:中華書局,1972。
[唐]房玄齡,《晉書》。北京:中華書局,1974。
[唐]姚思廉,《梁書》。北京:中華書局,1973。
———,《陳書》。北京:中華書局,1972。
[唐]魏徵、長孫無忌等撰,《隋書》。北京:中華書局,1973。
[後晉]劉昫,《舊唐書》。北京:中華書局,1975。
[宋]王溥,《唐會要》。台北:藝文印書館,1969。
[宋]司馬光,《資治通鑑》(清翻刻元刊本)。北京:北京古籍出版社,1956。
[宋]李心傳編,《建炎以來繫年要錄》(清刊本)。台北:文海出版社,1967。
[宋]李燾,《續資治通鑑長編》。北京:中華書局,1979。
[宋]歐陽修,《新唐書》。北京:中華書局,1975。
[元]馬澤修,袁桷纂,《延祐四明志》(清咸豐四年《宋元四明六志》本)。北

京：中華書局，1990。

[元]脫脫，《金史》。北京：中華書局，1975。

———，《宋史》。北京：中華書局，1985。

[明]宋濂，《元史》。北京：中華書局，1976。

[清]張廷玉，《明史》。北京：中華書局，1974。

[清]趙爾巽，《新校本清史稿》。北京：中華書局，1976-77。

方志史料（按朝代、筆畫排列）

[清]尹繼善等修，黃文僎等纂，《江南通志》（清乾隆三年刊本）。中央研究院傅
　　斯年圖書館藏。

[清]文聚奎等修，吳增逵等纂，《新喻縣志》（清同治十二年刊本）。台北：成文
　　出版社，1989。

[清]王琛修，張景祁纂，《邵武府志》（清光緒二十六年刊本）。台北：成文出版
　　社，1967。

[清]仲振履原修，張鶴齡續纂，《興寧縣志》（清咸豐六年修，民國十八年重排
　　印本）。台北：成文出版社，1966。

[清]李德溥修，方駿謨纂，《宿遷縣志》（清同治十三年刊本）。台北：成文出版
　　社，1974。

[清]周春著，管庭芬批訂，《海昌勝覽》（清咸豐二年手抄本）。台北：成文出版
　　社，1983。

[清]金吳瀾、汪堃等纂，《崑新兩縣續修合志》（清光緒六年刊本）。台北：成文
　　出版社，1970。

[清]施誠重修，《河南府志》（清乾隆四十四年刊本）。中央研究院傅斯年圖書館
　　藏。

[清]洪亮吉等編纂，《登封縣志》（清乾隆五十二年刊本）。台北：成文出版社，
　　1976。

[清]唐煦春修，朱士黻等纂，《上虞縣志》（清光緒十七年刊本）。台北：成文出
　　版社，1970。

[清]宮懋讓等修，李文藻等纂，《諸城縣志》(清乾隆二十九年刊本)。台北：成文出版社，1976。

[清]徐景熹修，魯曾煜纂，《福州府志》(清乾隆十九年刊本)。台北：成文出版社，1967。

[清]屠英等修，江藩等纂，《肇慶府志》(清光緒二年重刊清道光十三年刊本)。台北：成文出版社，1967。

[清]張寶琳修，王棻纂，《永嘉縣志》(民國二十四年補刻版)。台北：成文出版社，1983。

[清]許三禮，《海寧縣志》(清康熙十四年刊本)。台北：成文出版社，1983。

[清]陳錫輅纂修，《歸德府志》(清光緒十九年重校刊清乾隆十九年本)。中央研究院傅斯年圖書館藏。

[清]裴大中修，秦緗業纂，《無錫金匱縣志》(清光緒七年刊本)。台北：成文出版社，1970。

[清]馮可鏞修，楊泰亨纂，《慈谿縣志》(清光緒二十五年刊本)。台北：成文出版社，1975。

[清]黃廷桂等監修，張晉生等編纂，《四川通志》(國立故宮博物院藏本)，收入《文淵閣四庫全書》，冊559-561。台北：臺灣商務印書館，1983。

[清]蔣繼洙修，李樹藩纂，《廣信府志》(清同治十二年刊本)。台北：成文出版社，1970。

[清]關培鈞修，劉洪澤纂，《新化縣志》(清同治十一年刊本)。台北：成文出版社，1975。

[清]龔嘉儁修，《杭州府志》(清光緒二十六年修本)。台北：成文出版社，1974。

[民]歐陽英修，陳衍纂，《民國閩侯縣志》。上海：上海書店，2000。

文集著作(按筆畫、朝代排列)

《大方廣佛華嚴經普賢行願品別鈔會本略科》。成都：巴蜀書社，1993。

《大正新脩大藏經》(日本明治十八年(1885)大正新修大藏經刊本)。台北：中華

佛教文化館影印大藏經委員會，1959。

[漢]鄭玄撰，《易乾坤鑿度鄭氏注》。台北：藝文印書館，1972。

[漢]應劭著，[清]錢大昕輯，王利器校注，《風俗通義》。北京：中華書局，
　　　1981。

[六朝]張泮，《太上老君開天經》，收入《正統道藏》，冊 58。台北：新文
　　　豐，1985。

[唐]孔穎達疏，《禮記注疏》。台北：藝文印書館，1960。

[唐]柳宗元，《河東先生龍城錄》，收入《筆記小說大觀》八編。台北：新興書
　　　局，1988。

[唐]唐臨，《冥報記》。北京：中華書局，1992。

[唐]陸德明撰，吳承仕疏證，《經典釋文序錄疏證》。台北：臺聯國風出版社、
　　　中文出版社，1974。

[唐]劉肅，《大唐新語》。北京：中華書局，1985。

[唐]釋宗密，《佛說盂蘭盆經疏》，收入《明版嘉靖大藏經》，冊 5。台北：新
　　　文豐，1987。

[唐]釋道世，《法苑珠林》，收入《文淵閣四庫全書》，冊 1049-1050。台北：
　　　臺灣商務印書館，1983。

[宋]文彥博，《潞公文集》，收入《文淵閣四庫全書》，冊 1100。台北：臺灣
　　　商務印書館，1983。

[宋]方大琮，《鐵菴集》，收入《文淵閣四庫全書》，冊 1178。台北：臺灣商
　　　務印書館，1983。

[宋]王應麟，《玉海》，收入《文淵閣四庫全書》，冊 943-948。台北：臺灣商
　　　務印書館，1983。

———，《困學紀聞》。上海：商務印書館，1935-36。

[宋]司馬光，《家範》(清朱軾重刻溫公家範本)。山東：山東友誼書社，1992。

[宋]朱熹，《孝經刊誤》，收入《文淵閣四庫全書》，冊 182。台北：臺灣商務
　　　印書館，1983。

———，《晦庵集》，收入《文淵閣四庫全書》，冊 1143-1146。台北：臺灣商

務印書館，1983。

──著，黎靖德編，王星賢點校，《朱子語類》。台北：華世出版社據北京中華書局點校本影印，1987。

[宋]吳泳，《鶴林集》，收入《文淵閣四庫全書》，冊 1176。台北：臺灣商務印書館，1983。

[宋]宋祁，《景文集》，收入《文淵閣四庫全書》，冊 1088。台北：臺灣商務印書館，1983。

[宋]范祖禹，《范太史集》，收入《文淵閣四庫全書》，冊 1100。台北：臺灣商務印書館，1983。

[宋]范純仁，《范忠宣集》，收入《文淵閣四庫全書》，冊 1104。台北：臺灣商務印書館，1983。

[宋]孫應時，《燭湖集》，收入《文淵閣四庫全書》，冊 1166。台北：臺灣商務印書館，1983。

[宋]徐鉉，《騎省集》，收入《文淵閣四庫全書》，冊 1085。台北：臺灣商務印書館，1983。

[宋]眞德秀，《西山文集》，收入《文淵閣四庫全書》，冊 1174。台北：臺灣商務印書館，1983。

[宋]袁燮，《絜齋集》，收入《文淵閣四庫全書》，冊 1157。台北：臺灣商務印書館，1983。

[宋]張載，《張載集》。台北：漢京文化事業有限公司，1983。

[宋]許景衡，《橫塘集》，收入《文淵閣四庫全書》，冊 1127。台北：臺灣商務印書館，1983。

[宋]陸九淵，《象山集》，收入《文淵閣四庫全書》，冊 1156。台北：臺灣商務印書館，1983。

[宋]曾協，《雲莊集》，收入《文淵閣四庫全書》，冊 1140。台北：臺灣商務印書館，1983。

[宋]趙汝騰，《庸齋集》，收入《文淵閣四庫全書》，冊 1181。台北：臺灣商務印書館，1983。

[宋]趙蕃，《淳熙稿》，收入《文淵閣四庫全書》，冊 1155。台北：臺灣商務印書館，1983。

[宋]劉清之，《戒子通錄》，收入《文淵閣四庫全書》，冊 703。台北：臺灣商務印書館，1983。

[宋]樂史，《太平寰宇記》。台北：文海出版社，1963。

[宋]穆修，《穆參軍集》，收入《文淵閣四庫全書》，冊 1087。台北：臺灣商務印書館，1983。

[宋]魏了翁，《鶴山集》，收入《文淵閣四庫全書》，冊 1172-1173。台北：臺灣商務印書館，1983。

[宋]釋契嵩，《輔教編》，收入《新編縮本乾隆大藏經》，冊 140。台北：新文豐，1991。

[元]元好問著，姚奠中主編，《元好問全集》。太原：山西人民出版社，1990。

[元]許衡，《魯齋遺書》，收入《文淵閣四庫全書》，冊 1198。台北：臺灣商務印書館，1983。

[元]揭傒斯，《文安集》，收入《文淵閣四庫全書》，冊 1208。台北：臺灣商務印書館，1983。

────著，李夢生點校，《揭傒斯全集》。上海：上海古籍出版社，1985。

[元]程端禮，《程氏家塾讀書分年日程》，收入《中國思想名著》，二編，冊 9。台北：世界書局，1981。

[元]黃元吉編集，《淨明忠孝全書》，收入《正統道藏》，冊 41。台北：新文豐，1985。

[明]《孝道吳許二真君傳》，收入《正統道藏》，冊 11。台北：新文豐，1985。

[明]《崇禎實錄》。台北：中央研究院歷史語言研究所，1967。

[明]尹真人傳，門人撰述，蕭天石主編，《性命圭旨》。台北：自由出版社，1990。

[明]天然癡叟，《石點頭》(清同仁堂刊本)。台北：文光出版社，1969。

[明]王世貞，《讀書後》，收入《文淵閣四庫全書》，冊 1285。台北：臺灣商

務印書館，1983。

[明]王守仁，《王陽明年譜》，收入《王陽明全書》四。台北：正中書局據謝廷傑彙本重編，1979。

[明]王艮，《王心齋全集》。台北：廣文書局，1987。

———，《重鐫心齋王先生全集》。東京高橋情報據日本內閣文庫藏明萬曆間刊本影印，1990。

[明]王直，《抑菴文後集》，收入《文淵閣四庫全書》，冊 1241。台北：臺灣商務印書館，1983。

[明]王恭，《白雲樵唱集》，收入《文淵閣四庫全書》，冊 1231。台北：臺灣商務印書館，1983。

[明]王敬臣撰，[清]彭定求輯，《俟後編補錄》，收入《四庫全書存目叢書》，子部，冊 107。台南：莊嚴文化，1995。

[明]王畿，《龍谿王先生全集》，收入《四庫全書存目叢書》，集部，冊 98。台南：莊嚴文化，1997。

[明]朱升著，劉尚恒點校，《朱楓林集》。合肥：黃山書社，1992。

[明]朱鴻輯，《孝經總類》(北京圖書館藏明抄本)，收入《續修四庫全書》，經部，冊 151。上海：上海古籍出版社，1995。

[明]江元祚，《孝經大全》。山東：山東友誼書社出版，1990。

[明]江元禧輯，江元祚續輯，《玉臺文苑》《續玉臺文苑》，收入《四庫全書存目叢書》，集部，冊 375。台南：莊嚴文化，1997。

[明]江旭奇，《孝經翼》(明崇禎六年刊本)。日本內閣文庫藏。

———輯，《朱翼》，收入《四庫全書存目叢書》，子部，冊 206。台南：莊嚴文化，1995。

[明]何喬新，《椒邱文集》，收入《文淵閣四庫全書》，冊 1249。台北：臺灣商務印書館，1983。

[明]何景明，《大復集》，收入《文淵閣四庫全書》，冊 1267。台北：臺灣商務印書館，1983。

[明]何瑭，《柏齋集》，收入《文淵閣四庫全書》，冊 1266。台北：臺灣商務

印書館，1983。

[明]余時英，《孝經集義》（1624年版本）。美國哈佛燕京圖書館善本書室藏。

[明]吳悌，《吳疎山先生遺集》，收入《四庫全書存目叢書》，史部，冊 83。
台南：莊嚴文化，1996。

[明]吳道南，《吳文恪公文集》，收入《四庫禁燬書叢刊》，集部，冊 31。北
京：北京出版社，2000。

[明]呂維祺，《孝經大全》（北京圖書館藏明抄本），收入《續修四庫全書》，經
部，冊 151。上海：上海古籍出版社，1995。

———，《孝經或問》（北京圖書館藏明抄本），收入《續修四庫全書》，經部，
冊 151。上海：上海古籍出版社，1995。

———，《明德先生文集》，收入《四庫全書存目叢書》，集部，冊 185。台
南：莊嚴文化，1997。

[明]宋濂，《文憲集》，收入《文淵閣四庫全書》，冊 1223-1224。台北：臺灣
商務印書館，1983。

[明]李東陽，《懷麓堂集》，收入《文淵閣四庫全書》，冊 1250。台北：臺灣
商務印書館，1983。

[明]李清，《三垣筆記》，收入《續修四庫全書》，史部，冊 440。上海：上海
古籍出版社，1997。

[明]李樂，《見聞雜記》（明萬曆刻、清補修本），收入《續修四庫全書》，子
部，冊 1171。上海：上海古籍出版社，1986。

[明]李贄，《焚書》。台北：漢京文化事業有限公司，1984。

[明]汪道昆著，胡益民、余國慶點校，《太函集》。合肥：黃山書社，2004。

[明]林俊，《見素集》，收入《文淵閣四庫全書》，1257 冊。台北：臺灣商務
印書館，1983。

[明]邵寶，《容春堂別集》，收入《文淵閣四庫全書》，冊 1258。台北：臺灣
商務印書館，1983。

[明]姚舜牧，《孝經疑問》，收入《四庫全書存目叢書》，經部，冊 146。台
南：莊嚴文化，1997。

［明］姚廣平編，《孝經集解》。上海：大東書局，1935。

［明］洪思等撰，侯眞平、婁曾泉校點，《黃道周年譜》。福州：福建人民出版
　　　社，1999。

［明］胡直，《衡廬精舍藏稿》，收入《文淵閣四庫全書》，冊 1287。台北：臺
　　　灣商務印書館，1983。

［明］胡時化，《孝經列傳》（明萬曆序刊本）。日本內閣文庫藏。

―――，《孝經贊義》，收入《續修四庫全書》，經部，冊 151。上海：上海古
　　　籍出版社，1995。

［明］計東，《改亭文集》，收入《續修四庫全書》，集部，冊 1408。上海：上
　　　海古籍出版社，1995。

［明］唐文鳳，《梧岡集》，收入《文淵閣四庫全書》，冊 1242。台北：臺灣商
　　　務印書館，1983。

［明］唐順之，《荊川集》，收入《文淵閣四庫全書》，冊 1276。台北：臺灣商
　　　務印書館，1983。

［明］唐樞，《木鐘臺集》，收入《四庫全書存目叢書》，子部，冊 162-163。台
　　　南：莊嚴文化，1995。

［明］夏言，《夏桂洲先生文集》，收入《四庫全書存目叢書》，集部，冊 74-
　　　75。臺南：莊嚴文化，1997。

［明］孫承恩，《文簡集》，收入《文淵閣四庫全書》，冊 1271。台北：臺灣商
　　　務印書館，1983。

［明］徐𤊹，《徐氏筆精》。台北：學生書局，1971。

［明］徐象梅，《兩浙名賢錄》。北京：書目文獻出版社，1988。

［明］海瑞著，《備忘集》，收入《文淵閣四庫全書》，冊 1286。台北：臺灣商
　　　務印書館，1983。

［明］馬元調，《橫山遊記》，收入《叢書集成續編》，冊 220。台北：新文豐，
　　　1989。

［明］馬文升，《馬端肅奏議》，收入《文淵閣四庫全書》，冊 427。台北：臺灣
　　　商務印書館，1983。

[明]高攀龍，《高子遺書》，收入《文淵閣四庫全書》，冊 1292。台北：臺灣
　　商務印書館，1983。

[明]屠隆，《鴻苞》，收入《四庫全書存目叢書》，子部，冊 88-90。台南：莊
　　嚴文化，1995。

[明]張岳，《小山類稿》，收入《文淵閣四庫全書》，冊 1272。台北：臺灣商
　　務印書館，1983。

[明]張瀚，《武林怡老會詩集》。上海：上海書店，1994。

[明]梁潛，《泊菴集》，收入《文淵閣四庫全書》，冊 1237。台北：臺灣商務
　　印書館，1983。

[明]許相卿，《雲村集》，收入《文淵閣四庫全書》，冊 1272。台北：臺灣商
　　務印書館，1983。

[明]郭正中，《孝友傳》，收入《四庫全書存目叢書》，史部，冊 116。台南：
　　莊嚴文化，1996。

───，《皇明孝友傳》，收入《四庫全書存目叢書》，史部，冊 116。台南：
　　莊嚴文化，1996。

[明]陳仁錫、馮夢龍，《孝經翼》(明崇禎刊本)。日本東京前田育德會尊經閣文
　　庫藏。

[明]陳建撰，江旭奇增補，《皇明通紀集要》。成都：巴蜀書社，2000。

[明]陳繼儒，《白石樵眞稿》，收入《叢書集成三編》，冊 50-51。台北：新文
　　豐，1997。

[明]陸人龍編著，《型世言》。台北：中央研究院中國文哲研究所籌備處，
　　1992。

[明]陸深，《儼山集》，收入《文淵閣四庫全書》，冊 1268。台北：臺灣商務
　　印書館，1983。

[明]陶宗儀，《輟耕錄》，收入《文淵閣四庫全書》，冊 1040。台北：臺灣商
　　務印書館，1983。

[明]章潢，《圖書編》，收入《文淵閣四庫全書》，冊 968-972。台北：臺灣商
　　務印書館，1983。

[明]焦竑輯，《太史編輯國朝獻徵錄》。台南：莊嚴文化，1996。

[明]程敏政，《篁墩文集》，收入《文淵閣四庫全書》，冊 1252-1253。台北：臺灣商務印書館，1983。

[明]項霦，《孝經述注》，收入《叢書集成新編》，冊 25。台北：新文豐，1985。

[明]馮從吾，《少墟集》，收入《文淵閣四庫全書》，冊 1293。台北：臺灣商務印書館，1983。

[明]馮夢禎，《快雪堂漫錄》，收入《四庫全書存目叢書》，子部，冊 247。台南：莊嚴文化，1995。

[明]馮夢龍，《古今小說》（明天許齋刻本），收入《續修四庫全書》，集部，冊 1784。上海：上海古籍出版社，1995。

[明]黃佐，《泰泉鄉禮》，收入《文淵閣四庫全書》，冊 142。台北：臺灣商務印書館，1983。

[明]黃道周，《孝經集傳》，收入《文淵閣四庫全書》，冊 182。台北：臺灣商務印書館，1983。另一版本收入《石齋先生經傳九種》，康熙年間刊本，日本內閣文庫藏。

———，《黃石齋先生文集》，收入《續修四庫全書》，集部，冊 1384。上海：上海古籍出版社，1995。

[明]楊士奇，《東里續集》，收入《文淵閣四庫全書》，冊 1238-1239。台北：臺灣商務印書館，1983。

[明]楊起元，《太史楊復所先生證學編》。東京高橋情報據日本宮內廳書陵部藏明萬曆二十四年序刊本影印，1990。

———，《孝經引證》。上海：明文書局，1922。

———，趙厚編次，《楊太史家藏文集》。東京高橋情報據日本內閣文庫藏明刊本影印，1994。

———輯，《諸經品節》，收入《四庫全書存目叢書》，子部，冊 130-131。台南：莊嚴文化，1995。

[明]楊榮，《文敏集》，收入《文淵閣四庫全書》，冊 1240。台北：臺灣商務

印書館，1983。

[明]楊爵，《楊忠介集》，收入《文淵閣四庫全書》，冊 1276。台北：臺灣商
　　務印書館，1983。

[明]葉向高，《蒼霞餘草》。揚州：江蘇廣陵古籍刻印社，1994。

[明]葉春及，《石洞集》，收入《文淵閣四庫全書》，冊 1286。台北：臺灣商
　　務印書館，1983。

[明]葛昕，《集玉山房稿》，收入《文淵閣四庫全書》，冊 1296。台北：臺灣
　　商務印書館，1983。

[明]虞淳熙，《虞德園先生集》，收入《四庫禁燬書叢刊》，集部，冊 43。北
　　京：北京出版社，2000。

[明]管志道，《從先維俗議》（天津圖書館藏明萬曆三十年徐文學刻本），收入
　　《四庫全書存目叢書》，子部，冊 87-88。台南：莊嚴文化，1995。

———，《惕若齋集》（明萬曆二十四年序刊本）。東京高橋情報據日本內閣文庫
　　藏明萬曆二十四年序刊本影印，1990。

[明]劉宗周，《劉蕺山集》，收入《文淵閣四庫全書》，冊 1294。台北：臺灣
　　商務印書館，1983。

[明]蔡保禎，《孝紀》，收入《四庫全書存目叢書》，史部，冊 88。台南：莊
　　嚴文化，1996。

[明]鄭真，《滎陽外史集》，收入《文淵閣四庫全書》，冊 1234。台北：臺灣
　　商務印書館，1983。

[明]鍾人傑編，《性理會通》，收入《四庫全書存目叢書》，子部，冊 17-19。
　　台南：莊嚴文化，1995。

[明]韓邦奇，《苑洛集》，收入《文淵閣四庫全書》，冊 1269。台北：臺灣商
　　務印書館，1983。

[明]韓雍，《襄毅文集》，收入《文淵閣四庫全書》，冊 1245。台北：臺灣商
　　務印書館，1983。

[明]歸有光，《震川集》，收入《文淵閣四庫全書》，冊 1289。台北：臺灣商
　　務印書館，1983。

[明]瞿罕，《孝經貫注》(明崇禎七年刻本)。上海華東師範大學圖書館善本書部
　　藏。

[明]顏鈞著，黃宣民標點整理，《顏鈞集》。北京：中國社會出版社，1996。

[明]羅汝芳，《盱江羅近溪先生全集》(明萬曆四十六年劉一焜刊本)。台北國家
　　圖書館縮影資料。

———，《盱壇直詮》。台北：廣文書局，1977。

———，《耿中丞楊太史批點近溪羅子全集》，收入《四庫全書存目叢書》，集
　　部，冊 129-130。台南：莊嚴文化，1997。

———述，[明]楊起元記，《孝經宗旨》，收入楊起元輯《說孝三書》。上海：
　　文明書局，1922。

[明]釋袾宏，《雲棲法彙》，收入《明版嘉興大藏經》，冊 32-33。台北：新文
　　豐，1987。

[明]釋廣賓，《杭州上天竺講寺志》。上海：上海書店，1994。

[明]顧憲成，《小心齋劄記》。台北：廣文書局，1975。

———，《涇皋藏稿》(清刊本)。中央研究院傅斯年圖書館藏。

[清]《中州先哲傳》(涇川圖書館出版)。美國哈佛燕京圖書館善本書室藏。

[清]《天仙五皇大帝消劫本行寶經》(又名《五帝經》)，福建地區五帝信仰的寶
　　卷。

[清]《孝經注疏》，收入[清]阮元校勘，《十三經注疏》。台北：藝文印書館，
　　1982。

[清]《孝經衍義》(清康熙三十年刊本)。上海圖書館古籍室藏。

[清]《孝道實義》(清刊本)。日本東洋文庫藏。

[清]《孟子注疏》，收入[清]阮元校勘，《十三經注疏》。台北：藝文印書館，
　　1982。

[清]《禮記正義》，收入[清]阮元校勘，《十三經注疏》。台北：藝文印書館，
　　1982。

[清]《繪圖孝經讀本》。上海：錦章圖書局，1911。

[清]丁晏，《孝經徵文》。上海：上海書局，1994。

[清]卞永譽，《式古堂書畫彙考》，收入《文淵閣四庫全書》，冊 827-829。台北：臺灣商務印書館，1983。

[清]方宗誠，《孝經章義》，收入《叢書集成三編》，冊 23。台北：藝文印書館，1971。

[清]毛奇齡，《西河集》，收入《文淵閣四庫全書》，冊 1320-1321。台北：臺灣商務印書館，1983。

———，《孝經問》。收入《文淵閣四庫全書》，冊 182。台北：臺灣商務印書館，1983。

[清]毛際可，《小學衍義》(清康熙年間刻本)。上海圖書館古籍部藏。

[清]王仁俊，《玉函山房輯佚書續編》。上海：上海古籍出版社，1989。

[清]王古初注，《孝經經解》(民國十七年重刻本)。上海圖書館古籍室藏。

[清]王同編，《杭州三書院紀略》，收入《中國歷代書院志》，冊 9。南京：江蘇教育出版社，1995。

[清]王相箋注，《狀元閣女四書集注》(清光緒十一年刊本)。中央研究院中國文哲研究所圖書館藏。

[清]王復禮，《三子定論》，收入《四庫全書存目叢書》，子部，冊 23。台南：莊嚴文化，1995。

[清]王德瑛輯，《今古文孝經匯刻》(清道光十四～十六年間出版)。上海圖書館古籍部藏。

[清]冉覲祖，《冉蟫庵先生語錄類編》(清光緒七年大梁書局重刊本)。中央研究院傅斯年圖書館藏。

———，《孝經詳說》，收入《四庫全書存目叢書》，經部，冊 146。台南：莊嚴文化，1997。

[清]永瑢、紀昀等撰，《四庫全書總目提要》(清乾隆間武英殿刊，嘉慶間後印本)。台北：臺灣商務印書館，1983。

[清]皮名振，《清皮鹿門先生錫瑞年譜》，收入《新編中國名人年譜集成》，輯 16。台北：臺灣商務印書館，1981。

[清]皮錫瑞，《孝經鄭注疏》。台北：中華書局，1965。

———，《經學歷史》。台北：藝文印書館，1966。

[清]任啓運，《孝經章句》，收入《四庫全書存目叢書》，經部，冊 146。台南：莊嚴文化，1997。

[清]朱彝尊原著，許維萍等點校，林慶彰等編審，《點校補正經義考》，收入《古籍整理叢刊》，冊 3。台北：中央研究院中國文哲研究所，1997。

[清]吳之騄，《孝經類解》，收入《四庫全書存目叢書》，經部，冊 146。台南：莊嚴文化，1997。

[清]吳偉業，李學穎集評標校，《吳梅村全集》。上海：上海古籍出版社，1990。

[清]吳肅公，《街南文集》，收入《四庫禁燬書叢刊》，集部，冊 148。北京：北京出版社，2000。

[清]吳隆元，《孝經三本管窺》，收入《四庫全書存目叢書》，經部，冊 146。台南：莊嚴文化，1997。

[清]李之素，《孝經內外傳》，收入《續修四庫全書》，經部，冊 152。上海：上海古籍出版社，1995。

[清]李元度，《清朝先正事略》。台北：明文書局，1985。

[清]李光地，《孝經注》。出版地不詳：大西洋圖書公司，出版年不詳。

———，《榕村全集》。出版地不詳：大西洋圖書公司，出版年不詳。

[清]李來章，《南陽書院學規》，收入《中國歷代書院志》，冊 6。南京：江蘇教育出版社，1995。

———，《連山書院志》，收入《中國歷代書院志》，冊 3。南京：江蘇教育出版社，1995。

———，《連陽排風土記》。揚州：廣陵書社，2003。

———，《禮山園文集》，收入《四庫全書存目叢書》，集部，冊 246。台南：莊嚴文化，1997。

———、李琇璞纂，《敕賜紫雲書院志》，收入《中國歷代書院志》，冊 6。南京：江蘇教育出版社，1995。

[清]李海觀，《歧路燈》(上海圖書館藏清鈔本)。上海：上海古籍出版社，

1990。

[清]李清馥編，《榕村譜錄合考》，收入《北京圖書館藏珍本年譜叢刊》，冊 85。北京：北京圖書館出版社，1998。

[清]李鳳彩輯、附周福山輯，《孔子文昌孝經合刻》，收入《四庫未收書輯刊》 第三輯，冊 9。北京：北京出版社，1997。

[清]李顒著，陳俊民點校，《二曲集》。北京：中華書局點校本，1996。

[清]沈廷芳，《歷代兩浙人物志》(清稿本)。上海圖書館古籍部藏。

[清]沈珩，《耿巖文選》，收入《四庫全書存目叢書》，集部，冊 218。台南： 莊嚴文化，1997。

[清]汪宗沂，《孝經十八章輯傳》(清光緒二十四年序刊本)。北京中國國家圖書 館藏。

[清]汪師韓，《孝經約義》(清光緒十二年刊本)。中央研究院傅斯年圖書館藏。

[清]汪紱，《孝經或問》。收入《叢書集成三編》，冊 16。台北：新文豐， 1997。

———，《孝經章句》，收入《叢書集成三編》，冊 16。台北：新文豐，1997。

[清]阮元，《孝經注疏校勘記》，收入《皇清經解》，冊 15。台北：復興書 局，1961。

[清]阮福，《孝經義疏補》，收入《續修四庫全書》，經部，冊 152。上海：上 海古籍出版社，1995。

[清]金汝栴等，《孝經傳說圖解》(清道光元年刻本)。北京中國國家圖書館藏。

[清]施化遠撰，《明德先生年譜》，收入《四庫全書存目叢書》，集部，冊 185。台南：莊嚴文化，1997。

[清]施璜編，《還古書院志》，收入《中國歷代書院志》，冊 8。南京：江蘇教 育出版社，1995。

[清]洪良品，《古文孝經薈解》(清光緒十七年刊本)。北京中國國家圖書館藏。

[清]洪頤煊，《孝經鄭注補證》。台北：興中書局，1964。

[清]紀昀編纂，《四庫全書總目》。台北：藝文印書館，出版年不詳。

[清]計六奇，《明季北略》，收入《續修四庫全書》，史部，冊 440。上海：上

海古籍出版社，1997。

[清]倪上述，《孝經刊誤辯說》(清乾隆二十七年刊本)。北京中國國家圖書館藏。

[清]孫志祖，《讀書脞錄》，收入《皇清經解》，冊 8。台北：復興書局，1961。

[清]孫念劬，《孝經彙纂》，收入《四庫未收書輯刊》第二輯，冊 12。北京：北京出版社，1997。

[清]孫鏘，《孝經易知錄》。台北：中央研究院民族所圖書館藏。(附：教孝篇、二十四孝、中西嘉言)

[清]徐紹楨，《孝經質疑》(清光緒十年刊本)。北京中國圖家圖書館藏。

[清]耿介，《敬恕堂文集》。(清康熙年間刊本)。台北中央研究院傅斯年圖書館藏。

[清]馬鐵卿輯，《孝經精粹》(清光緒二十四年跋，手抄本)。上海圖書館古籍室藏。

[清]國家圖書館分館(北京)編，《裘氏重修家譜》(清康熙間鈔本)。北京：線裝書局，2002。

[清]崑岡等修，吳樹梅等纂，《欽定大清會典事例》，收入《續修四庫全書》，史部，冊 794。上海：上海古籍出版社，1997。

[清]張伯行，《小學集解》，收入《四庫全書存目叢書》，子部，冊 3。台南：莊嚴文化，1995。

──────編，《學規類編》，收入《四庫全書存目叢書》，子部，冊 24。台南：莊嚴文化，1995。

[清]張恩霨編訂，《道經十種》(清光緒九年刊本)。北京中國國家圖書館藏。

[清]張能鱗，《孝經衍義》(清康熙九年序抄本)。北京中國國家圖書館藏。

[清]張敘，《孝經餘論》。上海：上海古籍出版社，1995。

[清]張敬立編，金吳瀾補注，《舜山是仲明先生年譜》，收入《乾嘉名儒年譜》，冊 2。北京：北京圖書館出版社，2006。

[清]張錫嶸，《張敬堂太史遺書》(清同治九年刊本)。上海：上海圖書館古籍室

藏。

[清]曹元弼，《孝經學》，收入《續修四庫全書》，經部，冊 152。上海：上海
　　古籍出版社，1995。

[清]曹庭棟，《孝經通釋》，收入《四庫全書存目叢書》，經部，冊 146。台
　　南：莊嚴文化，1997。

[清]清世宗御定，《御纂孝經集注》，收入《文淵閣四庫全書》，冊 182。台
　　北：臺灣商務印書館，1983。

[清]清聖祖御製，清世宗纂，《聖祖仁皇帝庭訓格言》，收入《文淵閣四庫全
　　書》，冊 717。台北：臺灣商務印書館，1983。

[清]許三禮，《天中許子政學合一集》，收入《四庫全書存目叢書》，子部，冊
　　165。台南：莊嚴文化，1995。

———撰，許協寅輯，《懷仁堂遺稿》（清末民初許協寅輯鈔本）。台北中央研究
　　院傅斯年圖書館藏。

[清]陳其元，《庸閒齋筆記》，收入《續修四庫全書》，子部，冊 1142。上
　　海：上海古籍出版社，1997。

[清]陳治安輯，《孝經合解》（清康熙四十年刊本）。北京中國國家圖書館藏。

[清]陳夢雷編纂，《古今圖書集成》。成都：巴蜀書社，1985。

[清]陳澧，《東塾讀書記》。台北：臺灣商務印書館，1968。

[清]陳鱣，《孝經鄭注》，收入《叢書集成初編》，冊 730。上海：商務印書
　　館，1939。

[清]陸遇霖，《孝經集注》（清康熙三十三年自序，清同治光緒年間出版）。上海
　　圖書館古籍室藏。

[清]章學誠，《婦學》，收入《筆記小說大觀》五編，冊 6。台北：新興書局，
　　1974。

[清]彭際清，《居士傳》。成都：成都古籍書店，2000。

[清]湯斌著，范志亭、范哲輯校，《湯斌集》。鄭州：中州古籍出版社，2003。

[清]焦循，《雕菰集》，收入《叢書集成初編》，冊 2191-2196。上海：商務印
　　書館，1936。

［清］黃舒昺編，《中州名賢集》（清光緒十七年，睢陽洛學書院刊本）。中央研究
　　院傅斯年圖書館藏。

［清］黃奭輯，《黃氏逸書考》，收入《續修四庫全書》，子部，冊 1206-1211。
　　上海：上海古籍出版社，1997。

［清］葉方藹、張英、韓菼等奉敕編，《御定孝經衍義》，收入《文淵閣四庫全
　　書》，冊 718-719。台北：臺灣商務印書館，1983。

［清］葉繩翥，《孝經古微》，收入《四庫未收書輯刊》第二輯，冊 12。北京：
　　北京出版社，1997。

［清］葉鈊，《小學衍義》（清康熙二十三年刊本）。上海圖書館古籍室藏。

―――，《孝經注疏大全》（清康熙二十九年刊本）。上海圖書館古籍室藏。

―――，《明紀編遺》，收入《四庫禁燬書叢刊》，史部，冊 19。北京：北京
　　出版社，2000。

―――，《續小學》，收入《四庫全書存目叢書》，子部，冊 25。台南：莊嚴
　　文化，1995。

［清］董誥等編，《全唐文》（清慶十九年刊本）京：中華書局，1983，。

［清］鄒漪，《啓禎野乘》，收入《四庫禁燬書叢刊》，史部，冊 40-41。北京：
　　北京出版社，2000。

［清］臧庸《孝經鄭氏解輯本》，收入《叢書集成初編》，冊 731。上海：商務印
　　書館，1939。

［清］趙長庚，《孝經存解》，收入《四庫未收書輯刊》第二輯，冊 12。北京：
　　北京出版社，1997。

［清］趙起蛟，《孝經集解》（清康熙二十三年趙氏家塾刊本），收入《續修四庫全
　　書》經部，152 冊。上海：上海古籍出版社，1995。另一版本，卷末未
　　缺頁，康熙三十二年，趙氏家塾刊本，日本內閣文庫藏。

［清］劉沅，《孝經直解》。北京：北京道德社，出版年不詳。

［清］劉禺生（成禺）著，錢實甫點校，《世載堂雜憶》，收入《歷代史料筆記叢
　　刊·清代史料筆記》。北京：中華書局，1960。

［清］潘平格，《潘子求仁錄輯要》，收入《四庫全書存目叢書》，子部，冊

19。台南：莊嚴文化，1995。

[清]潘任，《希鄭堂叢書》(清光緒年間刊本)。中央研究院傅斯年圖書館藏。

───，《學古堂日記》(清光緒間刊本)。中央研究院傅斯年圖書館藏。

[清]蔣赫德纂，《御定孝經注》，收入《文淵閣四庫全書》，冊 182。台北：臺灣商務印書館，1983。

[清]鄭珍，《巢經巢文集》。台北：中華書局，1971。

[清]盧文弨，《古文孝經》。台北：藝文印書館，1966。

[清]應是，《讀孝經》，收入《四庫全書存目叢書》，經部，冊 146。台南：莊嚴文化，1997。

[清]簡朝亮，《讀書堂答問》，收入《四庫未收書輯刊》第六輯，冊 3。北京：北京出版社，1997。

[清]藍鼎元，《女學》，收入《叢書集成三編》，冊 23。台北：新文豐，1997。

───，《鹿洲初集》，收入《文淵閣四庫全書》，冊 1327。台北：臺灣商務印書館，1983。

[清]顏元著，王星賢、張芥塵、郭征點校，《顏元集》。北京：中華書局點校本，1987。

[清]魏荔彤輯，《魏貞庵先生年譜》。台北：廣文書局，1971。

[清]魏裔介，《魏文毅公奏議》，收入《叢書集成初編》，冊 923-924。上海：商務印書館，1936。

[清]嚴可均輯，《孝經鄭注》，收入《叢書集成初編》，冊 730。上海：商務印書館，1939。

[清]竇克勤輯，《朱陽書院志》，收入《中國歷代書院志》，冊 6。南京：江蘇教育出版社，1995。

中日英文專書(按筆畫排列)

中文

《孔子孝經》(台北王氏圖書出版,出版年不詳)。東京大學圖書館藏。

《孝義道德學社新社落成紀念刊》(1940年序刊本)。日本東洋文庫藏。

《圖繪玉歷寶鈔勸世文》。隱名氏印送。1987年中和長勝印刷公司印。

中央研究院歷史語言研究所輯校,《明武宗實錄》。台北:中央研究院歷史語言研究所,1966。

中國科學院圖書館整理,《續修四庫全書總目提要》。北京:中華書局,1993。

方祖猷,《清初浙東學派論叢》。台北:萬卷樓圖書有限公司,1996。

王力堅,《清代才媛文學之文化考察》。台北:文津出版社,2006。

王月清,《中國佛教倫理思想》。台北:雲龍出版社,2001。

王汎森,《中國近代思想與學術的系譜》。台北:聯經出版公司,2003。

王長坤,《先秦儒家孝道研究》。成都:巴蜀書社,2007。

王長金,《傳統家訓思想通論》。長春:吉林人民出版社,2006。

王彥齊,《儒家群己觀研究》。北京:中國社會科學出版社,2006。

王振忠,《徽州社會文化史探微》。上海:上海社會科學院,2002。

王健,《「神體儒用」的辨析:儒學在日本歷史上的文化命運》。鄭州:大象出版社,2002。

世界不孝子發出,《孝經德教》(1944-47年尊經會出版)。上海圖書館古籍室藏。

向燕南、張越編注,《勸孝俗約》。北京:中央民族大學出版社,1996。

朱勇,《清代宗族法研究》。長沙:湖南教育出版社,1987。

朱嵐,《中國傳統孝道的歷史考察》。台北:蘭臺出版社,2003。

朱維錚,《走出中世紀》。上海:人民出版社,1987。

朱領中,《孝經白話解說》。(1938年國光社出版)。上海圖書館古籍室藏。

朱鴻林,《中國近世儒學實質的思辨與習學》。北京:北京大學出版社,2005。

池小芳，《中國古代小學教育研究》。上海：上海教育出版社，1998。

牟宗三、徐復觀、張君勱、唐君毅，《中國文化與世界》。香港：民主評論出版，1958。

何子煌，《孝經的研究》。新加坡：新加坡亞洲研究學會，1984。

何世明，《從基督教看中國孝道》。北京：宗教文化出版社，1999。

何淑宜，《香火：江南士人與元明時期祭祖傳統的建構》。板橋：稻鄉出版社，2009。

冷德熙，《超越神話：緯書政治神話研究》。北京：東方出版社，1996。

吳松弟著，《中國人口史‧宋遼金元時期》。上海：復旦大學出版社，2000。

吳洪成主編，《中國小學教育史》。太原：山西教育出版社，2006。

吳虞著，趙清、鄭城編，《吳虞集》。成都：四川人民出版社，1985。

吳震，《羅汝芳評傳》。南京：南京大學出版社，2005。

呂妙芬，《陽明學士人社群》。台北：中央研究院近代史研究所，2003。

宋德宣，《滿族哲學思想研究》。瀋陽：遼寧大學出版社，1994。

李文治、江太新，《中國宗法宗族制和族田義莊》。北京：社會科學文獻出版社，2000。

李弘祺，《宋代官學教育與科舉》。台北：聯經出版公司，1994。

李卿，《秦漢魏晉南北朝時家族、宗族關係研究》。上海：上海人民出版社，2005。

李興嵩，《孔子世系名字辨》（民國五年刊本）。日本東京國會圖書館藏。

———，《孔聖孝經定全球》（又稱《孔聖孝經》）（民國五年刊本）。日本東京國會圖書館藏。

———，《槐南聖廟誌》（民國五年刊本）。中央研究院郭廷以圖書館藏。

沈松僑，《學衡派與五四時期的反新文化運動》。台北：國立台灣大學，1984。

周大鳴等著，《當代華南的宗族與社會》。哈爾濱：黑龍江人民出版社，2003。

周中孚，《鄭堂讀書記》。北京：中華書局，1993。

周振鶴，《聖諭廣訓：集解與研究》。上海：上海書店出版社，2006。

周紹良、趙超主編，《唐代墓誌彙編》上、下冊。上海：上海古籍出版社，

1992。

———主編，《唐代墓誌彙編續集》。上海：上海古籍出版社，2001。

尚聖德主編，《中華經典蒙書集注》。北京：華文出版社，2002。

林安弘，《儒家孝道思想研究》。台北：文津出版社，1992。

林紓，《畏廬三集》。台北：文海出版社，1973。

林毓生，《中國意識的危機》。貴陽：貴州人民出版社，1988。

林慶彰主編，《日本研究經學論著目錄：1900-1992》。台北：中央研究院中國
　　　文哲所，1993。

侯外廬主編，《宋明理學史》。北京：人民出版社，1984-1987。

姚明輝，《孝經讀本》（上海西成小學校校印）。日本東京大學圖書館藏。

———，《孝經讀本姚氏學》，收入《民國時期經學叢書》第二輯，冊 59。台
　　　中：文听閣圖書有限公司，2008。

胡文楷編，《歷代婦女著作考》。上海：上海古籍出版社，1985。

胡平生，《孝經譯注》。北京：中華書局，1996。

胡美琦，《中國教育史》。台北：三民書局，1990。

胡曉眞，《才女徹夜未眠：近代中國女性敘事文學的興起》。台北：麥田出版，
　　　2003。

范玉秋，《清末民初孔教運動研究》。青島：中國海洋大學，2006。

卿希泰、唐大潮，《道教史》。北京：中國社會科學出版社，1994。

———主編，《中國道教史》第二卷。成都：四川人民出版社，1993。

唐文權、羅福惠，《章太炎思想研究》。武昌：華中師範大學出版社，1986。

唐君毅，《中國哲學原論原道篇》，收入《唐君毅全集》。台北：台灣學生書
　　　局，1991。

———，《文化意識與道德理性》。香港：友聯出版社，1958。

唐軍，《蟄伏與綿延：當代華北村落家族的生長歷程》。北京：中國社學出版
　　　社，2001。

容肇祖，《容肇祖集》。濟南：齊魯書社，1989。

徐少錦、陳延斌，《中國家訓史》。西安：陝西人民出版社，2003。

徐梓，《蒙學讀物的歷史透視》。漢口：湖北教育出版社，1996。

———、王雪梅編，《蒙學要義》。太原：山西教育出版社，1991。

徐興無，《讖緯文獻與漢代文化構建》。北京：中華書局，2003。

秦燕、胡紅安，《清代以來的陝北宗族與社會變遷》。西安：西北工業大學出版社，2004。

馬浮，《復性書院講錄》。台北：廣文書局，1979。

高翔，《康雍乾三帝統治思想研究》。北京：中國人民大學出版社，1995。

國立中央圖書館編，《四庫經籍提要索引》。台北：國立中央圖書館，1994。

常建華，《宗族志》。上海：上海人民出社，1998。

———，《明代宗族研究》。上海：上海人民出版社，2005。

———，《清代的國家與社會研究》。北京：人民出版社，2006。

康有爲，《孔子改制考》。北京：中華書局，1958。

———，《桂學答問》。北京：中華書局，1988。

———，《新學僞經考》。北京：中華書局，1988。

———，《萬木草堂口說》。北京：中華書局，1988。

康學偉，《先秦孝道研究》。台北：文津出版社，1992。

張志公，《傳統語文教育教材論——暨蒙學書目和書影》。上海：上海教育出版社，1992。

張志孚、何平立，《中州文化》。瀋陽：遼寧教育出版社，1998。

張朋園，《立憲派與辛亥革命》。台北：中央研究院近代史研究所，2005。

張栩，《孝經淺釋》，收入《民國時期經學叢書》第二輯，冊 59。台中：文听閣圖書有限公司，2008。

張崑將，《德川日本「忠」「孝」概念的形成與發展——以兵學與陽明學爲中心》。台北：喜瑪拉雅研究發展基金會，2003。

張碩平等編，《中國孝文化》。西安：陝西人民教育出版社，2007。

曹方林編著，《孝道研究》。成都：巴蜀書社，2000。

曹淑娟，《晚明性靈小品研究》。台北：文津出版社，1988。

曹樹基，《中國人口史·明時期》。上海：復旦大學出版社，2000。

曹躍明，《梁漱溟思想研究》。天津：天津人民出版社，1995。

梁恭辰，《勸戒錄類編》。上海：醫學書局，1923。

梁啓超，《先秦政治思想史》，收入《飲冰室合集》專集 13。上海：中華書局，
　　　1941。

———，《國學指導二種》。上海：中華書局，1936。

梁漱溟，《中國文化要義》。香港：集成圖書公司，1963。

———，《梁漱溟全集》。濟南：山東人民出版社，1989。

許桂亭，《鐵筆金針——林紓文選》。天津：百花文藝出版社，2002。

陳立勝，《王陽明「萬物一體」論：從「身——體」的立場看》。台北：國立台
　　　灣大學出版中心，2005。

陳來，《宋明理學》。上海：華東師範大學出版社，2003。

陳時龍，《明代中晚期講學運動(1522-1626)》。上海：復旦大學出版社，
　　　2005。

陳惠馨，《傳統個人、家庭、婚姻與國家——中國法制史的研究與方法》。台
　　　北：五南圖書出版股份有限公司，2006。

陳雯怡，《由官學到書院：從制度與理念的互動看宋代教育的演變》。台北：聯
　　　經出版，2004。

陳愛平，《孝說》。重慶：重慶大學出版社，2007。

陳煥章，《孔教論》。香港：孔教學院重印，1940。

陳獨秀，《獨秀文存》。香港：遠東圖書公司，1965。

陳霞，《道教勸善書研究》。成都：巴蜀書社，1999。

陳鐵凡，《孝經鄭注校證》。台北：國立編譯館，1987。

———，《孝經學源流》。台北：國立編譯館，1986。

章太炎，《太炎文錄初編》，收入《民國叢書》第三編，冊 83。上海：上海書
　　　店，1991。

游子安，《勸化金箴：清代善書研究》。天津：天津人民出版社，1999。

程玉瑛，《晚明被遺忘的思想家：羅汝芳(近溪)詩文事蹟編年》。台北：廣文書
　　　局，1995。

華瑋，《明、清婦女之戲曲創作與批評》。台北：中央研究院中國文哲研究所，
　　2003。

費成康主編，《中國的家法族規》。上海：上海社會科學院出版社，1998(2002
　　重印)。

費孝通，《鄉土中國》。上海：上海書店，1948。

費絲言，《由典範到規範：從明代貞節烈女的辨識與流傳看貞節觀念的嚴格
　　化》。台北：國立台灣大學，1996。

馮友蘭，《貞元六書》。長春：長春出版社，2008。

黃小石，《淨明道研究》。成都：巴蜀書社，1999。

黃和平，《孝經心得》。台北：作者自印，1976。

黃進興，《優入聖域：權力、信仰與正當性》。台北：允晨文化出版，1994。

黃寬重，《宋代的家族與社會》。台北：東大圖書有限公司，2006。

———、劉增貴主編，《家族與社會》。北京：中國大百科全書出版社，2005。

業露華，《中國佛教倫理思想》。上海：上海社會科學院出版社，2000。

楊珍，《康熙皇帝一家》。北京：學苑出版社，2003。

楊啓樵，《雍正帝及其密折制度研究》。上海：上海古籍出版社，2003。

萬本根、陳德述，《中國孝道文化》。成都：巴蜀書社，2001。

葉光輝、楊國樞著，《中國人的孝道：心理學的分析》。台北：國立台灣大學出
　　版中心，2008。

葉守乾、江公正，《孝經新研究》。台北：三民主義教學研究會出版，1971。

葉高樹，《清朝前期的文化政策》。板橋：稻鄉出版社，2002。

葛劍雄，《中國移民史》。台北：五南圖書出版公司，2005。

賈志揚，《宋代科舉》。台北：東大圖書有限公司，1995。

鄔慶時，《孝經通論》(民國十九年刻本)。上海圖書館古籍室藏。

寧業高等著，《中國孝文化漫談》。北京：中央民族大學出版社，1995。

漢學研中心編印，《經學研究論著目錄·1993-1997》下。台北：漢學研究中
　　心，2002。

熊十力，《原儒》。香港：龍門聯合書局，1956。

———，《讀經示要》。台北：明文書局，1974。

熊賢君，《中國女子教育史》。太原：山西教育出版社，2006。

翟志成，《馮友蘭學思生命》。台北：中央研究院近代史研究所，2007。

鳳濟娛編，《勸戒便講》。上海：國光印書局，1925。

劉志偉，《在國家與社會之間：明清廣東里甲賦役制度研究》。廣州：中山大學
　　　出版社，1997。

劉軍寧，《保守主義》。北京：中國社會科學出版社，1998。

劉家駒，《儒家思想與康熙大帝》。台北：學生書局，2002。

劉師培，《倫理教科書》第二冊，收入《劉師培全集》第四冊。北京：中共中央
　　　黨校出版社，1997。

———著，萬仕國輯校，《劉申叔遺書補遺》。揚州：廣陵書社，2008。

劉楚湘，《孝經大義新解》（民國二十六年鉛印本）。上海圖書館古籍室藏。

劉黎紅，《五四文化保守主義思潮研究》。北京：中國社會科學出版社，2006。

樊樹志，《大明王朝的最後十七年》。北京：中華書局，2007。

———，《崇禎傳》。北京：人民出版社，1997。

滕復，《馬一浮思想研究》。北京：中華書局，2001。

蔡汝堃，《孝經通考》。台北：臺灣商務印書館，1966。

鄭振滿，《明清福建家族組織與社會變遷》。長沙：湖南教育出版社，1992。

魯迅，《南腔北調集》。香港：三聯書店，1958。

———，《朝花夕拾》，收入《魯迅全集》。北京：人民文學出版社，1987。

儒佛合一救刧會，《宋刻孝經》（民國出版）。北京中國國家圖書館藏。

蕭群忠，《中國孝文化研究》。台北：五南圖書出版股份有限公司，2002。

———，《孝與中國文化》。北京：人民出版社，2001。

遺史輯，《孝經通義》。美國普林斯頓大學 Gest 圖書館藏。

錢穆，《中國近三百年學術史》。台北：臺灣商務印書館，1983。

———，《世界局勢與中國文化》。台北：聯經出版公司，1998。

謝幼偉，《中西哲學論文集》。香港：新亞研究所，1969。

———，《中國文化精神》。台北：復興書局，1951。

韓錫鐸主編，《中華蒙學集成》。瀋陽：遼寧教育出版社，1993。

羅宗強，《明代後期士人心態研究》。天津：南開大學出版社，2006。

羅傳奇、吳雲生，《王安石教育思想研究》。南昌：江西教育出版社，1991。

羅螢，黃黎星，《孝經漫談》，台北：頂淵文化，1997。

嚴紹璗、源了圓主編，《中日文化交流史大系‧思想卷》。杭州：浙江人民出版
　　　社，1996。

嚴復，《嚴復集》。北京：中華書局，1986。

釋福善日錄，釋通炯編，《憨山老人夢遊集》，收入《禪宗集成》，冊 25。台
　　　北：藝文印書館，1968。

日文

[日]山井湧等校注，《中江藤樹》。東京：岩波書店，1971。

[日]山本命，《中江藤樹の儒學その形成史的研究》。東京：風間書房，1977。

[日]中江藤樹著，藤樹神社創立協贊會編，《藤樹先生集》。滋賀：藤樹書院，
　　　1928。

[日]井上徹，《中国の宗族と国家の禮制》。東京：研文出版，2000。

[日]加地伸行，《中國思想からみた日本思想史研究》。東京：吉川弘文館，
　　　1985。

———，《家族の思想：儒教的死生觀の果實》。京都：PHP 研究所，1998。

[日]古川治，《中江藤樹の總合的研究》。東京：ぺりかん社，1996。

[日]本田成之，《中國經學史》。上海：中華書局，1935。

[日]田仲一成，《中國の宗族と演劇》。東京：東京大學出版會，1985。

[日]池澤優，《「孝」思想の宗教學的研究：古代中国における祖先崇拜の思想
　　　的發展》。東京：東京大學出版社，2002。

[日]佐竹靖彥，《佐竹靖彥史學論集》。北京：中華書局，2006。

[日]岸本美緒，《明清交替と江南社會》。東京：東京大學出版會，1999。

[日]後藤三郎，《中江藤樹伝及び道統》。東京：理想社，1970。

[日]桑原騭藏著，宋念慈譯，《中國之孝道》。台北：臺灣中華書局，1980。

[日]荒木見悟著，周賢博譯，《近世中國佛教的曙光——雲棲袾宏之研究》。台
　　北：慧明文化，2001。
[日]黑田彰，《孝子伝図の研究》。東京：汲古書院，2007。
———，《孝子傳の研究》。東京：佛教大學通信教育部，2001。
[日]道端良秀，《中国仏教と儒教倫理孝との教渉》。東京：書苑，1985。
[日]德田進，《孝子說話集の研究：二十四孝を中心に》。東京：井上書房，
　　1963-64。

英文

Bernhardt, Kathryn. *Women and Property in China, 960-1949.* Stanford: Stanford University Press, 1999.

Bol, Peter. *This Culture of Ours: Intellectual Transitions in Táng and Sung China.* Stanford: Stanford University Press, 1992.

Bossler, Beverly J. *Powerful Relations: Kinship, Status, and the State in Sung China (960-1279).* Cambridge and London: The Council on East Asian Studies, Harvard University, 1998.

Certeau, Michel de ; translated by Steven Rendall, *The Practice of Everyday Life.* Berkeley, Los Angeles, London: University of California Press, 1984.

Ch'u, T'ung-tsu. *Local Government in China under the Ch'ing.* Cambridge, Mass: Harvard University Press, 1962.

Chan, Alan K. L. and Tan, Sor-hoon eds. *Filial Piety in Chinese Thought and History.* New York, London: Routledge Curzon, 2004.

Ching, Julia. *Mysticism and Kingship in China.* Cambridge: Cambridge University Press, 1997.

Cole, Alan. *Mothers and Sons in Chinese Buddhism.* Stanford: Stanford University Press, 1998.

Crossley, Pamela Kyle. *A Translucent Mirror.* Taipei: SMC Publishing INC., 2001.

Dean, Kenneth. *Lord of the Three in One: The Spread of a Cult in Southeast China.*

Princeton: Princeton University Press, 1998.

Eberhard, Wolfram. *Guilt and Sin in Traditional China.* Berkeley: University of California Press, 1967.

Ebrey, Patricia Buckley. *Confucianism and Family Rituals in Imperial China.* Princeton: Princeton University Press, 1991.

————. *The Inner Quarters: Marriage and the Lives of Chinese Women in the Sung Period.* Berkeley: University of California Press, 1992.

Elman, Benjamin A. *Classicism, Politics, and Kinship: The Cháng-chou School of New Text Confucianism in Late Impereal China.* Taipei: SMC Publishing Inc., 1991.

————. *From Philosophy to Philology: Intellectual and Social Aspects of Change in Late Imperial China.* Cambridge: Council of East Asian Studies, Harvard University, 1984.

Elverskog, Johan. *Our Great Qing: The Mongols, Buddhism and the State in Late Imperial China.* Honolulu: University of Hawai'i Press, 2006.

Faure, David. *Emperor and Ancestor: State and Lineage in South China.* Stanford: Stanford University Press, 2007.

Freedman, Maurice. *Lineage Organization in Southeastern China.* New York: Humanities Press Inc., 1958.

Giersch, C. Patterson. *Asian Borderlands: the Transformation of Qing China's Yunnan Frontier.* Cambridge: Harvard University Press, 2006.

Grinstead, Eric. *Analysis of the Tangut Script.* Studentilitterature: Curzon Press, 1972.

Ho, Ping-ti. *The Ladder of Success in Imperial China: Aspects of Social Mobility, 1368-1911.* New York: Columbia University Press, 1967.

Hsiung, Ping-chen. *A Tender Voyage: Children and Childhood in Late Imperial China.* Stanford: Stanford University Press, 2005.

Hymes, Robert. *Statemen and Gentlemen: The Elite of Fu-chou, Chiang-Hsi, in Northern and Southern Sung.* Cambridge: Cambridge University Press, 1986.

Israel, Jonathan, *A Revolution of the Mind: Radical Enlightenment and the Intellectual Origins of Modern Democracy*. Princeton and Oxford: Princeton University Press, 2009.

——. *Enlightenment Contested: Philosophy, Modernity, and the Emancipation of Man 1670-1752*. Oxford: Oxford University Press, 2006.

Kleeman, Terry F. *A God's Own Tale: The Book of Transformations of Wenchang, the Divine Lord of Zitong*. Albany: State University of New York Press, 1994.

Knapp, Keith N. *Selfless Offspring: Filial Children and Social Order in Medieval China*. Honolulu: University of Hawai'i Press, 2005.

Ko, Dorothy. *Teachers of the Inner Chambers: Women and Cultrue in Seventeenth-Century China*. Stanford: Stanford University Press, 1994.

Kutcher, Norman. *Mourning in Late Imperial China: Filial Piety and the State*. New York: Cambridge University Press, 1999.

Lee, Thomas H. C. *Education in Traditional China: A History*. Leiden, Boston, Koln: Brill, 2000.

Mann, Susan. *Precious Records: Women in China's Long Eighteenth Century*. Stanford: Stanford University Press, 1997.

Ng, On-Cho. *Cheng-Zhu Confucianism in the Early Qing*. New York: State University of New York Press, 2001.

Perdue, Peter C. *China Marches West: The Qing Conquest of Central Eurasia*. Cambridge, Mass: Harvard University Press, 2005.

Rawski, Evelyn S. *The Last Emperors: A Social History of Qing Imperial Institutuons*. Berkeley, Los Angeles, London: University of California Press, 1998.

Rosemont, Henry, Jr. and Ames, Roger T. *The Chinese Classic of Family Reverence: A Philosophical Translation of The Xiaojing*. Honolulu: University of Hawai'I Press, 2009.

Schneewind, Sarah. *Community Schools and the State in Ming China*. Stanford: Stanford University Press, 2006.

Shin, Leo K. *The Making of the Chinese State*. New York: Cambridge University Press, 2006.

Shue, Vivienne. *The Reach of the State: Sketches of the Chinese Body Politic*. Stanford: Stanford University Press, 1988.

Smith, Jonathan Z. *To Take Place: Toward Theory in Ritual*. Chicago: The University of Chicago Press, 1987

Szonyi, Michael. *Practing Kinship: Lineage and Descent in Late Imperial China*. Stanford: Stanford University Press, 2002.

Teiser, Stephen. *The Ghost Festival in Medieval China*. Princeton: Princeton University Press, 1988.

Teng, Emma. *Taiwan's Imagined Geography: Chinese Colonial Travel Writing and Pictures, 1683-1895*. Taipei: SMC Publishing INC., 2005.

Wakeman, Frederick. *The Great Enterprise: The Manchu Reconstruction of Imperial Order in Seventeenth-Century Chian*. Berkeley: University of California Press, 1985.

Zito, Angela. *Of Body & Brush: Grand Sacrifices as Text/Performance in Eighteenth-century China*. Chicago: University of Chicago Press, 1997.

中日英文專論(按筆畫排列)

中文

于志嘉，〈再論族譜中所見的明代軍戶——幾個個案的研究〉，《中央研究院歷史語言研究所集刊》，63 本 3 分(1993)，頁 639-678。

方小芬，〈家法族規的發展歷史和時代特徵〉，《學術季刊》，期 3(1998)，頁 154-162。

方祖猷，〈論潘平格的求仁哲學〉，《朱子學刊》，輯 2(1991)，頁 121-136。

方豔華，〈民初山東孔教會及其活動〉，《成都教育學院學報》，卷 18 期 12(2004)，頁 61-63。

王汎森，〈明末清初思想中之「宗旨」〉，《大陸雜誌》，卷 94 期 4(1997)，
　　頁 1-4。

———，〈明末清初儒學的宗教化——以許三禮的告天之學爲例〉，《新史
　　學》，卷 9 期 2(1998)，頁 89-122。

———，〈潘平格與清初的思想界〉，收入氏著，《晚明清初思想十論》(上
　　海：復旦大學出版社，2004)，頁 292-329。

王寧，〈儒家文化與元人賢孝劇的興起〉，《山西師大學報(社科版)》，卷 26
　　期 4(1999)，頁 52-55。

王爾敏，〈清廷《聖諭廣訓》之頒行及民間之宣講拾遺〉，《中央研究院近代史
　　研究所集刊》，期 22(1993)，頁 257-277、279。

冉雲華，〈中國佛教對孝道的受容及後果〉，收入氏著，《從印度佛教到中國佛
　　教》(台北：東大圖書，1995)，頁 43-55。

古正美，〈大乘佛教孝觀的發展背景〉，收入傅偉勳主編，《從傳統到現代——
　　佛教倫理與現代社會》(台北：東大圖書，1990)，頁 61-105。

史應勇，〈傳世《孝經》鄭注的再考察〉，《唐都學刊》，卷 22 期
　　3(2006.05)，頁 6-10。

石國偉，〈二十四孝圖本事及其文化價值〉，《孝感學院學報》，期 5(2005)，
　　頁 9-12。

任孝溫，〈古代孝子劇漫談〉，《古典文學知識》，期 4(2003)，頁 123-127。

朱明勛，〈論魏晉六朝時期的《孝經》研究〉，《孔孟月刊》，卷 40 期
　　7(2002)，頁 28-34。

———、溫顯貴，〈論朱熹《孝經刊誤》的影響〉，《孔孟月刊》，卷 39 期
　　12(2001)，頁 34-39。

———、戴萍波，〈清代《孝經》研究論要〉，《內江師範學院學報》，卷 20
　　期 3(2005)，頁 141-143。

朱明勛〈論《孝經刊誤》在宋以後孝經研究史上的影響〉，《孔孟月刊》，卷
　　43 期 1(2004)，頁 32-38。

朱愛東，〈國家、地方與民間之互動——巍山民間信仰組織「聖諭壇」的形

成〉，《廣西民族學院學報》，卷 27 期 6(2005)，頁 73-78。

朱葵菊，〈潘平格的「求仁」思想〉，收入氏著，《中國歷代思想史·清代卷》
（台北：文津出版社，1993），頁 82-106。

朱鳳玉，〈敦煌蒙書中的婦女教育〉，收入周愚文、洪仁進主編，《中國傳統婦
女與家庭教育》（台北：師大書苑，2005），頁 37-57。

江玉祥，〈宋代墓葬出土的二十四孝圖像補釋〉，《四川文物》，期
98(2001)，頁 22-33。

江乾益，〈漢儒論明堂制度〉，《興大中文學報》，期 6(1993)，頁 99-115。

牟宗三，〈現實中國之宗教趨勢〉，《生命的學問》（台北：三民書局，1970），
頁 106-118。

衣若蘭，〈旌表制度、傳記體例與女性史傳——論《清史稿·列女傳》賢母傳記
之復興〉，《臺大歷史學報》，期 41(2008)，頁 165-202。

何廣棪，〈晚近《孝經》研究論文彙目〉，《書目季刊》，卷 23 期 4(1990)，
頁 91-97。

余新忠，〈明清時期孝行的文本解讀——以江南方志記載爲中心〉，《中國社會
歷史評論》，期 7(2006)，頁 33-60。

吳哲夫，〈中日孝經書緣〉，《故宮文物月刊》，卷 6 期 9(1988)，頁 66-75。

呂妙芬，〈〈西銘〉爲《孝經》之正傳？——論晚明仁孝關係的新意涵〉，《中
國文哲研究集刊》，期 33(2008)，頁 139-172。

———，〈明清中國萬里尋親的文化實踐〉，《中央研究院歷史語言研究所集
刊》，78 本 2 分(2007)，頁 359-406。

———，〈清初河南的理學復興與孝弟禮法教育〉，收入高明士編，《東亞傳統
教育與學禮學規》（台北：國立台灣大學出版中心，2005），頁 177-223。

———，〈儒釋交融的聖人觀：從晚明儒家聖人與菩薩形象相似處及對生死議題
的關注談起〉，《中央研究院近代史研究所集刊》，期 32(1999)，頁
165-208。

宋光宇，〈地獄之說與道德思想的研究〉，〈從《玉歷寶鈔》談中國俗民的宗教
道德觀念〉，《台灣省立博物館年刊》，卷 27(1984)，頁 3-15。

———，〈地獄之說與道德思想的研究〉，《漢學研究通訊》，卷 3 期 1(總 9 期)(1984)，頁 3-5。

李大釗(守常)，〈萬惡之原〉，《每週評論》第 30 號(1919.07.13)。

李孝悌，〈上海近代城市文化中的傳統與現代(1880s-1930s)〉，收入氏著，《昨日到城市：近世中國的逸樂與宗教》(台北：聯經出版公司，2008)，頁 313-363。

李國興，〈胎息的本質與悟釋〉，《武當》，期 9(2003)，頁 56-57。

李豐春，〈社會評價論視野中的旌表制度〉，《河南大學學報》，卷 47 期 5(2007)，頁 52-57。

李懷印，〈中國鄉村治理之傳統形式：河北省獲鹿縣之實例〉，收入黃宗智主編，《中國鄉村研究》第 1 輯(北京：商務印書館，2003)，頁 64-111。

沈松僑，〈我以我血薦軒轅——黃帝神話與晚清的國族建構〉，《台灣社會研究季刊》，期 28(1997)，頁 1-77。

———，〈國權與民權：晚清「國民」論述，1895-1911〉，《中央研究院歷史語言研究所集刊》，73 本 4 分(2002)，頁 685-733。

周愚文，〈唐代婦女與家庭教育初探〉，收入周愚文、洪仁進主編，《中國傳統婦女與家庭教育》(台北：師大書苑，2005)，頁 9-36。

林惠勝，〈試說南朝孝倫理：以《南史‧孝義傳》爲主的析論〉，《暨大學報》，卷 4 期 2(2000)，頁 1-26。

林麗月，〈孝道與婦道：明代孝婦的文化史考察〉，《近代中國婦女史研究》，期 6(1998)，頁 1-29。

林麗眞，〈論魏晉的孝道觀念及其與政治、哲學、宗教的關係〉，《臺大文史哲學報》，期 40(1993)，頁 25-52。

邵治國，〈武則天明堂政治和明堂大火考〉，《唐都學刊》，卷 21 期 2(2005)，頁 14-20。

邱仲麟，〈不孝之孝——唐以來割股療親現象的社會史初探〉，《新史學》，卷 6 期 1(1995)，頁 49-94。

邱巍，〈民初孔教會及孔教運動〉，《中共浙江省黨校學報》，期 2(2001)，頁 53-59。

侯旭東，〈東晉南北朝佛教天堂地獄觀念的傳播與影響——以遊冥間傳聞爲中心〉，《佛學研究》(1999)，頁 247-255。

柳存仁，〈許遜與蘭公〉，《世界宗教研究》，期 3(1995)，頁 40-59。

科大衛，〈祠堂與家廟——從宋末到明中葉宗族禮儀的演變〉，《歷史人類學學刊》，卷 1 期 2(2003)，頁 1-20。

———，〈國家與禮儀：宋至清中葉珠江三角洲地方社會的國家認同〉，《中山大學學報》，卷 39(總 161 期)(1999)，頁 65-72。

———、劉志偉，〈宗族與地方社會的國家認同〉，《歷史研究》，期 3(2000)，頁 3-14。

胡平生，〈日本《古文孝經》孔傳的眞僞問題——經學史上一件積案的清理〉，《文史》輯 23(1985)，頁 287-299。

胡吉勛，〈明嘉靖中天地分祀、明堂配享爭議關係之考察〉，《中國文化研究所學報》，期 44(2004)，頁 105-141。

胡和平，〈淺議「魏晉以孝治天下」〉，《鄭州大學學報》，期 117(1996)，頁 68-71；

郁有學，〈近代知識分子對傳統孝道的批判與重建〉，《東岳論叢》，期 2(1996)，頁 77-82。

卿希泰、詹石窗，〈淨明道新探〉，《上海道教》，創刊號(1988)，頁 10-16。

唐長孺，〈魏晉南朝的君父先後論〉，收入氏著，《魏晉南北朝史論拾遺》(北京：中華書局，1982)，頁 233-248。

夏紅梅、朱亞輝，〈文昌信仰與孝道文化的完善〉，《洛陽師範學院學報》，期 1(2005)，頁 95-97。

徐復觀，〈中國孝道思想的形成演變及其歷史中的諸問題〉，收入氏著，《中國思想史論集》(台北：學生書局，1983)，頁 155-200。

耿淑豔，〈一部被湮沒的嶺南晚清小說《宣講餘言》〉，《廣州大學學報》，卷 6 期 8(2007)，頁 83-86。

———，〈稀見嶺南清聖諭宣講小說《宣講博聞錄》〉，《韓山師範學院學報》，卷 28 期 5(2007)，頁 39-42。

———，〈嶺南孤本聖諭宣講小說《諫果回甘》〉，《嶺南文史》，期 82(2007)，頁 28-31。

袁書會，〈二十四孝中的異域人物——淺談中印文化交流〉，《社會科學戰線》，期 106(2000)，頁 136-139。

馬孟晶，〈女性生活的文化圖像〉，收入劉芳如、張華芝編，《群芳譜——女性的形象與才藝》(台北：國立故宮博物院，2003)，頁 80-99。

高大鵬，〈由孝經看中國文化〉，《孔孟月刊》，卷 21 期 9(1983)，頁 34-39，63。

常建華，〈論清朝推行孝治的宗族制政治〉，《明清史論集》第二集(天津：天津古籍出版社，1991)，頁 257-272。

康樂，〈孝道與北魏政治〉，收入氏著，《從西郊到南郊：國家祭典與北魏政治》(板橋：稻鄉出版社，1995)，頁 229-280。

張克偉，〈中江藤樹與日本陽明學〉，《東方雜誌》，復刊卷 21 期 11(1988)，頁 46-56。

張兵，〈望社的形成與詩文化活動〉，《西北師大學報》，卷 39 期 6(2002)，頁 36-40。

張金鑑，〈清儀封張伯行的生平與政治思想〉，《中原文獻》，卷 15 期 1(1983)，頁 7-13。

張敏，〈略論姚文棟邊防思想及實踐〉，《史林》，期 2(1999)，頁 73-79。

張頌之，〈孔教會始末匯考〉，《文史哲》，期 1(總 304 期)(2008)，頁 55-72。

張啓雄，〈東西國際秩序原理的衝突——清末民初中暹建交的名分交涉〉，收入王建朗、欒景河主編，《近代中國、東亞與世界》(北京：社會科學文獻出版社，2008)，頁 399-442。

———，〈論清朝中國重建琉球王國的興滅繼絕觀——中華世界秩序原理之一〉，《第二回琉中歷史關係國際會議‧琉中歷史關係論文集》(那

霸：琉中歷史關係國際學術會議實行委員會，1989)，頁 495-519。

許華峰，〈明成祖《孝順事實》中的「孝感」思想〉，《輔仁國文學報》，增刊
　　(2006)，頁 189-204。

連瑞枝，〈邊徼聖境：雲南洱海地區的聖地與祖先〉，收入祝平次、楊儒賓編，
　　《天體、身體與國體：迴向世界的漢學》(台北：國立台灣大學出版中
　　心，2005)，頁 309-350。

陳弱水，〈梁漱溟與「東西文化及其哲學」〉，收入周陽山、楊肅獻編，《近代
　　中國思想人物論：保守主義》(台北：時報文化出版，1980)，頁 311-
　　321。

陳國燦、吳愛芬，〈宋代兩浙路蒙學初探〉，《浙江師大學報》，期 6(1998)，
　　頁 68-72。

陳惠馨，〈《唐律》中家庭與個人的關係——透過教育與法制建構「家內秩
　　序」〉，收入高明士編，《東亞傳統家禮、教育與國法》(一)(台北：
　　國立台灣大學出版中心，2005)，頁 87-128。

陳登武，〈家內秩序與國家統治——以唐宋廿四孝故事的流變的考察為主〉，收
　　入高明士編，《東亞傳統家禮、教育與國法》(二)(台北：國立台灣大
　　學出版中心，2005)，頁 285-347。

陳鴻森，〈《經義考》孝經類別錄〉(上、下)，《書目季刊》，卷 34 期 1-
　　2(2000)，頁 1-31；1-27。

———，〈孝經學史叢考〉，收入嚴耕望先生紀念集編輯委員會編，《嚴耕望先
　　生紀念論文集》(台北：稻鄉出版社，1998)，頁 53-72。

陳觀勝(Ch'en, Kenneth K.S.)著，許章真譯，〈中國佛教中之孝道〉，收入許章
　　真編，《西域與佛教文史論集》(台北：學生書局，1989)，頁 247-
　　265。

陶晉生，〈北宋士族婦女的教育〉，《中央研究院歷史語言研究所集刊》，67
　　本 1 分(1996)，頁 43-59。

勞悅強，〈《孝經》中似有還無的女性——兼論唐以前孝女罕見的現象〉，《中
　　國文哲研究集刊》，期 24(2004)，頁 293-330。

游惠遠，〈明代婦女的才藝教育〉，收入周愚文、洪仁進主編，《中國傳統婦女與家庭教育》(台北：師大書苑，2005)，頁 59-89。

程毅中，〈敦煌本《孝子傳》與睒子故事〉，《中國文化》，期 5(1991)，頁 149-153。

舒大剛，〈論日本傳《古文孝經》決非「隋唐之際」由我國傳入〉，《四川大學學報》，期 2(2002)，頁 110-117。

費俠莉(Charlotte Furth)著，廖仁義譯，〈現代中國保守主義的文化與政治〉，收入周陽山、楊肅獻編，《近代中國思想人物論：保守主義》(台北：時報文化出版，1980)，頁 39-77。

馮力行，〈陳宏謀教育思想教學實踐〉，《社會科學家》，期 5-6(1996)，頁 89-94；84-89。

黃克武，〈民國初年孔教問題之爭論(一九一二至一九一七)〉，《國立台灣師範大學歷史學報》，期 12(1984)，頁 197-223。

黃修明，〈中國古代以「孝」選官考論〉，《歷史教學問題》，期 6(2004)，頁 65-69。

───，〈孝文化與唐代社會政治〉，《廣西大學學報》，卷 24 期 5(2002)，頁 103-108。

───，〈宋代孝文化述論〉，《四川大學學報‧哲社版》，期 109(2002)，頁 119-126。

黃寬重，〈家族興衰與社會網絡：以宋代的四明高氏家族爲例〉，《東吳歷史學報》，期 11(2004)，頁 215-242。

楊果，〈宋人墓誌中的女性形象解讀〉，《東吳歷史學報》，期 11(2004)，頁 243-270。

楊建宏，〈論宋代的民間旌表與國家權力的基層運作〉，《中州學刊》，期 153(2006)，頁 193-195。

楊家駱，〈清代孝經學考〉，收入楊家駱主編，《中國學術名著》第四冊(台北：世界書局，1969)，頁 1-10。

楊晉龍，〈何楷《詩經世本古義》引用《化書》及其相關問題探究〉，《中國文

哲研究集刊》，期 21(2002)，頁 293-335。

楊菁，〈張伯行對程朱學的傳布及其影響〉，收於林慶彰編，《經學研究論叢》
　　　第十一輯(台北：學生書局，2003)，頁 225-248。

楊儒賓，〈《中庸》、《大學》變成經典的歷程——從性命之書的觀點立論〉，
　　　《臺大歷史學報》，期 24(1999)，頁 29-66。

———，〈作為性命之學的經學——理學的經典詮釋〉，《長庚人文社會學報》
　　　卷 2 期 2(2009)，頁 201-245。

董倩，〈明代社會述論〉，《青海師範大學學報》，期 4(1998)，頁 53-56。

詹石窗，〈明堂思想考論〉，《中國哲學史》，期 4(2000)，頁 110-120。

鄒志勇，〈唐代蒙學述略〉，《山西大學學報》，期 6(2001)，頁 44-47。

雷虹霽，〈歷代孝子圖像的文化意蘊〉，《民族藝術》，期 3(1999)，頁 126-
　　　142；176。

———，〈歷史中的「性別」解讀——以孝子圖像中女性形象為例〉，《廣西民
　　　族學院學報(哲社版)》，卷 26 期 6(2004)，頁 26-34。

廖振旺，〈「萬歲爺意思說」——試論十九世紀來華新教傳教士對《聖諭廣訓》
　　　的出版與認識〉，《漢學研究》，卷 26 期 3(2008)，頁 225-262。

趙克生，〈明代郊禮改制述論〉，《史學集刊》，期 2(2004)，頁 12-17。

趙國輝，〈近代東亞國際體系轉型期理念研究——以近代中日兩國對國際法理念
　　　的接受為中心〉，收入王建朗、欒景河主編，《近代中國、東亞與世
　　　界》(北京：社會科學文獻出版社，2008)，頁 29-47。

趙景雪，〈清代《孝經》文獻輯佚研究〉，《安徽文學》，期 3(2007)，頁 57-
　　　58。

趙超，〈二十四孝何時形成〉(上下)，《中國典籍與文化》，期 1-2(1998)，頁
　　　50-55；40-45。

劉仲宇，〈存想簡論——道教思維神秘性的初步探討〉，《上海教育學院學
　　　報》，期 3(1994)，頁 8-15。

劉志偉，〈邊緣的中心——「「沙田—民田」格局下的沙灣社區〉，收入黃宗智
　　　主編，《中國鄉村研究》第 1 輯(北京：商務印書館，2003)，頁 32-

63。

劉尚恒，〈徽州刻工刻書輯目〉，收入氏著，《徽州刻書與藏書》(揚州：廣陵
　　書社，2003)，頁 301-342。

劉祥光，〈中國近世地方教育的發展——徽州文人、塾師與初級教育(1100-
　　1800)〉，《中央研究院近代史研究所集刊》，期 28(1997)，頁 1-45。

劉靜貞，〈女無外事？——墓誌碑銘中所見之北宋士大夫社會秩序理念〉，《婦
　　女與兩性學刊》，期 4(1983)，頁 26-32。

———，〈書寫與事實之間——《五代史記》中的女性像〉，《中國史學》，期
　　12(2002)，頁 51-64。

———，〈歐陽脩筆下的宋代女性——對象、文類與書寫期待〉，《臺大歷史學
　　報》，期 32(2003)，頁 57-76。

慧天，〈中國社會的佛教倫理型態〉，收入張曼濤編，《佛教與中國思想及社
　　會》(台北：大乘文化出版社，1978)，頁 205-224。

蔣竹山，〈湯斌禁毀五通神——清初政治菁英打擊通俗文化的個案〉，《新史
　　學》，卷 6 期 2(1995)，頁 67-112。

蔡懋棠，〈台灣現行的善書〉，《台灣風物》，卷 24 期 4(1974)，頁 86-117。

鄭阿財，〈敦煌道教孝道文獻研究之一：《慈善孝子報恩成道經道要品第四》的
　　成立與流行〉，《杭州大學學報》，卷 28 期 1(1998)，頁 84-92。

鄭振滿，〈鄉族與國家：多元視野中的閩台傳統社會〉，收入行龍、楊念群主
　　編，《區域社會史比較研究》(北京：社會科學文獻出版社，2006)，頁
　　355-361。

盧建榮，〈從在室女墓誌看唐宋性別意識的演變〉，《國立臺灣師範大學歷史學
　　報》，期 25(1997)，頁 15-42。

蕭志才，〈略談中國道家論「胎息」〉，《現代養生》，期 4(1998)，頁 28-
　　29。

蕭群忠，〈《文昌孝經》的道教孝道觀〉，《道德與文明》，期 6(1997)，頁
　　16-19。

———，〈傳統孝行錄與勸孝詩文研究〉(上、下)，《孔孟月刊》，卷 39 期 3-

4(2000)，頁 37-43；32-37。

錢穆，〈孔子與心教〉，收入賀麟等著，《儒家思想新論》（台北：正中書局，
　　1958），頁 81-87。

戴霖，〈明代洛陽地區講會論略〉，《河南科技大學學報》，卷 21 期
　　4(2003)，頁 17-20。

戴寶村，〈聖諭教條與清代社會〉，《國立台灣師範大學歷史學報》，期
　　13(1985)，頁 303-324。

濮傳眞，〈南朝孝經學與玄理之關係〉，《孔孟月刊》，卷 32 期 8(1994)，頁
　　39-48。

韓星，〈段正元孔教思想與實踐〉，《福建論壇・人文社會科學版》，期
　　2(2008)，頁 58-62。

譚蓮秀、李建軍，〈論明代沐氏家族對雲南文化教育事業的影響〉，《曲靖師範
　　學院學報》，卷 26 期 4(2007)，頁 84-88。

鐵愛花，〈宋代女性閱讀活動初探〉，《史學月刊》，期 10(2005)，頁 35-40。

顧永新，〈《孝經鄭注》回傳中國考〉，《文獻季刊》，期 3(2004)，頁 217-
　　227。

———，〈日本傳本《古文孝經》回傳中國考〉，《北京大學學報》，期
　　2(2004)，頁 100-109。

日文

［日］大澤顯浩，〈明代出版文化中的「二十四孝」——論孝子形象的建立與發
　　展〉，《明代研究通訊》，期 5(2002)，頁 11-33。

———，〈啓蒙と舉業のあいだ——傳統中國における知識の階層性〉，《東洋
　　文化研究》，號 7(2005)，頁 27-65。

［日］大鹽中齋，〈增補孝經彙注敘〉，收入井上哲次郎編，《日本倫理彙編》
　　（東京：育成會，1901-1903），頁 549-551。

［日］山崎純一，〈關於兩部女訓書《女論語》、《女孝經》的基礎研究〉，收入
　　鄧小南編，《唐宋女性與社會》上冊（上海：上海辭書出版社，2003），

頁 158-187。

［日］內藤湖南，〈概括的唐宋時代觀〉，收入劉俊文主編，《日本學者研究中國史論著選譯》第一卷(北京：中華書局，1992)，頁 10-18。

［日］吉川忠夫，〈六朝時代における《孝經》の受容〉，收入氏著，《六朝精神史研究》(京都：同朋舍，1984)，頁 547-567。

［日］佐竹靖彥，〈宋代的家族〉，《東京都立大學人文學報》，期 257(1995)，頁 1-49。

［日］佐野大介，〈日本における中国の「孝」思想研究〉，《明道日本語教育》，期 1(2007)，頁 149-170。

［日］佐藤廣治著，羅霖譯，〈孝經在經學上地位之考察〉，《國立中山大學文史學研究所月刊》，卷 3 期 2(1934)，頁 143-158。

［日］前野直彬著，前田一惠譯，〈冥界遊行〉，收入《中國古典小說研究專集》四(台北：聯經出版事業公司，1981-1983)，頁 1-45。

［日］重澤俊郎著，孫彬譯，〈《公羊義疏》作者時代考〉，《中國文哲研究通訊》，卷 12 期 2(2002)，頁 11-38。

［日］荒木見悟，〈葛寅亮年譜考〉，《東洋古典學研究》，集 16(2003)，頁 41-54。

［日］麥谷邦夫，〈眞父母考——道教における眞父母の概念と孝をめぐつて——〉，收入氏編，《中國中世社會と宗教》(京都：道氣社，2002)，頁 19-38。

［日］奧崎裕司，〈功過格の「孝」規範〉，收入秋月觀暎編，《道教と宗教文化》(東京：平河出版社，1987)，頁 508-528。

英文

Birge, Bettine. "Chu Hsi and Women's Education," in Wm. Theodore de Bary and John Chaffee eds., *Neo-Confucian Education Neo-Confucian Education: The Formative Stage* (Berkeley: University of California Press, 1989), pp. 325-367.

Ch'en, Kenneth K.S. "Filial Piety in Chinese Buddhism," *Harvard Journal of Asiatic*

Studies 28（1968）, pp. 81-97.

Cheng, Anne. "Nationalism, Citizenship, and the Old Text/New Text Controversy in Late Nineteenth Century China," in Joshua A. Fogel and Peter G. Zarrow eds., *Imagining the People: Chinese Intellectuals and the Concept of Citizenship, 1890-1920* (Armonk, New York: M. E. Sharpe, 1997), pp. 61-81.

Chu, Ron-Guey. "Chu Hsi and Public Instruction" in Wm. Theodore de Bary and John W. Chaffee eds., *Neo-Confucian Education: The Formative Stage* (Berkeley: University of California Press, 1989), pp. 252-273.

Ebrey, Patricia Buckley. "Conceptions of the Family in the Sung Dynasty " *Journal of Asian Studies* 43（1984）, pp. 219-245.

————. "Early Stages of Descent Group Organization " in Patricia Buckley Ebrey and James Watson eds., *Kinship Organization in Late Imperial China, 1000-1940* (Berkeley: University of California Press, 1986), pp. 16-61.

————. "The Early Stages in the Development of Descent Group Organization," in Patricia Buckley Ebrey and James Watson eds., *Kinship Organization in Late Imperial China, 1000-1940* (Taipei: SMC Publishing INC., 1987), pp. 16-61.

Esherick, Joseph W. "How the Qing Became China," in Joseph W. Esherick, Hansan Kayali, and Eric van Young eds., *Empire to Nation: Historical Perspectives on the Making of the Modern World* (Lanham: Rowman & Littlefield Publishers, INC., 2006), pp. 229-259.

Faure, David. "The Lineage as a Cultural Invention," *Modern China,* 15:1（1989）, pp. 4-36.

Hartwell, Robert. "Demographic, Political and Social Transformations of China, 750-1550 " *Harvard Journal of Asiatic Studies,* 42:2（1982）, pp. 365-442.

Hess, Laura E. "Qing Reactions to the Reimportation of Confucian Canonical Works from Tokugawa Japan," in Fogel, Joshua A. ed., *Sagacious Monks and*

Bloodthirsty Warriors: Chinese Views of Japan in the Ming-Qing Period (Norwalk, Conn. : EastBridge, 2002), pp. 126-157.

Kelleher, M. Theresa. "Back to Basics: Chu Hsi's Elementary Learning (Hsiao-Hsüeh)," in Wm. Theodore de Bary and John W. Chaffee eds., *Neo-Confucian Education: The Formative Stage* (Berkeley: University of California Press, 1989), pp. 219-251.

Kieschnick, John. "Blood Writing in Chinese Buddhism," *Jounal of the International Association of Buddhist Studies* 23:2 (2000), pp. 177-194.

Kleeman, Terry F. "The Expansion of the Wen-ch'ang Cult," in Patricia Buckley Ebrey and Peter Gregory, eds., *Religion and Society in T'ang-Sung China* (Honolulu: Hawaii University Press, 1993), pp. 45-73.

Lee, Thomas H. C. "Sung Schools and Education Before Chu Hsi," in Wm. Theodore de Bary and John W. Chaffee eds., *Neo-Confucian Education: The Formative Stage* (Berkeley: University of California Press, 1989), pp. 105-136.

————. "The Discovery of Childhood: Children Education in Sung China (960-1269)," in Sigrid Paul ed, *Kulture: Begriff und Wort in China and Japan* (Berlin: Dietrich Reimer Verlag, 1984), pp. 159-189.

Leung, Angela Ki Che. "Elementary Education in the Lower Yangtze Region in the Seventeenth and Eighteenth Centuries," in Benjamin Elman and Alexander Woodside, eds., *Education and Society in Late Imperial China, 1600-1900.* (Taipei: SMC Publishing Inc. 1996), pp. 381-416.

Rawski, Evelyn S. "The Creation of an Emperor in Eighteenth-Century China," in Bell Yung, Evelyn S. Rawski, and Rubie S. Watson eds., *Harmony and Counterpoint: Ritual Music in Chinese Context* (Stanford: Stanford University Press, 1996), pp. 150-174.

Schopen, Gregory. "Filial Piety and the Monks in the Practices of Indian Buddhism: A Question of 'Sinicization' Viewed from the Other Side," *Toung Pao* 70

（1984), pp. 110-126.

Struve, Lynn. "Ruling from Sedan Chair: Wei Yijie（1616-1686) and the Examination Reform of the 'Oboi' Regency," *Late Imperial China* 25:2（2004), pp. 1-32.

Szonyi, Michael. "The Illusion of Standardizing the Gods: The Cult of the Five Emperors in Late Imperial China," *The Journal of Asian Studies* 56:1（1997), pp. 113-135.

William Rowe, "Education and Empire in Southwest China," in Benjamin Elman and Alexander Woodside, eds., *Education and Society in Late Imperial China, 1600-1900*（Taipei: SMC Publishing INC.,1996), pp. 417-457.

Wu, Pai-yi. "Education of Children in the Sung," in Wm. Theodore de Bary and John W. Chaffee eds., *Neo-Confucian Education: The Formative Stage*（Berkeley: University of California Press, 1989), pp. 307-324.

Zürcher, Erik. "Buddhism and Education in T'ang Times," in Wm. Theodore de Bary and John W. Chaffee eds., *Neo-Confucian Education: The Formative Stage*（Berkeley: University of California Press, 1989), pp. 19-56.

四、碩博論文（按筆畫排列）

王光宜，〈明代女教書研究〉。國立台灣師範大學歷史學研究所碩士論文，1999。

任明玉，〈中國孝行故事研究〉。私立文化大學中國文學研究所博士論文，1999。

李慶龍，〈羅汝芳思想研究〉。國立台灣大學歷史研究所博士論文，1999。

周西波，〈道教文獻中孝道文學研究〉。私立文化大學中國文學研究所碩士論文，1995。

林禎祥，〈宋代善書研究〉。私立東吳大學中國文學研究所碩士論文，2005。

黃麗君，〈孝治天下：入關前後滿族孝道觀念之轉化及其影響〉。國立中正大學歷史研究所碩士論文，2006。

詹康，〈明代的教化思想〉。台灣大學政治學研究所碩士論文，1993。

雷偉平，〈《聖諭廣訓》傳播研究〉。上海華東師範大學中國古典文獻學研究所碩士論文，2007。

賴曉雲，〈從黃道周書《孝經》論其書法藝術〉。國立台灣大學藝術史研究所碩士論文，2004。

閻鴻中，〈周秦漢時代家族倫理之變遷〉。國立台灣大學歷史學研究所博士論文，1997。

鍾豔攸，〈明清家訓族規之研究〉。國立台灣師範大學歷史學研究所博士論文，2003。

中央研究院叢書

孝治天下：《孝經》與近世中國的政治與文化

2023年4月二版　　　　　　　　　　　　定價：新臺幣720元
有著作權・翻印必究
Printed in Taiwan.

著　　　者	呂	妙	芬		
叢書主編	沙	淑	芬		
校　　　對	蔡	耀	緯		
封面設計	蔡	婕	岑		

出　版　者	中　央　研　究　院	副總編輯	陳	逸	華
	聯經出版事業股份有限公司	總　編　輯	涂	豐	恩
地　　　址	新北市汐止區大同路一段369號1樓	總　經　理	陳	芝	宇
叢書主編電話	（02）86925588轉5310	社　　　長	羅	國	俊
台北聯經書房	台北市新生南路三段94號	發　行　人	林	載	爵
電　　　話	（02）23620308				
郵政劃撥帳戶第0100559-3號					
郵撥電話	（02）23620308				
印　刷　者	世和印製企業有限公司				
總　經　銷	聯合發行股份有限公司				
發　行　所	新北市新店區寶橋路235巷6弄6號2F				
電　　　話	（02）29178022				

行政院新聞局出版事業登記證局版臺業字第0130號

本書如有缺頁，破損，倒裝請寄回台北聯經書房更換。　　ISBN　978-626-7300-89-3 (精裝)
聯經網址 http://www.linkingbooks.com.tw
電子信箱 e-mail:linking@udngroup.com

國家圖書館出版品預行編目資料

孝治天下：《孝經》與近世中國的政治與文化 / 呂妙芬著 .
二版 . 台北市 . 中央研究院 . 新北市 . 聯經 . 2023.04
408面 . 17×23公分 .（中央研究院叢書）
ISBN 978-626-7300-89-3（精裝）
[2023年4月二版]

1. CST：孝經　2. CST：史學評論　3. CST：中國

193.17   112004499